Todos los libros de Linkgua Ediciones cuentan con modelos de Inteligencia Artificial entrenados por hispanistas. Pregúntale al chat de tu libro lo que desees acerca de la obra o su autor/a.

Para ebooks: Accede a nuestro modelo de IA a través de este enlace.

Para libros impresos: Escanea el código QR de la portada con tu dispositivo móvil.

Obtén análisis detallados de nuestros libros, resúmenes, respuestas a tus preguntas y accede a nuestras ediciones críticas generativas para una experiencia de lectura más enriquecedora.

La transparencia y el respeto hacia la autoría de las fuentes utilizadas son distintivos básicos de nuestro proyecto. Por ello, las respuestas ofrecen, mediante un sistema de citas, las fuentes con las que han sido elaboradas.

Marcelino Menéndez y Pelayo

Historia de los heterodoxos españoles

Libro III

Barcelona **2024**
Linkgua-ediciones.com

Créditos

Título original: *Historia de los heterodoxos españoles.*

© 2024, Red ediciones S.L.

e-mail: info@linkgua.com

Diseño de cubierta: Michel Mallard.

ISBN tapa dura: 978-84-9953-705-4.
ISBN ebook: 978-84-9897-096-8.

Sumario

Brevísima presentación

La vida

Marcelino Menéndez y Pelayo. (1856-1912). España.

Estudió en la Universidad de Barcelona (1871-1873) con Milá y Fontanals, en la de Madrid (1873), y en Valladolid (1874), donde hizo amistad con el ultra-conservador Gurmesindo Laverde, que lo apartó de su liberalismo.

Trabajó en las bibliotecas de Portugal, Italia, Francia, Bélgica y Holanda (1876-1877) y ejerció de catedrático de la Universidad de Madrid (1878). En 1880 fue elegido miembro de la Real Academia española, diputado a Cortes entre 1884 y 1892 y fue director de la Real Academia de la Historia. Al final de su vida recuperó su liberalismo inicial.

La historia antigua de los heterodoxos

Sin la historia eclesiástica (ha dicho Hergenroether) no hay conocimiento completo de la ciencia cristiana, ni de la historia general, que tiene en el cristianismo su centro. Si el historiador debe ser teólogo, el teólogo debe ser también historiador para poder dar cuenta del pasado de su Iglesia a quien le interrogue sobre él o pretenda falsearlo. [...] Nada envejece tan pronto como un libro de historia. [...] El que sueñe con dar ilimitada permanencia a sus obras y guste de las noticias y juicios estereotipados para siempre, hará bien en dedicarse a cualquier otro género de literatura, y no a éste tan penoso, en que cada día trae una rectificación o un nuevo documento. La materia histórica es flotante y móvil de suyo, y el historiador debe resignarse a ser un estudiante perpetuo...

A pesar de que, como admitía Menéndez Pelayo en las «Advertencias preliminares» a la segunda edición de *La historia de los heterodoxos españoles* de 1910, «nada envejece tan pronto como un libro de historia», ésta sigue siendo una obra sumamente erudita y un documento de incomparable interés para entender el pensamiento conservador de un sector significativo de la sociedad española de principios del siglo XX.

Libro tercero

Preámbulo

Fecha por todas razones memorable es la de la conquista de Toledo (a. 1085) en la historia de la civilización española. Desde entonces pudo juzgarse asegurada la empresa reconquistadora, y, creciendo Castilla en poder y en importancia, entró más de lleno en el general concierto de la Edad media. Elementos en parte útiles, en parte dañosos para la cultura nacional, trajeron los auxiliares ultrapirenaicos de Alfonso VI: tentativas feudales, unas abortadas, otras que en mal hora llegaron a granazón, produciendo el triste desmembramiento del condado portugués; fueros y pobladores francos, exenciones y privilegios, dondequiera odiosos, y aquí más que en parte alguna por la tendencia unitaria y niveladora del genio español. Al mismo paso, y por consecuencia del influjo francés, alteróse nuestra liturgia, sacrificándola en aras de la unidad, pero no sin que a nuestro pueblo doliese, no sin tenaz y noble resistencia; y apretamos más y más los lazos de nuestra Iglesia con las otras occidentales y con la de Roma, cabeza de todas. El historiador español, al recordar la ruina de aquellas venerandas tradiciones, no puede menos de escribirla con pesar y enojo y calificar con dureza alguno de los medios empleados para lograrla; pero ¿cómo negar que el resultado fue beneficioso? Para que se cumpla el fiet unum ovile et unus pastor, necesaria cosa es la unidad, así en lo máximo como en lo mínimo. Y, por otra parte, ¿no sería absurdo pensar que la gloria y la santidad de nuestra Iglesia estaban vinculadas en algunas variantes litúrgicas, no tantas ni de tanto bulto como se pretende?[1] Por ventura, después de la mudanza de rito, ¿se apagó la luz de los Isidoros, Braulios y Julianes, o dejó nuestra Iglesia de producir santos y sabios? Respondan, sobre todo, el siglo XV y el XVI.

Como quiera, y antes de entrar en el estudio de las herejías del segundo período de la Edad media, conviene dar alguna razón de este notable cambio,

---

[1] La misa muzárabe solo se diferencia de la romana en ser más larga y ceremoniosa.[a·]

---

a· Liturgia gótica o muzárabe.
«Tenía de particular esta liturgia que no contenía nada del canto gregoriano ni del ambrosiano, que suponía el uso diario de la comunión y distribución del cáliz por los diáconos, que encerraba un gran número de oraciones, y prescribía, al fin, que se manifestara al pueblo la hostia consagrada, que debe ser partida según los nueve misterios de Jesucristo: la Encarnación, el Nacimiento, la Circuncisión, etc.» (Alzog, II 378).

procurando sin ira ni afición, ya que las causas están tan lejos, poner en su punto la parte que a propios y a extraños cupo en esas novedades eclesiásticas.

Sabido es que el rito malamente llamado gótico o muzárabe no es ni muzárabe ni gótico de origen, sino tan antiguo como el cristianismo en España, e introducido probablemente por los siete varones apostólicos. Claro que no nació en un día adulto y perfecto, ni se libró tampoco de sacrílegas alteraciones en tiempo de los priscilianistas, aunque ni duraron mucho ni se extendieron fuera del territorio de Galicia, donde se enmendó luego la anarquía gracias a la decretal del papa Vigilio (538) y al concilio Bracarense (561). El Toledano III (de 589) añadió al oficio de la misa el símbolo constantinopolitano, y el Toledano IV (633) uniformó la liturgia en todas las iglesias de España y de la Galia narbonense. Los más esclarecidos varones de aquella edad pusieron mano en el misal y en el breviario góticos. Pedro Ilerdense, Juan Cesaraugustano, Conancio de Palencia, san Leandro, san Isidoro, san Braulio, que compuso el oficio de san Millán; san Eugenio, de quien es la misa de san Hipólito; san Ildefonso, san Julián y otros acrecentaron el rito con oraciones, himnos, lecciones..., sin que sea fácil ni aun posible determinar lo que a cada uno de ellos pertenece. Al doctor de las Españas se atribuye la mayor tarea en este arreglo de la liturgia, que por tal razón ha conservado entre sus nombres el de isidoriana.[2]

Ni esta liturgia especial quebrantaba en nada la ortodoxia, ni la Iglesia española era cismática, ni estaba incomunicada con Roma... Todos éstos son aegri somnia. Con solo pasar la vista por el primer libro de esta historia, se verá el uso de las apelaciones en el caso de Basílides y Marcial, la intervención directa de san León y de Virgilio en el caso de los priscilianistas y la supremacía pontificia, altamente reconocida por san Braulio, aun después de la represión inmotivada del papa Honorio, mal informado, a los obispos españoles. Agréguense a esto la decretal de Sirico, las dos de Inocencio I, la de san Hilario a los obispos de la Tarraconense, las epístolas de san Hormisdas, las de san Gregorio el Magno,

---

2 Véase *Missale Mozarabe et Officium itidem Gothicum, diligenter ac dilucide explanata...* (Angelopoli [Puebla de los Angeles] 1770). (Con explanaciones de Lorenzana, entonces arzobispo de México, y de Fabián y Fuero, obispo de Puebla.)
Breviarium Gothicum secundum regulam Beati Isidori, Archiepiscopi (sic) Hispalensis, iussu Cardinalis Francisci Ximenii de Cisneros primo editum, nunc opera Excmi. Francisci Antonii Lorenzana, Sanctae Ecclesiae Toletanae, Hispaniarum primatis Archiepiscopi recognitum. Matriti, anno MDCCLXXV (Apud Ioachim Ibarra, etc.)

la de León II..., y se tendrá idea de las continuas relaciones entre España y la Santa sede en los períodos romano y visigótico. Más escasas después de la conquista árabe, por la miserable condición los tiempos, aún vemos al papa Adriano atajar los descarríos de Egila, Migecio y Elipando y dirigir sus epístolas *omnibus Episcopis per universam; Spaniam commorantibus*; y a Benedicto VII fijar los límites del obispado de Vich en 978.

En cuanto a la pureza del rito, ¿cómo ponerla en duda cuando en él habían intervenido tan santos varones? Cierto que Elipando invocó en apoyo de su errado sentir textos del misal y del breviario góticos, dando motivo a que Alcuino y los Padres francofurdienses hablasen con poco respeto de los toledanos, pero el mismo Alcuino reconoció muy luego el fraude del herético prelado, que se empeñaba en leer adopción y adoptivo donde decía y dice assumptio y assumpto. Más adelante, en el siglo X, el rito muzárabe obtuvo plena aprobación pontificia. En 918, reinando en León Ordoño II, el legado Zanelo, que vino de parte de Juan X a examinar los misales, breviarios y sacramentales, informó favorablemente al Pontífice, y éste alabó y confirmó en el sínodo romano de 924 la liturgia española, mandando solo que las secretas de la misa se dijesen según la tradición apostólica.[3]

Pasa un siglo más, y, cuando las tradiciones de la Iglesia española parecían firmes y aseguradas, viene a arrojar nuevas semillas de discordia la reforma cluniacense, entablando a poco los galicanos declarada guerra contra el rito español, la cual solo termina con la abolición de éste en 1071 y 1090.

La abadía de Cluny, célebre por la santidad y letras de sus monjes y por la influencia que tuvieron en la Iglesia romana, llegando muchos de ellos a la tiara, fue en el siglo X eficacísimo dique contra las barbaries, corrupciones y

---

3   Así como consta en una nota del *Códice Emilianense*, publicada por Aguirre, tomo 3, página 174; Flórez, tomo 2 apénd., n.º 3; Villanuño, tomo 1, página 401, y la Fuente, *Historia eclesiástica*, tomo 3, página 517, apénd. 55: «Regnante Carolo Francorum rege ac Patricio Romae, et Ordonio Rege in Legione civitate, Ioannes papa Romanam et Apostolicam sedem tenebat, Sisnandus vero Iriensi Sedi, retinenti corpus B. Iacobi Apostoli, praesidebat, quo tempore Zanellus presbyter... a praefato papa Ioanne ad Hispanias est missus ut statum Ecclesiae huius regionis perquireret, et quo ritu ministeria Missarum celebrarent... Quae cuncta catholica fide munita inveniens, exultavit, et Domino Papae Ioanni et omni conventui Romanae Ecclesiae retulit. Officium Hispanae Ecclesiae laudaverunt et roboraverunt. Et hoc solum placuit addere, ut more Apostolicae Ecclesiae celebrarent secreta Missae».

simonías de aquella edad de hierro. Aumentado prodigiosamente el número de monasterios que obedecían su regla (en el siglo XII llegaban, según parece, a 2.000), ricos de privilegios y de exenciones, fueron extendiendo los cluniacenses su acción civilizadora, aunque tropezando a las veces con los demás benedictinos no sujetos a aquella reforma, sin que por eso pudiera tachárselos de relajados. Por lo tocante a España, en modo alguno puede admitirse esa decadencia del monacato, y los documentos en que de ella se habla, dado que pasen por auténticos, son a todas luces de pluma parcial y extranjera. Pero ni aun de su autenticidad estamos seguros. Dicen los cronistas de la Orden de san Benito que a principios del siglo XI llegó a oídos de don Sancho el Mayor de Navarra la fama del monasterio de Cluny, y que envió a él al monje español Paterno para que estudiara la reforma y la introdujese en san Juan de la Peña. El mismo Paterno y otros monjes pinnatenses reformaron el monasterio de Oña, fundado como dúplice en 1011 por el conde don Sancho, arrojando de allí a las religiosas, que vivían con poca reverencia, según dice el privilegio. Paterno dejó de abad a García. Conforme a otra versión, la reforma fue hecha por el ermitaño Íñigo, a quien trajo don Sancho de las montañas de Jaca. Dícese también que era cluniacense el abad Ferrucio de san Millán de Siero, monasterio fundado por don Sancho el Mayor en 1033.

Hasta aquí las crónicas benedictinas. Los documentos que se alegan son un diploma del rey don Sancho[4] fechado en 1033 y una Vida del abad san Íñigo, conservada en latín en el archivo de san Juan de la Peña y en castellano en Oña. El primero es por muchas razones sospechoso: la elegancia relativa de su latinidad; el decir don Sancho que había acabado con los herejes de su reino, como si entonces los hubiera; el faltar del todo las firmas de los obispos de Navarra; el orden extraño y desusado de las suscripciones, junto con otros reparos más menudos, han quebrantado mucho, desde los tiempos de Masdéu, el crédito de este documento, que nadie defiende sino de soslayo y por ser tan grande la autoridad del padre Yepes, que le alega. Realmente pone grima el pensar que de una pluma española salieran aquellas invectivas contra la reli-

---

4   Véase en Yepes, tomo 5, escritura 45. Masdéu le da por falso, así como todos los demás documentos relativos a la reforma del tiempo de don Sancho. Contestóle el padre Casaus de san Juan de la Peña (*Carta de un aragonés aficionado a las antigüedades de su reino...* Zaragoza 1800). Le replicó Masdéu en el tomo 20 de la *Historia crítica*, dando ocasión a nuevo escrito de Casaus (*Respuesta del aragonés aficionado...* Madrid 1806).

giosidad de nuestra Iglesia y contra la virtud de las monjas de Oña, compañeras de santa Tigridia. La *Vida de san Íñigo* (aunque no está en contradicción con el privilegio de don Sancho, puesto que éste habla de una reforma anterior, y con ella serían dos en poco más de diecinueve años, cosa inverosímil) es realmente moderna, como reconocieron los Bolandos.

Pero, aunque parezca contradicción la legitimidad de esos documentos, fuera excesivo pirronismo negar del todo las reformas cluniacenses en tiempo de don Sancho. La mentira es siempre hija de algo; y quizá esos privilegios no son apócrifos, sino refundidos o interpolados cuando tantos otros, es decir, a fines del siglo XI, época del grande apogeo de los monjes galicanos. Por lo demás, la Iglesia española no necesitaba que vinieran los extraños a reformarla: la enmienda que había de ponerse en los abusos y vicios, aquí menores que en otras partes, hízola ella por sí, y buena prueba es el concilio de Coyanza.

A fines del mismo siglo XI, en 1062, vino a Castilla de legado pontificio el célebre y revoltoso cardenal Hugo Cándido, empeñado en destruir el rito muzárabe. Los obispos españoles reclamaron de aquel atropello, y enviaron a Roma cuatro códices litúrgicos; el libro de *Órdenes* (códice de Albelda), el *Misal* (códice de santa Gemma, cerca de Estella), el *Oracional* y el *Antifonario* (códices de Hirache). Fueron comisionados para entregarlos a Alejandro II don Munio, obispo de Calahorra; don Jimeno, de Auca, y don Fortún, de Álava. El papa reconoció y aprobó en el concilio de Mantua (1063) la liturgia española después de diecinueve días de examen.[5]

Hugo Cándido había seguido el bando del antipapa Cadolo; pero, reconciliado con Alejandro II, viósele volver a España en 1068 con el firme propósito de abolir en Aragón el rito muzárabe. Era el rey don Sancho Ramírez aficionado por demás a las novedades francesas, y gran patrocinador de los cluniacenses

---

5 Consta todo en la referida nota del Emilianense:
   «Alexandro papa Sedem Apostolicam obtinente et Domino Ferdinando Rege Hispaniae regione imperante, quidam Cardinalis, Hugo Candidus vocatus, a praefato, papa Alexandro missus, Hispaniam venit: officium subvertere voluit... Pro qua re Hispaniarum Episcopi vehementer irati, consilio inito, tres Episcopos Romam misserunt, scilicet Munionem Calagurritanum, et Eximinum Aucensem, et Fortunium Alavensem. Hi ergo cum libris officiorum... se Domino Papae Alexandro in generali Concilio praesentaverunt; obtulerunt, id est, librum Ordinum, et librum Missarum, et librum Orationum, et librum Antiphonarum, etc., etc. Decem et novem diebus tenuerunt, et cuncti laudaverunt.»

de san Juan de la Peña, que lograron en su tiempo desusados privilegios, entre ellos el de quedar exentos de la jurisdicción episcopal. En vano se opusieron los obispos de Jaca y Roda a tal exención, desusada en España. El abad Aquilino fue a Roma, puso su monasterio bajo el patronato de la Santa sede, y alcanzó el deseado privilegio.

Así preparado el terreno, y dominando en el ánimo del rey los pinnatenses, logró sin dificultad Hugo Cándido la abolición del oficio gótico en Aragón, y poco después en Navarra. El 22 de mayo de 1071, a la hora de nona, se cantó en san Juan de la Peña la primera misa romana. No hablo de los falsos concilios de Leyre y san Juan de la Peña.

Mayores obstáculos hubo que vencer en Castilla. Ya Fernando I el Magno, muy devoto del monasterio de Cluny, le había otorgado un censo, que publicó en 1077 su hijo Alfonso VI,[6] casado en segundas nupcias con la francesa doña Constanza. Por muerte de Alejandro II había llegado a la silla de san Pedro el ilustre Hildebrando (san Gregorio VII), terror de concubinarios y sacrílegos, brazo de Dios y de la gente latina contra la barbarie de los emperadores germanos. El admirable propósito de unidad, acariciado por todos los grandes hombres de la Edad media y reducido a fórmula clara y precisa en las epístolas de Gregorio VII, empeñóle en la destrucción de nuestro rito, mostrándose en tal empeño duro, tenaz y a las veces mal informado. En repetidas cartas solicitó de Alfonso de Castilla y de don Sancho de Navarra la mudanza litúrgica, alegando que «por la calamidad de los priscilianistas y de los arrianos había sido contaminada España y separada del rito romano, disminuyéndose no solo la religión y la piedad, sino también las grandezas temporales».[7] En otra parte llama superstición toledana al rito venerando de los Leandros, Eugenios y Julianes. Palabras dignas, por cierto, de ser ásperamente calificadas, si no atendiéramos a la santidad de su autor y al noble pensamiento que le guiaba, por más que

---

6   «Ego Adephonsus... Hugoni abbati... censum quem pater meus... Sanctissimo loco Cluniacensi solitus erat dare, in diebus vitae meae duplicatum dabo» (Yepes, *Crónica de la Orden de san Benito*, tomo 4, fol. 452).

7   «Postquam vesania Priscillianistarum diu pollutum et perfidia Arianorum depravatum et a romano ritu separatum, irruentibus prius gothis ac demum invadentibus sarracenis, regnum Hispaniae fuit, non solum religio est diminuta, verum etiam mundanae sunt opes labefactae.»

fuera en esta ocasión eco de las calumnias cluniacenses. Él mismo parece que lo reconoció más tarde.

En pos de Hugo Cándido, lanzado por estos tiempos en abierto cisma y rebeldía contra Gregorio VII, y de Giraldo, enemigo también del rito español, vino el cardenal Ricardo, abad de san Víctor de Marsella, quien, según narra el arzobispo don Rodrigo, *coepi irregularius se habere*,[8] y tuvo acres disputas con otro cluniacense, Roberto, abad de Sahagún, que, a pesar de su origen, pasaba por defensor de los muzárabes. A punto llegaron las cosas, que el arzobispo de Toledo, don Bernardo, también francés y de la reforma de Cluny, encaminóse a Roma, y logró de Urbano II, sucesor de Gregorio VII, que retirase el legado. Pero el objeto de su legación estaba ya cumplido. Oigamos al arzobispo don Rodrigo: «Turbóse el clero y pueblo de toda España al verse obligados por el príncipe y por el cardenal a recibir el oficio galicano; señalóse día, y, congregados el rey, el arzobispo, el legado y multitud grande del clero y del pueblo, se disputó largamente, resistiendo con firmeza el clero, la milicia y el pueblo la mudanza del oficio. El rey, empeñado en lo contrario, y persuadido por su mujer, amenazóles con venganzas y terrores. Llegaron las cosas a punto de concertarse un duelo para que la cuestión se decidiera. Y, elegidos dos campeones, el uno por el rey, en defensa del rito galicano, y el otro por la milicia y el pueblo, en pro del oficio de Toledo, el campeón del rey fue vencido, con grande aplauso y alegría del pueblo. Pero el rey, estimulado por doña Constanza, no cejó de su propósito, y declaró que el duelo no era bastante.

»El defensor del oficio toledano fue de la casa de los Matanzas, cerca de Pisuerga...

»Levantóse gran sedición en la milicia y el pueblo: acordaron poner en el fuego el misal toledano y el galicano. Y, observado por todos escrupuloso ayuno y hecha devota oración, alabaron y bendijeron al Señor al ver abrasado el oficio galicano, mientras saltaba sobre todas las llamas del incendio el toledano, enteramente ileso. Mas el rey, como era pertinacísimo en sus voluntades, ni se aterró por el milagro ni se rindió a las súplicas, sino que, amenazando con muertes y confiscaciones a los que resistían, mandó observar en todos sus reinos el oficio

---

8   *De commutatione officii toletani* (cap. 25 del, lib. 6, *De rebus Hispaniae*), padres toledanos, página 138 del tomo 3.

romano. Y así, llorando y doliéndose todos, nació aquel proverbio: "Allá van leyes do quieren reyes"».[9]

En esta magnífica leyenda comprendió el pueblo castellano todas las angustias y conflictos de aquella lucha, en que el sentimiento católico, irresistible en la raza, se sobrepuso a todo instinto de orgullo nacional, por grande y legítimo que fuese. Doliéronse y lloraron los toledanos, pero ni una voz se alzó contra Roma, ni dio cabida nadie a pensamientos cismáticos, ni pensaron en resistir, aunque tenían las armas en la mano.[10]

---

9 «Verum ante revocationem clerus et populus totius Hispaniae turbatur, eo quod Gallicanum officium suscipere a legato et Principe cogebantur; et, statuto die, Rege, Primate, legato, cleri et populi maxima multitudine congregatis, fuit diutius altercatum, clero, militia et populo firmiter resistentibus ne officium mutaretur. Rege a Regina suaso, contrarium minis et terroribus intonante. Ad hoc ultimo res pervenit, militari pertinacia decernente, ut haec dissensio duelli certamine sedaretur. Cumque duo milites fuissent electi, unus a Rege, qui pro officio Gallicano, alter a militia et populis qui pro Toletano pariter decertarent, miles Regis illico victus fuit, populis exultantibus, quod victor erat miles officii Toletani. Sed Rex adeo fuit a Regina Constantia stimulatus, quod a proposito non discessit, duellum iudicans ius non esse. Miles autem qui pugnaverat pro officio Toletano fuit de domo Matantiae prope Pisoricam, cuius hodie genus extat. Cumque super hoc magna seditio in militia et populo oriretur: demum placuit ut liber officii Toletani et liber officii Gallicani in magna ignis congerie ponerentur. Et indicto omnibus ieiunio, a primate, legato et clero, et oratione ab omnibus devote peracta, igne consumitur liber officii Gallicani, et prosiliit super omnes flammas incendii, cunctis videntibus et Dominum laudantibus, liber officii Toletani, illaesus omnino et a combustione incendii alienus. Sed cum Rex esset magnanimus et suae voluntatis pertinax executor, nec miraculo territus, nec supplicatione suavis, voluit inclinari, sed mortis supplicia, et directionem minitans resistentibus, praecepit ut Gallicanum officium in omnibus regni sui finibus servaretur. Et tunc, cunctis flentibus et dolentibus, inolevit proverbium: Quo volunt Reges vadunt leges.» (En esta narración de don Rodrigo está fundada la de Mariana.) El *Chronicon Malleacense* dice que el campeón franco fue vencido con alevosía: «Fuit factum bellum inter duos milites, et falsitatis fuit victus miles ex parte francorum».

10 Ha de advertirse que según la respetable opinión del padre Villanueva, que hizo especial estudio de nuestros antiguos misales, «la mudanza de nuestra liturgia en el siglo XI se limitó al canon y al orden de las preces antes y después de él, mas no alteró la sustancia de las oraciones, que se conservaron, en gran parte, como en el muzárabe. Tales son las que prescriben nuestros códices a los sacerdotes para vestir los ornamentos sagrados: la bendición del pan al tiempo de la oferta del pueblo; la bendición in unitate Sancti Spiritus, benedicat vos Pater et Filius; la oración Aperi, Domine, os meum, antes del Te igitur, y otras muchas, que, por lo que se halla en los códices anteriores, se ve que las conservó la tra-

Para completar la reforma, el concilio de León de 1091 confirmó la abolición del rito y mandó asimismo que se desterrase la letra isidoriana.

Desde entonces nadie puso trabas al poderío de los cluniacenses. Declarados libres y exentos de toda potestad secular o eclesiástica, *ab omni iugo saecularis seu ecclesiasticae potestatis*, cosa jamás oída en Castilla, fueron acrecentando día tras día sus rentas y privilegios. Ellos introdujeron en el fuero de Sahagún las costumbres feudales, fecundísimo semillero de pleitos y tumultos para los abades sucesivos. Levantáronse a las mejores cátedras episcopales de España monjes franceses, traídos o llamados de su patria por don Bernardo: Giraldo, obispo de Braga; san Pedro, obispo de Osma; Bernardo, obispo de Sigüenza y después arzobispo de Compostela; otros dos Pedros, obispo el uno de Segovia y el otro de Palencia; Raimundo, que sucedió a don Bernardo en la silla de Toledo; don Jerónimo, obispo de Valencia después de la conquista del Cid, y de Zamora cuando Valencia se perdió...; a todos éstos cita don Rodrigo como *iuvenes dociles et litteratos* traídos de las Galias por don Bernardo. No ha de negarse que alguno de ellos, como san Pedro de Osma, fue glorioso ornamento de nuestra Iglesia; pero tantos y tantos monjes del otro lado del Pirineo que cayeron sobre Castilla como sobre tierra conquistada, repartiéndose mitras y abadías, ¿eran por ventura mejores ni más sabios que los castellanos? Responda el cisterciense san Bernardo: *Nisi auro Hispaniae salus populi viluisset.* Y el abad de Sahagún, Roberto, ¿no tuvo que apellidarle el mismo Gregorio VII demonio, al paso que su compañero de hábito y nación Ricardo le acusaba de lujurioso y simoníaco? De los atropellos e irregularidades del mismo Ricardo quedó larga memoria en Cataluña. Ni es tampoco para olvidado el antipapa Burdino.

De la tacha de ambiciosos y aseglarados nadie podrá salvar a muchos cluniacenses. Tantas falsificaciones de documentos en provecho propio como vinieron a oscurecer nuestra historia en el siglo XII, tampoco acreditan su escrupulosa

---

dición de los tiempos antiguos» (*Viaje literario*, tomo 1, página 95). La historia de nuestras antigüedades litúrgicas está por escribir, y requiere erudición especial y hoy muy insólita. El jesuita Burriel y el dominico Villanueva reunieron inestimables documentos y apuntaron indicaciones peregrinas; pero ni uno ni otro llegaron a dar forma a sus trabajos, y el primero ni siquiera logró ver impresos sus materiales. El padre Flórez trató más de paso esta materia, como cuadraba al plan de su grande obra, pero todavía su Disertación sobre la misa antigua de España (tomo 3 de la *España sagrada*) es lo mejor y más sólido que en esta materia poseemos...

conciencia. Lo peor es que el contagio se comunicó a los nuestros, y ni Pelayo de Oviedo ni Gelmírez repararon en medios cuando del acrecentamiento de sus diócesis se trataba. En Gelmírez, protegido de don Raimundo de Borgoña, vino a encarnarse el galicanismo. Ostentoso, magnífico, amante de grandezas y honores temporales, envuelto en perpetuos litigios, revolvedor y cizañero, quizá hubiera sido notable príncipe secular; pero en la Iglesia española parece un personaje algo extraño, si se piensa en los Mausonas y en los Leandros. Y eso que manos amigas, y más que amigas, trazaron la Historia compostelana.

No es mi ánimo maltratar a los cluniacenses, que están harto lejos, para que no parezca algo extemporánea la indignación de Masdéu y otros críticos del siglo pasado. Mas, aparte de la mudanza del rito, hecho en sí doloroso, pero conveniente y aun necesario, poco o ningún provecho trajeron a la civilización española: en la Iglesia, el funesto privilegio de las exenciones y un sinnúmero de pleitos y controversias de jurisdicción; en el Estado, fueros como el de Sahagún, duros, opresores, antiespañoles y anticristianos; en literatura, la ampulosa y vacía retórica de los compostelanos. ¿Qué trajeron los cluniacenses para sustituir a la tradición isidoriana?

Cierto que el influjo francés, por ellos en parte difundido, extendió en alguna manera el horizonte intelectual, sobre todo en lo que hace a la amena literatura. Divulgáronse los cantares de gesta franceses, y algo tomaron de ellos nuestros poetas, hasta en las obras donde con más energía protesta el sentimiento nacional contra forasteras intrusiones. Fueron más conocidas ciertas obras didácticas y poéticas de la baja latinidad, como la *Alexandreis*, de Gualtero de Chatillon, por ejemplo, y en ellas se inspiraron los seguidores del mester de clerecía durante el siglo XIII. Hallaron más libre entrada en España las narraciones religiosas y épicas, que constituyen el principal fondo poético de la Edad media. Por eso nuestra literatura, cuando empieza a formularse en lengua vulgar, aparece ya influida, si no en el espíritu, en los pormenores, en las formas y en los asuntos. Lejos de perder nacionalidad con el transcurso de los siglos, ha ido depurándola y arrojando de su seno los elementos extraños. Pero ésta no es materia para ser tratada de paso ni en este lugar.

A cambio de lo que pudimos recibir de los franceses y demás occidentales en los siglos XI, XII y XIII, dímosles, como intermediarios, la ciencia arábiga y judaica y algún género oriental, v. gr., el apólogo. Y henos conducidos, como por la mano, a la apreciación de otro linaje de novedades que siguieron, no en muchos años, a la conquista de Toledo, y en las cuales solo hemos de tener en cuenta el aspecto de la heterodoxia, representada aquí por el panteísmo semítico, tal como fue interpretado en las escuelas cristianas.

Sin las relaciones frecuentísimas entre España y Francia, consecuencia de la abolición del rito y de la reforma cluniacense, no hubiera sido tan rápida la propagación de la filosofía oriental desde Toledo a París. Además, un cluniacense, don Raimundo, figura en primera línea entre los mecenas y protectores de esos trabajos.

Tres reinados duró la omnipotente influencia de los monjes de Cluny, mezclados en todas las tormentas políticas de Castilla, en las luchas más que civiles de doña Urraca, el Batallador y Alfonso VII. Desde 1120 su poderío va declinando y se menoscaba más y más con la reforma cisterciense.

Mientras esto pasaba, la Reconquista había adelantado no poco, a pesar de la espada de los almorávides y de los desastres de Uclés y de Zalaca. La conquista de Zaragoza y la osada expedición del Batallador en demanda de los muzárabes andaluces; los repetidos triunfos de Alfonso VII, coronados con la brillante, más que duradera ni fructífera empresa de Almería, habían mostrado cuán incontrastable era la vitalidad y energía de aquellos Estados cristianos. ¡Cómo no, si un simple *condottiero* había clavado su pendón en Valencia!

Entretanto, germinaba en todos los espíritus la idea de unidad peninsular, y el Batallador, lo mismo que su entenado, tiraron a realizarla, llegando el segundo a la constitución de un simulacro de imperio, nuevo y manifiesto síntoma de influencias romanas y francesas. Mucho pesaba en la Edad media el recuerdo de Carlomagno, y aun el de la Roma imperial, con ser vana sombra aquel imperio.

Capítulo I. Entrada del panteísmo semítico en las escuelas cristianas. Domingo Gundisalvo. Juan Hispalense. El español Mauricio

I. Indicaciones sobre el desarrollo de la filosofía arábiga y judaica, principalmente en España. II. Introducción de la ciencia semítica entre los cristianos. Colegio de traductores protegido por el arzobispo don Raimundo, Domingo Gundisalvo y Juan Hispalense. III. Tratados originales de Gundisalvo. *De Processione mundi.* IV. Viajes científicos de Gerardo de Cremona, Herman el alemán y otros extranjeros a Toledo. V. El panteísmo en las escuelas de París. Herejías de Amaury de Chartres. El español Mauricio.

I. Indicaciones sobre el desarrollo de la filosofía arábiga y judaica, principalmente en España

Sin asentir en manera alguna a la teoría fatalista de las razas, puede afirmarse que los árabes, no por ser semitas, sino por su atrasada cultura y vida nómada antes del Islam y por el círculo estrecho en que éste vino a encerrar el pensamiento y la fantasía de aquella gente, han sido y son muy poco dados a la filosofía, ciencia entre ellos exótica y peregrina, ya que no mirada con aversión por los buenos creyentes. La filosofía, se ha dicho con razón, es un mero episodio en la vida de los musulmanes. Y aun se puede añadir que apenas se contó un árabe entre esos filósofos. Casi todos fueron sirios, persas y españoles.

El papel que corresponde a la cultura muslímica en la historia de la metafísica, no es otro que el de transmisora de la ciencia griega, generalmente mal entendida. No dejaron los árabes de tener algunos rastros y vislumbres de filosofía propia, porque no hay pueblo ni raza que carezca de ellos. La filosofía posible entre los sarracenos se mostró en sus sectas heterodoxas. Así el conflicto de la predestinación y el libre albedrío hizo brotar las sectas de kadaríes y djabaríes. La negación de todo atributo positivo en la Divinidad, hecha por los partidarios del Chabar, fue ásperamente combatida por los sifatíes o antropomorfitas. De estos débiles principios fue naciendo la secta de los motáziles o disidentes, impugnadores asimismo de los atributos y del fatalismo. Sirvieron los motáziles como de cadena entre la ortodoxia y la filosofía. La ciencia del calam (palabra), especie de teología escolástica, enseñada por los *motacallimun*, vástago de los motáziles, es ya una doctrina filosófica, nacida de la lucha entre el peripatetismo y el dogma muslímico y acrecentada con doctrinas griegas, como que tiene una base atomística. Pero antes conviene hablar de los peripatéticos.

Cuando los árabes se apoderaron de Siria, Caldea y Persia, duraba allí el movimiento intelectual excitado por los últimos alejandrinos, a quienes arrojó de su patria el edicto de Justiniano, y por los herejes nestorianos, que expulsó Heraclio. Algunas monarcas persas, como Nuschirvan, habían protegido estos estudios y hecho traducir a su lengua algunos libros. Los árabes no se percataron al principio de nada de esto; pero cuando a los Omeyas sucedieron los

Abasíes, ya aplacados los primeros furores de la conquista, vióse a los médicos nestorianos, a los astrólogos y matemáticos, penetrar en el palacio de los califas, tan solícitos en honrarlos como lo habían sido algunos monarcas del Irán. En el califato de Almansur se tradujeron ya los *Elementos* de Euclides. En tiempo de Harún-al-Rachid, y sobre todo de Almamún, apenas se interrumpe la labor de las traducciones de filósofos, médicos y matemáticos griegos, puesto que la amena literatura clásica fue del todo desconocida para los árabes, harto incapaces, por carácter y costumbres, de entender la pureza helénica. Debiéronse la mayor parte de esas versiones, que a veces eran refundiciones y extractos, a Isaac, a Honain-ben-Isaac, a Costa-ben-Luca y a otros nestorianos persas y sirios. Unos traducían del siríaco al árabe, otros directamente del griego. Entonces conocieron los árabes a Aristóteles y a algunos neoplatónicos.

La importancia y celebridad de Aristóteles había subido de punto en los últimos tiempos de la escuela de Alejandría, suplantando casi a la fama de Platón, merced a los comentarios de Temistio, Simplicio y Juan el Gramático o Filopono. Con los libros auténticos del Estagirita llegaron a manos de los árabes otros apócrifos y de doctrina enteramente opuesta, como la llamada *Teología de Aristóteles*, obra de algún seudomístico alejandrino, e inspiradora, como veremos, de la *Fuente de la vida*, de Avicebrón. Aparte esto, de los neoplatónicos alcanzó a los árabes el rechazo más que la doctrina. Avempace y Tofail se parecen a Plotino, pero no le conocían ni le nombran. De Proclo manejaban, según parece, un libro apócrifo: el que los cristianos llamaron *De causis*. La filosofía prearistotélica, incluso la de Platón, conocíanla solo por las referencias de Aristóteles, y de allí tomaron los Motacallimun su atomismo. Corrían, sin embargo, libros con nombre de Empédocles, Pitágoras y algún otro pensador antiguo, pero todos de fábrica reciente y saturados de neoplatonismo.

El neoplatonismo, pues, en sus últimas evoluciones, no el de las *Enéadas*, y el peripatetismo en toda su extensión y comentado por los alejandrinos, constituyen el caudal científico de los árabes y la base de sus especulaciones. Pero el nombre de Aristóteles es siempre el que ellos invocan hasta con fervor supersticioso, siquiera en los pormenores, en el cariño especial con que tratan algunas cuestiones y aun en la solución que a veces les dan, se muestran un tanto originales.

Hasta el siglo IX, cuando buena parte de esos libros eran conocidos y divulgados, los árabes no dieron muestra de sí. El primero de sus filósofos de nombre conocido es Al-Kindi, que floreció en Bagdad en tiempo de los califas Almamún y Almotasin, y compuso, según dice, más de 200 obras, aunque hoy apenas se conserva ninguna. Especuló sobre la naturaleza de lo infinito, sobre el entendimiento, sobre el orden de los libros de Aristóteles, sobre el plan y propósito de éste en las «Categorías» y principalmente sobre la unidad de Dios, cuyos atributos positivos negaba.[11]

Eclipsolo Alfarabi, filósofo del siglo X, discípulo de un cristiano llamado Juan, hijo de Geblad,[12] comentó el *Organon* de Aristóteles, y en nada esencial se aparta del peripatetismo. Tuvo mucha boga entre los escolásticos un tratadillo suyo, *De scientiis*, especie de metodología, citado con elogio por nuestro Fernando de Córdoba en el *De artificio omnis scibilis*. No parece que encerraba propósito alguno de concordia otro escrito de Alfarabi sobre las doctrinas de Platón y de Aristóteles. En cambio, es importante su tratado *De los principios de los seres*, conservado en la versión hebrea de Rabí-Samuel-ben-Tibbon y calificado por Maimónides de pura flor de harina. Reconoce Alfarabi seis principios, es a saber: la causa primera, las causas segundas o inteligencias de las esferas celestes, el entendimiento agente, el alma, la forma y la materia; independientes del cuerpo los tres primeros, unidos a él los tres segundos. Pone la ciencia y la felicidad humanas, como los demás filósofos árabes que le siguieron, en la unión con el entendimiento agente, pasando por los grados intermedios del entendimiento en efecto y del entendimiento adquirido. Es el entendimiento agente y separado una luz que irradia en todo lo inteligible y produce la intelección, como los colores la luz. Solo las almas que alcancen su unión con el intelecto agente serán inmortales. Pero Alfarabi no llega al panteísmo, porque ni ese intelecto es Dios, ni la personalidad humana queda absorbida en la esencia divina; pues, según él, las almas separadas gozan en su unión, y el goce supone

---

11 Makenmacher, *De Alkendi arabum philosophorum celeberrimo* (Helmstad 1719); Casiri (*Bibliotheca Arabico-Hispana Escurialensis*, página 353 del tomo 1) trae el catálogo de sus obras, tomándole de Al-Kifti. (Véase para todo Munck.)

12 Casiri (tomo 1, páginas 190 y 191) trae su vida y el catálogo de sus escritos según el *Diccionario de Al-Kifti*.

conciencia. Averroes le atribuye, sin embargo, el haber dicho que la inmortalidad del alma era un cuento de viejas.[13]

En verdad que Aristóteles no hubiera conocido su teoría del intelecto απθητικός y del ποιητικός tal como los árabes la disfrazaron. Del texto del libro III *De anima*, por más interpretaciones que se le den y diga lo que quiera Renán, no resulta ni la unidad del entendimiento agente ni su separación del hombre. No existe para Aristóteles esa razón objetiva e impersonal.[14] La impasibilidad e incorruptibilidad del intelecto agente, y no del posible, no significa más que la inmortalidad del alma en sus facultades superiores, tal como Aristóteles la entiende. Que los dos principios sean distintos y separados, Aristóteles lo dice expresamente; pero que el uno de ellos está fuera del alma y sea único, a la manera de una luz exterior que ilumine todas las inteligencias, ni lo dice ni puede deducirse de su libro, a pesar de algunas expresiones, que riñen con el resto de la doctrina del νοῦς, y que parecen tomadas de Anaxágoras. No es ésta la primera vez que en cosas más graves ha puesto Renán sus propias imaginaciones en cabeza de los autores cuyos textos solicitaba blandamente para que respondiesen a su intento.

Esta mala inteligencia de dos o tres frases del capítulo 5, libro III, *De anima*, es una de las mayores novedades y de los fundamentos del peripatetismo arábigo, aunque ya estuviera en germen en los comentos de Temistio y Filopono. La reducción de esta filosofía a cuerpo de doctrina débese principalmente al persa Avicena (Ben-Sina),[15] tan famoso como médico. En su gran compilación Al-Xifa y en el compendio que tituló Al-Nacha[16] desarrolla todo el círculo de las ciencias filosóficas al modo de Aristóteles, aunque por orden más breve y sencillo. Admite Avicena, contra la ortodoxia musulmana, la eternidad del mundo y toma de los neoplatónicos el sistema de la emanación para explicar cómo de lo uno

---

13 Pocas obras de Alfarabi se han traducido al latín. Véase *Alpharabii, vetustissimi Aristotelis interpretis, opera omnia quae latina lingua conscripta reperiri potuerunt* (París 1638). Contiene los tratados *De scientiis* y *De intellectu.*
    —Schmoelders, *Documenta philosophiae arabum* (Bonn 1836). Contiene otros dos opúsculos de Alfarabi, con texto y traducción latina.

14 Renán, *Averroes et l'Averroisme*, página 125.

15 Uno de los maestros de Avicena fue el médico cristiano Isaben-Jahya.

16 Fragmentos de estas dos obras son los tratados filosóficos que se tradujeron al latín, y de los cuales hay varias ediciones. Munck cita la de Venecia 1495.

(Dios) resulta lo múltiple (el mundo). De Dios emana la inteligencia, que mueve la primera esfera celeste, de ésta la que mueve la segunda, así sucesivamente hasta el intelecto agente y el alma humana, etc. Dios tiene el conocimiento de las cosas universales; a las inteligencias separadas compete el de las particulares y accidentales. A diferencia de otros filósofos árabes, en la vida práctica, antes que en la especulativa, pone Avicena *El fin del hombre*; admite el profetismo como estado sobrenatural, y cuando habla de la unión del alma con el intelecto agente, tiene rasgos místicos a su manera. Parece que en la *Filosofía oriental*, libro esotérico suyo, no conocido más que por las citas de Tofail y Averroes, defendía sin ambages el panteísmo.

Por lo que Avicena se aparta del peripatetismo, atrájose las iras de Averroes y otros aristotélicos puros o que creían serlo. Por lo que riñe con la ortodoxia muslímica, dio margen a las impugnaciones de Algazel y de los Motacallimun. Algazel (nacido en Tus, del Korasan, el año 1058) es un pensador singular, que llamó el escepticismo en apoyo de su religión, como otros modernos en defensa de mejor y más santa causa. Si yo creyera que Algazel obraba de buena fe, le llamaría el Pascal, el Huet o el Donoso Cortés del islamismo. Como ellos, emprendió el errado camino de combatir la razón para asegurar la fe. Algazel había pasado por las escuelas filosóficas y sectas de su tiempo, y en todas encontró dudas, refugiándose al cabo en el misticismo de los sufis. Entonces compuso su *Tehafot* o *Destrucción de los filósofos*, precedido de otro libro, que llamó Makasid, especie de resumen de las doctrinas que se proponía impugnar. Verdadera destrucción es el *Tehafot*, puesto que nada funda, reservando Algazel la exposición de sus doctrinas para otro libro que llamaba Fundamentos de la creencia. Las ideas impugnadas son las de Aristóteles, interpretado por Alfarabi y Avicena. En veinte puntos se fija principalmente Algazel, impugnando la eternidad de la materia y del mundo, la negación de los atributos y de la providencia particular y de detalle, la teoría acerca de las inteligencias de las esferas, el principio de la causalidad, que sustituye con el hábito, no de otra manera que David Hume, y defendiendo la resurrección de los muertos, etc.[17]

Ni Averroes ni Tofail creen que Algazel procediera de buena fe en estas refutaciones. Es más: existe un tratado, que compuso después de la *Destrucción*, para descubrir su pensamiento a los sabios, en que contradice lo mismo que

---

17   Véase Gosche, *Vida y obras de Algazel* (Berlín 1858).

había afirmado, y, si bien en forma oscura e indecisa, razona como cualquier otro peripatético árabe. Dice Tofail que ni éste ni los demás libros esotéricos de Algazel habían venido a España. Averroes combatió el *Tehafot*, en su *Destrucción de la destrucción*.

El deseo de concertar en una síntesis el islamismo y la filosofía griega produjo en el siglo X la frustrada tentativa de los Hermanos de la pureza o sinceridad, sociedad que se juntó en Basora y compuso una especie de enciclopedia en cincuenta tratados.[18]

A defender la creación, la providencia y las penas y castigos de la otra vida, se levantaron con más éxito los Motacallimun,[19] tomando de la filosofía sus propias armas para combatirla. Pero, ¡cosa rara!, no se apoyaron en Aristóteles, sino en Demócrito, y resucitaron el sistema atomístico. Dios creó los átomos, que por el movimiento se unieron en el vacío. El tiempo es para los Motacallimun una serie de instantes separados por intervalos de quietud. Ningún accidente durados instantes, y Dios crea sin cesar accidentes nuevos por su libre y espontánea voluntad. Todos los accidentes son positivos, hasta la muerte, la privación y la ignorancia. A la causalidad sustituye, como en Algazel, el hábito. En suma, la ciencia de los Motacallimun es ciencia fluxorum, de fenómenos y apariencias, y parece increíble que un sistema teológico la haya tomado por base.

Después de Avicena y de Algazel, la filosofía decae rápidamente en Asia, y, cada vez más acosada por los alfaquíes muslimes y por el dogmatismo oficial, escoge nuevo teatro, presentándose con singulares caracteres en España, donde bajo el cetro de los Omeyas de Córdoba se había desarrollado una cultura no inferior a la de Bagdad.

A principios del siglo X, un cordobés llamado Mohamed-ben-Abdallah-Abenmassarra, que había viajado por Oriente, trajo a España los libros del seudo-Empédocles, explicó la doctrina en ellos contenida y tuvo muchos

---

18 Tradújola al hebreo *Kalonymos-ben-Kalonymos* en el siglo XIV. Véase Munck.

19 Las mejores, casi las únicas noticias que tenemos de los Motacallimun, están en el *Guía de los que dudan*, de Maimónides. Véanse, además los sabios comentarios de Munck, tomo 1, cap. 69 y 70. Hay mucha semejanza entre el ocasionalismo de los Motacallimun y el de Malebranche.

discípulos.[20] El sistema de Empédocles tenía bastantes analogías con el de Avicebrón, que luego expondremos: una materia universal, una forma universal creada por Dios; de la unión de estos dos elementos resultaban primero las cosas simples y luego las compuestas. Vagas reminiscencias de la doctrina del verdadero Empédocles sobre el amor y el odio servían para anudar esta cadena neoplatónica de emanaciones, en que las almas individuales eran partículas del alma universal, cuyo atributo es el amor, al paso que la naturaleza, con ser efecto y aun emanación del alma, tiene por carácter la discordia. Lo que en esta teoría había de dualismo gnóstico, que en las consecuencias llegaba a ser *maniqueísmo*, rechazólo Avicebrón, como diremos luego.

Un siglo después de Abenmassarra, en el XI, floreció el zaragozano Avempace (Ben-Pacha o Bacha), inclinado al misticismo, como toldos nuestros pensadores árabes y judíos, excepto Maimónides, y filósofo de los más notables, en la secta de los contempladores. En su tratado *De la unión del alma con el entendimiento agente*, enseñó ya el monopsichismo o panteísmo intelectual de Averroes. Pero la obra más notable de este moro aragonés es su libro *Régimen del solitario*, conocido hoy por el extenso análisis que hizo el judío Moisés de Narbona, y que ha reproducido Munck. El misticismo de Avempace es del todo opuesto al de Algazel: éste desprecia la razón, Avempace la ensalza, y solo en su unión con el intelecto agente pone la felicidad humana. Hay en su libro una especie de utopía política enlazada con el sistema metafísico. El solitario está en la ciudad; pero forma ciudad y estado aparte, la ciudad de los sabios, y es como la planta que nació en un desierto. Pero ya que el solitario vive en un estado imperfecto, debe tratar de mejorarle, después que se haya mejorado a sí propio y llegue al ápice de lo perfecto, mediante la percepción de las formas universales, y, sobre todo, del intelecto agente, venciendo y domando la parte hylica, material o pasiva de nuestra naturaleza. Cuando se llega a la posesión de esas formas especulativas, que Avempace llama también ideas de las ideas, del intelecto agente emana el intelecto adquirido, y el solitario ve las formas puras

---

20 Dícelo Munck con referencia al *Diccionario de Al-Kifti*. El mismo Munck expone la doctrina del falso Empédocles, tomándola de Xahastani. Es vergüenza que ningún español haya escrito aún la historia de la filosofía arábiga en nuestro, suelo. Pueden verse, además de las historias generales de la filosofía de Ritter y otros, las obras siguientes: Schmoelders, *Essai sur les écoles philosophiques chez les Arabes* (París 1842): Munck, tomo 1, *Mélanges de philosophie juive et arabe* (París 1859); Renán, *Averroes et l'Averroisme* (París 1861).

con abstracción de la materia, porque el intelecto adquirido es el *substratum* de estas mismas formas, las cuales se reducen a una sola y simplicísima en el intelecto agente, fundándose así la unidad de la ciencia. Para encontrar una concepción tan una y vigorosa, hay que retroceder a Plotino. Los árabes orientales quedan harto inferiores a Avempace.

Buena parte de la gloria de éste ha recaído en su discípulo Abubeker-ben-Abdel-Malik Abentofail, filósofo y médico guadijeño de principios del siglo XII. Lo singular en el libro de Tofail es la forma. Con el título de *Hai-ben-Jakdan* escribió una especie de novela filosófica, Robinsón metafísico que han dicho algunos, algo semejante al *Criticón*, de Baltasar Gracián, y aun al *Emilio*, de Rousseau y a otras invenciones pedagógicas. Al traducirla Pococke al latín cambió el título en el de *Philosophus autodidactus*;[21] y, en efecto, Hai, a diferencia de Andrenio y de Emilio, no tiene maestros, se educa a sí propio. Nacido en una isla desierta y criado por una cabra, va desarrollando sus ideas como si él solo estuviese en el mundo. Del conocimiento de lo sensible, de lo múltiple, del accidente, de la especie, se levanta al de lo espiritual, lo simple, la sustancia, el género: comprende la armonía de la naturaleza, adquiere las ideas de materia y forma, y la del motor inmóvil y supremo demiurgo. Desciende a la propia conciencia para reconocer la distinción de espíritu y cuerpo; y como la sustancia del hombre consiste en el espíritu, infiere que es preciso separarse de la materia, aniquilarse al modo de los sufis o de los joguis, e identificarse con Dios, en quien lo múltiple se reduce a unidad, y cuya luz se extiende y difunde en todo lo creado. El solitario Hai tiene éxtasis y revelaciones; estamos de lleno en el panteísmo místico de Jámblico y de Proclo. Para que semejantes doctrinas no se tuvieran por heterodoxas y malsonantes entre los muslimes, ocurriósele a Tofail una idea que no carece de belleza. Hai, el hombre de la naturaleza y del pensamiento libre, se encuentra, a los cincuenta años de soledad y de meditaciones, con un asceta musulmán que había parado en las mismas consecuencias que él por el solo camino de la religión. La forma literaria del *Autodidacto* no dejó de ejercer influencia en ciertas ficciones alegóricas de Ramón Lull, como veremos a su tiempo.[22]

---

21 *Philosophus autodidactus*, sive Epistola Ali Yaatar, Abentofail de Haiben-Jakdan (Oxford 1671). Hay traducciones inglesas, alemanas y holandesas (1700).

22 Los cuáqueros ingleses estiman el *Autodidacto* como libro místico.

A todos los filósofos arábigo-hispanos excedió en fama, fecundidad y método, ya que no en originalidad e ingenio, el cordobés Averroes (Ben-Roxd), llamado en la Edad media el comentador por excelencia:

Averrois che'l gran commento feo.

Es error vulgar y que no necesita refutación, aunque anda en muchos libros, el de atribuir a Averroes traducciones de Aristóteles. Averroes no sabía griego, y se valió de las traducciones anteriores. Lo que hizo fue explanar todos los libros de Aristóteles, excepto la *Política*, que, según él mismo dice, no era conocida en España, y los libros de la *Historia de los animales*, con tres maneras de interpretaciones, llamadas comento mayor, comento medio y paráfrasis, aunque ni poseemos hoy todos estos trabajos, ni los que existen se han impreso todos.[23] De la mayor parte no queda el texto árabe, sino traducciones hebreas y latinas, hechas generalmente del hebreo. Lo mismo acontece con la mayor parte de las obras filosóficas de los árabes por el motivo que luego expondré.

Mayor novedad que en estos comentarios y paráfrasis hay en algunos opúsculos de Averroes, v. gr., en el *Tehafot al Tehafot* (*Destrucción de la destrucción*), en que refuta a Algazel, en el *De substantia orbis*, en la *Epístola sobre la conexión del intelecto agente o abstracto con el hombre* y en el *Del consenso de la filosofía y de la teología*, cuyo texto árabe existe en El Escorial y fue publicado en 1859 por Müller.

La filosofía de Averroes es panteísta, más resuelta y decididamente que la de Avicena. Sus dos grandes errores, los que fueron piedra de escándalo en las escuelas cristianas, son la eternidad de la materia y la teoría del intelecto uno. Averroes niega la creación *ex nihilo* y anula la personalidad racional. La generación es el movimiento de la materia prima, que por sí no tiene cualidades positivas y viene a ser, digámoslo con palabras de Isaac Cardoso, *tanquam vagina et amphora formarum*, una mera potencia de ser, que para convertirse en acto necesita recibir la forma. Esta recepción, movimiento o paso del ser en

---

23 Falta un trabajo completo sobre las innumerables ediciones latinas de Averroes y sobre los códices de sus obras. Véase, con todo, el libro de Renán, que cita ediciones de Padua (1472, 73 y 74) y de Venecia (1483, 84, 89, 95, 96, 97, 1500, etc.). La más célebre es la de los Juntas (1553).

potencia al ser en acto, es eterno y continuo, y, por tanto, eterna y continua, sin principio ni término, la serie de las generaciones. Negada la creación, había que negar la Providencia, y Averroes lo hizo, reduciendo a Dios a la categoría de razón universal de las cosas y principio del movimiento.

A la concepción peripatética de la materia y de la forma añadió Averroes la acostumbrada cadena de emanaciones neoplatónicas, con todo el cortejo de inteligencias siderales e intelecto agente, ese entendimiento objetivo o razón impersonal de que Renán hablaba. Averroes es padre del famoso argumento escolástico *Omne recipiens debet esse denudatum a substantia recepti*..., el entendimiento posible es una mera capacidad de recibir las formas. Para que el conocimiento se verifique es precisa la intervención del intelecto agente. El primer grado en la unión del entendimiento posible con el agente es el entendimiento adquirido; el último, la identificación con los inteligibles mismos. En Averroes la nota mística es menos aguda que en Avempace y Tofail. En cambio, se muestra mucho más dialéctico en sus procederes, lo cual contribuyó no poco a su desastrosa hegemonía entre los cristianos. Como quiera, y aunque no recomiende el ascetismo de Ben Pacha ni hable de los éxtasis como Tofail, su doctrina no deja de ser un misticismo racionalista que por la ciencia aspira a la unión con Dios, una especie de *gnosis* alejandrina.

Del segundo de los dos yerros capitales del averroísmo síguese lógicamente otro: la negación *De la inmortalidad del alma*, por lo menos de la inmortalidad individual, única que merece este nombre. Y en efecto: Averroes supone corruptible y perecedero el entendimiento posible, afirmando solo la inmortalidad del agente, como si dijéramos, de la razón universal, de la especie o de la idea, inmortalidad parecida a la que nos prometen muchos hegelianos o a la que entendía referirse nuestro Sanz del Río cuando decía que todos nos salvamos en la Humanidad. ¡Consoladora inmortalidad y salvación por cierto!

La teoría del intelecto uno con todas sus consecuencias es lo que da color y vida propia al averroísmo. Averroes la inculca a cada momento, y en su réplica al *Tehafot*, de Algazel, escribe: «*El alma* es una en Sócrates, en Platón y en todo hombre; la individuación no procede del entendimiento, sino de la sensibilidad». Este panteísmo audaz, sin creación, sin Providencia, sin personalidad humana ni alma inmortal, fue la grande herejía de la Edad media, desde el siglo XIII al XVI, y aun se arrastró penosa y oscuramente en la escuela de Padua hasta los fines del

XVII. A la sombra del averroísmo científico y filosófico floreció otro averroísmo vulgar y grosero, despreciador de toda creencia y compendiado en la frase, que no libro, *De tribus impostoribus.*

A decir verdad, Averroes, como casi todos los filósofos de su raza, había sido muy mal creyente, que profesaba absoluta indiferencia, aunque no odio, respecto del islamismo. En su opinión, el filósofo podía aventurarse cuanto quisiera, siempre que en lo externo respetara el culto establecido. Pero esta hipocresía no engañó a los teólogos muslimes. Ya en tiempo de los almorávides fueron quemados y destruidos muchos libros. Los almohades trajeron mucho más vivo el fervor de proselitismo; y aunque Averroes disfrutase algún tiempo del favor de Abdelmumen y de Yusuf, sufrió en tiempo de Jacob-Almanzor destierros y persecuciones, prohibiéndose, además, por edictos el estudio de la filosofía y mandándose entregar a las llamas cuantos libros de tan pernicioso saber se encontrasen.

Con la muerte de Averroes, ya muy anciano, en 1198, parece extinguirse toda filosofía entre los árabes andaluces. En cambio, proseguía su estudio con tesón, y recogió la herencia de los musulmanes, traduciendo y comentando sus escritos, otra raza semítica establecida de tiempo antiguo en nuestro suelo. Entiéndase, sin embargo, que el desarrollo filosófico de los judíos españoles, conforme a los datos que hoy tenemos, empieza cerca de un siglo antes que el de los sarracenos, excepción hecha de Masarra, y que tres de sus pensadores vencen en originalidad y brío a cuanto presentan los muslimes.

Nuestros judíos comienzan a dar señales de vida literaria a mediados del siglo X (a. 948), en que Rabí-Moseh y Rabí-Hanoc trasladaron a Córdoba las famosas Academias de Pombeditah y Sura, haciendo a nuestra Patria centro de toda cultura rabínica. Los judíos de Oriente, fuera de Filón y de su escuela, habían permanecido casi extraños a la filosofía; como que cifraban su saber en la tradición y en el talmudismo. Si alguna especulación racional tuvieron, redújose a la Cábala, aunque en mantillas y tal como la encontramos en el *Sepher Jatzirah* o *Libro de la Creación*, mencionado, a lo que parece, en ambos Talmudes y traducido al árabe por Rabí-Saadía a principios del mismo siglo X. Enseña este libro, diremos con Jehudá Haleví, la deidad y la unidad por cosas que son varias y multiplicadas por una parte, pero por otra son unidas y concordantes y su unión procede del uno que los ordena.[24] La teoría de los números y de los Sephirot o emanaciones, idéntica a la de los *eones gnósticos*, que en otra parte expusimos, está ya formulada en el *Sepher*, aunque muy distante de los desarrollos que logró en el *Zohar*.[25] El paralelismo perpetuo entre el signo y la idea, en que a veces el primero ahoga a la segunda; la superstición judaica de las letras; los treinta y dos caminos de Adonai; las tres madres, las siete dobles, las doce sencillas: he aquí lo que pusieron de su cosecha los judíos en ese emanatismo de origen persa o caldeo, según la opinión más admitida, que comenzó a influir en ellos durante la cautividad de Babilonia. Pero, mirada la cuestión con ojos imparciales, todavía parece difícil admitir que el *Sepher Jatzirah*, tal como hoy le conocemos, se remonte a los tiempos talmúdicos, ni menos al siglo I ni al II de la era cristiana. Para admitirlo sería preciso borrar de ese libro innegables huellas neoplatónicas y gnósticas. El *Sepher* puede ser anterior en tres siglos, pero no más, a Rabí-Saadía. A fines del siglo I existía, a no dudarlo, entre los judíos una ciencia arcana, análoga al cabalismo; pero el *Libro de la Creación*, que el *Talmud* babilónico y el ierosolimitano citan, y por medio del cual hacían Rabí-Janina y Rabí-Josué ben Cananía maravillas tales como producir una novilla de tres años, que les servía enseguida de alimento, es distinto del *Sepher Jatzirah* que hoy tenemos, y por cuyas hojas pasó, no hay que negarlo, el hálito de la escuela alejandrina. Ni el aislamiento de los judíos y su ignorancia del griego fueron tan grandes como se pondera, ni se explican todas las semejanzas, aunque sí algunas, por un fondo común de tradiciones orientales. La dominación de los reyes de Egipto, la de los de Siria, la de los romanos, los judíos helenistas, Aristóbulo y Filón, la secta de los terapeutas... ¡cuántos motivos para que la filosofía griega penetrase entre los judíos!

La protección dada por los califas Abasíes a los traductores nestorianos y sirios; el nacimiento de la filosofía arábiga con Al-Kendi y Alfarabi, hizo salir a los judíos de la eterna rutina del *Talmud* y de la *Misnáh* y de las interpretaciones alegóricas de la Mercaba o carro de Ezequiel. En tiempo de Almansur, Anan-ben David rompe el yugo del talmudismo y funda la secta de los caraítas, atenida estrictamente al texto de la Biblia. Del caraísmo nació una especie de escolástica, semejante a la de los Motacallimun árabes, y que tomaba de ella

---

24   Cuzary, trad. de Jacobo de Avendaña (Ámsterdam).
25   Véase *La Kabbale ou la philosophie religieuse des Hébreux*, por Ad. Franck (París, 1843).

hasta los argumentos, como expresamente dice Maimónides, para defender la creación *ex nihilo*, la providencia y la libertad divinas.[26] En cambio, Saadía, autor del *Libro de las creencias y opiniones*, y otros rabinos, invocaron ya la razón en apoyo del dogma.

Débiles son, por cierto, los comienzos de la especulación filosófica entre los judíos; pero, trasplantada a España, creció de súbito, como los demás estudios de aquella raza, no sin que alguna parte tuviese en tal florecimiento el célebre médico de Abderramán III, Hasdai ben Isaac, traductor de Dioscórides.

Las glorias de la filosofía judaico-hispana se compendian en tres nombres: Avicebrón, Jehudá Haleví, Maimónides.

Bajo el extraño disfraz de Avicebrón fue conocido, en las escuelas cristianas Salomón Abengabirol, natural de Málaga, o, como otros quieren, de Zaragoza, eminentísimo poeta del siglo XI, autor del *Keter Malkuth*, o *Corona real*, y de muchos himnos, oraciones y plegarias, que se cantan todavía en las sinagogas.[27] Como filósofo, solo podemos juzgarle por su *Fuente de la vida* (*Mahor Hayim*), puesto que, según todas las trazas, ha perecido otro libro que completaba su sistema y que los escolásticos citan con el rótulo de *Liber de Verbo Dei agente omnia*. El descubrimiento de la *Fuente de la vida* se debe al orientalista judío Munck, tan benemérito de nuestras letras. Avicebrón escribió su libro en árabe; pero solo quedan un extracto hebreo de Sem-Tob-Falaquera, que es el impreso, traducido y comentado por Munck, y una versión latina completa, que todavía aguarda editor.[28]

Avicebrón, con ser fervoroso creyente y poeta sagrado, puede pasar por el Espinosa del siglo XI. Es el más metódico y profundo de los panteístas de la Edad media; así es que apenas tuvo discípulos entre los judíos. El fondo de su doctrina es, a no dudarlo, neoplatónico, y Munck ha mostrado las analogías

---

26 Munck, en sus *Mélanges*, da noticias de algunas obras semifilosóficas de doctores caraítas de los siglos IX y X.

27 Véase sobre Avicebrón considerado como poeta, Sachs, *Die religiose poesie der Iuden in Spanien* (Berlín 1845); Geiger, *Salomo Gebirol u. s. Diechtungen* (Leipzig 1867).

28 Munck, *Extraits méthodiques de la Source de vie de Salomon-ibn-Gebirol* (dit Avicebron), traduits en français sur la version hébraique dé Schem-Tob-ibn-Falaquera, et accompagnés de notes critiques et explicatives.

—*Mémmioire sur la vie, les écrits et la philosophie d'Ibn-Gebirol*. (En las *Mélanges de philosophie juive et arabe*. En el mismo volumen va el texto hebreo.)

que tiene la *Fuente de la vida* con el libro apócrifo de la *Teología de Aristóteles*, donde no solo hay platonismo y emanatismo, sino gnosticismo puro, en la mala y herética teoría del Verbo. De la *gnosis*, de Proclo, y quizá del libro *De causis*, si el libro *De causis* no es posterior al *Fons vitae*, desciende Avicebrón; pero semejante analogía no empece a la novedad y encadenamiento de sus ideas. No ha habido pensador alguno absolutamente solitario.

Pártese la *Fuente de la vida* en cinco libros o tratados. El primero contiene observaciones generales sobre lo que se ha de entender por materia y forma. El segundo trata de la forma corporal. El tercero, de las sustancias simples intermedias entre el agente primero (Dios) y el mundo corpóreo. El cuarto demuestra que también las sustancias simples tienen materia y forma. El quinto trata de la materia universal, de la forma universal y de la voluntad divina, que debe de ser el Verbum Dei agens omnia. Está el libro en forma de diálogo entre maestro y discípulo.

Munck ha analizado prolijamente y con grande esmero la *Fuente de la vida*, y casi fuera temeridad rehacer su trabajo, aun cuando el plan de esta obra lo consintiera. Baste decir que en el sistema de Avicebrón todos los seres, excepto Dios, o sea la sustancia primera, están compuestos de materia y forma. La emanación fue producida libremente por la voluntad divina, que se mostró en varias hipóstasis, como decían los alejandrinos. El primer resultado de la emanación es la materia universal con la forma universal; la primera, considerada abstractamente y sin la forma, es solo una potencia de ser; la forma le da existencia, unidad y sustancialidad. La forma universal es idéntica al entendimiento universal, unidad segunda, especie de las especies, razón de todas las formas parciales. La segunda emanación es el alma universal, que tiene dos modos de manifestarse: en el macrocosmos, como alma del mundo o naturaleza naturante; en el microcosmos, como alma racional. De la naturaleza naturante emana el mundo corpóreo en sus diferentes grados: mundo celeste e incorruptible, mundo de la generación y de la destrucción, etc. A su vez la materia tiene varios grados: 1.º Materia universal absoluta. 2.º Materia universal corpórea. 3.º Materia de las esferas celestes. 4.º Materia general natural o del mundo inferior. Cada una de éstas ciñe y abraza a la inferior, y a cada materia corresponde una forma, haciéndose más y más corpóreas formas y materias conforme van descendiendo y alejándose de la voluntad divina. El mundo superior es arquetipo del inferior; las formas visibles, reflejo de las invisibles. La forma universal se asemeja a la luz del Sol, difundida en todo lo creado. La materia, lo mismo que la forma, es una en su esencia; y como la materia y la forma son emanaciones de la voluntad divina y la una no puede existir sin la otra, ¿quién dejará de inferir que en la voluntad se confunden y unimisman? ¿Quién podrá librar a Abengabirol de la nota de panteísmo, por más que haya procurado salvar el dogma de la creación?

Realmente, la unidad de materia, como si dijéramos la sustancia única, es lo que llamó la atención de los escolásticos en el sistema de Avicebrón. *Omnes illos qui corporalium et incorporalium dicunt esse materiam unam, super quam positionem videtur esse fundatus liber qui dicitur «Fons vitae»*, escribe Alberto el Magno.[29] En cambio, Giordano Bruno, que en pleno Renacimiento cita muchas veces a Gabirol suponiéndole árabe, extrema de todo punto las consecuencias de su doctrina, atribuyéndole lo que no dijo: «Algunos afirman que la materia es un principio necesario, eterno y divino; de ellos es aquel moro Avicebrón, que la llama dios y dice que está en todas las cosas».[30]

En su poema *Keter Malkuth* desarrolla Gabirol las mismas ideas que en la *Fuente de la vida*. Es la *Corona real* un himno de soberana belleza al Dios de quien brota la fuente de la vida, de quien emanó la voluntad para difundirse, como el Sol difunde sus rayos, en infinitas emanaciones. Hasta en sus libros de filosofía es poeta Gabirol y sabe exornarlos con bellas imágenes y comparaciones. «Las formas sensibles, dice en el libro II del *Fons vitae*, son para el alma lo que las letras de un libro para el lector. Cuando la vista ve los caracteres y los signos, el alma recuerda el verdadero sentido oculto bajo estos caracteres.» Este pensamiento es favorito de los místicos: «¿Qué serán luego todas las criaturas de este mundo, tan hermosas y tan acabadas, sino unas como letras quebradas e iluminadas que declaran bien el primor y sabiduría de su autor?», exclama fray Luis de Granada. «Y porque vuestras perfecciones, Señor, eran infinitas y no podía haber una sola criatura que las representase todas, fue necesario criarse muchas, para que así, a pedazos, cada una por su parte nos

---

29   *De causis et processu Universitatis*, lib. 1 tr. 1, cap. 5 (citado por Munck).
30   *De causa, principio et uno* (*Opera*, tomo 2, página 251, edición de Wagner).

declarase algo dellas.»[31] Pero ¡qué diferencia entre el espiritualismo cristiano de Luis de Granada y el panteísmo místico de Avicebrón![32]

Resumamos: el *Fons vitae* contiene en sustancia la doctrina de Plotino, expuesta con método aristotélico, aunque Avicebrón, con más talento y buen deseo que resultado, quiere concertarla con la personalidad divina y con el dogma de la creación. Imposible era unir cosas contradictorias, y los judíos

---

31   Introducción al *Símbolo de la fe*.

32   *Filosofía española*.

Willmann (doctor Michael), *Zur Stellung Avencebrols* (ben Gebirol's) im Entwicklum sgang der arabischen Philosophie. Ein Beitrag zur Erfoschung seinen Quellen («Beiträge zur Geschichte der Philosophie des Mittelalters», de Baecumker y Hertling [Münster 1905] edición Aschendorf).

«La doctrina de Avencebrol sobre Dios coincide en ciertos puntos con la doctrina de Plotino, pero difiere en otros. A causa de las influencias religiosas que obran sobre él, atribuye a Dios la personalidad y le pone en contacto más directo con el hombre y el mundo.

»La voluntad divina, en el *Fons vitae*, es una adaptación del logos de Filón. Avencebrol se aparta del emanatismo plotiniano en que no hay lugar para la voluntad.

»En la doctrina sobre el espíritu, el filósofo judío se inspira en el nous de Plotino, pero añadiéndole datos nuevos. Para él el espíritu no es ya la razón que procede de la esencia divina, sino una segunda inteligencia, el primer ser compuesto de materia y forma. Avencebrol le atribuye también el oficio de intelecto agente, pero en el sentido de la antigua escuela árabe, es decir, desde un punto de vista principalmente ontológico, en tanto que obra sobre el alma, la cual es por sí misma activa respecto de los seres inferiores.

»*El alma* del mundo de Platón, ya modificada en Plotino, aparece todavía transformada en la obra de Avencebrol. Representa el segundo estado de la emanación (siendo la naturaleza el tercero) y también la última de las sustancias espirituales. Por consiguiente, el alma no tiene ya las relaciones directas con el mundo corporal que le atribuían los filósofos griegos. Esta idea, por otra parte, no es original, Avencebrol la ha tomado de los árabes. A ellos también debe su tricotomía. Plotino dividía el alma del todo en dos partes; él la divide en tres: alma razonable, animal y vegetativa.

»Su cosmología expresa ideas bastante comunes en su época y que habían sido enunciadas antes por los Hermanos de la Pureza. Sus fuentes griegas son Plotino, y en algunas cuestiones, los matemáticos de la escuela de Pitágoras.

»En suma, no se puede decir que la doctrina de Avencebrol es una pura reproducción de un sistema de la antigüedad. El neoplatonismo forma el esqueleto; los desarrollos, en gran parte, son diferentes. Tiene un parentesco muy cercano con la doctrina de los Hermanos de la Pureza y con la obra que se designa bajo el nombre de Teología de Aristóteles, que, sin embargo, no pueden considerarse como sus fuentes inmediatas.»

Tales son las conclusiones del doctor Willmann.

obraron con prudencia dejando a un lado las teorías emanatistas de Gabirol, mientras ponían sobre su cabeza los himnos y oraciones del mismo; porque allí la vaguedad e indecisión de las formas poéticas velaba lo heterodoxo del pensamiento.[33] Solo los cabalistas, los compiladores del *Zohar*, explotaron grandemente el libro de Avicebrón.

Sin detenernos en los Aben Ezras ni el moralista Bahya-ben-Joseph, reparemos un momento en la hermosa figura del castellano Jehudá-Leví (mediados del siglo XII), uno de los grandes poetas de la Península Ibérica, superior al mismo Ben-Gabirol y comparado por Enrique Heine con el padre Homero. Jehudá-Leví no era un espíritu aventurero ni salió nunca de los límites de la creencia mosaica. Así, en sus himnos como en el libro de teología y filosofía que llamó *Kuzari*, la inspiración religiosa domina sobre todo. Combate frente a frente las audacias de la filosofía peripatética, rinde su tributo a la tradición y se inclina al misticismo y a la Cábala. Pero no es un escéptico como Algazel ni niega las fuerzas de la razón, sino que le da un puesto inferior y subordinado a la fe. La fe no está contra la razón, sino sobre ella, y la filosofía griega, que solo en la razón se apoya, da flores y no fruto. El libro del *Kuzari* está en diálogo y es de muy discreto artificio literario y amena lectura.[34] Compúsolo en árabe Jehudá-Leví, tradújole al hebreo Jehudá-Ben-Tibon, y al castellano, en el siglo XVII, Jacob de Avendaña.

El movimiento filosófico de los árabes arrastraba a los judíos hacia el Peripato, no obstante los esfuerzos de Jehudá Haleví y sus discípulos. Para buscar algún modo de concordia entre el dogma y la teología, compuso Abraham-ben-David, de Toledo, su libro de la *Fe excelsa*, y más adelante el cordobés Moisés ben Maimon (Maimónides), su *Guía de los que dudan*. Maimónides, la mayor gloria del hebraísmo desde que faltaron los profetas, sentía el mismo entusiasmo y fervor por la Biblia que por Aristóteles; pero la nota racionalista predominaba en él, como en Jehudá Leví la mística. Abraham-ben-David había combatido

---

33 Además del excelente trabajo de Munck, debe leerse acerca de la *Fuente de la vida* un artículo de Franck en sus *Études orientales* (París, 1861).

34 Véase *Cuzary, libro de grande sciencia y mucha doctrina: Discursos que pasaron entre el rey Cuzar y un singular sabio de Israel... Agora nuevamente traducido del Ebrayco en español y comentado por el Hacham R. Jacob, Abendana...* En Ámsterdam, año 1523. Geiger, Divan d. Castilers Abul-Hassan Juda ha *Levi...* (Breslau 1851), 12.º
¡Todavía falta traducción castellana de las poesías de Jehudá-Leví!

la doctrina de Gabirol. Maimónides no le nombra y se ensaña principalmente con los Motacallimun, malos defensores de la religión y malos filósofos. En el *Guía* hay que distinguir dos partes, aunque suelen andar mezcladas: una de filosofía, otra de exégesis racional. Esta última es sobremanera audaz; puede decirse que preludia el *Tratado teológico-político* de Espinosa. Maimónides da de la profecía una explicación puramente psicológica; expone por el método alegórico multitud de antropomorfismos y teofanías y da tormento a la Biblia para encontrar dondequiera las ideas de Aristóteles, de quien solo se separa en un punto: el relativo a la eternidad del mundo. En teodicea rechaza Maimónides los atributos positivos, abriendo así puerta al panteísmo y aun al ateísmo y dándose la mano con Avicebrón y con Plotino; pero los restablece luego, por una feliz inconsecuencia, con el nombre de atributos de acción, y los mismos atributos negativos, tomados a la inversa, se convierten en positivos en sus manos; v. gr.: Dios no es ignorante, luego es sabio; no es injusto, luego es justo, etc. Lo que Maimónides quiere dar a entender es que no hay paralelo ni semejanza posibles entre la naturaleza divina y la humana, y que la justicia, la sabiduría, el poder, la bondad, etc., son de una manera muy distinta de las que vemos en los hombres.

No está exento Maimónides de frases de sabor emanatista ni falta en su sistema la acostumbrada jerarquía de inteligencias separadas, que desde Avicena o antes de Avicena presidía a la concepción cosmológica de árabes y judíos. Pero el autor de la *Guía* procura identificar esas inteligencias con los ángeles de la Escritura. ¡Cuánto camino habían andado los daimones, alejandrinos!

Como quiera, en la doctrina de Maimónides quedan a salvo la personalidad divina y la creación. ¿Sucede así con la inmortalidad del alma? En este punto anda oscuro. A las veces como que indica que solo las almas absortas en la contemplación y en el saber, las que lleguen a la unión con el intelecto agente, serán inmortales. Mas ¿esta inmortalidad supone conciencia y distinción o es semejante a la de Averroes? Maimónides no responde categóricamente, pero se inclina al monopsichismo y rechaza la idea de número y de pluralidad en el mundo de los espíritus.

Maimónides ha pasado entre los profanos por antecesor de Espinosa; lo es realmente como teólogo y exegeta, y aun casi como adversario de lo sobrenatural, según comprueban sus teorías del profetismo y de los milagros; pero como filósofo, aunque se dé la mano con él en dos o tres puntos relativamente secundarios, tiene Espinosa antecedentes más directos en Avicebrón y en la Cábala. Sin embargo, había leído mucho a Maimónides, y le cita en el *Tratado teológico*,[35] aunque suele tratarle con dureza.

El libro de Maimónides era demasiado racionalista para que contentase a los judíos. Pero la autoridad grande de que gozaba, y aun hoy goza, su autor como talmudista y comentador de la *Misnáh*, hizo que los pareceres se dividiesen. Cuando el *Guía*, escrito originalmente en árabe, fue trasladado al hebreo por Samuel-ben-Tibon, produjo una verdadera tempestad en las sinagogas de Provenza. Cruzáronse de una parte a otra condenaciones y anatemas, y en 1305 un sínodo de Barcelona, presidido por Salomón-ben-Adrath, prohibió, so pena de excomunión, el estudio de la filosofía antes de los veinticinco años.[36] Pero esta providencia, como todas las que al mismo intento se tomaron, salió infructuosa. El demonio de la filosofía se había apoderado de los judíos, y a ellos se debió la traducción y conservación de la mayor parte de los libros árabes ya mencionados. De las vicisitudes de esa filosofía durante los siglos XIV y XV no me toca hablar ahora.

Para completar esta reseña conviene decir algo del *Zohar*, principal monumento cabalístico, escrito o compilado en España y durante el siglo XIII, según la opinión más probable, por un judío llamado Moisés de León. En su texto se han notado palabras castellanas, como esnoga (sinagoga) y guardián.

---

35 «Et quamvis maimonides et alii hanc historiam... Abrahami, in somniis contigisse volunt... illi sane garriunt, nam nihil aliud curaverunt, quam nugas Aristotelicas et sua propria figmenta ex Scriptura extorquere...» (*Tract. theol. pol.* § 19, página 20, tomo 3, edición de Bruder: *Benedicti de Spinosa opera quae supersunt*, Leipzig 1846). En la página 120 combate la opinión de Maimónides acerca de la eternidad del mundo y su manera de interpretar las Escrituras. Hay muchas más citas, que expondré al tratar de Espinosa.

36 Véase *Le Guide des Égarés, traité de théologie et de philosophie par Moiseben-Maimoun, dit Maimonide* (texto árabe, con caracteres hebreos y traducción francesa), por S. Munck (París 1856-1866). Tres tomos 4.º Munck dejó preparada, y se ha impreso después de su muerte, una edición del texto hebreo del *Guía*, de Samuel-Ben-Tibon. Sobre la traducción francesa ha hecho otra italiana un judío de Liorna. Véase además: *Moise Maimonide. Sa vie et sa doctrine, en los Etudes orientales*, de Franck; *Le Rationalisme religieux au XII siècle, en Philosophie et Religion* del mismo.

Sobre las controversias que excitó el *Guía*, debe leerse, sobre todo, lo que dice el doctor Neubauer, de Oxford, en el último tomo publicado de la *Histoire littéraire de la France*.

La Cábala, en sus principios fundamentales y en su simbolismo, es una de tantas formas de la doctrina de la emanación y se parece mucho a las invenciones gnósticas de Basílides y Valentino. Munck ha mostrado, además, las relaciones que tiene con el Makor de Avicebrón.

Dios, en el sistema de los cabalistas, es una especie de *pater agnostos*, el oculto de los ocultos, la unidad indivisible; se le llama Ensoph. Su luz llenaba el espacio, o más bien el espacio era él. Para crear, concentró su luz, produjo el vacío y le fue llenando con sucesivas emanaciones de su lumbre. La primera es el arquetipo de todo lo creado, el Adam Kadmon. De él emanaron cuatro mundos. En el primero y más excelso, en el Acilah o mundo de la emanación, se distinguen las diez cualidades activas, inteligencias o sephirot del Adam Kadmon. Sus nombres son: 1.º, Corona; 2.º, Prudencia; 3.º, Intelecto; 4.º, Grandeza; 5.º, Fuerza; 6.º, Hermosura; 7.º, Victoria; 8.º, Majestad; 9.º, Fundamento, y 10.º, Reino. De este mundo emanaron los otros tres; el último es el mundo de la materia y del mal, las heces de la creación. El hombre, o microcosmos, es imagen del Adam Kadmon y participa de los tres mundos inferiores, puesto que en él se distinguen tres principios: *nephes* (aliento vital), *rual* (espíritu), *nesjamah* (alma racional). Hay bastante dualismo y aun tendencias maniqueas en la Cábala, pero están absorbidas por el panteísmo que la informa. Parece increíble que dentro del judaísmo y como ciencia sagrada y arcana haya podido vivir tantos siglos una doctrina contraria en todo al espíritu y letra de las Sagradas Escrituras.[37]

Ha convenido adelantar un poco las ideas y los hechos y traer la filosofía semítica hasta fines del siglo XIII para excusar enfadosos preliminares en otros capítulos de nuestra obra.

II. Introducción de la ciencia semítica entre los cristianos. Colegio de traducciones protegido por el arzobispo don Raimundo. Domingo Gundisalvo y Juan Hispalense

Con harto dolor hemos de confesar que debemos a un erudito extranjero las primeras noticias sobre los escritores que son asunto de este capítulo, sin que

---

37 *La Kabbale ou de la philosophie religieuse des Hébreux*, por Ad. Franck (París 1843); Jellinek, Moisés-ben-Sem-Tob de León (Leipzig 1851).
Falta una historia de la filosofía de los judíos españoles. Puede verse además de las obras citadas, la monografía que sobre Abraham-ben-David escribió Gugenheimer, *Die relig. Philosophie des R. Abraham-ben-David* (Ausburgo 1850).

hasta ahora haya ocurrido a ningún español no ya ampliarlas, sino reproducirlas y hacerse cargo de ellas. El eruditísimo libro en que Jourdain reveló la existencia de lo que él llama Colegio de traductores toledanos apenas es conocido en España, con haberse impreso en 1843. (El libro de Jourdain está impreso en París por Grapelet, 8.º) Y, sin embargo, pocos momentos hay tan curiosos en la historia de nuestra cultura medieval como aquel en que la ciencia de árabes y judíos comienza a extender sus rayos desde Toledo y, penetrando en Francia, produce honda perturbación y larga lucha entre los escolásticos, para engendrar a la postre el averroísmo. Pero antes de Averroes aparecieron en lengua latina merced a nuestros traductores, Al Kindi, Alfarabi, Avicena y, sobre todo, Avicebrón. *La fuente de la vida* hizo escuela, y de ella desciende, según toda probabilidad, el panteísmo del maestro Amalrico, que en manera alguna puede confundirse con el de Averroes.[38]

Como intérprete de lo bueno y sano que hubiera en la ciencia arábiga, cabe a España la primera gloria, así como la primera responsabilidad, en cuanto a la difusión del panteísmo. No trato de encarecer la una ni de disimular la otra, aunque bien puede decirse que Domingo Gundisalvo y Juan Hispalense fueron heterodoxos inconscientes, a diferencia del español Mauricio, que suena como dogmatizante.

Ni la importancia ni la curiosidad de estos sucesos han sido parte a que nuestros escritores nacionales los tomen en cuenta. El que más, se contenta con referir a los tiempos de Alfonso el Sabio lo que llaman infiltración de la cultura semítica en el pueblo castellano, asentando que ésta se redujo a las ciencias matemáticas y naturales y a los libros de apólogos y de ejemplos. Hasta se ha atribuido al rey sabio la traslación de las academias hebreas a Toledo, no sin permitirse donosas invectivas a propósito del fanatismo de la clerecía, que había impedido antes tales progresos.

La verdad histórica contradice todas estas imaginaciones. El influjo semítico debió de comenzar a poco de la conquista de Toledo y llegó a su colmo en el reinado de Alfonso VII el emperador (muerto en 1157), que dio franca acogida y generosa protección a los más ilustres rabinos arrojados de Andalucía por

---

38   Averroes.
      Revue des Sciencies Philosophiques et Théologiques, 20 de abril de 1911; P. Doncour, S.
      I., *La Religion et les maîtres de l'Averroisme*.

44

el edicto de Abdelmumen, última expresión del fanatismo almohade. Desde entonces tuvieron asiento en Toledo las antiguas escuelas y academias de Córdoba y Lucena.[39]

En cuanto al fanatismo de la clerecía, baste decir que un arzobispo de Toledo fue, con la mejor intención del mundo, el principal mecenas de la serie de trabajos científicos que voy a enumerar. «La introducción de los textos árabes en los estudios occidentales (ha dicho Renán, autoridad nada sospechosa) divide la historia científica y filosófica de la Edad media en dos épocas enteramente distintas... El honor de esta tentativa, que había de tener tan decisivo influjo en la suerte de Europa, corresponde a Raimundo, arzobispo de Toledo y gran canciller de Castilla desde 1130 a 1150.»[40]

La erudición profana de los escolásticos anteriores a esta época estaba reducida al *Timeo* de Platón, traducido por Calcidio; a los tratados lógicos de Aristóteles interpretados por Boecio, a las compilaciones de Casiodoro, Beda, san Isidoro y Alcuino y a algunos libros de Séneca y Apuleyo, sin olvidar la *Isagoge* de Porfirio, en torno de la cual rodaba la disputa de nominalistas y realistas.[41] Con tan escasos materiales se había levantado el maravilloso edificio de la ciencia de Lanfranco, Roscelino, san Anselmo, Guillermo de Champeaux, Hugo y Ricardo de san Víctor y Pedro Abelardo, dogmáticos y místicos, apologistas y heterodoxos. Es error grave, aunque, a Dios gracias, ya casi extirpado, el considerar la filosofía escolástica como un puro peripatetismo. De Aristóteles solo se conocían antes del siglo XII los tratados lógicos y solo podía imitarse, por lo tanto, el procedimiento dialéctico.

No conoció otra cosa Gerberto, a quien malamente se ha supuesto discípulo de los árabes. A mediados del siglo XI, Constantino el Africano, que había viajado mucho por Oriente, tradujo al latín, de la traducción árabe, algunos libros de Galeno. Del inglés Adelardo de Bath dicen que recorrió España, Grecia, Egipto y Arabia para traducir y compendiar varias obras de matemáticas y astronomía, entre ellas los Elementos, de Euclides, siempre sobre versiones orientales.

---

39 *Historia social, política y religiosa de los judíos de España*, por don José Amador de los Ríos (Madrid 1875), tomo 1, cap. 7.

40 *Averroes et l'Averroisme*, página 201.

41 Sobre todo lo relativo al conocimiento de Aristóteles en la Edad media, nunca será bastante recomendado el riquísimo libro de Jourdain, *Recherches sur les anciennes traductions latines d'Aristote* (París 1843), por Crapelet, en 8.º

Contemporáneo suyo fue un cierto Platón de Tívoli (*Plato Tiburtinus*), traductor de los Cánones astronómicos, de Albategni, hacia el año 1116.[42]

Pero hasta la época de don Raimundo nadie había pensado en traducir obras de filosofía. Hemos nombrado antes a los dos intérpretes de que se valió: Domingo Gundisalvo y Juan de Sevilla.

Las noticias de Gundisalvo eran oscuras y confusas antes de la publicación de Jourdain. Nicolás Antonio[43] hace de él tres personajes distintos. Menciona primero a un cierto Gonzalo, español, que escribió en el siglo XII *De ortu scientiarum, De divisione philosophiae, De anima*, y tradujo del árabe los libros *De caelo et mundo*, según refieren Juan Wallense, franciscano, en su *Florilegium de vita et dictis illustrium philosophorum*, y Lucas Wading, de la misma orden, que en 1665 publicó ese libro. Cita en otra parte a Domingo, arcediano de Segovia, intérprete de un libro de filosofía de Algazel. Y finalmente, con autoridad de Bartholoccio en la *Bibliotheca Rabinica*, atribuye a Juan Gundisalvo y a un tal Salomón el haber puesto en lengua latina la *Física* de Avicena, de la cual había y hay un códice en la Biblioteca Vaticana entre los libros que fueron de la Urbinate.

Pérez Bayer puso a Gundisalvo entre los autores de época desconocida; pero sospechó ya que el traductor de los libros *De caelo et mundo* y el de la *Física* debían de ser una misma persona.

Jourdain resolvió este embrollado punto bibliográfico comparando las suscripciones finales de los códices parisienses, que en bastante número contienen obras de Gundisalvo. Es evidente que el *magister Dominicus, archidiaconus Segoviensis*, que tradujo la *Metafísica* de Algazel, es la misma persona que el *Dominicus Gundisalvi archidiaconus*, intérprete de la *Metafísica* de Avicena, y que el *Dominicus archidiaconus*, traductor del libro *De anima*, del mismo filósofo. El nombre de *Ioannes Gundisalvi* resulta de un error de Bartholoccio, que confundió al arcediano con su colaborador Juan Hispalense, haciendo de dos personajes uno. En cuanto a Salomón, no atino quién sea.

Todavía tiene más nombres Gundisalvo. En el códice que encierra el tratado *De Processione mundi* se le llama *Gundisalinus*, y Vicente de Beauvais cita

---

42 De todos hay noticias en Jourdain, o. C.
43 *Bibliotheca Vetus*, tomo 2, páginas 108, 364 y 370, con las notas de Bayer.

46

como de *Gundisalino* la traducción del *De caelo et mundo*.[44] Nueva prueba de la identidad del personaje.

El colaborador de Gundisalvo era un judío converso llamado Juan, natural, según parece, de Sevilla. Dictaba éste la traducción en lengua vulgar, y Gundisalvo la escribía en latín. Así resulta del prólogo del tratado *De anima* de Avicena, enderezado al arzobispo don Raimundo: *Hunc igitur librum vobis praecipientibus, et me singula verba vulgariter proferente et Dominico archidiacono singula in latinum convertente ex arabico translatum.* El *cognomen* de Juan es en algunos códices *Avendehut*, añadiéndosele las calificaciones de *israelita* y *philosophus*, y en Alberto el Magno, *Avendar*. En muchos manuscritos se le llama Juan *Hispalense*, *Hispanense* y *Lunense* (Juan de Sevilla, Juan el español, Juan de Luna); pero es evidente que se trata de una sola persona, comprobándose la identidad por las fechas y por las dedicatorias al arzobispo don Raimundo.[45]

Las obras en que trabajaron de consuno Gundisalvo y Juan son numerosas y están en parte inéditas. Hablaré primero de las traducciones, y luego, de los originales. Me he valido principalmente de los códices de la Biblioteca Nacional de París, rica como ninguna en manuscritos escolásticos.

Entre ellos merece especial estudio el 6443 del antiguo fondo latino, códice del siglo XIII, que perteneció en el XVI a De Thou. Contiene:

Metaphysica Avicennae... sive de Prima philosophia. Terminados los diez libros, se lee: *Completus est liber quem transtulit Dominicus Gundisalvus archidiaconus Toleti, de arabico in latinum* (fol. 43, Col. 1.ª).

Physicorum Avicennae liber primus. Siguen los otros cuatro y acaba sin suscripción en el folio 68, columna 2.ª Parece traducción de Gundisalvo y su compañero por el asunto, por el estilo y por el lugar que ocupa en el códice. Además, en un manuscrito de la Urbinate están expresos sus nombres.

---

44 Biblioteca Nacional de París, 6443 del antiguo fondo latino.
45 Ioannes Hispanensis... reverendo Toletano archiepiscopo transtulit... Ioannes Hispanensis... Raimundo Toletanae sedis archiepiscopo... A Ioanne Hispanensi atque Lunensi, XI die mensis Martii, 1070, etc.

Liber de anima Avicennae. Antecédele una curiosa dedicatoria de *Juan Avendehut, israelita ad archiepiscopum Toletanum Reimundonem*.[46] El tratado se divide en cinco partículas y acaba al folio 89 vuelto con esta suscripción: *Explicit liber Avicennae de anima. Liber Avicennae, De caelo et mundo.* (Atribuida por Wading a Gundisalvo, fol. 142.) *Metaphysica Algazelis* (en cinco libros). No consta el nombre del traductor en este códice, pero en el 6552 se dice expresamente que lo fue el maestro Domingo, arcediano de Segovia.

Folio 156 vuelto: *Incipit Physica Algazelis*.

Acabados los cinco libros (fol. 164 V.°), dice: *Explicit Algazel totus.*

Folio 185: *Liber Avicennae De ortu scientiarum*. Le cita como de Gundisalvo Juan Guallense.

Folio 201: *Incipit Logica Algazel.*

Folio 208: *Logica Avicennae*. La cita como traducción de Juan *Avendar* Alberto el Magno.

Las demás traducciones de Al-Kindi, Alfarabi, Alejandro (de Afrodisia), Isaac (ben-Honain), contenidas en el tomo, son de Gerardo de Cremona. La de Averroes, *De substantia orbis*, y el *De animalibus*, de Avicena, pertenecen a Miguel Escoto.

---

46 «Reverendissimo Toletanae sedis archiepiscopo et Hispaniarum primati, Ioannes Avendehut israelita, philosophus, gratum debitae servitudinis obsequium. Cum omnes constent ex anima et corpore, non omnes sic certi sunt de anima sicut de corpore. Quippe cum illud sensu subiaceat, ad hanc vero non nisi intellectus attingat, unde homines sensibus dediti aut animam nihil credunt, aut si forte ex motu corporis eam esse coniiciunt, quid est vel qualis est plerique fide tenent, sed pauci ratione convincuntur. Indignum siquidem ut illam partem sui quae est sciens homo, nesciat et id per quod intellectualis est, ratione ipse non comprehendat. Quo modo enim iam se vel Deum poterit diligere, cum id quod in se melius est convincitur ignorare. Omni etenim creaturae pene homo corpore inferior est, sed sola anima aliis antecellit, in qua sui creatoris simulacrum expressius quam caetera gerit. Quapropter iussum vestrum, Domine, de transferendo Avicennae philosophi libro de anima effectui mancipare curas quatenus vestro munere et nostro labore latinus fieret certum quod hactenus extitit incognitum: scilicet an sit anima, et quid, et qualis sit, secundum essentiam et effectum, rationibus verissimis comprobatur. Hunc igitur librum vobis praecipientibus, et me singula verba vulgaritater proferente, et Dominico Archidiacono singula in latinum convertente, ex arabico translatum, in quo quidquid Aristoteles dixit libro suo *De anima*, et de sensu et sensato, et de intellectu et intellecto, ab auctore libri scias esse collectum. Unde postquam, Deo volente, hunc habueritis, in hoc illos tres plenissime vos habere non dubitetis» (Prólogo ya publicado por Jourdain, página 450 de sus *Recherches*).

No menos interesante que este códice es el 6552 de la misma Biblioteca, que al folio 43 contiene la *Metafísica* de Algazel, así encabezada: *Incipit liber Philosophiae Algazel, translatus a magistro Dominico archidiacono Segobiensi, apud Toletum, ex arabico in latinum*. En el folio 62: *Incipit liber fontis vitae*. Esta *Fuente de la vida* no es otra que la de Avicebrón. Munck publicó largos extractos de ella, dándola por anónima. Jourdain ya había sospechado quiénes pudieron ser los traductores. Su conjetura resulta plenamente confirmada por otra copia del *Fons vitae* descubierta en la Biblioteca Mazarina por el doctor Seyerlen.[47]

Tiene el número 510 entre los códices latinos y acaba así: *Finitus est tractatus quintus qui est de materia universali et forma universali, et ex eius consummatione consummatus est totus liber cum auxilio Dei et eius misericordia Avencebrol.*

> Libro praescripto, sit laus et gloria Christo,
> per quem finitur quod ad eius nomen initur.
> Transtulit Hispanis (sic) interpres lingua Ioannis
> tunc ex arabico, non absque iuvante Domingo.

Domingo, pues, y Juan el español trasladaron de lengua arábiga este notabilísimo monumento de la filosofía judaica.

Yo he hallado otro códice del *Fons vitae* en la Biblioteca Colombina de Sevilla. Tiene en el catálogo de Gálvez la marca Z-136-44, y hoy el 5-25 en la serie formada con los libros que pertenecieron a don Fernando Colón. Es del siglo XIII, como los dos de París, y se encabeza así: *Incipit liber «fontis vitae» Avicebrois philosophi. Scinditur autem in quinque tractatus*. Ocupa 55 follos y acaba: *Consummatus totus liber cum auxilio Dei et eius misericordia*. Va precedido de algunos tratados de Alejandro de Afrodisia, del *De animalibus*, de Avicena, y del *Libellus Moysi Egiptii* (Maimónides). *De plantis tactis a calore*, etc.

En un códice de la Biblioteca Nacional de París (suplemento lat. 49) se atribuye a Gerardo de Cremona la versión del tratadito *De scientiis*, de Alfarabi, que en otras copias está como de Gundisalvo.

---

47   Véase *Theologische Jahrbuch*, de Tubinga, tomos 15 y 16.

El *De anima*, de Avicena, hállase reproducido desde el folio 79 en adelante del códice 8802 de la misma Biblioteca con el prólogo de *Avendehut* antes citado.

Finalmente, en dos manuscritos de la misma Biblioteca (6506 del antiguo fondo latino, 1545 del fondo de la Sorbona) se encuentra el tratadito de Costa-ben-Luca sobre La diferencia entre el espíritu y el alma, traducido por Juan Hispalense: *Explicit textus de differentia spiritus et animae. Costa-ben-Luca cuidam amico, scriptori cuiusdam regis, edidit; et Ioannes Hispalensis ex arabico in latinum Ramundo Toletanae sedis archiepiscopo transtulit.*

Doce son, pues, las traducciones hasta ahora conocidas de libros filosóficos árabes hechas por Gundisalvo y su intérprete. Las de Avicena constituían Al-Nacha, las de Algazel el Makásid; unas y otras encerraban en breve resumen la doctrina peripatética y suplían en parte la falta de las obras de Aristóteles, cuyos libros físicos y metafísicos no habían penetrado aún en las escuelas cristianas. Unas y otras fueron muy leídas por los escolásticos y llegaron a ser impresas en los siglos XV y XVI, aunque anónimas y con variantes. La primera edición de Avicena es de 1495; la primera de Algazel, de 1506.[48] En cambio, la *Fuente de la vida* quedó inédita, aunque influye portentosamente en la Edad media y la citan Alberto Magno y santo Tomás.

De Juan Hispalense se conservan, además, muchas versiones y extractos de libros astronómicos. Apenas hay historiador de las ciencias matemáticas que no le mencione; pero nadie ha formado aún el catálogo de sus escritos ni yo me empeñaré en ello por no ser materia de este lugar. El hecho de mezclarse en estos libros supersticiones astrológicas me induce a reservar su noticia para el capítulo de las artes mágicas. Baste decir que Juan Hispalense tradujo, entre otras obras, el libro de Alfergani *De scientia astrorum et radicibus motuum coelestium*, la *Isagoge astrologica*, de Abdelaziz; *qui dicitur Alchabitius*, el *Thebit*, *De imaginibus*, un tratado *De quiromancia*, el *Liber Mesallach*, *De*

---

48   *Avicennae peripatetici philosophi...* Opera (Venitiis 1495). Contiene los tratados siguientes: *Logica, De caelo et mundo, De anima, De animalibus, Philosophia prima*, etc. Difiere de la traducción de Gundisalvo.
Logica et Philosophia Algazetis arabis (Venetiis 1506), por Pedro Lichtenstein de Colonia.

receptione, y de ninguna manera los libros de Mercurio Trimegisto, por más que lo afirme Miguel de Medina.[49]

III. Tratados originales de Gundisalvo. De Processione mundi

No se limitó Gundisalvo a la tarea de interpretar libros filosóficos de extrañas literaturas. Creciendo su afición a las especulaciones racionales, quiso pensar y escribir por su cuenta, aunque siguiendo no muy lejos las huellas de sus modelos, especialmente de Avicebrón, en cuya doctrina estaba empapado. El virus panteísta se le había inoculado sin él pensarlo ni saberlo, dado que era privilegio de los varones de aquella remota edad el ignorar cierta clase de peligros. El emanatismo oriental y neoplatónico vino a reflejarse por desusado camino en los escritos originales de nuestro arcediano.

Dos son los que han llegado a nuestros días, y de entrambos dio Jourdain la primera noticia. Uno de ellos, el más inocente, se rotula *De immortalite anima*e y está contenido en un códice de la Biblioteca Nacional de París (fondo de la Sorbona 1793). Convencido Gundisalvo de que el error materialista destruye el fundamento de toda honestidad y religión, se propone recopilar en su tratado las pruebas que convencen *De la inmortalidad del alma*, como son las leyes y costumbres de todos los pueblos, la razón, la revelación, el sentido íntimo y hasta el testimonio de la experiencia por lo que hace a aparecidos y resucitados. En este tratado luchan constantemente el instinto sano y ortodoxo de Gundisalvo y sus reminiscencias de Avicena y Avicebrón. Cuando dice, por ejemplo, que las almas conocen su procedencia y continuidad de la fuente de la vida y que nada puede interponerse entre ellas y la fuente de la vida ni apartar las aguas que de ésta emanan, ¿como no recordar el emanatismo del Makor Hayim, que él había tan fielmente traducido?[50]

---

49 Véase sobre los libros de astrología judiciaria interpretados por Juan Hispalense el último capítulo de este volumen.

50 Reproduzco el prólogo de este tratado, aunque ya lo publicó Jourdain: «Nosse debes ex aliis quidem quatuor modis humanis consulitur moribus, et 1.º, quidem sensu per experientiam; 2.º, poena per legem; 3.º, philosophia per probationem; 4.º divinitus per prophetiam et revelationem, in quo apparet quantum perniciosum divina bonitas reputaverit errorem animarum humanarum circa se ipsas et maxime illum qui est de immortalitate naturali illorum, quoniam destituit fundamentum honestatis et religionis totius. Quid enim restat de immortalitate sua animabus, cum nulla sit spes vitae alterius et ideo nulla obtinendae verae

El segundo tratado se intitula *De Processione mundi*, está en el códice 6443 de la Nacional de París y ha sido calificado por Jourdain de uno de los más antiguos e importantes monumentos de la filosofía española influida por la musulmana. Tan importante y tan curioso es, que no he dudado en hacerlo copiar con exactitud paleográfica y ofrecérselo a los lectores por apéndice de este capítulo, seguro de que me lo han de agradecer los amantes de la ciencia española y de la filosofía de los tiempos medios. Hasta ahora no ha merecido ni un extracto, ni un análisis, ni más indicación que la ligerísima de Jourdain antes citada.

Propónese el autor del *Liber Gundissalvi* llegar al conocimiento de Dios por el espectáculo de las cosas visibles, fundado en el texto *Invisibilia Dei per ea quae facta sunt, intellecta conspiciuntur*. Vestigios son del Creador las criaturas visibles: forman sus obras una como escala para llegar a Él. En las cosas hemos de distinguir su composición y división, y la causa que produce entrambas. La composición es principiorum coniunctio; la disposición, coniunctorum ordinata habitudo. La causa motora puede ser primera, segunda, tercera, etc. Para la especulación son necesarias tres cosas: razón, demostración, inteligencia. A la razón bástale la posibilidad; a la demostración, la necesidad; la inteligencia solo se aquieta con la concepción pura y simple. A la inteligencia se asciende por el intelecto, o sea por la demostración; al intelecto, por la razón; a la razón,

---

felicitatis? Ubi prostitutio vitiorum et ipsa honestas quid aliud eis quam dementia reputabitur, dum se vident fraudari praesentibus et aliam non expectant, nullo modo eis suaderi poterit quid aliud sit honestatis persuasio quam imperatorum deceptio: et ipsa laudabilium morum professio deceptorum deliramentum: ex quo rerum humanarum perturbatio, vitae omnimodo confessio, et extremum malorum omnium creatoris exhonoratio, consequuntur. Merito igitur causa noxio errori tot medicamenta apposuit divina miseratio ut lex per poenas medeatur contumacibus, et philosophia per probationes ignorantibus, et prophetia per revelationem, divinam auctoritatem venerari volentibus, sensu quo experiri cupientibus, non solum testimonio accepto a resurgentibus et ab altera vita redeuntibus sed ab ipsis animabus suis se ipsas et a corpore et ab aliis abstrahi volentibus et ab semet ipsas se colligentibus, haec enim indubitanter sentiunt se nihil habere cum morte, et seorsum se esse a regione mortis agnoscunt, et continuitatem suam ad fontem vitae, et nihil est interponibile sibi et fonti vitae, quod fluxit super illas, impediat et avertat. Sed ista experientia animabus in ista sensibilia effusis atque dispersis et in corporibus propriis incarceratis est impossibile; qualiter autem huic errori philosophia probationibus occurrat, docere in praesenti tentabimus. Et iam nosti ex doctrina logices...».

Como se ve, Gundisalvo tiene cierta perspicuidad y hasta elegancia en su latín. Bajo todos conceptos es el escritor español más notable del siglo XII.

por la imaginación; a la imaginación, por los sentidos. Los sentidos aprehenden las formas sensibles presentes; la imaginación, las formas sensibles in materia absenti; la razón, las formas sensibles abstractas de la materia; el entendimiento, las formas inteligibles; la inteligencia, una sola y sencilla forma: Dios. La razón procede componiendo y resolviendo: resolviendo, asciende; componiendo, desciende. Al resolver empieza por los últimos grados; al componer, por los primeros (síntesis y análisis).

Todo cuerpo consta de materia y forma; la forma y la materia son de opuestas propiedades, pues la una sostiene y la otra es sostenida; la una recibe y la otra es recibida; la una informa y la otra es informada; *ergo non conveniunt per se* y necesitan una causa que las haga unirse y entrar en composición. Todo lo que empieza a ser, pasa de la potencia al efecto, de la posibilidad al acto; ahora bien, al pasar de la potencia al acto es un movimiento; todo lo que empieza a ser se mueve hacia el ser; todo lo que se mueve, por otro es movido. Ninguna cosa pudo darse el ser a sí misma; de aquí la necesidad del primer motor y de la primera causa, puesto que el proceso hasta lo infinito es absurdo.

Demostrada la existencia de la causa primera o del ser necesario, fundamento del ser y de la nada y última razón de todo; demostrada también su unidad e inmovilidad, porque el movimiento supondría imperfección y ajeno impulso, pasa a tratar de las causas segundas y de la creación, composición y generación, entrando *ipso facto* en la cuestión de *principiis*. Estos son dos: la materia y la forma, diversos entre sí, porque sin diversidad no habría composición. Ni la materia ni la forma tienen existencia real fuera de la composición, *quia non perficitur «esse» nisi ex coniunctione utriusque*. Lo que tienen por sí la materia y la forma es el ser en potencia, y de su unión resulta el ser en acto. Podemos definir al ser existencia de la forma en la materia. Ni la materia precedió en tiempo a la forma ni la forma a la materia; la posibilidad de entrambas comenzó al mismo tiempo. Fuera del Creador, todos los seres están compuestos de materia y forma. El Creador mismo no antecede en tiempo, sino en causa y eternidad, a los dos principios. La materia es una e inmutable, semper permanet; la forma, aunque no toda forma, *advenit et recedit*, siendo causa de toda generación y destrucción. La materia apetece, naturalmente, la forma, puesto que por ella pasa de la potencia al acto, del no ser al ser, de lo no perfecto a la perfección. Las formas se dividen en sensibles e inteligibles. La inteligencia solo conoce el ser por sus formas. El término materia es idéntico al de sustancia: *nec est aliud materia quam substantia*. La materia primera, abstractamente considerada, puede llamarse sustancia, porque contiene en potencia el ser de todas las cosas, como el huevo contiene en potencia al animal. La materia no tuvo principio, porque es posibilidad de ser: *esse materiae est igitur sine initio*. La materia contiene en sí todas las cosas (*in se omnia est*): es eterna e increada si la consideramos en potencia, porque existió siempre en la mente del Creador, y lo mismo la forma. En acto comenzaron a existir cuando Dios las unió para constituir todos los seres sacándolas de la nada, no de su propia esencia. Solo la materia y la forma tienen ser por creación; las demás cosas proceden de ellas por composición y generación.

Niega Gundisalvo el caos (cita la descripción de Ovidio) y rechaza las interpretaciones que los teólogos hacían del primer capítulo del *Génesis*, procurando él, de grado o por fuerza, ajustarle a su doctrina peripatético-avicebronista. Sostiene que el alma de los ángeles y la del hombre se componen de materia y forma. La forma y la materia son el principio masculino y el femenino del mundo. La primera unión de la materia con la forma es semejante a la de la luz con el aire, a la del calor con la cuantidad, a la de la cuantidad con la sustancia, a la del entendimiento con lo inteligible, a la del sentido con lo sensible. Así como la luz ilumina las cosas visibles, así la forma hace cognoscible la materia. «Y como el Verbo es luz inteligible que imprime su forma en la materia, todo lo creado refleja la pura y sencilla forma de lo divino, como el espejo reproduce las imágenes. Porque la creación no es más que el brotar la forma de la sabiduría y voluntad del Creador y el imprimirse en las imágenes materiales, a semejanza del agua que mana de una fuente inagotable. Y la impresión (*sigillatio*) de la forma en la materia es como la impresión de la forma en el espejo.» Es imposible que la materia sea sustancia sin ser una: la unidad es inseparable de la sustancialidad. La forma puede ser espiritual, corporal o media, intrínseca o extrínseca, esencial o accidental. Toda sustancia, así corpórea como espiritual, es incorruptible; solo se mudan y desaparecen los accidentes. Siguen algunas consideraciones sobre la teoría de los números y sobre el movimiento que reciben unas de otras las esferas celestes.[51]

---

51   Cita Gundisalvo el libro de Apuleyo *De daemone Socratis*. También menciona a Platón, pero de segunda mano.

Tal es en compendio el libro, hasta hoy desconocido, donde el arcediano Gundisalvo trató de exponer, aunque atenuadas, las doctrinas de Avicebrón sobre la materia y la forma. Aunque salva, como su maestro, la personalidad de Dios y el dogma de la creación, todavía pueden notarse en su sistema los errores siguientes:

I. Unidad de materia, es decir, unidad de sustancia, puesto que el mismo Gundisalvo confiesa que las frases son sinónimas.

II. Suponer compuestos de materia y forma el espíritu angélico y el humano, lo cual nota y censura en Avicebrón santo Tomás.

III. Negar la creación in loco et in tempore.

IV. Eternidad e incorruptibilidad de la materia y forma.[52]

---

52 «Gundisalvi est un esprit encyclopedique, une sorte de grand compilateur éclectique qui exploite à son profit les oeuvres de la science grecque, arabe et latine. L'étude que Bäumker• lui a consacrée établit définitivement que l'archidiacre de Ségovie a précédé Guillaume d'Auvergne dans l'exploitation des nouvelles sources philosophiques; seulement grand compilateur lui même, il a été très exploité; ses oeuvres sont passées sous d'autres noms,•• d'autre part ses écrits étaient jadis inabordables; il n'en existait pas d'édition, à part celle —insuffisante— du traité de Unitate, qui s'est glissé et maintenu parmi les oeuvres

de Boëce. Ce n'est qu'en 1880 que Menéndez Pelayo a publié d'après un manuscrit de París le traité important *De processione mundi.*••• Lowenthal a publié en partie le traité *"De anima".*•••• Correns et Bulax ont donné des éditions critiques du "De immortalitate animae". On ignore toujours le contenu du *"De divisione philosophiae".*»

• Les écrits philosophiques de Dominicus Gundissalinus (*Revue Thomiste*, 1897).

•• Son écrit «de immortalite animae» remanié par Guillaume d'Auvergne, passe dans ses oeuvres, pendant que l'original est oublié. Haureau a découvert le veritable auteur (*Notes et extraits...* vol. 5, París 1892). Le «De Unitate» a été longtemps attribué à Boëce.

••• H. E., lib. (Madrid 1879).

•••• Löwenthal, *Pseudo Aristoteliches über die Seele* (Berlín 1891); Correns, *Die Abhandlung de Unitate* (Münster 1891); Bülow, *Des Dominicus Gundissalinus Schrift von der Unsterblichkeit der Seele* (Münster 1897). Voir encore le travail de Bäumker sur Gundisalvi dans le «Compte rendu du 4.º Congrès scientifique international des catholiques», Friburg. Les auteurs cités établissent nettement l'influence d'Ibn Gebirol sur Gundisalvi, véase Bäumker, *Avencebrolis Fons vitae* (Münster 1892-1895).

Endres étudie l'influence de Gundisalvi, Die Nackwirkung von Gundisalvi «De immortalitate animae», *Philosophisches Jahrbuch* (1899).

Revue de Synthèse Historique (dir. Henri Berr), París 1902, tomo 5, agosto de 1902, artículo de H. Delacroix sobre *La philosophie médiévale latine jusqu'au XIV siècle*, página 111.

En la misma Revista y número, página 118: «Guttmann a démonstré l'influence d'Ibn Gebirol sur saint Thomas, l'action du juif Maimonide sur sa doctrine du commencement du monde».• La publication par Bäumker du *Fons vitae* a permis à Michael Wittmann d'étudier avec beaucoup de précision la position de saint Thomas par rapport à Ibn Gebirol.••

• Guttmann, *Das Verältniss des Thomas von Aquino zum Judenthum und zur jüdischen Literatur* (1891). Véase Michel, *Die Kosmologie des Moses Maimonides und des Thomas von Aquino* (1891). Voir dans une direction opposée Mansbach, *Die Stellung des hl. Thomas von Aquino zu Maimonides* (1899)

•• mist Wittmann, *Die Stellung des hl. Thomas von Aquino zu Avencebrol* (Münster 1900). 53 Gundisalvo.

Doctor Ludwing Baur, Dominicus Gundisalinus, *De divisione philosophiae* (Beiträge de Baeumker y Hertling. Münster, Aschendorf edición 1903). Es una introducción a la filosofía, tomada, en parte, de autores árabes, como Alquindi, Alfarabi, Avicena, Algazel, y en parte de latinos, como Boecio, san Isidoro y Beda.

IV. Viajes científicos de Gerardo de Cremona, Herman el alemán y otros extranjeros a Toledo

«Uno de los fenómenos más singulares de la historia de la Edad media es la rapidez con que los libros se esparcían de un cabo a otro de Europa.» Ejemplo notable de esta verdad tenemos en la propagación de los textos árabes de la filosofía y ciencias naturales. Dada la señal por el arzobispo don Raimundo, divulgadas las versiones de Gundisalvo y Juan Hispalense, creció la fama de Toledo como ciudad literaria y foco de todo saber, aun de los vedados, y acudieron a ella numerosos extranjeros, sedientos de aquella doctrina greco-oriental que iba descubriendo ante la cristiandad absorta todas sus riquezas. Aún está por escribir la historia literaria de esta época memorable, en que cupo a España el papel de iniciadora.

Venían, por lo común, estos forasteros con poca o ninguna noticia de la lengua arábiga; buscaban algún judío o muzárabe toledano que literalmente y en lengua vulgar o en latín bárbaro les interpretase los textos de Avicena o Averroes: traducíanlo ellos en latín escolástico, y la versión, hecha por tal manera, se multiplicaba luego en innumerables copias por todas las escuelas de Francia y Alemania, donde era ávidamente recibida, y engendraba a las veces herejías y revueltas. París y Toledo compendian el movimiento de las ideas en el siglo XII.

Recordaremos los nombres de algunos de estos traductores, puesto que en España aprendieron y sirven como eslabones entre Gundisalvo y las audacias de Amaury, de Mauricio y de los averroístas.

A mediados del siglo XII, Pedro el Venerable, abad de Cluny, mandó hacer una versión del Korán para que, siendo conocida su doctrina, pudiese ser mejor refutada. Siguióse el procedimiento ya conocido. Un judío toledano llamado maestre Pedro interpretó verbalmente y en mal latín el libro sagrado de los sarracenos; un arcediano inglés, Roberto de Rétines, ayudado por Herman el Dálmata y por el monje Pedro, lo puso en forma más literaria.[54] No se descuidaron los traductores de añadir una breve *Summa contra haereses et sectas sarracenorum.*

---

54 «Feci autem eam transferri a perito utriusque linguae viro, magistro Petro Toletano, sed quia linguae latinae non ei ideo familiaris, vel nota erat ut arabica, dedi ei coadiutorem... fray Petrum notorium nostrum... Interpretantibus scilicet Alcoranum viris utriusque linguae peritis: Roberto Retenensi de Anglia, qui nunc: pampilonensis Ecclesiae archidiaconus est,

Roberto de Rétines fue después arcediano de Pamplona. Pero ni su vocación ni la de su compañero era por los estudios apologéticos. Uno y otro habían venido a aprender en España astrología y matemáticas. Herman el Dálmata trasladó del árabe el *Planisferio*, de *Tolomeo*.[55]

Inglés como Roberto de Rétines y contemporáneo de Ricardo Corazón de León fue Daniel de Morlay, que, ardiendo en deseos de poseer las ciencias matemáticas, hizo larga residencia en Toledo y escribió *De principiis mathematicis*, *De superiori mundo*, *De inferiori mundo*, etc.[56]

Mucho más conocido es el italiano Gerardo Cremonense, a quien algunos han querido hacer español llamándole Gerardo de Carmona. Aprendió el árabe en Toledo e hizo, solo o con ayuda de judíos, prodigioso número de traducciones de astronomía, medicina y ciencias filosóficas. Gracias a él conocieron los latinos el *Almajesto*, de *Tolomeo*; el *Sanon*, de Avicena; la *Práctica*, el *Antidotario* y el libro *De las divisiones*, de Abubeker (Rasís); el *Breviario médico*, de Juan Serapión, el *Methodus medendi*, de Albucassem; la *Terapéutica*, de Juan Damasceno; la *Astronomía*, de Geber; el libro de Alfragán *De aggregationibus stellarum*; el de Abubeker *De mensuratione terrarum*; los tres primeros libros de los *Meteoros*, de Aristóteles, etc., y, por lo que hace a la filosofía, dos tratados de Al-Kindi (*De somno et visione* y *De ratione*); el de Alfarabi *De intellectu* y algo de Alejandro de Afrodisia (*De sensu*, *De motu et tempore*), etc.[57] A setenta y seis llegaron sus obras, según el cronista Pipini, contándose entre ellas algunas originales, v. gr., la *Theorica planetarum*, la *Geometría*, etc. Apenas hay biblioteca de Europa que no posea numerosos códices de estas versiones, sobre todo del *Almagesto* y de algunos tratados de medicina. En filosofía influyó poco o nada; mucho en astrología judiciaria.

En pos de Gerardo de Cremona, y ya en los primeros años del siglo XIII, apareció en Toledo Miguel Escoto, personaje de primera talla como intérprete de

---

Hermanno quoque Dalmata, acutissimi et litterati ingenii scholastico; quos in Hispania circa Iberum astrologicae arti studentes inveni, eosque ad haec faciendum multo pretio conduxi» (Pedro el Venerable, en el tomo 22 de la *Bibliotheca Max. Vet. Pat.*, página 1030 y siguientes).

55 Cítale Jourdain como existente en la Biblioteca Nacional de París, 7377 B, con varios tratados de Juan Hispalense.

56 Véase Pits, *De rebus anglicis, apud* Jourdain, página 107.

57 Véase Jourdain, en el capítulo que dedica a Gerardo de Cremona (página 120 y siguientes).

Averroes e introductor del averroísmo en Italia y Francia. «En tiempo de Miguel Escoto, que se presentó en 1230 trayendo algunas partes de los libros filosóficos y matemáticos de Aristóteles con exposiciones nuevas, fue magnificada la filosofía aristotélica entre los latinos»,[58] escribe Rogerio Bacon, quien, además, acusa a Miguel Escoto de haberse apropiado los trabajos de su intérprete, que era un judío converso de Toledo llamado Andrés.[59] Tradujo —o dio su nombre— Miguel Escoto a las traducciones de los comentarios de Averroes *De caelo et mundo* y *De anima*, atribuyéndosele además, y con buenos fundamentos, la de los comentarios *De generatione et corruptione* y de los *Meteoros*, de las paráfrasis de los *Parva naturalia* y del libro *De substantia orbis*, que se encuentran a continuación de los primeros en códices de París, no sin que alguno incluya también la *Física* y la *Metafísica*. A todo lo cual ha de agregarse el de Aristóteles *De animalibus* y el tratado de la *Esfera*, del célebre renegado hispalense Alpetrongi o Alpetrangio, llamado Avenalpetrardo (de su antiguo nombre Petrus) en algunos códices.[60] Ni se contentó Miguel Escoto con el papel de traductor, si es que realmente lo fue. Impregnadas están de averroísmo sus *Quaestiones Nicolai peripatetici*, tan severamente juzgadas por Alberto el Magno, que llama a su autor hombre ignorante en la filosofía natural y mal entendedor del texto de Aristóteles.[61] Acogido Miguel Escoto en la corte siciliana de los Hohenstaufen, galardonado con franca mano por el impío Federico II, alcanzó grande y misteriosa reputación de nigromante e incrédulo, en cuyos conceptos habremos de hacer memoria de él más adelante.

Siguió las huellas de Miguel Escoto Herman el Alemán, patrocinado por el rey de Sicilia Manfredo, hijo de Federico. Las obras de Herman son más inocentes que las de su predecesor, dado que se limitó a trasladar las glosas de Alfarabi sobre la Retórica, de Aristóteles; el compendio de la *Poética* de Averroes y su *Comentario medio sobre la Ética a Nicómaco*, traducción acabada en la capilla

---

58 «Tempore Michactis Scoti, qui annis 1230 transactis, apparuit, deferens librorum Aristotelis partes aliquas de naturalibus et mathematices, cum expositoribus sapientibus, magnificata est Aristotelis philosophia apud Latinos» (*Opus Maius*).

59 «Michael Scotus, ignatus quidem et verborum et rerum, fere omnia quae sub nomine eius prodierunt, ab Andrea quodam Iudaeo mutuatus est.»

60 Munck, en su nota sobre Alpetragius (*Mélanges*, etc.), niega que este astrónomo fuese renegado, aunque Casiri y Jourdain lo afirmen.

61 «Michael Scotus, qui in rei veritate nescivit naturas, nec bene intellexit libros Aristotelis.»

de la santa Trinidad de Toledo en junio de 1240. Queda también un compendio de *Ética* con su nombre.[62]

Según Rogerio Bacon, Herman, lo mismo que Miguel Escoto, fue poco más que testaferro en estas versiones, puesto que se valió de algunos mudéjares qui fuerunt in suis translationibus principales.[63] La barbarie de estas traducciones excede a cuanto puede imaginarse. Casi llegan a ser ininteligibles, a diferencia de las de Gundisalvo y Juan, que siempre ofrecen un sentido claro y a las veces cierta elegancia y aliño literario, notables sobre todo en la *Fuente de la vida*.[64]

---

62 La traducción del *Comentario medio* está incluida en todas las ediciones de Averroes. El *Compendio* está en el Cód. 1771 (fondo de la Sorbona) en la Biblioteca Imperial de París. Jourdain los confundió, incurriendo en otras equivocaciones, que ha rectificado Renán en su Averroes, página 211 y siguientes.

63 *Opus tertium, praef.*

64 Grauert (Hermann), Meister Johann von Toledo, en los *Sitzungsberichte der K. Akademie der Wissenschaften*, de Munich (1901), fasc. 1, páginas 111-322.

Juan de Toledo, oriundo, según parece, de Inglaterra, discípulo de las escuelas toledanas, monje de la Orden del Cister, fue uno de los prelados que en 1241 fueron apresados por Federico II con la flota genovesa que los llevaba al concilio de Roma. En 1244, Inocencio IV le nombró cardenal, y en 24 de diciembre de 1261, Urbano IV le dio el obispado de Porto. Ejerció notable influencia en la vida de la Iglesia y en los negocios políticos de Europa. Enseñó teología en la Universidad de París y contribuyó a hacer condenar, en 1255, el *Evangelio eterno*, de Joaquín de Fiore, y en 1256 los escritos de Guillermo de Saint-Amour contra las órdenes mendicantes. Trabajó por hacer dar el imperio y luego la dignidad de senador de Roma a Ricardo de Cornouailles, combatiendo el partido francés de Carlos de Anjou. Estuvo mezclado en negociaciones delicadas e importantes en Dalmacia, en Hungría y en los países que se disputaba el arzobispo de Riga y los caballeros teutónicos. Tomó sobre sus colegas tal ascendiente, que dirigió los conclaves de 1261, 1264 y 1268; fue uno de los tres cardenales que propusieron la elección de Urbano IV en 1261, y estuvo a punto él mismo de llegar al pontificado. Se distinguió por el conocimiento de las ciencias, que había adquirido en las escuelas de Toledo. Fue médico, y en torno de él se formó una leyenda, como la de Gerberto y Nicolás Flamel. En el siglo siguiente, la imaginación popular vio en él un alquimista, que podía cambiar en oro y plata los metales más preciosos, componer los remedios más maravillosos, predecir lo futuro. Añádase que el «cardenal blanco» componía versos, y no carecía de ingenio, como lo muestran algunos de sus epigramas.

Muchos escritores y cronistas del siglo XIII mencionan una carta profética que los astrólogos de Toledo, y en particular un cierto maestro Juan, hijo de David, enviaron a toda Europa para anunciar los más terribles cataclismos. Grauert sigue los vestigios de esta profecía en Inglaterra, en Alemania, en Italia y hasta en Oriente. La encuentra en circulación y tomando importancia nueva en cada una de las catástrofes que cayeron sobre la

La empresa de transmitir al mundo latino la ciencia oriental fue continuada con mayores bríos y espíritu más sano por nuestro rey Alfonso el Sabio, a quien se debe la primera aplicación de las lenguas vulgares a asuntos científicos. Pero las versiones hechas por su mandato fueron principalmente de libros astronómicos, no sin que entre ellos se deslizase a veces la superstición astrológica, como veremos a su tiempo.

V. El Panteísmo en las escuelas de París. Herejía de Amaury de Chartres. El español Mauricio

A principios del siglo XIII, casi todos los filósofos árabes y judíos, si exceptuamos a Avempace y Tofail, conocidos solo de oídas por los escolásticos, y a Averroes, cuya influencia directa principia más tarde, estaban en lengua latina. Al-Kindi, Alfarabi, Avicena, Algazel, Avicebrón y los libros originales de Gundisalvo corrían de mano en mano, traídos de Toledo como joyas preciosas. Una nube preñada de tempestades se cernía sobre los claustros de París.

La nube estalló al fin y abortó un panteísmo brutal, que, dejando a un lado los trampantojos de la materia y de la forma, condensó en fórmulas crudas y precisas la doctrina de unidad de sustancia; herejía tremenda, pero de historia oscura y en la cual anda envuelto el nombre de un español que no es la menor de las oscuridades. Breves son los datos que tenemos.

Cuenta Rigore (Rigordus) en sus *Anales*[65] que hubo en la Facultad de Teología de París un clérigo llamado Amalrico o Amaury, natural de Bene, en el territorio de Chartres, el cual fue muy docto en lógica y disciplinas liberales, pero cometió graves errores teológicos, entre ellos el de afirmar que todo cristiano

---

Cristiandad, ya sobre tal o cual estado particular. Esta creencia en el fin próximo del mundo está expresada antes de 1180 por el emperador bizantino Manuel Comneno, por varios cronistas, aterrados de la decadencia del reino cristiano, de Jerusalén y de la victoria definitiva de Saladino; por los historiadores alemanes, consternados con la noticia de la muerte súbita de Federico Barbarroja en el Asia Menor. Reaparece en 1229 con el falso rumor de la muerte de Federico II en Palestina, en el siglo XIV; con las epidemias y las guerras civiles que devastan la Alemania y la Italia durante la lucha de Luis de Baviera con la Santa sede. Castigados por la guerra de 1333 y la terrible peste negra de 1347, los florentinos pusieron en circulación la famosa carta de Toledo, a la cual el Petrarca mismo parecía dar crédito, a pesar de sus ataques contra los astrólogos. Esta profecía circulaba todavía en Flandes a fin del siglo XIV; en Alemania durante todo el siglo XV.

65 Citado por Labbé, *Concilios*, tomo 11, página 1.ª, página 50.

es «sustancialmente» miembro de Cristo.[66] El papa Inocencio III condenó esta sentencia, y Amaury se vio obligado a abjurar, aunque de mala gana. Al poco tiempo enfermó, murió y fue sepultado en el monasterio de san Martín des Champs. Pero la propaganda fue continuada por sus discípulos, quienes, entre otras cosas, sostenían que la ley antigua había sido anulada por la nueva, que los sacramentos eran inútiles y que cada cual se salvaba por la gracia interior del Espíritu santo, sin acto alguno exterior. Proclamaban, además, la licitud de los actos malos ejecutados *in charitatis nomine*. Sabedores de esta predicación Pedro, obispo de París, y fray Guerino, consejero del rey Felipe Augusto, por las revelaciones del clérigo Radulfo de Nemours, que se fingió hereje para sorprender sus secretos, los condenaron en el concilio de París (año 1209), los degradaron de las sagradas órdenes y los entregaron al brazo secular, que hizo quemarlos en el *Campelus extra portam*, perdonando a las mujeres y a los fanáticos o ilusos. El cuerpo de Amaury fue desenterrado y reducido a cenizas, que se esparcieron por los estercoleros.

Hasta aquí la relación de Rigore, monje de Saint Denis y médico del rey, o más bien la de su continuador Guillermo el Bretón. Pero aun hay un párrafo que nos da más luz y que interesa mucho.

En aquellos días se leían en París ciertos libros de Metafísica, compuestos, según se decía, por Aristóteles, traídos nuevamente de Constantinopla y trasladados del griego al latín, cuyas sutilezas no solo daban asidero a la herejía de Amalrico, sino que podían engendrar otras nuevas. Por cuya razón fueron mandados quemar y se vedó, so pena de excomunión, que nadie los copiase, leyese o retuviese.[67]

---

66 «Quod quilibet Christianus teneatur credere se esse membrum Christi.»

67 «In diebus illis (anno 1209) legebantur Parisiis libelli quidam ab Aristotele ut dicebantur, compositi, qui docebant Metaphysicam, relati de novo a Constantinopoli et a graeco in latinum translati: qui quoniam non solum praedictae haeresi Almarici sententiis subtilibus occasionem praebebant, imo et aliis nondum inventis praebere poterant, iussi sunt omnes comburi, et sub poena excommunicationis cautum est in eodem Concilio, ne quis eos de caetero scribere aut legere praesumeret, vel quocumque modo habere» (*Recueil des Historiens des Gaules et de la France*, tomo 17, página 84).
Copian el texto Jourdain y otros muchos.

César de Heisterbach, autor de un libro *De cosas peregrinas e historias memorables*, escribe, después de hablar de la herejía de los amalricianos: «Entonces se prohibió en París que nadie leyese durante tres años los libros de filosofía natural. Los del maestro David de Dinant y los libros franceses de teología fueron destruidos y quemados».

Confirma la primera noticia Hugo, continuador de la *Crónica* de Roberto de Auxerre. Según él, se prohibió por tres años la lección de los libros aristotélicos de filosofía natural que se habían comenzado a explicar en París pocos años antes.[68]

Conviene insertar el texto mismo de la sentencia conciliar:

Decretos del maestro Pedro de Corbolio, arzobispo de Sens. Obispo de París, y de los demás obispos en París congregados sobre quemar a los herejes y destruir los libros no católicos.

El cuerpo del maestro Amalrico sea extraído del cementerio y arrojado en tierra no bendita. Su nombre sea excomulgado en todas las iglesias de esta provincia. Bernardo; Guillermo de Arria, orífice; Esteban, presbítero de Cella; Juan, presbítero de Occines; el maestro Guillermo de Poitou; Dudon, sacerdote; Domingo del Triángulo, Odon y Elinans, clérigos de san Clodoardo, sean degradados y entregados al brazo secular. Ulrico, presbítero de Lauriaco, y Pedro de san Clodoardo, antes monje de san Dionisio; Guerino, presbítero de Corbolio, y el clérigo Esteban, sean degradados y sometidos a cárcel perpetua.

Los cuadernos del maestro David de Dinant sean presentados antes de Navidad al obispo de París y quemados.

Nadie lea en París pública ni secretamente los libros de Aristóteles de filosofía natural ni sus comentarios, bajo pena de excomunión.

Desde Navidad en adelante será tenido por hereje todo el que retenga los cuadernos del maestro David.

---

68 «Eodem tempore praeceptum est Parisiis ne quis infra trienium legeret libros naturales; libri magistri David de Dinant, et libri gaillici de theologia perpetuo damnati sunt et exusti» (*Ilustr. Miracul. et Hist. memor.*, lib. 5, cap. 22, citado por Jourdain).
«Librorum quoque Aristotelis, qui de naturali philosophia inscripti sunt, et ante paucos annos Parisiis coeperant lectitari, interdicta est lectio tribus annis, quia ex ipsis errorum semina viderentur exorta» (citado por Launoy, *De varia Aristotelis in Academia Parisiensi fortuna*, París, 1622).

Mandamos que los libros teológicos escritos en romance, y el Credo y el Padre nuestro en romance, pero no las vidas de los santos, sean presentados a los obispos diocesanos antes del día de la Purificación, so pena de ser tenido por hereje el que los retenga.[69]

Este Credo y este Padre nuestro, si el texto no está errado, debían ser heréticos y obra de los amalricianos.

En lo que toca a los libros de Aristóteles y David de Dinant, la prohibición surtió poco efecto, puesto que hubo de renovarse en los estatutos que el legado Roberto de Courzon dio en 1215 a la Universidad de París. Autoriza en ellos la lección de los libros dialécticos y éticos de Aristóteles, pero prohíbe los de metafísica y filosofía natural, la *Suma* o compendio de ellos y los tratados que encerraban doctrinas de Amaury de Chartres, David de Dinant y Mauricio el español. *Non legantur libri Aristotelis de Metaphysica et naturali Philosophia nec summa de eisdem aut de doctrina Mag. David de Dinant aut Amalrici haeretici, aut Mauritii Hispani.*[70]

Gregorio IX, por bula dirigida en abril de 1231 a los maestros y estudiantes de París, prohibió asimismo el uso de los libros de filosofía natural hasta que

---

69   «Decreta magistri Petri de Corbolio, Senonensis archiepiscopi, Parisiensis episcopi, et aliorum Episcoporum Parisiis congregatorum, super haereticis comburendis et libris non catholicis penitus destruendis.
      »Corpus magistri Amaurici extrahatur a cimiterio et proiiciatur in terram non benedictam, et idem excommunicetur per omnes Ecclesias totius provinciae, Bernardus, Guillelmus de Arria, aurifaber, Stephanus, presbyter de Cella, Ioannes, presbyter de Occines, Magister Willelmus Pictaviensis, Dudo, sacerdos, Dominicus de Triangulo, Odo et Elinans, clerici de S. Clodoardo; isti degradentur, penitus saeculari curiae relinquendi. Urricus, presbyter de Lauriaco et Petrus de S. Clodoardo, modo monachus S. Dionysii, Guarinus, presbyter de Corbolio, Stephanus, clericus, degradentur, perpetuo carceri mancipandi. Quaternulli magistri David de Dinant, infra natale, episcopo Parisiensi afferantur et comburantur, nec libri Aristotelis de naturali philosophia, nec comenta legantur Parisiis publice vel secreto. Et hoc sub poena excommunicationis inhibemus. Apud quem inveniuntur quaternulli magistri David, a natali Domini in antea pro haeretico habebitur. De libris theologicis scriptis in romano, praecipimus quod Episcopis, dioecesanis tradantur, et Credo in Deum et *Pater Noster* in romano, praeter vitas Sanctorum. Et hoc infra Purificationem, quia apud quem inveniuntur, pro haeretico habebitur» (D. Martenne, *Novus Thesaurus Anecdotorum*, tomo 4, página 166).
70   Duboulay, *Historia Universitatis Parisiensis*, tomo 3, página 82, Launoy, Jourdain, etc.

fuesen examinados y corregidos, así como el tratar de materias teológicas entre los indoctos y en lengua vulgar.[71]

Como se deduce de todo lo expuesto, ni la *Física* ni la *Metafísica* de Aristóteles fueron condenadas nunca en absoluto y como obras dañosas, sino recogidas temporalmente, porque presentaban a los incautos ocasión de errar y porque los herejes comprobaban con ellas sus vanas imaginaciones. Lejano es, sin embargo, el parentesco entre Aristóteles y Amaury de Chartres, y a primera vista nada más absurdo que hacer al Estagirita responsable de la herejía de los amalricianos. Pero ¿qué Aristóteles era el que explicaban aquellos maestros? Veremos si se descubre alguna luz recurriendo a otras fuentes.

Según Gerson, la doctrina de Amaury se reducía a estas proposiciones:[72] «Todo es Dios, Dios es todo. El Creador y la criatura son idénticos. Las ideas crean y son creadas. Dios es el fin de todo, porque todas las cosas han de volver a él para reposarse en él inmutablemente y formar un todo sustancial... Dios es la esencia de todas las criaturas».

Es evidente que semejantes principios nada tienen que ver con la *Metafísica* del hijo de Nicómaco; pero pueden ser una consecuencia lógica, una forma popular, como ahora se dice, del misticismo de Proclo, traducido por los árabes, y de la *Fuente de la vida*, de Avicebrón. En realidad, Amaury no quería que su doctrina muriese solitaria en las escuelas, sino que agitase a las muchedumbres, y, tras de emplear la lengua vulgar, él o sus sectarios formularon, según el analista Rigore, las siguientes consecuencias: «Decían que el cuerpo de Cristo no está en el Sacramento del altar más que en cualquiera otra parte... Negaban la resurrección de los cuerpos, el paraíso y el infierno, diciendo que el que tuviese el conocimiento de Dios que ellos tenían tendría dentro de sí el paraíso, mientras el que cayese en pecado mortal llevaría en su alma el infierno. Llamaban idolatría a las imágenes y altares de los santos y al ofrecer incienso. Reprendían a los que

---

71   «Et libris illis naturalibus, qui in Concilio provinciali ex certa causa prohibiti fuere, Parisiis non utantur; quousque examinati fuerint, et ab omni errorum suspicione purgati... Nec loquantur in lingua populi», etc. (Véase Duboulay, Launoy, Jourdain, etc.).

72   «Omnia sunt: Deus est omnia. Creator et creatura idem. Ideae creant et creantur. Deus ideo dicitur finis omnium, quod omnia reversura sunt in ipsum, ut in Deo immutabiliter conquiescant et unum individuum atque incommutabile permanebunt... Dixit enim Deum esse essentiam omnium creaturarum» (*De concordia Metaphysicae cum Logica*, tomo 4 de sus obras, edición 1706, página 826 de la p. 2.ª).

veneraban las reliquias de los mártires... Nadie puede pecar, decían, mientras el espíritu de Dios esté en nosotros. Y aun llegaban a creer que cada uno de ellos era Cristo y el Espíritu santo».[73]

Fuera de los teólogos, el corifeo más notable de la secta era un tal Guillermo, orífice, que se decía profeta y anunciaba cuatro plagas: una de hambre sobre el pueblo, otra de hierro contra los príncipes; la tercera, en que se abriría la tierra y sepultaría a los burgenses, y la cuarta, de fuego que bajaría del cielo para devorar a los miembros del anticristo, que eran los prelados. Llamaba a Roma Babilonia, y al papa, anticristo.

Henos ya bien lejos de Avicebrón, pero muy cerca de los cátaros, albigenses, valdenses y pobres de León y hasta de los begardos y alumbrados; en suma de todos los predecesores y aliados de la Reforma. Las pasiones populares no saben filosofía, pero tienen una lógica brutal, y escrito está que quien siembra vientos recogerá tempestades. Los amalricianos dieron forma vulgar y sin ambages al panteísmo, sin descuidarse de sacar todas sus consecuencias religiosas, éticas y sociales, sobre todo la irresponsabilidad individual y la negación de los premios y castigos de la otra vida, mezclándose a todo ello cierto espíritu profético y revolucionario. ¡Qué ajenos estarían el piadoso Gundisalvo y su cofrade de que tales aguas habían de manar de la *Fuente de la vida*!

Negaba Amaury la Trinidad, considerando las tres personas como tres sucesivas manifestaciones de la esencia divina.[74] El reinado del Hijo había terminado y comenzaba entonces el del Espíritu santo. ¿Quién no ve ya en germen el *Evangelio eterno*?

---

73 «Dicebant non aliter esse *Corpus Christi* in pane altaris quam in alio pane et in qualibet re: sicque Deum tantum fuisse in Ovidio, sicut in Augustino. Negabant resurrectionem corporum, dicentes nihil esse paradisum, neque infernum, sed qui haberet cognitionem Dei in se, quam ipsi habebant, habere in se paradisum: qui vero mortale peccatum, habere infernum in se... Altaria sanctis statui et sacras imagines... idololatriam esse dicebant. Eos qui ossa martyrum deosculabantur, subsannabant... Si aliquis est in Spiritu Sancto (aiebant) et faciat fornicationem, non est ei peccatum, quia ille Spiritus qui est Deus, omnino separatus a carne, non potest peccare, quamdiu ille Spiritus qui est Deus est in eo, ille operatur omnia in omnibus. Unde concedebant quod unusquisque eorum esset Christus et Spiritus Sanctus.»

74 «Almaricus dicebat Trinitatis personas singulas sua tempora habuisse...
»Filius usque nunc operatus est, sed Spiritus Sanctus ex hoc nunc usque ad mundi consummationem inchoat operari...», etc.

Entre la herejía de los amalricianos y la de David de Dinant había alguna diferencia, como santo Tomás advierte. Los primeros aseveraban que Dios era el principio formal de todas las cosas; el segundo identificaba a Dios con la materia prima.[75] El sistema de David de Dinant es el de Ben-Gabirol, menos la personalidad de Dios.

Dividió David de Dinant (dice en otra parte santo Tomás) todas las cosas en cuerpos, almas y sustancias separadas. Al principio indivisible que entra en la composición de los cuerpos llamó *hyle*; al constituido de las almas, νοῦς o mente. Al principio indivisible de las sustancias eternas llamó Dios. Y dijo que estos tres principios eran uno y el mismo, porque todas las casas tienen a mismas esencia.[76]

Estos sectarios de la Edad media tenían a lo menos el mérito de la claridad y de la franqueza, en lo cual no los han imitado gran cosa los panteístas y panenteístas que han venido después.[77]

---

75 «Quidam enim posuerunt quod Deus esset anima mundi... Alii autem dixerunt Deum esse principium formale omnium rerum, et haec dicitur fuisse opinio Almarianorum, sed tertius error fuit David de Dinando, qui stultissime posuit, Deum esse materiam primam» (*Summa Theol.*, q. 3 a. 8, Utrum Deus in compositionem veniat).

76 «Divisit (David de Dinando) res in partes tres: in corporeas, animas et substantias aeternas separatas. Et primum indivisibile ex quo constituuntur corpora, dixit hyle. Primum autem indivisibile ex quo constituuntur animae, dixit noyn vel mentem. Primum autem indivisibile in substantiis aeternis dixit Deum. Et haec tria esse unum et idem, ex quo iterum consequitur esse omnia per essentiam unum» (*Comm. in Mag. Sent.* II 17, q. 1).

77 Amaury de Chartres o de Bene.
   Véase Staudenmaier, *Filosofía del cristianismo*, tomo 1, páginas 633 y siguientes.
   Graenlein, *De genuina Amalrici a Bena eiusque sectatorum ac Davidis de Dinando doctrina* (Gissae, 1842). Alzog, III 115: «Dictó la Sorbona de París contra él una sentencia que fue confirmada por el papa, e hizo morir de pesar a Amaury en 1204. Súpose, sin embargo, después de su muerte, que había tenido cierto número de partidarios y entre ellos a un tal Guillermo, platero de París, y a David de Dinando, y que había sentado esta proposición panteística: "Todo es uno y uno es todo; ese todo es Dios, y la idea es la misma cosa que Dios". Negábase, en virtud de esas palabras, la Trinidad, y añadían estos sectarios: "Por el Padre se ha de entender el período real de la historia del mundo, en que domina la vida de los sentidos; por el Hijo, el período ideal y real, durante el cual se convierte el hombre al interior, sin que el Espíritu pueda triunfar del mundo exterior, ni queden lo ideal y lo real enteramente coordinados; finalmente, el Espíritu se manifiesta en el período enteramente

Las pocas noticias que hemos dado (y no quedan muchas más) bastan para formar cumplida idea del carácter y tendencias de esta herejía. Ahora sería oportuno investigar quién fue el español Mauricio; pero, desgraciadamente, solo nos queda su nombre, y con tan poco hemos de contentarnos, puesto que los Archivos de la Sorbona callan. Ni Duboulay, ni Launoy, ni Jourdain, ni

---

ideal, y alcanza la victoria". De aquí se sacaría que los sacramentos instituidos por Cristo en la Nueva Alianza, el bautismo, la penitencia y la eucaristía, son palabras sin sentido real; y en adelante, cada uno halla su salvación por la inspiración inmediata del Espíritu santo y sin necesidad de sujetarse a ninguna práctica exterior. La inspiración resulta del recogimiento del espíritu en sí mismo, y por eso están igualmente inspirados los profetas, los apóstoles y los poetas. La santificación no es más que la conciencia de la presencia de Dios; la idea del uno y del todo. El pecado consiste en el estado del hombre, limitado por el tiempo y el espacio. Debiendo quedar absorbido todo lo que es exterior por el tercer período, todo culto exterior debe abolirse. Cualquiera que esté con el Espíritu santo (añadían en su impía demencia), no puede recibir mancha alguna ni aun entregándose a la fornicación: cada uno de nosotros es el Cristo y el Espíritu santo» (Alzog, III 115).

Begardos. *Evangelio eterno* (Alzog, III 116).

«De la secta de Amaury y David de Dinando, condenado por el concilio de París en 1209, se derivó, según todas las probabilidades, la secta, parte montanista, parte panteísta, de los hermanos y hermanas del Libre Espíritu que sacaban sus nombres de san Juan (tomo 4 28) y de san Pablo (VIII 2, 4). "El espíritu de vida que nos domina (decían), nos ha librado del pecado; libertados de la ley, hemos llegado a ser hijos de Dios." Según su panteísmo místico, análogo al de los paulicianos, consideraban todas las cosas como una emanación inmediata de Dios y se aplicaban a sí mismos aquellas palabras de Jesucristo: "Yo y mi Padre somos una misma cosa". "El que ha llegado a esa convicción, decían, no pertenece ya al mundo de los sentidos, ni puede recibir mancha alguna, y, por consiguiente, no tiene necesidad alguna de sacramentos." Como separaban el espíritu y el cuerpo de una manera absoluta, pretendían que los excesos de la sensualidad no ejercen influencia sobre el alma, y así era como algunos de ellos se entregaban con toda seguridad a las impurezas más groseras. Iban vestidos de una manera extraña, y andaban acá y acullá mendigando,

Haureau,[78] averiguaron nada. Renán[79] ha aventurado una conjetura poco verosímil. Según él, Mauritius pudo ser una de tantas corruptelas del nombre de Averroes, extrañamente desfigurado por los copistas de la Edad media. Pero el mismo Renán ha demostrado, y parece confirmarlo un texto de Rogerio Bacon, que hasta el tiempo de Miguel Escoto (hacia 1217) el comentario de Averroes no fue conocido entre los cristianos, lo cual se opone a que fuera condenado en 1215. ¿El nombre de Mauritius será algún diminutivo de Maurus?

Ni aun es fácil indicar con precisión las fuentes en que bebieron su panteísmo Amaury, David y Mauricio. Tenían a mano no el texto de Aristóteles, sino los compendios de Avicena y de Algazel, con algunos tratados de Alfarabi y quizá de Alejandro de Afrodisia, pero sobre todo el *Fons vitae* y el libro *De causis*. De este último han tratado largamente Alberto Magno y santo Tomás. Según el Ángel de las Escuelas, era un extracto de la *Elevación teológica*, de Proclo,

---

siendo conocidos, generalmente, con el nombre de beguardos, y en Francia, seguramente por irrisión, con el de turlupines. Acompañábanles sus mujeres como hermanas, de donde tomaron también el nombre de schwestriones, de la palabra alemana schwester, que significa hermana...»

«Los hermanos apostólicos pertenecían a la misma familia, y fue su fundador Gerardo Segarelli, joven muy fanático de Parma, a quien rechazaron los franciscanos... tuvo por sucesor un milanés muy inteligente, llamado fra Dulcino, que desde un principio escribió a toda la cristiandad, diciendo que empezaba una nueva era para la Iglesia y que él y los suyos eran los últimos profetas que habían de venir antes del juicio final (1303).»

No puede dejar de reconocerse el parentesco de esta doctrina fanática con las ideas del abad Joaquín de Fiore en la Calabria, muerto el año 1202, recogidas en la introducción al *Evangelio eterno* del franciscano Gerardo (sobre el 1254), amigo íntimo de Juan de Parma, general de la Orden, que más tarde fue depuesto de su cargo.•

«Las tres edades del mundo forman el fondo de su doctrina... La era nueva, que empieza precisamente en el año 1260, constituye la tercera edad del mundo, es decir, la del Espíritu santo, la del espíritu puro, al paso que el primero es el de la carne, y el segundo, el del espíritu y de la carne.»

«El falso misticismo de todas estas sectas llega a su más alto grado de entusiasmo en el famoso maestro Eckhart, que explicaba alegóricamente toda la parte histórica de la revelación divina y explanaba en ella toda su teosofía panteística.»

• *Introductorius in Evangelium Aeternum*, del cual se encuentran trozos en Argentré, *Collectio iudiciorum de novis erroribus* (París, 1728), tomo 1, página 163.

78 *De la philosophie scolastique*, tomo 1, páginas 402-409.

79 Averroes, página 222.

hecho por algún árabe.[80] En opinión de Alberto, el judío David había compaginado dicho libro con trozos de la epístola de Aristóteles *De principio universi*, que es tenida por apócrifa, y de los libros de Alfarabi, Avicena y Algazel, ordenándolos por orden geométrico. Se encuentra citado con los títulos de *Liber de essentia purae bonitatis*, *De lumine luminum*, *De floribus divinorum*, *De bonitate pura*, etc.[81] El mismo David había compuesto un tratado de *Física* que cita Alberto Magno: *Pervenit ad nos per eumdem modum Physica perfecta*. Gundisalvo parece haber tenido a la vista el libro *De causis* para el suyo *De processione*.

La noticia que Rigore da de una versión directa de la *Metafísica* traída de Constantinopla parece contradecir esta influencia arábigo-hispana, confesada por todos los historiadores de la escolástica; pero quizá el buen analista padeció en esto alguna confusión. Si la *Metafísica* de Aristóteles estaba directa y fielmente traducida del griego, ¿qué tenía que ver con las herejías de Amaury de Chartres? ¿Cómo podían escudarse con ella sus parciales?

Como precedentes de Amaury y Mauricio, dentro de la escolástica, se han citado, además, el libro *De divisione naturae*, de Escoto Erígena, y aun el realismo de Guillermo de Champeaux. Todo pudo influir, porque ¿quién contará todos los hilos de una trama? Pero la genealogía más natural y directa no parece ser otra que la que hemos expuesto. El libro *De causis* está ya citado por Alano de l'Isle.

Por lo que hace a su parte práctica hay en el amalricianismo un como rechazo de las herejías populares, de que hablaré en el capítulo siguiente, al paso que éstas acrecieron sus bríos con las disputas de la escuela. Y repetiré, aun a riesgo de ser enojoso, que la novedad del panteísmo de Amaury consistía

---

80 «In graeco invenitar traditus liber Procli Platonis, continens ducentas et novem propositiones, qui intitulatur elevatio theologica: in arabico vero invenitur hic liber, qui apud latinos *De causis* dicitur, quem constat de arabico esse translatum, et in graeco penitus non haberi. Unde videtur ab aliquo philosophorum arabum ex praedicto lib. Procli excerptus...», etc.

81 Jourdain cita cuatro códices parisienses del libro *De causis* (6506. 6296. 6318. 8802). En este último se rotula: *Canones Aristotelis de essentia purae bonitatis expositae ab Altarabio*.

en ser popular: 1.º, por lo preciso y brutal de las fórmulas ontológicas; 2.º, por el empleo de la lengua vulgar; 3.º, por el laicismo y el pseudo-profetismo.[82]

Capítulo II. Siglo XIII. Albigenses, cátaros. Valdenses, pobres de León, insabattatos

I. Preliminares. II. Constitución de don Pedro el Católico contra los valdenses. Durán de Huesca. III. Don Pedro II y los albigenses de Provenza. Batalla de Muret. IV. Los albigenses y valdenses en tiempo de don Jaime el Conquistador. Constituciones de Tarragona. Concilio de la misma ciudad. La Inquisición en Cataluña. Procesos de herejía en la diócesis de Urgel. V. Los albigenses en tierra de León.

I. Preliminares

Ante todo conviene separar y distinguir estas herejías. Los albigenses, cátaros o patarinos eran una rama del *maniqueísmo*, al paso que los valdenses, insabattatos y pobres de León constituyeron una secta laica y comunista, que tendía a la revolución social tanto o más que a la religiosa. Pero los hechos de ambas sectas andan tan mezclados y son tan leves las huellas que una y otra dejaron de su paso por nuestro suelo, que no hay inconveniente en estudiarlas en un

---

82   En el *Índice* de don Fernando Colón se lee: «*Tractado de filosofía*, que compuso un moro dicho Abuali Hamete. Benamescoya. Divídese en tres tratados, y cada tratado en diez capítulos... Ítem se sigue otro *Tractado de filosofía*, sacado de arábigo y hebraico, en español: divídese en dos libros, y los libros por fundamentos... Ítem se sigue una glosa, que se sacó de lo arábigo del libro *De anima*, de Aristóteles. La glosa sobre ello de Aben Ruiz... Ítem se sigue un libro intitulado *El More* (no Moro, como está impreso en el *Ensayo*, de Gallardo), compuesto por Moisén de Egipto: divídese en partes, y las partes, por capítulos, y es traducido por Pedro de Toledo; el prohemio: En el nombre de Dios. Ítem otro prohemio: Dios te dé su gracia. Y la primera parte: "I. En el nombre de Dios fuerte del mundo". La tercera acaba: "Luzca claro sobre ellos". Es en fol. de marca, a dos cols. y todo de mano».

Este preciosísimo códice, muestra evidente del influjo de la filosofía semítica en España, y que contenía, entre otras cosas, *El More Nebuchim*, de Maimónides (Moisés de Egipto), traducido al castellano quizá en el siglo XV, falta de la Colombina desde tiempo inmemorial. Cuando Gálvez hizo su *Catálogo*, ya no estaba.

Don Alfonso el Sabio (si hemos de creer a su sobrino don Juan Manuel) hizo traducir el *Talmud* y la Kabala en lengua vulgar. (*Libro de la caza.*)

mismo capítulo. De sus orígenes diré poco, porque son hartas las obras donde puede instruirse el lector sobre esta materia.

Dije en el primer libro de esta *Historia* que el gnosticismo propiamente dicho había muerto cuando la secta de Prisciliano, pero el *maniqueísmo* continuó viviendo, con más o menos publicidad, en Oriente. Dícese que el emperador Anastasio y la mujer de Justiniano, Teodora, eran favorables a esta secta. En Armenia fueron sus corifeos, en tiempo de Heraclio, un tal Paulo (de aquí el nombre de paulicianos), Constantino y Sergio. Dio tantas alas a los paulicianos la protección del emperador Nicéforo, que llegaron a edificar ciudades y a levantarse en armas cuando la emperatriz Teodora, regente en la menor edad de su hijo Miguel III, quiso someterlos y destruir la herejía. Al cabo se refugiaron entre los musulmanes, y de allí volvieron en tiempo de Basilio el Macedónico (fines del siglo IX) a hacer guerra contra el imperio. Su historia fue escrita por Pedro de Sicilia, y de él la tomó Cedreno.[83] [84]

---

83   Paulicianos. Siglo XII. Alzog, III 267.
     «Al principio del siglo XII, merced al celo de Alejo Comneno, se descubrió entre los paulicianos de la Tracia un jefe de los bogomilas, llamado Basilio, que el emperador hizo condenar a la hoguera. Un examen secreto manifestó que esta secta tenía muchas relaciones con la de los messalianos, o de los cátaros, y con los principios de la *gnosis* siria, o de los saturnianos. En virtud de las órdenes de Alejo, Euthymio Zigabena reasumió las principales proposiciones de estos herejes, cuya forma de abjuración, para entrar en la secta de los bogomilas, es singularmente característica.»
     Mich. Pselli, *Diálogos sobre el poder de los demonios*, edición Hasenmuller, 1688. Anna Comnena, Alexis, XV, páginas 486 y siguientes.
     Gieseler, *Euthymii Zygabeni narratio de Bogomilis primum in Germania edita*, página 14.º (Gottinga 1841).
     Id., *Euthymii Zygabeni narratio de Bogomilis seu Panopliae dogmaticae*, tít. 23, página 2.ª (Goetinga 1842).
     J. Ch. Wolf, *Historia Bogomilor.*, diss. 3 (Vitemberg 1712).
     Engelhard, *Los Bogomilas. Ensayo de historia eclesiástica* (Erlangen 1832), n.º 2.
84   Paulicianos y maniqueos.
     «La antigua secta de los paulicianos esparció sus errores *gnósticos* y maniqueos por el país de los cházaros y de los búlgaros y por el Chersoneso Táurico. Extendióse en el siglo XI bajo el nombre de secta maniqua, en la alta Italia y en Táurico, por más que se distinguía de la de los maniqueos por un misticismo práctico, un ascetismo exaltado y una viva oposición contra toda jerarquía eclesiástica...» (Alzog, II 418).
     Está admitida, generalmente, la correlación de los paulicianos con los maniqueos (Muratori, *Antiquitates* V 83 y siguientes; Gibbon, *Imperio Romano*, cap. 54).

Los paulicianos enviaron predicadores de sus dogmas a Tracia y Bulgaria, y desde allí, por ignorados caminos, se comunicó la herejía a las naciones latinas, donde tarda un siglo más en salir a la superficie. Precisamente al cumplirse el apocalíptico plazo, el año 1000, cuando arreciaba la barbarie en la sociedad y crecía la relajación de la disciplina en la Iglesia, y los pueblos, amedrentados, veían acercarse el profetizado fin del mundo, comenzaron a aparecer los maniqueos en Orleáns, Aquitania y Tolosa. Venían de Italia, donde los llamaban cátaros (puros) por su afectada severidad de costumbres. Negaban, como los *doketas*, la realidad del cuerpo humano en Jesucristo, la transustanciación y el poder del bautismo para perdonar los pecados; pensaban mal del Señor del universo, es decir, del Jehová del *Antiguo Testamento*, creador y conservador del mundo, y condenaban el matrimonio y el uso de las carnes. Dos canónigos de Orleáns, Heriberto y Lissoio, y una italiana eran los dogmatizadores. El rey Roberto procedió con severidad contra ellos e hizo quemar a algunos.

Relaciones aisladas, pero maravillosamente conformes, nos muestran un foco de herejía en Tolosa, donde hubo de celebrarse concilio en tiempo de Calixto II para condenar a los que rechazaban la Eucaristía, el bautismo de los párvulos, la jerarquía eclesiástica y el matrimonio; anatema reproducido en el concilio de Letrán por Inocencio II. A mediados del siglo XI el emperador Enrique IV castigó a los cátaros de Goslar, ciudad de Suavia. En el siglo XII los había en tierra de Colonia, y acerca de ellos consultó Enervin a san Bernardo. Por entonces, Pedro de Bruys y Enrique habían comenzado su propaganda en el Delfinado y Tolosa, no sin que saliesen a la defensa de la fe amenazada Pedro el Venerable y san Bernardo. Las doctrinas de los petrobusianos se hicieron públicas en el interrogatorio de Lombez (1176). Extendióse la secta a Soissons, según Guido de Noguent; a Agenois, según Radulfo de Ardens. Hacia 1160 aparecieron en Inglaterra los cátaros con el nombre de publicanos.

En Lombardía se dividieron en tres sectas: concorezzos, cátaros y bagnoleses; pero el nombre más usado fue el de patarinos, derivado de pati, según unos; de pater, como quieren otros. En tiempo de fray Ranerio Saccone el mal había tomado proporciones imponentes. Divididos los cátaros en electi o perfecti y credentes, tenían en Occidente diecisiete iglesias, descollando entre ellas las de Bulgaria, Drungaria (que parece ser Tragurium o Trau, en Dalmacia),

Esclavonia, la Marca (italiana), Tolosa, Cahors y Alby. Ésta y la de Tolosa acabaron por dar nombre a la secta, dicha desde entonces tolosana y albigense.[85]

Los herejes toscanos, lombardos y de la Marca dependían de un obispo, llamado Marcos, y éste del antipapa búlgaro Nicolás. El cual vino en 1167 a Tolosa y celebró una especie de conciliábulo con Roberto de Spernone, obispo de Francia (*episcopus ecclesiae francigenarum*); Sicardo Cellarerio, obispo de Alby; Bernardo Catalani, representante de la iglesia de Carcasona, y otros heresiarcas; hizo nuevo arreglo de diócesis y puso paz y concordia entre los suyos, que al parecer andaban desavenidos.

Alcanzó, pues, la secta una organización regular, pero no conocemos con bastante precisión sus doctrinas. Pedro el Venerable reduce a cinco los errores de Pedro de Bruys: negar el bautismo de los párvulos, la eficacia de la Eucaristía, ser iconoclastas y enemigos de la Cruz, condenar los sufragios

---

85   Cátaros. Consolamentarios. Alzog, III 108.

«Perdonaban los pecados de una manera mágica, es decir, por medio de cierta imposición de manos, que llamaban consolamentum. No exigían el arrepentimiento; pero imponían a los iniciados la condición de que debían obligarse a una vida austera y exenta de pecado. Como no era fácil obtener esa fuerza y esa perseverancia y, según opinaba la secta, era inadmisible la gracia del Espíritu santo, la caída después del consolamentum era una prueba de que éste había sido desde un principio nulo. Como, por otra parte, las caídas frecuentes de los consolados destruían la teoría, acabaron estos fanáticos por no conceder el consolamentum, salvo algunas raras excepciones, sino a los que estuviesen en peligro de muerte o a los que prometían ponerse in endura, es decir, que se diesen lentamente la muerte, privándose de alimento o haciéndose sacar mucha sangre del cuerpo.

»Hasta en la *Historia de la Inquisición*, por el protestante Limborch (Ámsterdam 1619, folio), se encuentran muchos ejemplos de personas que, después de haber recibido el consolamentum, fueron provocadas por los perfectos a darse lentamente la muerte. Así se ha dicho de cierto Hugo Rubei en el libro Sententiarum inquisitionis Tolosanae, página 138: "Dictus Hugo quadam infirmitate, de qua convaluit, fuit haereticatus per Petrum haereticum, et receptus ad sectam et ordinem dicti haeretici; quam aliquibus diebus in dicta infirmitate tenuit et servavit, stando in endura; sed postmodum ad instantiam matris suae comedit et convaluit. Item isto anno Petrus Sancii haereticus invitavit ipsum, quod vellet se ponere in endura et facere bonum finem; sed ipse non consensit tunc sed quando esset in ultimo vita suae".»

«Los cátaros residían principalmente en la alta Italia y en la Francia meridional; mas se esparcieron también por las riberas del Rhin, por el país de Tréveris y hasta en Inglaterra, bajo los diferentes nombres de cátaros, heréticos, patarinos, milaneses, publicanos y buenos hombres.»

por los difuntos. San Bernardo añade que rechazaban la comida de carnes y el matrimonio: indicio grave de *maniqueísmo*. Alano de l'Isle les atribuye formalmente la creencia en dos principios: el *doketismo* y el desprecio a la ley de Moisés. Según Ermengardo, los herejes de Provenza sostenían que el demonio, y no Dios, ha criado el mundo y todas las cosas visibles. Mis lectores saben ya de dónde procedían estas opiniones. Ha de advertirse que los albigenses, como los antiguos *gnósticos*, reconocían grados en la iniciación, y esoterismo y exoterismo, y eran secta misteriosa y que ocultaba mucho sus dogmas, sobre todo en cuanto al origen del mal. Por eso los interrogatorios que hoy tenemos de albigenses y patarinos franceses e italianos, gente por lo común humilde e ignorante, varían hasta lo infinito y no penetran en la medula de la herejía, sino en las consecuencias y accesorios. Se les acusó de infandas liviandades, lo mismo que a los priscilianistas y a toda secta secreta.

Al desarrollo de la herejía albigense en Provenza concurrieron el universal desorden de costumbres, harto manifiesto en las audacias de la poesía de los trovadores; la ligereza y menosprecio con que allí se trataban las cosas más santas; las tribulaciones de la Iglesia y desórdenes del clero, abultados por el odio de los sectarios, y, finalmente, la rivalidad eterna entre la Francia del Norte, semigermánica, y la del Mediodía. Entre los que tomaron las armas para resistir a la cruzada de Simón de Montfort no eran muchos los verdaderos albigenses: a unos les movía el instinto de nacionalidad, otros lidiaban por intereses y venganzas particulares, los más por odio a Francia, que era el brazo de Roma en aquella guerra. Generalmente eran malos católicos, pero les interesaba poco el oscuro *maniqueísmo* enseñado en Tolosa y en Alby. Los occidentales suelen hacer poco caso de la parte dogmática de las herejías y prefieren hacer hincapié en lo negativo y en las consecuencias prácticas, mucho más si se enlazan con intereses del momento. Por eso prosperó la Reforma luterana.

Buena prueba del espíritu dominante entre los provenzales nos ofrece la conducta de los trovadores durante la cruzada antialbigense. Casi todos se pusieron de parte de los herejes y del conde de Tolosa; pero ni aun en sus invectivas más feroces y apasionadas se trasluce entusiasmo por la nueva doctrina. Guillem Figuera, en su célebre Sirventesio, lanza mil enconadas maldiciones contra Roma, engañadora, codiciosa, falsa, malvada, loba rabiosa, sierpe coronada; le atribuye todos los desastres de las cruzadas, la pérdida de Damieta, la muerte de Luis VIII, etc.; pero su ardor rabioso nada tiene de ardor de neófito. Si el poeta era maniqueo, bien lo disimula.

Resumamos: la herejía fue lo de menos en la guerra de Provenza. Dominaba allí un indiferentismo de mala ley, mezclado con cierta animosidad contra los vicios, reales o supuestos, de la clerecía. Había, además, poderosa tendencia a constituir una nacionalidad meridional, que quizá hubiera sido provenzal-catalana, tendencia resistida siempre por los francos. Bastaba una chispa para producir el incendio, y la chispa fueron los cátaros.

A su lado crecían los valdenses, mucho más modernos. Es tenido por padre y dogmatizador de la secta Pedro Valdo, mercader de León, que hacia 1160 comenzó a predicar la pobreza, convirtiendo en precepto el consejo evangélico, y reunió muchos discípulos, que se señalaron por raras austeridades, comenzando por despojarse de sus bienes. Llamóseles Pobres de León, y también *Insabattatos*, de la palabra latina bárbara *sabatum*, origen de la francesa *sabot* y la castellana zapato, porque llevaban zapatos cortados por arriba, en signo de pobreza. Vivían de limosnas y gustaban de censurar la riqueza y vicios de los eclesiásticos. Su primer error fue el laicismo. Arrogáronse todos, inclusas las mujeres, el derecho de predicar y aun de administrar los sacramentos; y el papa Lucio III se vio obligado a condenarlos por los años de 1181. El arzobispo de Narbona, Bernardo, los llamó a una conferencia pública, y, oídos, los declaró herejes. Además del celo amargo y sin misión que les hacía clamar por reforma, rechazaban la oración por los difuntos y huían de los templos, prefiriendo orar en sus casas; negaban obediencia a sus legítimos pastores y tenían por ilícitos, al modo de los cuáqueros, el juramento y la pena de muerte. Según ellos, un sacerdote indigno no podía consagrar, ni atar ni desatar, mientras que cualquier lego podía hacerlo, siempre que se sometiese a las penitencias y austeridades de la secta. Tan ciegos estaban, que en 1212 solicitaron de Inocencio III la aprobación de lo que llamaban su orden. Tres años después, en el concilio de Letrán, el mismo Pontífice los condenó, así como a los demás predicantes sin misión.

Negaban los valdenses todo linaje de propiedad. Entre ellos no había mío ni tuyo. El comunismo y el laicismo eran las bases de la secta. Decían las palabras de la consagración en lengua vulgar y comulgaban en mesa común, queriendo remedar sacrílegamente los antiguos ágapes. Aunque fanáticos extraviados, eran hombres de buena vida y de nimia austeridad, diferenciándose en esto de los albigenses. Si a alguna secta moderna se asemejan los valdenses es al cuaquerismo. No tenían vocación de mártires ni tomaron las armas nunca, como los cátaros. Asistían a las reuniones de los católicos y recibían los sacramentos, aunque sin confesar que eran valdenses.

Nunca logró esta Secta tanta popularidad y arraigo como la de los maniqueos. Después del siglo XIV quedó confinada en algunos valles subalpinos, en la Saboya y en el Delfinado. Sus barbas o sacerdotes eran pastores y hombres sin letras. Los misioneros católicos, entre ellos nuestro san Vicente Ferrer, hicieron inauditos esfuerzos por desarraigarla. Llegaron así los tiempos de la Reforma, y, como oyeran aquellos montañeses algo de lo que en Suiza y en Alemania pasaba, enviaron mensajeros a Bucero y Ecolampadio para tratar de la unión de su iglesia con las reformadas. Como había bastante diferencia entre los errores de la una y de las otras, no se llegó por entonces a ningún acuerdo; pero más adelante Farel y otros ministros ginebrinos evangelizaron a los pobres valdenses, que en 1541 dieron una confesión de fe en sentido calvinista. Y así han continuado hasta nuestros días, convertidos en protestantes, aunque conservan el nombre antiguo. Su historia es muy curiosa y llena de peripecias. Conservan libros y manuscritos de antigüedad disputable, que han dado motivo a curiosas indagaciones filológicas.[86]

Para atajar los pasos de albigenses y valdenses surgieron en el glorioso siglo XIII dos grandes instituciones: los frailes mendicantes y la Inquisición. El estandarte comunista, levantado por los Pobres de León, indicaba un malestar social, casi un conflicto. Y el conflicto fue resuelto por los franciscanos, que inculcaron la caridad y la pobreza evangélica, no el odio a los ricos, ni el precepto de la

---

86 Valdenses. Alzog, III, 109.

«Propagóse rápidamente esta secta por el Piamonte, la Lombardía y hasta por el Oriente de Europa... Mezclados con los cátaros en el Piamonte, sufrieron las más duras persecuciones, más no por eso dejaron de propagarse hasta nuestros días. Véase la obra recién publicada del obispo de Pignerol, cuya diócesis contiene aún veinte y dos mil valdenses» (Charvaz, *Investigaciones históricas sobre el verdadero origen de los valdenses*, [París 1836] 8.°; *Guía del catecúmeno valdense*, 2 vols.; Moliner (Carlos), *L'Église et la société cathares*, 3 artículos: *Revue Historique*, tomo 95, números de julio-agosto, septiembre-octubre, noviembre-diciembre).

pobreza, de que hacían ostentosa gala los insabattatos. Con el amor, y no con el odio, podía atenuarse la desigualdad social.

Para contener a los dogmatizadores de la plaza pública y a los de la escuela necesitaba la Iglesia, a la vez que monjes solitarios y contemplativos, hombres de acción y de pelea, que llevasen de frente la ciencia de aquella edad y estuviesen unidos por rigurosa disciplina. Y entonces nació la Orden de Predicadores, que es gloria de España por su fundador santo Domingo.

El mismo santo Domingo había predicado con admirable fruto en el Languedoc y Provenza. Aquél fue el primer campo de batalla para la religión que él fundó. Y como los dominicos, por especialidad de su instituto, debían predicar contra las heréticas doctrinas y enterarse de ellas y calificarlas, de aquí que muy a los principios aparezcan enlazados con la historia de la Inquisición.

Ni traía ésta tampoco novedad alguna. Al hablar de los priscilianistas, noté el doble carácter del delito de herejía, tal como le entendemos los católicos y le entendió la Edad media, y la doble punición a que, por tanto, estaba sujeto. El derecho romano lo reconoció ya, imponiendo grandísimas penas corporales a los herejes, como es de ver en leyes de Valentiniano, Graciano, Teodosio, Valentiniano II, Honorio, Valentiniano III, etc. La pena de muerte aplicóla por vez primera Clemente Máximo a Prisciliano y sus secuaces.

Los príncipes de la Edad media tuvieron por cosa natural y legítima el castigar con hierro y fuego a los vanos doctores. Recuérdense las crudísimas leyes que contra los mismos cátaros y patarinos fulminaron los emperadores Otón III y, ¿quién lo diría?, Federico II, sin que se quedasen en zaga las ciudades libres de Italia.

Admitido en la potestad secular el derecho de exterminar a un maniqueo o a un valdense, por el mismo instinto de conservación que ordena castigar a un facineroso, era necesario distinguir al hereje de los fieles, y esto solo podían hacerlo los teólogos, o de lo contrario la ignorancia, el falso celo y las venganzas particulares usurparían el lugar de la justicia. Al principio, los obispos, por sí o en delegación, juzgaban las causas de herejía como todas las demás pertenecientes al foro eclesiástico; ellos separaban al hereje de la comunión de los fieles y le entregaban al brazo secular. Pero en tiempo de la guerra de Provenza comenzaron los pontífices a nombrar delegados especiales, que, desde Gregorio IX fueron por la mayor parte dominicos. El concilio de Beziers regularizó los procedimientos, mucho más discretos y equitativos que en ningún otro tribunal de la Edad media.[87]

II. Constitución de Don Pedro el Católico contra los valdenses. Durando de Huesca

Como su padre Alfonso, fue don Pedro II de Aragón el príncipe más encumbrado y poderoso de las tierras en que se hablaba la lengua de Oc; cuñado de los dos condes de Tolosa (Ramón VI y VII), hermano de Alfonso de Provenza, pródigo y mujeriego, pero activo y bizarro, por sus parentescos, por sus cualidades y por sus defectos debió ser el ídolo de las gentes cortesanas del Mediodía de Francia.

Con tan sobrias frases describe el doctor Milá y Fontanals, en su excelente libro de *Los trovadores en España*, el carácter y costumbres de don Pedro, llamado el Católico por haber puesto a su reino bajo el patronato de la Santa sede. Don Pedro fue el héroe entre los héroes de las Navas, y tanto pesa la gloria por él adquirida en aquel día de júbilo para la cristiandad, que basta a borrar de la memoria la muerte harto menos gloriosa que recibió en Muret, lidiando, no por la herejía, sino en defensa de herejes, siquiera fuesen sus deudos.

---

87 Véase acerca de los cátaros, petrobusianos y maniqueos:
San Bernardo, en los *Sermones sobre los Cánticos*, especialmente el 65 y 66; la epístola de Enervin al mismo santo; la de Pedro el Venerable (en el tomo 22 de la *Bibliotheca Veterum Patrum*); las actas del sínodo de Lombez (en el tomo 10 de la Colección de Labbé); el libro de Ermengardo (en el tomo 10, página 1.ª de la *Bibliotheca Veterum Patrum*); el de Alano de l'Isle; la *Historia Albigensium*, de Pedro de Vaucernay; el *Antihaereses*, de Ebrardo de Bethune; el *De haereticis*, de fray Raniero Saccone, que es la fuente más copiosa; los *Sermones*, de Ecberto; el poema que dicen de Guillermo de Tudela, etc., y como trabajo moderno, la *Historia de los cátaros o albigenses*, de M. C. Schmidt.
De los valdenses se ha escrito casi tanto a partir de la *Summa de Catharis et Leonistis*, de fray Raniero (inserta en el *Thesaurus*, de Martène, tomo 5).
Véase., además, el libro de Pedro Plyodorf: Contra valdenses; el *Directorium*, de Eymerich; los cinco libros del padre Moneta Cremonense, *Adversus Catharos*, etc. El más curioso es el de Saccone, que había sido cátaro diecisiete años. Entre los más modernos, el opúsculo de Dickhoff De los valdenses en la Edad media. Bossuet compendió admirablemente la historia de estas dos sectas en el, lib. 11 de la *Historia de las Variaciones*. César Cantú, en *Gli Heretici d'Italia*, da curiosas noticias y extracta algunos procesos de patarinos.

Tan lejano estaba de la herejía don Pedro, que en 1197 había fulminado severísimas penas contra los valdenses, insabattatos y pobres de León, quienes, venidos, sin duda, del Languedoc y Provenza, comenzaban a difundir sus errores en tierra de Cataluña. Dirige el rey sus letras a «todos los arzobispos, obispos, prelados, rectores, condes, vizcondes, vegueres, merinos, bailes, hombres de armas, burgueses, etc., de su reino, para anunciarles que, fiel al ejemplo de los reyes sus antepasados y obediente a los cánones de la Iglesia, que se aran al hereje del gremio de la Iglesia y consorcio de los fieles, manda salir de su reino a todos los valdenses, vulgarmente llamados sabattatos y pobres de León, y a todos los demás de cualquiera secta o nombre, como enemigos de la cruz de Cristo, violadores de la fe católica y públicos enemigos del rey y del reino. Intima a los vegueres, merinos y demás justicias que expulsen a los herejes antes del domingo de Pasión. Si alguno fuere hallado después de este término, será quemado vivo, y de su hacienda se harán tres partes: una para el denunciador, dos para el fisco. Los castellanos y señores de lugares arrojarán de igual modo a los herejes que haya en sus tierras, concediéndoles tres días para salir, pero sin ningún subsidio. Y si no quisieren obedecer, los hombres de las villas, iglesias, etc., dirigidos por los vegueres, bailes y merinos, podrán entrar en persecución del reo en los castillos y tierras de los señores, sin obligación de pechar el daño que hicieren al castellano o a los demás fautores de los dichos nefandos herejes. Todo el que se negare a perseguirlos incurrirá en la indignación del rey, y pagará 20 monedas de oro. Si alguno, desde la fecha de la publicación de este edicto, fuere osado de recibir en su casa a los valdenses, *insabattatos*, etc., u oír sus funestas predicaciones, o darle alimento o algún otro beneficio, o defenderlos o presentarles asenso en algo, caiga sobre él la ira de Dios Omnipotente y la del señor rey y sin apelación sea condenado como reo de lesa majestad y confiscados sus bienes». Esta constitución[88] debía ser leída en todas las iglesias parroquiales del reino cada domingo y observada inviolablemente por todos. Don Pedro añade estas palabras, realmente salvajes: «Sépase que si alguna persona noble o plebeya descubre en nuestros reinos algún hereje y le mata o

---

88   Véase íntegra en los apéndices. La publicó por primera vez Pedro de Marca (*Marca Hispánica*, appendix CCCCLXXXVII). Luego se ha reproducido en algunas colecciones de concilios.

mutila o despoja de sus bienes o le causa cualquier otro daño, no por eso ha de tener ningún castigo: antes bien, merecerá nuestra gracia».

Los vicarios, bayulos y merinos negligentes serían castigados con confiscación de bienes y penas corporales. Los que en el término de ocho días, después de comunicado este edicto, no jurasen sobre los *Evangelios* cumplirle fielmente, pagarían 200 monedas de oro.

¿Quién no dirá que la Inquisición era un evidente progreso al lado de semejante legislación, entonces común en Europa, que dejaba al arbitrio particular la vida del hereje y declaraba impune al asesino?

Fue dada esta constitución en Gerona, en presencia de Raimundo, arzobispo tarraconense; Jofré o Gofredo, obispo de Gerona; Raimundo de Barcelona; Guillermo de Vich, y Guillermo de Elna, por mano de Juan Beaxnense, notario del rey; siendo testigos Pons Hugo, conde de Ampurias; Guillén de Cardona, Jofré de Rocabertí, Raimundo de Villa Mulorum, Ramón Garcerán, Bernardo de Portella, Jimén de Luziá, Miguel de Luziá, Guillem de Cerverá, Pedro de Torricella, Arnaldo de Salis, Pedro Sacristá de Vich, Berenguer de Palaciolo, Sacristá de Barcelona y Guillén Dufortis.

Merced, sin duda, a estas severas prohibiciones, secundadas por el espíritu católico del país, apenas hubo en el reino de Aragón valdenses. Como caso rarísimo y aislado tenemos el de Durando de Huesca.

Refiere Guillermo de Puy-Laurens en su *Crónica*[89] que los valdenses de Provenza tuvieron una conferencia teológica con los católicos, siendo árbitro elegido por las dos partes el maestro Arnaldo de Camprano, clérigo secular, el cual sentenció contra los valdenses, siendo causa de que muchos se redujesen al gremio de la fe e hiciesen penitencia, fundando cierta manera de instituto religioso en Cataluña. El principal de ellos fue Durando de Huesca, autor de algunos escritos contra los herejes: *In quibus Durandus de Osca fuit prior et composuit contra haereticos quaedam scripta.*

Tenemos dos cartas de Inocencio III sobre este asunto:[90] una dirigida a los conversos, y otra al arzobispo de Tarragona y a sus sufragáneos. Infiérese de

---

89 Publicada por Guillermo Catellus al fin de su *Historia de los condes de Tolosa* (cap. 8). Citada por N. Antonio.

90 Véase las cartas de Inocencio III en el tomo 3 de la colección de Aguirre, página 458 y siguientes. En el apéndice reproduzco la más curiosa. Las publicó Baluze por vez primera.

ellas que Durando de Huesca, don de Najaco, Guillermo de san Antonino y otros pobres católicos (*et alii pauperes catholici*) habían acudido al papa y deseaban hacer penitencia de sus excesos, restituyendo lo mal adquirido, observando castidad, absteniéndose de la mentira y del juramento ilícito, no teniendo nada propio, sino todo en común, etc. Su hábito serían túnicas blancas o grises; no dormirían en cama, si a ello no les obligase grave enfermedad; ayunarían desde la fiesta de Todos los santos hasta la Navidad; se abstendrían de pescado todas las sextas ferias, excepto si caía en ellas alguna vigilia; no comerían carnes en la segunda y cuarta feria, ni en el sábado ni en cuaresma, exceptuando los domingos; ayunarían los ocho días antes de Pentecostés y observarían los demás ayunos y abstinencias prescritas por la santa Iglesia romana. Todos los domingos oirían la sagrada palabra y harían oración siete veces por día, repitiendo quince veces el Padre nuestro, el Credo y el Miserere. Su principal instituto había de ser el servicio de los pobres, edificando en heredad propia un hospital (*xenedochium*) para ambos sexos. Allí habían de ser recogidos los pobres, curados los enfermos, lactados los niños expósitos, auxiliadas las parturientas, etc. Habría paños para cincuenta camas. Al lado del hospital levantaríase, bajo la advocación de Nuestra Señora, una iglesia, que, en muestra de sujeción a la Sede apostólica, pagaría un bisante (bezante?) anual.

Inocencio III gustó de la fundación, pero tuvo algunos recelos acerca de la sinceridad de Durando de Huesca, y encargó al arzobispo una prudente cautela hasta ver si aquello procedía de *fonte catholicae puritatis*. Sobre todo, debía vigilarse que las exhortaciones dominicales fuesen ortodoxas y que no naciese alguna sospecha del trato de hombres y mujeres.

Fueron dadas estas epístolas el año 1212, decimoquinto del pontificado de Inocencio III. Es de creer que Durando de Huesca y los suyos continuasen en su arrepentimiento y buena vida. Guillem de Puy-Laurens solo dice que *in quadam parte Cathaloniae annis pluribus sic vixerunt, sed paulatim postea defecerunt.* La voz *defecerunt* es muy ambigua; ¿querrá decir que volvieron a la herejía, o más bien que fue faltando la Orden por muerte de los fundadores? Más probable es lo segundo.

III. Don Pedro II y los albigenses de Provenza. Batalla de Muret

La herejía de los cátaros, favorecida por las circunstancias que en su lugar expusimos, hacía estragos en Provenza. Las iglesias eran saqueadas, ultrajados los sacerdotes, y no bastaban las armas espirituales para contener a los barones del Languedoc. En vano los inquisidores Reniero y Guido y el legado Pedro de Castelnau excomulgaban a los sectarios e imploraban el auxilio del brazo secular. A tales exhortaciones respondía el conde de Tolosa, Raimundo, lanzando sus hordas de ruteros contra las iglesias y monasterios, y se negaba a ayudar a los inquisidores en la persecución de la herejía. El legado le excomulgó, y un vasallo de Raimundo mató al legado. Simón de Montfort y Fulco, después obispo de Tolosa, acusaron del asesinato a Raimundo, e Inocencio III tornó a excomulgarle, levantó a sus súbditos el juramento de fidelidad y mandó predicar la cruzada contra los albigenses. Cincuenta mil guerreros tomaron la cruz; la Francia del Norte, enemiga inveterada de los meridionales, vio llegada la hora de vengar sus ofensas y redondear su territorio. Raimundo, juzgando imposible la resistencia, imploró perdón del legado, se sometió a penitencia, en camisa y con una cuerda al cuello, y fue absuelto, con obligación de unirse a los cruzados. Prosiguieron éstos su camino, haciendo en Beziers horrorosa matanza y sangrientas ejecuciones en Carcasona. Por los albigenses lidiaba el conde de Foix, mientras que Raimundo de Tolosa acudía a Roma en demanda de justicia; y, pareciéndole duras las condiciones impuestas a su penitencia, se lanzaba en rebelión abierta con el apoyo de sus deudos, y era de nuevo excomulgado y desposeído de sus estados por sentencia pontificia. Simón de Montfort, que se había propuesto heredarle, mostró a las claras sus ambiciosas miras, disimuladas antes con capa de piedad, y, aterrados los señores de Provenza, se pusieron del lado de Raimundo en aquella contienda, ya más política que religiosa. Inútilmente se opuso Inocencio III a los atropellos de Montfort, y le exhortó a restituir lo mal adquirido, puesto que la condenación de Raimundo no implicaba la de sus herederos. La guerra continuó con desusada y feroz crudeza, y Simón tuvo que levantar el cerco de Tolosa.[91]

---

91 Albigenses. Alzog, III 112.

«Con vivo dolor recibió Inocencio III la noticia de las inauditas crueldades que se cometieron en esta sangrienta cruzada, en que tan inhumanos se mostraron los partidarios del error como los de la verdad.

»Dícese que el abad Arnaldo exclamó: "Matadlo todo; Dios conoce a los suyos"; pero las

Don Pedro de Aragón, que hubiera quemado vivo a cualquier albigense o valdense que osara presentarse en sus estados, no era sospechoso, por cierto, en cuanto a la fe; pero, emparentado con los condes de Tolosa y de Foix, viendo invadidos por las gentes cruzadas territorios suyos y de sus cuñados, juzgó oportuno interponerse en la contienda, aunque al principio con carácter de mediador. Suplicó al papa en favor de Raimundo, y el papa oyó benignamente sus ruegos. En el concilio de Lavaur (1213) presentóse el rey de Aragón a defender de palabra a sus vasallos y amigos provenzales; pero, viendo la obstinación de Montfort en no devolver sus tierras al de Tolosa, creyó llegado el trance de las armas, al cual le incitaban en belicosos serventesios los trovadores occitanos:[92]

> Al franc rey Aragonés
> canta'l noel sirventés;
> e di'l trop fai gran sufrensa,
> si q'om o ten a falhensa.
> Quar sai dizon que Francés
> han sa terre en tenensa.
>
> ....
>
> Elms et ausbercs me plairia,
> et astas ab bels penós,
> vissem huei mais pels cambós,
> e senhals de mauta guia;
> e qu'ens visson and un dia
> essems li Francés e nos,
> per vezer quals miels poiria
> aver de cavallairia:
> e quar es nostra razós
> cre qu'el dans ab els n'iria

crónicas que cuentan todo lo que puede perjudicar a los prelados del ejército católico, no dicen nada de esto. Solo el crédulo Cesario de Heisterbach es el que ha hecho circular, sobre este punto, mil cuentos imaginarios.»

92 Véase *Los trovadores en España*, admirable libro de don Manuel Milá y Fontanals, página 142. Emp. Vai Hugonet, página 141.

¡Cuánto se engañaba el anónimo trovador! Poco valieron con don Pedro las amonestaciones del Pontífice, ni las de santo Domingo, ni el descontento de sus vasallos. Pero entiéndase bien: solo por motivos de parentesco y de amistad ayudaba nuestro príncipe al de Tolosa. Bien claro lo dice el poema de Guillermo de Tudela en boca del mismo don Pedro:[93]

> E car es mos cunhatz c'a mar soror espozea
> e ieu ai a so filh l'autra soy maridea
> irai lor ajudar d'esta gent malaurea
> qu'el vol dezeretar.

Y todavía más claro cuando narra la infructuosa mediación del rey en Carcasona: «Vizconde, dijo el rey, pésame mucho de vos, porque os habéis puesto en tal trabajo por una loca gente y por su vana creencia. Ahora busquemos algún acuerdo con los barones de Francia».

> Vescomte, ditz lo reis, de vos ai gran pezansa
> car est en tal trebal ni en aital balansa
> per unas folas gens e per lor fola erransa...
> Aras non sai ieu als mas cant de l'acordansa
> si o podem trobar ab los barons de Fransa.

Desoídos sus ruegos, se volvió a Aragón corrosós e iratz, armó poderoso ejército de catalanes y aragoneses,

> De cels de Catalonha l amenet la flor,
> e de lai d'Aragó trop ric combatedor,

mandó al de Tolosa que se le uniese con los suyos, y juró no dejar cruzado vivo en castillo ni en torre.

Simón de Montfort había fortificado el castillo de Muret. Púsole cerco don Pedro, y allí se le unieron los tolosanos.

---

93 El conde de Tolosa estaba casado con doña Leonor, y su hijo Ramón con doña Sancha, hermanas ambas de don Pedro.

Tot dret ent a Muret qu'el rei d'Aragó I es;
e éison per los pons cavaer é borzés...

Con máquinas de guerra comenzaron a combatir la fortaleza por todos lados;
pero don Pedro se opuso a que entonces la tomasen, diciendo a los cónsules de
Tolosa: «Tengo aviso de que Simón de Montfort vendrá con su gente mañana,
y cuando estén encerrados en el castillo, asediaremos la villa por todas partes y
exterminaremos a los cruzados... Dejémoslos entrar a todos»:

Qu'en ai agudas letras e sagels sagelatz
qu'en Simós de Montfort vindrá demá armatz,
e can será lainz vengutz ni encerraos...
E asetiarem la vila per totz latz,
e prendem: los Francés e traitz los crozatz,
que jamais lor dampnatges no sia restauratz...
Per que valdrá be mais siam tuit acordatz
qu'els laissem totz intrar...

Retirada de Muret la hueste comunal de Tolosa y retraídos los barones en
sus tiendas, esperaron la llegada de Simón de Montfort. «Y cuando hubieron
comido (prosigue el cronista poeta), vieron al conde de Montfort venir con su
enseña y muchas de otros franceses, todos de a caballo. La ribera resplandecía,
como si fuese cristal, al fulgor de los yelmos y de las corazas. Entraron en Muret
por medio del mercado, y fuéronse a sus alojamientos, donde encontraron pan,
vino y carne. A la mañana, el rey de Aragón y todos sus caudillos tuvieron consejo en un prado. Allí estaban el conde de Tolosa, el de Foix, el de Cumenge,
de corazón bueno y leal; el senescal don Hugo y los burgueses de Tolosa. El
rey habló el primero, porque sabía hablar gentilmente: "Señores: Simón ha
venido, y no se nos puede escapar; sabed que la batalla será antes de la tarde;
estad prontos para acaudillar y herir y dar grandes golpes". El conde de Tolosa
le replicó: "Señor rey de Aragón: si me queréis escuchar os diré mi parecer...
hagamos levantar barreras en torno de las tiendas, para que ningún hombre a
caballo pueda pasar, y si vienen los franceses, recibirémosles a ballestazos, y

fácilmente los podremos desbaratar". Opúsose a tal parecer Miguel de Luziá, tachando de cobardía a los condes: "Señores, dijo el de Tolosa, sea como queráis y veremos antes de anochecer quién es el último en abandonar el campo".

»En tanto, Simón de Montfort mandaba por pregones en Muret que saliesen todos de los alojamientos, y ensillasen y encubertasen los caballos. Cuando estuvieron fuera de la puerta de Salas, les habló así: "Barones de Francia: en toda esta noche no se cerraron mis ojos ni pude reposar; no os puedo dar otro consejo sino que vayamos todos por este sendero, derechos a las tiendas, como para dar batalla; y si salen al campo, lidiemos con ellos, y si no los podemos alejar de las tiendas, retirémonos a Autvilar". Dijo el conde Balduino: "Probemos fortuna, que más vale muerte honrada que vil mendigar". Exhortóles luego el obispo Fulco, y, divididos en tres partidas, fuéronse derechos a las tiendas, desplegadas las banderas, tendidos los pendones, lanzando extraño fulgor los escudos, yelmos, espadas y lanzas.»

Los aragoneses se resistieron bizarramente. Don Pedro lidiaba entre los primeros, gritando *Eu so'l reis.* «Y fue tan malamente herido, que por medio de la tierra quedó esparcida su sangre, y a la hora cayó tendido y muerto, dice el cronista. Los otros, al verle caer, tuviéronse por vencidos, y comenzaron a huir sin resistencia... Muy grande fue el daño, el duelo y la pérdida cuando el rey de Aragón quedó cadáver ensangrentado y con él muchos barones: duelo grande para la Cristiandad fue el de aquel día.»

> E cant ágron manjat, viron per un costal
> lo comte de Montfort venir ab so senhal
> e motz d'autres francés que tuit son á caval.
> La ribeira resplan com si fosso cristalh
> dels elmes e dels brans...
> le intran á Muret per mei lo mercadal,
> e van á las albergas com baron natural,
> e an pro atrobat pa e vi e carnal,
> e puis á lendemá can viro lo jornal,
> lo bos, rei d'Aragó e tuit li seu capdal
> éisson á parlement defora en un pradal
> e lo coms de Tholosa, e de Foix atretal,

e lo coms de Cumenge ab bon cor e leial,
e mot d'autre baró e 'N-Ugs lo senescal,
e'ls borzés de Tholosa e tuit lo menestral.
E'l reis parlet primers:
Lo reis parlet primers, car el sap gent parlar:
«Senhor, so lor á dit auiatz qu'o us vult mostrar.
Simós es lai vengutz e no pot escapar;
....
E vos autres siats adreit per capdelar,
sapiatz los grans colps e ferir e donar...
E lo coms de Tholosa se pres á razonar:
«Sénher reis d'Aragó si-m voletz escoutar
eu vo'n direi mo sen...
Fassam entorn las tendas las barreiras dressar,
que nulhs om á caval dins nos puesca intrar.
E si veno ilh Francés que-ns vulhan asausar
e nos ab las balestas los farem totz nafrar.
....
E poirem los trastotz aissí desbaratar.»
So dit Miguel de Luzia: «les aviso bo no-m par,
....
Per vostra volpilha us laichatz deseretar».
«Senhors, so ditz lo coms, als non puesc acabar:
Er sia co-us vulhatz c'abans del anoitar
veirem be cals s'irá darriers al cap levar.»
Ab tans cridan ad armas e van se tuit armar...
....
Mas Simós de Montfort fai per Muret cridar
per trastotz los osdals que fássan enselar
e fássan las cubertas sobre'els cavals gitar.
....
E cant fóron de fora pres se á sermonar:
«Senhors baró de Fransa, no-us sei nulh consell dar...
Anc de tota esta noit no fi mas perpessar

ni mei olh no dormíron ni pógron repauzar.

...Anem dreit á las tendas, com per batalha dar,

e si éison deforas que-ns vulhan asaltar,

e si nos de las tendas no'ls podem alunhar

no l á mes que fugam tot dreit ad Autvilar.»

Ditz lo coms Baudois: «Anem o essaiar...

que mais val mort ondrada que vius mendiguejar».

....

Tuit s'en van á las tendas per meias las palutz

senheiras desplegadas e'ls penós destendutz,

dels escutz e dels elmes on es li or batutz

e d'ausbercs e d'espazas tota la pressa'n lutz.

E'l bos reis d'Aragó cant los ag perceubutz

ab petits companhós es vas lor atendutz

....

E'ls crida: «Eu so'l reis»...

E fo si malament e nafratz e ferutz

que per mieia la terra es lo sancs espandutz

e l'ora-s cazec mortz aqui totz estendutz.

E l'autre catn o víron teno's per deceubutz

qui fuig sa qui fuig la us no l es defendutz.

Molt fo grans lo dampnatges e'l dols e'l perdemens

cant lo reis d'Aragó remás mort e sagnens,

e mot d'autres barós don fo grans l'aunimens

a tot crestianisme e á trastotas gens.[94]

Fue el rey don Pedro más caballero que rey; pero buen caballero y digno de más honrada muerte. Lleváronle a enterrar los de la Orden de san Juan al monasterio de Sixena. Con él habían perecido don Aznar Pardo, don Pedro Pardo, Miguel de Luziá, don Miguel de Rada, don Gómez de Luna, don Blasco

---

94 *Histoire de la croisade contre les Albigeois*, écrite en vers provençaux par un poète contemporain, traduite et publiée par M. Fauriel (París 1837). Se conoce este poema por el de Guillermo de Tudela; pero sobre su autor o autores, véase la excelente disertación de Paul Meyer.

de Alagón y don Rodrigo de Lizana, sin otros personajes de menos cuenta. El conde de Tolosa y los suyos se salvaron con la fuga.

Entre todas las narraciones del desastre de Muret, he preferido la de Guillermo de Tudela, sea quien fuere, por ser quizá la más antigua, extensa y verídica, y por la viveza y animación con que lo describe todo.

Fecha de esta sangrienta rota, el 16 de septiembre de 1213.

IV. Los albigenses y valdenses en tiempo de don Jaime el Conquistador. Constituciones de Tarragona. Concilio de la misma ciudad. La Inquisición en Cataluña. Procesos de herejía en la diócesis de Urgel

Cuando murió don Peiro, su hijo don Jaime estaba bajo la tutela del mismo Simón de Montfort, matador del rey católico, y, aunque el infante fue entregado a los catalanes merced a los mandatos y exhortaciones de Inocencio III, las turbulencias civiles que agitaron los primeros años de su reinado y, más adelante, las gloriosas empresas contra moros en que anduvo envuelto el Conquistador le retrajeron, con buen acuerdo, de seguir el ejemplo de su padre ni tomar parte demasiado activa en los disturbios del Languedoc. Consintió que en 1218 acompañasen algunos caballeros catalanes a Raimundo y a los condes de Cumenge y Pallars en la defensa de Tolosa; pero él no le apoyó abiertamente. Muerto el conde en 1222, su hijo, llamado también Ramón (séptimo del nombre), prosiguió la guerra contra los franceses, hasta que en 1229 se sometió e hizo pública penitencia en el atrio de Nuestra Señora de París para que le fuese levantada la excomunión. Siguióse una larga lucha de pura ambición entre el de Tolosa y Ramón Berenguer de Provenza, cuyos pormenores son ajenos de este lugar. La Liga de Montpellier (año 1241) entre don Jaime, Ramón de Tolosa y el de Provenza, a la cual se unió el rey de Inglaterra, Enrique III, tuvo un fin exclusivamente político, aunque sin resultado: la reconstrucción de la nacionalidad meridional. Don Jaime no dio más que buenas palabras a sus aliados, y éstos fueron vencidos. Los trovadores, partidarios acérrimos de la causa provenzal, excitaban al rey de Aragón a vengar la rota de su padre:

E'l flacs rei cui es Aragós
ja tot l'an plach a man gasós,

e fora il plus bel, so m'es vis
que demandés ab sos barós
son paire qu'era pros e fis
que fou mortz entre sos vezís.[95]

Beltrán de Rovenhac exclamaba:

Rei d'Aragó, ses contenda
Deu ben nom aver
Jacme, quar trop vol jazer;
e qui que sa terra-s prenda,
el es tan flax e chauzitz
que Sol res no l contraditz,
e car ven lay als Sarazis fellós
l'auta e'l don que pren sai vas Limós.

¡Cuánto más alto era el sentido político de don Jaime! ¡Cómo acertaba en vengar en los sarracenos la afrenta y el daño que recibía en Limoges! Don Jaime era español, y sabía a qué campos de batalla le llamaba la ley de la civilización peninsular. Inútil era que el mismo trovador le echase en cara que los burgueses de Montpellier le negaban la deuda tornesa.[96]

Sucumbió el Mediodía en aquella tentativa postrera, y Bernardo Sicart levantó sobre las ruinas un canto de dolor y no de guerra:

Ai! Tholosa e Proensa
e la terra d'Agensa,
Bezers e Carcassey,
quo vos vi e que us vey!
Si qu'ol saltatges
per lag temps mov son chan,
es mos coratges

---

95 *Serventesio*, de Bonifacio de Castellane (Véase Milá, *Trovadores*.)
96 Véase en la misma excelente obra los dos Serventesios, en que Rovenhac habla de don Jaime, así como el de Bernardo Sicart.

que ieu chante derenan...

Por el tratado de Corbell, celebrado en 1258 entre don Jaime y san Luis, escribe el doctísimo Milá, al cual habían precedido los casamientos de las herederas de Tolosa y de Provenza con dos príncipes de la casa de Francia y la cesión a la misma por Aimerico de Montfort de las conquistas de su padre, la mayor parte de los países traspirenaicos de lengua de Oc quedaron sujetos a Francia.

Dentro de su casa poco dieron que hacer a don Jaime las cuestiones de herejías. Las *Constituciones de paz y tregua*[97] que dio en Barcelona (1225) dicen en el capítulo 22: De esta paz excluimos a todos los herejes, fautores y

---

97 Constituciones de paz y tregua.

«En Cataluña definían los autores la paz y tregua diciendo que era "la protección y defensa dada por el príncipe, y según las leyes de la tierra, a todas las personas y a todas sus cosas poseídas dentro del principado". Tres eran las clases de tregua vigentes en Cataluña: la que se acaba de definir, que era la legal; la llamada tregua del Señor, común a todos los pueblos cristianos de la Edad media, y la convencional, en cuya virtud se reconciliaban dos enemigos, comprometiéndose por medio de contrato a no dañarse durante cierto tiempo, bajo algunas penas que se estipulaban.»

«En cumplimiento de este usatge (*Item statuerunt*), todos los príncipes fueron confirmando las constituciones de paz y tregua, que hacían entonces las veces de verdaderas leyes de orden público.»

«Excluyóse de esta general garantía a varias personas y lugares de Cataluña, a saber: las iglesias en las cuales hubiese fortalezas, baluartes u otras obras en forma de castillo y las que sirviesen de refugio a ladrones y salteadores, siempre que después del requerimiento del obispo no se enmendasen estos excesos; los labradores que labrasen o cultivasen tierras puestas en litigio después de amonestados tres veces por uno de los litigantes, mas quedando a salvo los bueyes y los aperos de labranza, exceptuados siempre por el legislador en atención a la nobleza y utilidad de la agricultura: los que, habiendo hecho traición a sus señores, no se prestasen a sincerarse de su inocencia, y también sus cómplices y encubridores: los raptores y los que encubriesen el rapto, si no enmendaban el daño ni querían estar a derecho; los que hubiesen quebrantado la tregua del Señor o la tregua general dictada por el príncipe. No gozaban tampoco de la inviolabilidad asegurada por estas leyes los clérigos, monjes, pupilos y viudas que ayudasen a cometer algún exceso a mano armada, pues este delito los hacía indignos del privilegio de protección que les otorgaba el legislador; los labradores y familiares de los señores feudales que se encontrasen con éstos en cabalgadas, en guerras particulares o cometiendo algún delito, y a fortiori los mismos barones y sus hijos mayores de veintiún años, que era la edad en la cual los

receptores...[98] Las constituciones de 1228, dadas en la misma cuidad, repiten en el capítulo 19 la exclusión de los herejes manifiestos, creyentes, fautores y defensores, mandando a sus vasallos que los delaten y huyan de su trato.[99]

En 7 de febrero de 1233 promulgó el rey don Jaime las constituciones siguientes en Tarragona, con asistencia y consejo de los obispos de Gerona, Vich, Lérida, Zaragoza, Tortosa; del electo tarraconense, de los maestres del Temple y del Hospital y de muchos abades y otros prelados:

1.ª Que ningún lego disputase, pública o privadamente, de la fe católica, so pena de excomunión y de ser tenido por sospechoso de herejía.

2.ª Que nadie tuviera en romance los libros del Antiguo o del *Nuevo Testamento*, sino que en el término de ocho días los entregase al obispo de su diócesis para que fuesen quemados.[100]

3.ª Que ningún hereje, convicto o sospechoso, pudiese ejercer los cargos de baile, vicario (*veguer*) u otra jurisdicción temporal.

4.ª Que las casas de los fautores de herejes, siendo alodiales, fuesen destruidas; siendo feudales o censuales, se aplicasen a su señor (*suo domino applicentur*).

---

jóvenes de la nobleza catalana entraban en el pleno goce de sus derechos políticos. Otras excepciones señalaban, generalmente, estas leyes, v. gr., los incendiarios, los que cobrasen de los pueblos contribuciones indebidas, los reos de bausía, los herejes manifiestos y otros infractores de las leyes catalanas.»

«Todas las demás personas, sin distinción de clases ni categorías, y todos los lugares no incluidos en las excepciones ya indicadas, y muy singularmente los caminos, estaban bajo la especial protección de la garantía política, llamada paz y tregua, estando obligados a jurarla todos los catalanes mayores de catorce años si la potestad los requería para ello».•

• Calicio, *Directorium pacis et treuge*. Mieres, Cortes de Gerona de 1321, Fontanella, etc. J. Coroleu, *Estudio crítico sobre el Código de los Usatges de Barcelona* (*Boletín de la Academia de Historia*, tomo 4, páginas 100-102).

98 «Ab hac pace excludimus omnes haereticos et fautores et receptatores eorum et receptatos...» (Documento, n.º 502 de la *Marca Hispánica*).

99 «Ab ac autem pace excludimus haereticos manifestos et eorum credentes, fautores atque defensores, etc., statuentes insuper, firmiterque mandamus ut nullus eos defendat, immo manifestet eos et omnibus modis devitet.»

100 «Ne aliquis libros Veteris vel *Novi Testamenti* in romancio habeat; et si aliquis habeat; infra octo dies post publicationem eiusmodi constitutionis a tempore scientiae tradat eos loci Episcopo comburendos.»

5.ª Para que no pagasen inocentes por pecadores, consecuencia del edicto de don Pedro, nadie podría decidir en causas de herejía sino el obispo diocesano u otra persona eclesiástica que tenga potestad para ello, es decir, un inquisidor.

6.ª El que en sus tierras o dominios, por interés de dinero o por cualquiera otra razón, consintiese habitar herejes, pierda *ipso facto*, y para siempre, sus posesiones, aplicándose a su señor si fueren feudos, confiscándose para el real erario si fueren alodios. El baile o veguer que pecase de consentimiento o negligencia, sería privado *in perpetuum* de su oficio.

7.ª En los lugares sospechosos de herejía, un sacerdote o clérigo nombrado por el obispo, y dos o tres laicos elegidos por el rey o por sus vegueres y bailes, harían inquisición de los herejes y fautores, con privilegio para entrar en toda casa y escudriñarlo todo, por secreto que fuese. Estos inquisidores deberían poner inmediatamente sus averiguaciones en noticia del arzobispo u obispo y del vicario o baile del lugar, entregándoles los presos. El clérigo que en esta inquisición fuere negligente, sería castigado con privación de beneficios; el lego, con una pena pecuniaria.[101]

De este importantísimo documento arranca la historia de la Inquisición en España, y basta leerle para convencerse del carácter mixto que desde los principios tuvo aquel tribunal. El clérigo declaraba el caso de herejía; los dos legos entregaban la persona del hereje al veguer o al baile. El obispo daba la sentencia canónica; el brazo secular aplicaba al sectario la legislación corriente. Ni más ni menos.

La prohibición de los libros sagrados en lengua vulgar era repetición de la formulada por el concilio de Tolosa en 1229, aunque en él se exceptuaron el *Psalterio* y las *Horas de la Virgen*.[102] Estos libros se permitían a los legos, pero no en lengua vulgar.

---

101 Véase íntegras estas constituciones en el Apéndice. Se publicaron en la *Marca Hispánica* (apéndice 511), siguiendo dos códices de la Biblioteca Colbertina. Están, además, en Martene, *Vet. Scrip. et monum, ampliss. Collec.* (Parisiis 1733), tomo 7 en Mansi, etc.

102 «Prohibemus etiam ne libros Veteris et *Novi Testamenti* laicis permittantur habere, nisi forte Psalterium, aut Breviarium pro divinis officiis, aut Horas B. Virginis aliquis ex devotione habere velit, sed ne praemissos libros habeant in vulgari translatos» (d'Achery, *Spicilegium*, tomo 2, página 624).

Ni tuvieron otro objeto estas providencias que contener los daños del espíritu privado, el laicismo de los valdenses y las falsificaciones que, como narra don Lucas de Tuy, introducían los albigenses en los textos de la Sagrada Escritura y de los Padres.

Las traducciones de la Biblia, hechas muchas de ellas por católicos, eran numerosas en Francia, y de la prohibición de don Jaime se infiere que no faltaban en Cataluña; pero este edicto debió contribuir a que desapareciesen. De las que hoy tenemos, totales o parciales, ninguna puede juzgarse anterior al siglo XV, como no sean unos *Salmos penitenciales* de la Vaticana,[103] abundantes en provenzalismos; el *Gamaliel*, de san Pedro Pascual, tomado casi todo de los evangelistas y algún otro fragmento. Las dos Biblias de la Biblioteca Nacional de París, la de fray Bonifacio Ferrer, que parece distinta de entrambas; el *Psalterio* impreso de la Mazarina, los tres o cuatro *Psalterios* que se conservan manuscritos con variantes de no escasa monta..., estas y otras versiones son del siglo XV, y algunas del XVI. No he acertado a distinguir en la Biblia catalana completa de París el sabor extraño y albigense que advirtió en ella don José María Guardia.[104]

Pero este punto de las traducciones y prohibiciones de la Biblia tendrá natural cabida en el tomo II de esta obra [Ed. Nac., vol. 4], cuando estudiemos el *Índice expurgatorio*. En Castilla nunca hubo tal prohibición hasta los tiempos de la Reforma, porque los peligros de la herejía eran menores.

En 1242 se celebró en Tarragona concilio contra los valdenses, siendo arzobispo don Pedro de Albalat. Tratóse de regularizar las penitencias y fórmulas de abjuración de los herejes, consultando el punto con san Raimundo de Peñafort y otros varones prudentes. El concilio empieza por establecer distinción entre herejes, fautores y relapsos: «Hereje es el que persiste en el error, como los insabattatos, que declaran ilícito el juramento y dicen que no se ha de obedecer a las potestades eclesiásticas ni seculares, ni imponerse pena alguna corporal a los reos». «Sospechoso de herejía es el que oye la predicación de los insabattatos o reza con ellos... Si repite estas actos será vehementer y vehementissime sus-

---

103 Debo esmerada copia de ellos a mi docto amigo Ernesto Monaci, profesor de filología en la Universidad romana.

104 Sobre las traducciones y fragmentos de traducción catalanes de la Biblia, véase mi *Bibliografía crítica de traductores*, todavía no terminada.

pectus. Ocultadores son los que hacen pacto de no descubrir a los herejes... Si falta el pacto, serán celatores. Receptatores se apellidan los que más de una vez reciben a los sectarios en su casa. Fautores y defensores, los que les dan ayuda o defensa. Relapsos, los que después de abjurar reinciden en la herejía o fautoría. Todos ellos quedan sujetos a excomunión mayor.»

Si los dispuestos a abjurar son muchos, el juez podrá mitigar la pena, según las circunstancias; pero nunca librar de la cárcel perpetua a los heresiarcas y dogmatizadores, levantándoles antes la excomunión. El que haya dicho a su confesor la herejía antes de ser llamado por la Inquisición, quedará libre de la pena temporal mediante una declaración del confesor mismo. Si éste le ha impuesto alguna penitencia pública, deberá justificar el haberla cumplido, con deposición de dos testigos.

El hereje impenitente será entregado al brazo secular. El heresiarca o dogmatizante convertido será condenado a cárcel perpetua. Los credentes haereticorum erroribus, es decir, simples afiliados, harán penitencia solemne, asistiendo el día de Todos los santos, la primera domínica de Adviento, el día de Navidad, el de Circuncisión, la Epifanía, santa María de Febrero, santa Eulalia, santa María de Marzo y todos los domingos de Cuaresma en procesión a la catedral, y allí, descalzos, in braccis et camisia, serán reconciliados y disciplinados por el obispo o por el párroco de la iglesia. Los jueves, en la misma forma, vendrán a la iglesia, de donde serán expelidos por toda la Cuaresma, asistiendo solo desde la puerta a los oficios. El día *Coenae Domini*, descalzos y en camisa, serán públicamente reconciliados con la Iglesia. Harán esta penitencia todos los años de su vida, llevando siempre en el pecho dos cruces, de distinto color que los vestidos. Los relapsos en fautoría quedan sujetos por diez años a las mismas penas, pero sin llevar cruces. Los fautores y vehementísimamente sospechosos, por siete años. Los vehementer suspecti, por cinco años, pero solo en estos días: Todos los santos, Natividad, Candelaria, domingo de Ramos y jueves de Cuaresma. Los simples fautores y sospechosos, por tres años, en la Candelaria y domingo de Ramos. Todos con la obligación de permanecer fuera de la iglesia durante la Cuaresma y reconciliarse el Jueves santo. Las mujeres han de ir vestidas.

El concilio transcribe luego las fórmulas de abjuración y absolución que debían emplearse.[105]

Dura lex, sed lex. Por fortuna, no sobraron ocasiones en que aplicarla.[106]

---

105 «Forma sententiae contra haereticum absolutum. Pateat omnibus quod per ea quae in Inquisitione inventa, prodita et acta sunt, liquido nobis constat quod talis fuit deprehensus, in haeresi et postmodum reversus ad Ecclesiae unitatem, agentes misericorditer cum eodem, ipsum ad perpetuam carcerem condemnamus secundum canonica instituta.»

«Forma sententiae contra haereticum pertinacem. Pateat omnibus quod per ea quae inventa, probata et acta sunt, liquido nobis constat quod talis est deprehensus in haeresi, per Ecclesiam condemnatum, et ipsum tanquam haereticum condemnamus.»

La de los fautores difiere muy poco.

«Suspectus de haeresi purgabit se publice in hunc modum: Ego... iuro per Deum Omnipotentem et per haec Sancta Evangelia quae in manibus meis teneo coram vobis Domino Archiepiscopo vel Episcopo et coram aliis vobis assistentibus quod non sum vel fui Insabattatus, Waldensis vel Pauper de Ludguno nec haereticus in aliqua secta haeresis per Ecclesiam damnata, nec credo nec credidi eorum erroribus, nec credam aliquo tempore vitae meae, immo profiteor et protestor me credere...», etc.

La de los compurgotores es por el estilo (Aguirre, tomo 3).

106 Albigenses. Rigor ejecutado en ellos. Alzog, III 113.

«Al juzgar estos hechos, conviene no olvidar el carácter especial de estas herejías, cuyos partidarios, lejos de contenerse en los límites de la esfera espiritual, sacaban de su oposición dogmática principios que conmovían todas las relaciones sociales y daban lugar a la inmoralidad más vergonzosa, declarando que el matrimonio era una fornicación, aboliendo toda clase de culto y destruyendo los templos...»

«Había una fuerte alianza entre el Estado y la Iglesia, y esto explica por qué el derecho político de la Edad media contó entre los delitos políticos el de la herejía. No por otra razón vemos en el código siciliano de Federico II que no estaba, por cierto, redactado bajo un espíritu favorable al clero, que las penas más severas estaban reservadas en él contra los herejes.»

El anciano Ramón, conde de Tolosa, había dicho en el capítulo general de la Orden del Cister celebrado en 1177: «Estas herejías han prevalecido de manera que han dividido el marido y la mujer, el padre y el hijo. Han seducido a los mismos sacerdotes, y por eso están abandonadas y medio en ruinas las iglesias, y ni siquiera se bautiza a los niños... Nada pueden ya las censuras eclesiásticas, y no es posible encontrar remedio sino en el brazo seglar, en la espada del Estado. Invocaré el socorro del rey de Francia y derramaré con él hasta la última gota de mi sangre para extirpar tan deplorable herejía». Todo esto, sin embargo, no justifica a nuestros ojos la pena de muerte pronunciada contra los herejes, porque debemos desear, con san Agustín, «que se les convierta y no que se les sacrifique: que se emplee con ellos una disciplina severa y represiva, no que se les sujete ni aun a las penas a que se hicieron acreedores».

En el vizcondado de Castellbó, sujeto al conde de Foix, había penetrado el error albigense, protegido por el mismo conde. Para atajar el daño celebróse en Lérida un concilio, y fueron delegados varios inquisidores (dominicos y franciscanos) que procediesen contra la herejía. De resultas de sus indagaciones, el obispo de Urgel, Ponce o Pons de Vilamur, excomulgó al conde de Foix, como a fautor de herejías, en 1237. El conde apeló al arzobispo electo de Tarragona, Guillermo, de Mongrí, quejándose de su prelado, el cual se allanó al fin a absolverle en 4 de junio de 1240.[107]

La enemistad continuó, sin embargo, no poco encarnizada entre el obispo y el conde, y aun entre el obispo y sus capitulares, que habían llevado muy a mal la elección de Vilamur. En 12 de julio de 1243, el conde de Foix apeló a la Santa sede, poniendo bajo el patrocinio y defensa de la Iglesia su persona, tierra, amigos y consejeros, alegando que el obispo era enemigo suyo manifiesto y notorio, que le había despojado de sus feudos y consentido que sus gentes le acometiesen en son de guerra, en Urgel, matándole dos servidores. Por tanto, no esperaba justicia de su tribunal y le recusaba como sospechoso.[108]

Casi al mismo tiempo tres canónigos, Ricardo de Cervera, arcediano de Urgel; Guillermo Bernardo de Fluviá, arcediano de Gerb, y Arnaldo de Querol, acusaron en Perusa, donde se hallaba el Pontífice, a su prelado de homicida, estuprador (*deflorator virginum*), monedero falso, incestuoso, etc., y de enriquecer a sus hijos con los tesoros de la Iglesia. Dos días después llegó a la misma ciudad Bernardo de Lirii, procurador del obispo, y consiguió parar el golpe. El papa no quiso oír a los acusadores, y los arrojó con ignominia de palacio, según dice el agente: *E sapiatz que enquara no an feit res, ni foram daqui enant si Deus o vol*. Añade el procurador que el maestre del Temple se había unido a los acusadores, por lo cual aconseja al obispo que, valiéndose de sus parientes o sobrinos, le haga algún daño en sus tierras. Las hostilidades entre Pons de Vilamur y el de Foix seguían a mano armada, conforme se infiere de esta epístola,[109] cuyos pormenores son escandalosos.

---

107 *Historia de Languedoc*, tomo 3, pruebas y documentos, páginas 223 y 229.
108 Villanueva (*Viaje literario*, tomo 11) publicó por primera vez este documento y los siguientes. Véase nuestro Apéndice.
109 Villanueva, tomo 11, página 221 y siguientes.

Tanto porfiaron los canónigos, que al cabo se les señaló por auditor al cardenal padre de Capoixo (Capucci?). Y el papa Inocencio IV, por breve dado en Perusa el 15 de marzo de 1257, comisionó a san Raimundo de Peñafort y al ministro, o provincial, de los frailes Menores en Aragón para inquirir en los delitos del de Urgel, tachado de simonía, incesto, adulterio y de dilapidar de mil maneras las rentas eclesiásticas.[110]

A los canónigos enemigos suyos se habían unido otros dos: Raimundo de Angularia y Arnaldo de Muro.

En 19 de abril del mismo año, llegó a manos del papa Inocencio en Perusa una carta del conde de Foix, quejándose de la guerra injusta que le hacía con ambas espadas el obispo de Urgel, y rogando al papa que nombrase árbitros en su querella: *me iniuste utroque gladio persequitur... non absque multorum strage meorum hominum*. El procurador de Vilamur le envió inmediatamente copia de este documento y del breve, exhortándole de paso a la concordia, y pidiéndole plenos poderes para tratar de ella en su nombre.

Parece muy dudoso que el breve llegara a ponerse en ejecución. Entre los documentos publicados por Villanueva figura una carta, sin año, de nuestro obispo a cierto legado pontificio que andaba en tierras de Tolosa. Allí le dice que, sabedor por informes de frailes dominicos y menores, de que en la villa de Castellbó había gran número de herejes, amonestó repetidas veces al conde para que los presentara en su tribunal y tuvo que excomulgarle por la resistencia; y aunque más adelante permitió el conde que penetrase en sus estados el arzobispo electo de Tarragona (quizá don Benito Rocabertí) y los obispos de Lérida y Vich, con otros varones religiosos, los cuales condenaron en juicio a más de sesenta herejes, con todo eso, la excomunión no estaba levantada, y era muy de notar que comunicasen con el excomulgado el arzobispo de Narbona, los obispos de Carcasona y Tolosa y dos inquisidores dominicos.

Hasta aquí las letras de Pons de Vilamur, que el padre Villanueva cree posteriores a 1251.

Quizá antes de esta fecha, dado que no puede afirmarse con seguridad, porque la cronología anda confusa y solo hay documentos sueltos, los más sin año, escribió san Raimundo de Peñafort una carta al obispo, aconsejándole que no se precipitase, sino que procediese con mucha cautela en el negocio de R. de

---

110 Hállase este breve en el *Bulario de Predicatores*, tomo 1, página 204.

Vernigol, preso por cuestión de herejía, y se atuviese a los novisímos Estatutos del papa, tomando consejos de varones piadosos y celadores de la fe. En la causa de los que habían ayudado en su fuga a Xatberto de Barbarano (otro hereje), y en otras semejantes, había de procederse, en concepto del santo, de manera que ni la iniquidad quedase impune, ni cayese el penitente en desesperación. Podían imponérsele, entre otras penitencias, la de ir a la cruzada de Ultramar o a la frontera contra los sarracenos.[111]

Después de 1255 verificóse la anunciada inquisición sobre la conducta del obispo, quedando desde entonces suspenso en la administración de su diócesis; lo cual trajo nuevas complicaciones y disturbios. Fray Pedro de Thenes, de la Orden de Predicadores, había perseguido a ciertos herejes valdenses hasta las villas de Puigcerdá y Berga y las baronías de Josá y de Pinos por comisión de Pons de Vilamur. Suspenso éste, las diligencias no continuaron, porque el provincial inhibió a aquel religioso de entender en la causa de herejía. Ni el arzobispo de Tarragona (Rocabertí) ni el Capítulo de Urgel se creyeron facultados para nombrar nuevo inquisidor y proceder adelante. En tal duda, el metropolitano consultó a san Raimundo de Peñafort y a fray Pedro de Santpóns, prior del convento de Predicadores de Barcelona.[112]

Estos contestaron disipando los escrúpulos del metropolitano, quien, como tal, era juez ordinario, y podía proceder por sí o con el Capítulo de Urgel, sin atentar a la jurisdicción de nadie, mucho más cuando el obispo había sido ya depuesto por sentencia del papa en 1.º de octubre, no se dice el año, y la iglesia de Urgel era sede vacante.

En conformidad con el texto de esta carta, escribieron san Raimundo y su compañero a fray Pedro de Thenes y fray Ferrer de Villarroya, dejando a su arbitrio y prudencia el ir o no a Berga, donde, según parece, algunas personas nobles favorecían a los sectarios y miraban de reojo a los inquisidores y a su Orden.

Aún hay sobre el mismo asunto otra carta de san Raimundo al arzobispo de Tarragona, exhortándole a proceder, como metropolitano que era y juez ordinario, en la persecución de la herejía, reparando así los daños que había

---

111 Villanueva, tomo 11, página 230, y en el apéndice de este capítulo.
112 Con fecha 1.º de diciembre, no sabemos de qué año.

causado la negligencia del obispo de Urgel: *quam negligentiam, probant duo testes omni exceptione mazores, scilicet fama publica et operis evidentia.*

De Pons de Vilamur nada vuelve a saberse, y como estamos tan distantes de aquellos hechos, y las noticias son tan oscuras, difícil parece decidir hasta dónde llegaba su culpabilidad. La sentencia de deposición parece confirmarla; pero quizá no era reo de los horribles crímenes de que le acusaban sus canónigos, sino de otros no poco graves y bien confirmados en lo que de él sabemos. Era aseglarado, revoltoso, dado a las armas y negligente en su ministerio pastoral, como san Raimundo afirma.[113]

Poco más sabemos de albigenses ni valdenses en Cataluña. Hay una donación de don Spárago, arzobispo de Tarragona, al prior, Radulfo, y a la cartuja de Scala Dei por lo que habían trabajado contra la pravedad herética y en pro de las buenas costumbres: *a nostra dioecesi pravitatem haereticam viriliter cum multa industria expellendo, et clerum et populum ab illicitis multiformiter corrigendo.*[114]

Al mismo Spárago y a san Raimundo de Peñafort se debió principalmente el establecimiento de la Inquisición en Cataluña por la célebre bula *Declinante*, de Gregorio IX en 1232.

V. Los albigenses en tierra de León

Aunque la secta de los albigenses duró poco e influyó menos en España, no ha de negarse que penetró muy adentro del país, puesto que de sus vicisitudes en León tenemos fiel y autorizado cronista. El cual no fue otro que don Lucas de Tuy, así llamado por la sede episcopal a que le subieron sus méritos, y no por la patria, que parece haber sido la misma ciudad de León. Había ido don Lucas en peregrinación a Roma y Jerusalén, tratando en Italia familiarmente con Frate Elía, el discípulo querido del Seráfico Patriarca, y viendo y notando los artificios de los herejes y las penas que se les imponían. La noticia del estrago que comenzaban a hacer en su ciudad natal le movió a volver a España, donde atajó los pasos de la herejía del modo que refiere en su libro histórico-apologético *De altera vita fideique controversiis adversus Albigensum errores, libri III.* Publicó por vez

---

113 Los documentos hasta aquí citados fueron añadidos por Villanueva (que los copió de los archivos capitular de Urgel y arzobispal de Tarragona) al tomo 11 de su *Viaje literario*, páginas 220-236.

114 Véase en Villanueva, tomo 19, página 310. Cede el arzobispo al monasterio los sarracenos y sarracenas de Benilafet, la fecha de la escritura es 1220.

primera esta obra, ilustrada con algunas notas y con prefacio, el padre Juan de Mariana, enviando el manuscrito a su compañero de hábito Andrés Scoto, y éste a Jacobo Gretsero, en 1.º de marzo de 1609. La primera edición es de Amberes. Reprodujéronla luego los tórculos de Munich e Ingolstadt en 1612. Incorporóse en la Biblioteca de los Padres, tomo XIII de la edición de Colonia, y en el XXV de la *Lugdunense*[115] de Anisson, que es la que tengo a la vista.

Mariana dice haberse valido del códice complutense y de una copia del de León.

El interés dogmático del libro de don Lucas de Tuy no es grande, porque el autor tejió su libro de sentencias y ejemplos de los *Diálogos* de san Gregorio Magno, con algo de sus *Morales* y del tratado *De summo bono*, de san Isidoro, sin poner casi nada de su cosecha. *Ad hunc ergo praecipuum Patrem Gregorium... devote et humiliter accedimus, et quidquid nobis protulerit super his de quibus inter nos oritur altercatio, in cordis armario recondamus... Accedat alius: gloriosissimus scilicet Hispaniarum Doctor Isidorus.*

Sirven, no obstante, los dos primeros libros como catálogo de los errores que los albigenses de León profesaban. Decían:

1.º Que Jesucristo y sus santos, en la hora de la muerte, no asistían a consolar las almas de los justos y que ninguna alma salía del cuerpo sin grande dolor.

2.º Que las almas de los santos, antes del día del juicio, no iban al cielo, ni las de los inicuos al infierno.

3.º Que el fuego del infierno no era material ni corpóreo.[116]

4.º Que el infierno estaba en la parte superior del aire, y que allí eran atormentadas las almas y los demonios, por estar allí la esfera y dominio del fuego.

5.º Que las almas de todos los pecadores eran atormentadas por igual en el infierno, entendiendo mal aquello de *in inferno nulla est redemptio*, como si no hubiera diferencia en las penas, según la calidad de los pecados.

---

115 Página 188 y siguientes.

116 A esto responde el Tudense con palabras de san Gregorio: «Si viventis hominis incorporeus spiritus tenetur in corpore, cur non post mortem, cum incorporeus sit spiritus, etiam corporeo igne teneatur...? Si spiritus incorporeus in hoc teneri potest quod vivificat, quare non poenaliter et ibi teneatur ubi mortificatur?».

6.º Que las penas del infierno son temporales; yerro que Lucas de Tuy y otros achacaban a Orígenes, y que abiertamente contradice al texto de san Mateo: *Ibunt impii in supplicium «aeternum», iusti autem in vitam aeternam.*

7.º Negaban la existencia del purgatorio y la eficacia de las indulgencias.

8.º Negaban que después de la muerte conservasen las almas conciencia ni recuerdo alguno de lo que amaron en el siglo. Don Lucas prueba lo contrario con la parábola de Lázaro.

9.º Ponían en duda la eficacia de la intercesión de los santos.

10.º Decían que ni los santos entienden los pensamientos humanos, ni los demonios tientan y sugieren el mal a los hombres.

11.º Condenaban la veneración de los sepulcros de los santos, las solemnidades y cánticos de la Iglesia, el toque de las campanas, etc.

12.º Eran iconoclastas.

13.º Decían mal de las peregrinaciones a los santos lugares.

Tales son los principales capítulos de acusación contra los albigenses, según don Lucas de Tuy, quien da, además, curiosas noticias de sus ritos. Dice que veneraban la cruz con tres clavos y tres brazos, a la manera de Oriente.

En el libro III crece el interés de la obra. Ante todo, muestra don Lucas el enlace de las doctrinas de los albigenses, a quienes llama formalmente maniqueos y atribuye la creencia en los dos principios, con las de los novadores filosóficos de su tiempo, es decir, los discípulos de Amalrico de Chartres y David de Dinant: «Con apariencia de filosofía quieren pervertir las Sagradas Escrituras... Gustan de ser llamados filósofos naturales, y atribuyen a la naturaleza las maravillas que Dios obra cada día... Niegan la divina Providencia en cuanto a la creación y conservación de las especies... Su fin es introducir el *maniqueísmo*, y enseñan que el principio del mal creó todas las cosas visibles».[117]

---

117 «Sub philosophorum seu naturalium doctorum specie Sacras Scripturas laborant pervertere. Malunt vocari naturales seu philosophi: cum antiqui philosophi ab haereticis parum distent: et modernorum naturalium plures haeretica labe sordescant. Attribuunt enim naturae ea quae quotidie mira dispositione Dominus operatur... Item haeretici quod inquiunt: dicit Scriptura Deum fecisse omnia practerita, et facere in praesenti; ita intelligendum est quod Deus, faciendi omnia naturae contulit potestatem. Unde proveniunt a natura, et non extenditur divina providentia ad creandas species singulorum... Quia nihil potest in hoc

Dicen algunos herejes: Verdad es lo que se contiene en el Antiguo y *Nuevo Testamento*, si se entiende en sentido místico, pero no si se toma a la letra... De estos y otros errores llenan muchas profanas escrituras, adornándolas con algunas flores de filosofía. Tal es aquel libro que se llama *Perpendiculum scientiarum*. Algunos de estos sectarios toman el disfraz de presbíteros seculares, frailes o monjes, y en secretas confesiones engañan y pervierten a muchos.

Otros se fingen judíos y vienen a disputar cautelosamente con los cristianos... Y, en realidad, todas las sinagogas judaicas les ayudan, y con grandes dones sobornan a los jueces, engañan a los príncipes.

Públicamente blasfeman de la virginidad de María santísima, tan venerada en España. Por eso se ha entibiado el ardor bélico y corre peligro de extinguirse aquella llama que devoraba a los enemigos de la fe católica.[118]

A veces interrumpen estos sectarios los divinos oficios con canciones lascivas y de amores, para distraer la atención de los circunstantes y profanar los sacramentos de la Iglesia... En las fiestas y diversiones populares se disfrazan con hábitos eclesiásticos, aplicándolos a usos torpísimos. Y es lo más doloroso que les ayudan en esto algunos clérigos, por creer que así se solemnizan las fiestas

---

mundo fieri nisi quod determinatum est a natura... Alia plura, ut oppugnent veritatem, proferunt haeretici qui philosophorum seu naturalium nomine gloriantur. Quorum finis est Manichaeorum inducere sectam, et duos fateri Deos, quorum malignus creavit omnia visibilia.» (lib. 3, cap. 1.)

118 «Item haeretici quidam dicunt: Verum est quod continetur in Novo et Veteri Testamento, si intelligatur secundum mysticum intellectum: ad litteram autem nulla sunt omnia quae continentur in eis... Ex his et aliis erroribus multas prophanas condunt scripturas, ut est ille liber qui Perpendiculum scientiarum dicitur. Item haereticoum aliqui, ut occulte deiicere possint quos non valent propter foetidam suam infamiam ducere in errotem, nonnumquam sub specie presbyterorum saecularium vel etiam aliorum religiosorum fratrum et monachorum calliditate subdola secretis confessionibus multos decipiunt...» (cap. 2).

«Item haeretici quidam excogitata malitia plerumque circumcidantur et sub specie iudaeorum quasi gratia disputandi ad christianos veniunt... Habent fautores omnes synagogas malignantium iudaeorum, ut infinitis muneribus principes placeant et iudices, ad sui culturam auro perducunt... Reginae caelorum inviolatae genitricis Dei Mariae contra morem hispanicam virginitas a perfidis publice blasphematur: et friget calor bellicus et catholicus Hispaniarum, qui hostes catholicae fidei velut flamma consueverat devorare» (cap. 3).

de los santos... Hacen mimos, cantilenas y satíricos juegos, en los cuales parodian y entregan a la burla e irrisión del pueblo los cantos y oficios eclesiásticos.[119]

He aquí una noticia, peregrina sin duda y no aprovechada aún, para la historia de nuestro teatro.

Con todos estos artificios hicieron los albigenses no poco estrago en León, siendo obispo don Rodrigo, por los años de 1216.[120]

El corifeo de los herejes era un tal Arnaldo, francés de nacimiento, scriptor velocissimus, es decir, copiante de libros, el cual ponía todo su estudio y maña en corromper los tratados más breves de san Agustín, san Jerónimo, san Isidoro y san Bernardo, mezclando con las sentencias de los doctores otras propias y heréticas, y vendiendo luego estas infieles copias a los católicos. Según refiere el Tudense, fue herido este Arnaldo de muerte sobrenatural cuando estaba ocupado en falsificar el libro de los *Sinónimos*, de san Isidoro, el día mismo de la fiesta del Doctor de las Españas.[121] Con todo eso no desmayaron sus secuaces. Para inculcar sus errores al pueblo, se valían de fábulas, comparaciones y ejemplos: extraño género de predicación, de que trae el Tudense algunas muestras. Así, para disminuir la veneración debida al signo de nuestra redención, decían: «Dos caminantes encontraron una cruz; el uno la adoró, el otro la apedreó y pisoteó, porque en ella habían clavado los judíos a Cristo; acertaron los dos.[122]

---

119 «Item haeretici nonnumquam, ut occasionem inveniant malignandi, divinis se intermiscent officiis, et inter divinas laudes quaedam ridiculosa depromunt, et Veneris carmina, ut astantium mentes revocent a divinis et detrahere possint Ecclesiae sacramentis.

»In saecularibus, quoque vanis choreis larvas ornant ecclesiasticis instrumentis, atque in iniuriam ordinis clericalis sordidis suis usibus applicantes prophanant sancta, quae non debent contrectari manibus laicis: semper detrahunt ordini clericali, et in omnibus laborant catholicae fidei nocere... Coadiuvant eos in suis turpibus cantilenis et vanitatibus aliis fideles laici, et etiam clericorum aliqui credentes, quod ex devotione sanctarum solemnitatum hoc faciunt alii...» (cap. 4).

«Item haeretici, cum aliter non valent decipere, mimorum speciem induunt, et cantilenis et sacrilegis locis ea quae fiunt a ministris Ecclesiae Dei in psalmis et ecelesiasticis officiis caeteris subsannationibus et derisionibus foedant» (cap. 12).

120 Risco (Iglesia de León, tomo 35 de la *España sagrada*) pone en la fecha citada estos acaecimientos.

121 Véase, cap. 18.

122 Cap. 6.

Si querían reprender la piadosa costumbre de encender luces ante las imágenes, contaban que un clérigo robó la candela encendida por una mujer ante el altar de la Virgen, y que ésta reprendió en sueños a la mujer por su devoción inútil».[123] Para inculcar el laicismo y el odio a la jerarquía eclesiástica, contaban esta otra fábula: «Un lego predicaba sana doctrina y reprendía los vicios de los clérigos. Acusáronle éstos al obispo, que le excomulgó y mandó azotarle. Murió el lego y no consintió el obispo que le enterrasen en sagrado. Una serpiente salió de la sepultura y mató al obispo».[124]

Con este y otros cuentos, no menos absurdos, traían a la plebe inquieta y desasosegada; y aunque don Rodrigo desterró de la ciudad a algunos de los dogmatizadores, volvieron éstos con mayores bríos después de la muerte de aquel prelado, ocurrida en 1232. La audacia de los albigenses llegó hasta fingir falsos milagros. Narrólo don Lucas, pero sería atrevimiento en mí traducir o extractar sus palabras, cuando ya lo hizo de perlas el padre Juan de Mariana en el libro XII, capítulo 1, de su *Historia general*.

Dice así:

Después de la muerte del reverendo don Rodrigo, obispo de León, no se conformaron los votos del clero en la elección del sucesor. Ocasión que tomaron los herejes, enemigos de la verdad y que gustan de semejantes discordias, para entrar en aquella ciudad, que se hallaba sin pastor, y acometer a las ovejas de Cristo. Para salir con esto, se armaron, como suelen, de invenciones. Publicaron que en cierto lugar muy sucio y que servía de muladar se hacían milagros y señales. Estaban allí sepultados dos hombres facinerosos: uno, hereje; otro, que por la muerte que dio alevosamente a su tío le mandaron enterrar vivo. Manaba también en aquel lugar una fuente, que los herejes ensuciaron con sangre, a propósito que las gentes tuviesen aquella conversión por milagro. Cundió la fama, como suele, por ligeras ocasiones. Acudían gentes de muchas partes. Tenían algunos sobornados de secreto con dinero que les daban para que se fingiesen ciegos, cojos, endemoniados y trabajados de diversas enfermedades, y que bebida aquella agua publicasen que quedaban sanos. De estos principios pasó el embuste a que desenterraran los huesos de aquel hereje que se

---

123 Cap. 7.
124 Cap. 8.

llamaba Arnaldo y hacía dieciséis años que le enterraron en aquel lugar; decían y publicaban que eran de un santísimo mártir. Muchos de los clérigos simples, con color de devoción, ayudaban en esto a la gente seglar. Llegó la invención a levantar sobre la fuente una muy fuerte casa y querer colocar los huesos del traidor homiciano en lugar alto para que el pueblo le acatase con voz de que fue un abad en su tiempo muy santo. No es menester más sino que los herejes, después que pusieron las cosas en estos términos, entre los suyos declaraban la invención, y por ella burlaban de la Iglesia, como si los demás milagros que en ella se hacen por virtud de los cuerpos santos fuesen semejantes a estas invenciones; y aun no faltaba quien en esto diese crédito a sus palabras y se apartase de la verdadera creencia. Finalmente, el embuste vino a noticia de los frailes de la santa predicación, que son los dominicos, los cuales en sus sermones procuraban desengañar al pueblo. Acudieron a lo mismo los frailes menores y los clérigos, que no se dejaron engañar ni enredar en aquella sucia adoración. Pero los ánimos del pueblo tanto más se encendían para llevar adelante aquel culto del demonio, hasta llamar herejes a los frailes Predicadores y Menores porque los contradecían y les iban a la mano. Gozábanse los enemigos de la verdad y triunfaban. Decían públicamente que los milagros que en aquel lodo se hacían eran más ciertos que todos los que en lo restante de la Iglesia hacen los cuerpos santos que veneran los cristianos. Los obispos comarcanos publicaban cartas de descomunión contra los que acudían a aquella veneración maldita. No aprovechaba su diligencia por estar apoderado el demonio de los corazones de muchos y tener aprisionados los hijos de la inobediencia. Un diácono que aborrecía mucho la herejía, en Roma, do estaba, supo lo que pasaba en León, de que tuvo gran sentimiento, y se resolvió con presteza de dar la vuelta a su tierra para hacer rostro a aquella maldad tan grave. Llegado a León, se informó más enteramente del caso y, como fuera de sí, comenzó en público y en secreto a afear negocio tan malo. Reprehendía a sus ciudadanos. Cargábalos de ser fautores de herejes. No se podía ir a la mano, dado que sus amigos le avisaban se templase, por parecerle que aquella ciudad se apartaba de la ley de Dios. Entró en el Ayuntamiento; díjoles que aquel caso tenía afrentada toda España; que de donde salían en otro tiempo leyes justas por ser cabeza del reino, allí se forjaban herejías y maldades nunca oídas. Avisóles que no les daría Dios agua ni les acudiría con los frutos de la tierra hasta tanto que echasen por el suelo aquella iglesia y aquellos huesos que honraban los arrojasen. Era así que desde el tiempo que se dio principio a aquel embuste y veneración, por espacio de diez meses nunca llovió y todos los campos estaban secos. Preguntó el juez al dicho diácono en presencia de todos: "Derribada la iglesia, ¿aseguráisnos que lloverá y nos dará Dios agua?". El diácono, lleno de fe: "Dadme (dijo) licencia para abatir por tierra aquella casa, que yo prometo en el nombre de nuestro Señor Jesucristo, so pena de la vida y perdimiento de bienes, que dentro de ocho días acudirá nuestro Señor con el agua necesaria y abundante". Dieron los que presentes estaban crédito a sus palabras. Acudió con gente que le dieron y ayuda de muchos ciudadanos, allanó prestamente la iglesia y echó por los muladares aquellos huesos. Acaeció con grande maravilla de todos que, al tiempo que derribaban la iglesia, entre la madera se oyó un sonido como de trompeta para muestra de que el demonio desamparaba aquel lugar. El día siguiente se quemó una gran parte de la ciudad, a causa de que el fuego, por el gran viento que hacía, no se pudo atajar que no se extendiese mucho. Alteróse el pueblo, acudieron a buscar el diácono para matarle, decían que, en lugar del agua, fue causa de aquel fuego tan grande. Acudían los herejes, que se burlaban de los clérigos y decían que el diácono merecía la muerte y que no se cumpliría lo que prometió. Mas el Señor todopoderoso se apiadó de su pueblo. Ca a los ocho días señalados envió agua muy abundante, de tal suerte que los frutos se remediaron y la cosecha de aquel año fue aventajada. Animado con esto el diácono, pasó adelante en perseguir a los herejes, hasta que les hizo desembarazar la ciudad.[125]

Convienen Mariana, Flórez y Risco en que este diácono anónimo no fue otro que don Lucas de Túy, quien, por modestia, ocultó su nombre.

Persistiendo en sus artificios los herejes (añade el Tudense), escribieron ciertas cédulas y las esparcieron por el monte para que, encontrándolas los pastores, las llevasen a los clérigos. Decíase en estas nóminas que habían sido escritas por el Hijo de Dios y transmitidas por mano de los ángeles a los hombres. Iban

---

125 Cap. 9, lib. 3. Transcribe el texto latino de éste y los demás pasajes históricos el padre Flórez en el tomo 22 de la *España sagrada*. El padre Risco (tomo 35) pone estos hechos después de la muerte del obispo don Arnaldo (era 1273), contra la terminante aseveración del Tudense.

perfumadas con almizcle (musco) para que su suave fragancia testificase el celestial origen. Prometíanse en ellas indulgencia a todo el que las copiase o leyese. Recibíanlas y leíanlas con simplicidad grande muchos sacerdotes, y eran causa de que los fieles descuidasen los ayunos y confesiones y tuviesen en menosprecio las tradiciones eclesiásticas. Sabido esto por el diácono, encargóse de buscar al esparcidor de tal cizaña y le halló en un bosque, herido por una serpiente. Llevado a la presencia de don Arnaldo, hizo plena confesión de sus errores y de las astucias de sus compañeros.

Esto narra don Lucas, faltándonos hoy todo medio de comprobar sus peregrinas relaciones, pues indican bien a las claras cuán grande, aunque pasajero, fue en León el peligro.

El celo de san Fernando no atajó en Castilla todo resabio albigense. «De los herejes era tan enemigo (dice Mariana), que, no contento con hacellos castigar a sus ministros, él mismo, con su propia mano, les arrimaba la leña y les pegaba fuego.» En los fueros que aquel santo monarca dio a Córdoba, a Sevilla y a Carmona, impónense a los herejes penas de muerte y confiscación de bienes. No hubo en Castilla Inquisición, y quizá por esto mismo fue la penalidad más dura.[126] [127] Los Anales toledanos refieren que en 1233 san Fernando enforcó muchos homes e coció muchos en calderas (tomo 23 de la *España sagrada*).[128]

---

126 Cap. 22.

127 En 1237 fueron condenados, por causas de herejía albigense, cincuenta y cinco personas en el vizcondado de Cerdaña y Castellbó (quince quemadas vivas, dieciocho en efigie). En 1267, los inquisidores de Barcelona dieron sentencia contra Raimundo de Forcalquier y Urgel, mandando desenterrar sus huesos. En 1269, igual sentencia contra Arnaldo, vizconde de Castellbó y Cerdaña, y contra su hija Ermesinda, mujer de Roger Bernardo II, conde de Foix, llamado el Grande. Uno y otro habían muerto hacía más de veinte años, pero se mandaron desenterrar sus huesos.

128 Albigenses.
   Vidal (J. M.), profesor en el Gran Seminario de Niza, «Les derniers ministres de l'Albigéisme en Languedoc, leurs doctrines». Artículo muy importante en la *Revue des Questions historiques* (1.º de enero de 1906). Debe extractarse todo lo que dice de los adeptos catalanes, especialmente en el § 3, Guillem Belibaste y su pequeña iglesia cátara en Cataluña.
   Guiraud (Juan), *Cartulaire de Nôtre-Dame de Prouille* (París, Picard, 1907), 2 tomos, 4.º Véase *Revue des Pyrénées* (Toulouse), tomo 19, página 273. La obra de Guiraud contiene un extenso e importante prefacio sobre el «albigeísmo» del Languedoc en los siglos XII y

Notas a este capítulo

XIII, cap. 1. Esencia del catarismo. Le supone orígenes en el gnosticismo egipcio y en el budismo.

Guiraud (Juan), profesor de Besançon, *Questions d'histoire el d'archéologie chrétienne* (París, Lecoffre, 1906). El primer artículo versa sobre la represión de la herejía en la Edad media, y explica el rigor con que fue perseguida por las doctrinas inmorales y antisociales de sus sectarios, los cuales en nuestros mismos días hubieran sido «justiciables du tribunal correctionel et de la cour d'assises».

El segundo, sobre *La moral de los albigenses*. El autor parece haber generalizado excesivamente el uso de la endura o suicidio cátaro, que parece haber sido propio de los últimos secuaces de principios del siglo XIV.

Véase Molinier, *Annales de la faculté des lettres de Bordeaux*, n.º 3 (1881); *L'Endura, coutume religieuse des derniers sectaires albigeois.*

En la tercera disertación estudia M. Guiraud el *consolamentum* o iniciación cátara, y el autor sostiene que el catarismo no es solo una resurrección, sino la continuación, no interrumpida a través de los siglos, del *maniqueísmo* cátaro. *Revue de Histoire Ecclésiastique*, de Lovaina, 15 de enero de 1908.

Vidal (J. M.), «Doctrine et morale des derniers ministres albigeois» (1.ª parte). *Revue des Questions historiques*, abril de 1909.

Gnosticismo.

E. Buonaiuti, «Lo Gnosticismo» (Roma, Ferrari, 1907) 12.º, página 288. (Véase *Revue de Histoire Ecclésiastique*, de Lovaina, enero de 1909, página 90.)

Siglo XVIII.

J. Contrasty, «Le Clergé français refugié en Espagne» (*Revue de Gascogne*, tomo 9, cuaderno de mayo).

Sobre el mismo asunto escribieron el padre Delbrel y Víctor Pierre (*Revue des Questions historiques*).

Albigenses.

Revue des Questions historiques, octubre de 1908: «Le Cartulaire de Notre-Dame de Prouille et l'albigeisme languedocien aux XIIe et XIIIe siècles», art. de E. Vacandard.

Cartulaire de Notre-Dame de Prouille, précedé d'une étude sur l'Albigeisme languedocien aux XIIIe et XIIIe siècles (París, Picard, 1907) 2 tomos 4.º *Forma parte de los Etudes et documents sur l'histoire religieuse, économique el sociale du Languedoc au Moyen Age*, publicados por Juan Guiraud, profesor en la Universidad de Besançon, en la colección Bibliothèque Historique du Languedoc. Empieza con un amplio estudio en dos partes: 1.ª El albigeísmo en el siglo XIII. 2.ª La difusión del catarismo en Languedoc a principios del siglo XIII. La primera comprende nueve capítulos, en que, después de la crítica minuciosa de las fuentes, el autor examina: 1.º La metafísica y la teología de los albigenses. 2.º La moral cátara. 3.º Catolicismo y catarismo. 4.º Perfectos y creyentes. 5.º Las iglesias cátaras. 6.º El consolamentum o iniciación cátara. 7.º El culto cátaro. 8.º La esencia del catarismo.

En la segunda pasa revista a las fuerzas cátaras, a las cuales va a oponerse la acción de santo Domingo: 1.º Libertad absoluta de los cátaros. 2.º La nobleza languedociana y los cátaros. 3.º Los cátaros y el pueblo. 4.º El clero y la herejía. 5.º Las misiones cistercienses. 6.º Diego de Osma y santo Domingo. 7.º La fundación de Prouille.

Obras anteriores sobre los albigenses:

C. Schmidt, *Histoire el doctrine de la Secte des Cathares au Albigeois*, 2 tomos (París-Ginebra 1848).

Doellinger, *Beiträge zur Sektengeschichte des Mittelalters*, 2 tomos (Munich 1890). El segundo tomo es todo de documentos.

C. Molinier, *L'Inquisition dans le Midi de la France au XIIIe et XIVe siècle* (París 1890); «L'Endura, coutume religieuse des derniers sectaires albigeois», en los *Annales de la faculté des lettres de Bordeaux* (1881).

Douais, *L'Inquisition, ses origènes, sa procedure* (París 1906): *Les hérétiques du comté de Toulouse dans la première moitié du XIIIe siècle d'après l'enquê de 1245*, en el Compterendu du Congrès international des savants catholiques, 16 de abril de 1891.

C. Molinier, «Un traité inédit du XIIIe siècle contre les hérêtiques cathares», página 10, en los *Annales de la faculté des lettres de Bordeaux* (1883).

Únicos documentos de origen cátaro que nos restan:

Le Nouveau Testament traduit au XIIIe siècle en langue provençale suivi d'un Rituel Cathare, edición en fototipia por Cledat, en la Bibliothèque de la Faculté des Lettres de Lyon (París 1888). Trae los ritos del consolamentum. Aversión de los cátaros a la propagación de la especie. Texto de Esteban de Borbón, mutilado por Molinier: «Uxores electis (perfectis) eorum prohibentur, auditoribus (credentibus) conceduntur, monentes eos ut qua arte possint generationem impediant».

La endura, forma de suicidio. Había dos maneras: por asfixia y por ayuno prolongado, sin más que beber agua.

Los cátaros habían dividido el Languedoc en cinco diócesis. La lista de Sacchini, que es de mediados del siglo XIII, indica tres obispados heterodoxos: Alby, Tolosa y Carcasona. El mismo autor asegura que el catarismo comprende en su tiempo aproximadamente cuatro mil perfectos de ambos sexos, separados en dieciséis iglesias diferentes.

«Entre estas iglesias cátaras, que se extienden desde el extremo oriental de la península de los Balcanes al Atlántico, se coloca en primera línea la iglesia lombarda de Concorezzo, con mil quinientos perfectos. Vienen enseguida, también en Lombardía, las iglesias de los albaneses y de los herejes, llamadas de Bagnolo, con quinientos perfectos para la primera y doscientos para la segunda. Las iglesias de la Marca de Ancona, de Toscana y de Val de Spoleto reúnen doscientos aproximadamente. De las iglesias de Oriente, la de Constantinopla no cuenta más que cincuenta perfectos; otras cuatro, las de Esclavonia, de Filadelfia, de Bulgaria, de Irán, tienen entre todas quinquenios, o sea, aproximadamente, veinticinco cada una.» (Molinier resumiendo a Sacchini.)

Mr. Guiraud trata detenidamente del apostolado de santo Domingo en el Languedoc.

banzones, aragoneses y navarros, que saqueaban iglesias y monasterios y se entregaban a los mayores desórdenes y atropellos, sin respetar vidas ni haciendas, sexo ni edad.[129]

El obispo Bernardo de Urgel se queja en una carta al arzobispo de Tarragona de M. P. de Vilel, P. de Santa Cruz, M. Ferrandis y otros aragoneses enviados por la reina de Aragón en ayuda de R. de Cervera, los cuales pusieron fuego a varias iglesias.

Estas hordas desalmadas, ¿eran quizá de albiguenses? ¿Estaba en combinación con ellos el célebre trovador Guillem de Berdagá, grande enemigo del obispo?

Nota B. Don Sancho Llamas y Molina, en su *Disertación crítica sobre la edición de las Partidas del rey sabio*, hecha por la Academia de la Historia (edición inapreciable, y única que hace fe, bajo el aspecto literario), nota en aquel código varias proposiciones heréticas. Las principales son: en el título 4, parte 1.ª, dice que las palabras *et Deus erat Verbum* se aplican al Espíritu santo. Ley 16: que los sacramentos fueron establecidos por los santos padres. Ley 31: que el Espíritu santo procedió de la humanidad del Hijo. Ley 103: que quien tome la comunión como debe, recibe la Trinidad, cada persona en sí apartadamente, y la unidad enteramente. Ley 62: pone en la consumación la esencia del pecado mortal, etc.

Hay también errores de disciplina. Todos ellos proceden de descuido y no de malicia.

---

129 «De Bravantionibus et Aragonibus, Navarriis, Bascolis, Cotevellis et Triaverdinis, qui tantana in christianos immanitatem exercent, ut nec ecclesiis nec monasteriis deferant, non viduis et pupilis, non senibus et pueris nec cuilibet parcant actati aut sexui, sed more paganorum omnia perdant et vastent, similiter constituimus ut qui cos conduxerint, vel tenuerint, vel foverint per regiones in quibus taliter debacchantur, in dominicis et aliis solemnibus diebus per Ecclesias publice denucientur... nec ad communionem recipiantur Ecclesiae, nisi... haeresi abiurata.»

Capítulo III. Arnaldo de Vilanova[130]

I. Preámbulo. II. Patria de Arnaldo. III. Noticias biográficas de Arnaldo. Sus escritos médicos y alquímicos. IV. Primeros escritos teológicos de Vilanova. Sus controversias con los dominicos en Cataluña. V. Arnaldo, en la corte de Bonifacio VIII. VI. Relaciones teológicas de Arnaldo con los reyes de Aragón y de Sicilia. Razonamiento de Aviñón. Últimos sucesos de Arnaldo en el pontificado de Clemente, V. VII. Inquisición de los escritos de Arnaldo de Vilanova y sentencia condenatoria de 1316.

I. Preámbulo

Arnaldo no fue albigense, *insabattato* ni valdense, aunque por sus tendencias laicas no deja de enlazarse con estas sectas, así como por sus revelaciones y profecías se da la mano con los discípulos del abad Joaquín. En el médico vilanovano hubo mucho fanatismo individual, tendencias ingénitas a la extravagancia, celo amargo y falto de consejo, que solía confundir las instituciones con los abusos; temeraria confianza en el espíritu privado, ligereza y falta de saber teológico. El estado calamitoso de la Iglesia y de los pueblos cristianos en los primeros años del siglo XIV, fecha de la cautividad de Aviñón, precedida por los escándalos de Felipe el Hermoso, algo influyó en el trastorno de las ideas del médico de Bonifacio VIII, llevándole a predecir nuevas catástrofes y hasta la inminencia del fin del mundo. Ni fue Arnaldo el único profeta sin misión que se levantó en aquellos días. Coterráneo suyo era el franciscano Juan de Rupescissa, de quien hablaré en el capítulo siguiente.

Las noticias de Arnaldo y, sobre todo, de sus yerros teológicos, han sido hasta ahora oscuras y embrolladas.[131] Por fortuna, el hallazgo de preciosos documentos en la Biblioteca Vaticana y en el Archivo de la Corona de Aragón me permiten ser extenso y preciso en este punto, que es de no leve entidad, por

---

130 Cuando por primera vez se publicó este capítulo con sus apéndices (hace algunos meses) con el título de Arnaldo de Vilanova, médico catalán del siglo XIII, Ensayo histórico, etc., dio a luz mi buen amigo Morel-Fatio un docto y benévolo juicio sobre mi trabajo en la *Bibliothèque de l'Ecole des Chartes* (tomo 40). Para él tuvo a la vista, en pruebas, el estudio que acerca de Arnaldo prepara M. Haureau para el tomo 28 de la *Histoire littéraire de la France*. Este tomo no ha aparecido hasta la fecha.

131 El referir y contrariar los yerros cometidos por los biógrafos de Arnaldo sería prolijo y enfadoso.

referirse a un varón de los más señalados en nuestra historia científica y aun en la general de la Edad media. Así y todo, procuraré condensar los hechos, remitiendo al lector a las pruebas y documentos que íntegros verá en el apéndice.

II. Patria de Arnaldo

No hay para qué tener en cuenta la pretensión de los italianos, que es moderna y no se apoya en fundamento alguno razonable. La disputa es entre franceses y españoles, o, precisandolo más, entre provenzales y catalanes.[132]

Provenzal le apellidan Jacobo Villain, san Antonio de Florencia y algún otro. Alegan los franceses, para hacerle suyo, que estudió en París, que escribió allí su *Regimen sanitatis*, donde habla de los pescados y las mujeres de las Galias (*in his partibus Galliae*), y que, dedicando su libro *De conservanda iuventute* a Roberto, rey de Nápoles y conde de Provenza, le habla de su innata fidelidad y devoción hacia la persona de dicho Roberto. Todo esto, como se ve, nada prueba. Pudo Arnaldo estudiar y escribir en París y hablar de cosas de Francia sin ser por eso francés. La dedicatoria al conde de Provenza, Roberto, no contiene más que frases de cortesía y en modo alguno indica que fuera súbdito suyo el autor.

Quien más contribuyó a extender esta idea de la patria francesa de Arnaldo fue el médico lionés Sinforiano Champier, escritor de poca autoridad, aunque grande amigo y protector de nuestro Miguel Servet. Escribió este Champier (Champegius), con bien poco esmero y diligencia, una corta biografía de Arnaldo, que precede a todas las ediciones de las obras médicas de éste a contar desde la de Lyón de 1532. Allí se dice que Arnaldo era natural de Villeneuve, en la Galia narbonense. Pero ¿qué crédito hemos de dar a las palabras de un biógrafo tan ignorante de todas las cosas de su héroe, que le supone nacido en ¡1300!, siendo así que en 1285 era médico de don Pedro III y que consta su muerte antes de 1312? No dejó de apuntar Champier la especie de que algunos catalanes suponían a Arnaldo natural de un pueblo llamado Vilanova, distante cuatro millas de Gerona, aunque esta opinión, dice, nullos

---

132 De Arnaldo se han publicado en Francia diversas biografías, escritas especialmente por médicos de Montpellier; pero sus noticias son tan vagas e inexactas que apenas merecen citarse. De esta censura debe exceptuarse solo el libro de Astruc, *Mémoires pour servir à l'histoire de la faculté de Médecine de Montpellier* (París 1767) 4.º, páginas 151-156.

habet auctores. Veremos pocas líneas adelante cuánto se equivocaba en esto, como en casi todo lo que de Arnaldo se dice. Siguieron a ciegas la opinión de Champier Pablo Colomesio en su *Gallia Orientalis*[133] y Juan Antonio Van der Linden en su libro *De scriptis medicis*, aunque el segundo, después de hacer a Vilanova francés, cita a nombre de Arnaldo el Catalán las *Regulae curationum morborum*, sin duda por constar así en la edición que tenía a la vista.

Por España militan, entre otros autores de menos nombre, los siguientes, casi todos de los siglos XIV y XV: Durando de S. Pourcain, en el libro *De visione divinae essentiae ante diem iudicii* (Magistro Arnaldo Cathalano...); Nicolás Eymerich, en su *Directorium*; Bernardo de Lutzemburgo, en el *Cathalogus haereticorum* (*Arnaldus de Villanova in Partibus Cataloniae magnus medicus*); Juan Pico de la Mirándola, en el tratado *De rerum praenotione*, donde le llama Arnaldus Hispanus; Gabriel Prateolo (*Elenchus omnium haeresum*) y los analistas Abraham Bzovio, Enrique Spondano, etc. La edición de 1480 del *Regimen sanitatis* se anuncia como de Arnaldo el Catalán, y lo mismo la de las *Regulae curationum morborum*, hecha en Basilea, 1565.

Jerónimo Pau, con ser catalán, y el ilustre filósofo valentino Pedro Juan Núñez afirmaron que Arnaldo fue natural de Liria, reino de Valencia; pero esta opinión, apuntada por Gaspar Escolano, no ha tenido séquito ni trae pruebas en su abono.

Confirman la patria catalana de Arnaldo su dedicatoria del *Regimen sanitatis* a don Jaime II; su embajada de parte del mismo ante Clemente V, sus relaciones con don Fadrique de Sicilia y los continuos servicios que hizo a la casa de Aragón, ya como médico, ya como hombre de Estado. Ha de advertirse, además, que las palabras provenzal y catalán se tomaban a veces como sinónimas en la Edad media; así Enrique de Gante llama provenzal a san Raimundo de Peñafort, que era barcelonés, como todos sabemos.[134]

N. Antonio, de quien tomo parte de las noticias anteriores, admitiendo que Arnaldo fuera catalán, halló dificultad grande en fijar el pueblo de su naturaleza, puesto que hay dos Vilanovas en el condado de Rosellón, otra en Cerdaña, otra en Conflens y más de catorce en Cataluña propiamente dicha.

---

133 Impresa en La Haya, 1665.
134 Clemente V llama a Arnaldo *clericus valentinae dioecesis*; pero, indubitablemente, no alude al lugar de su nacimiento, sino al de su habitual residencia.

En tiempos posteriores a nuestro bibliógrafo debió de formarse la tradición que supone a Arnaldo hijo de Cervera o de su tierra. El padre Villanueva, que en su *Viaje literario* la consigna, no halló pruebas para admitirla ni para rechazarla.

En el número 5.º, tomo I de la *Revista Histórica Latina*, de Barcelona (1.º de septiembre de 1874), publicó nuestro amigo el docto historiador de Cataluña don Antonio de Bofarull un artículo sobre la patria de Arnaldo, en que, combatiendo el dicho de Champier, alegó la asistencia de Arnaldo al último codicilo de don Pedro III, sus comisiones diplomáticas en Francia y Roma, los registros y cartas reales fechados en Cataluña y referentes a él, etc. Advierte el señor Bofarull que quizá el apellido Vilanova, frecuentísimo en Cataluña, no sea de localidad, sino de familia. Parécele injustificada la pretensión de los cervarienses, y él, por su parte, hace esta conjetura: «Don Pedro III cedió en 1285 a Arnaldo el castillo de Ollers en la Conca de Barberá, no muy lejos de Tarragona. Al dar el rey este castillo a su físico, parece natural que escogiese una finca inmediata al lugar donde tenía la casa paterna Arnaldo... Muy inmediata a la referida Conca hay una población llamada Vilanova y otra en la parte alta del mismo territorio, hacia la sierra de la Llena». Este pueblo es Vilanova de Prades, antiguo corregimiento de Montblanch.

Por dicha, aún hay pruebas más seguras e irrefragables de la patria española de Arnaldo. En el número 1.º, tomo II de la misma *Revista*, publicó mi sabio maestro don Manuel Milá y Fontanals otro artículo sobre la misma materia. Allí, con referencia al *Cathalogue des manuscripts de la bibliothèque de Carpentras*, publicado en 1862 por C. G. Lambert, da noticia de un libro de agrimensura compuesto por Arnaldo y copiado o traducido en 1405 por Bertrán Boysset, de Arlés, y trascribe de él estos versos:

> Et oy, senhors miens et maistres,
> sapias tots per veritat,
> que yeu, Arnaut de Vilanova
> ....
> Maistre per tots fuy apelats,
> de Quataluenha nadieu fuy.

También en el cuerpo de la obra expresa positivamente que era natural de Cataluña dice Lambert. Contra la declaración del autor no caben conjeturas. «¿En cuál de las diecisiete o dieciocho Vilanovas de Cataluña vio la primera luz el médico alquimista?», pregunta Milá. Los de Cervera, en cuyo antiguo corregimiento estaba incluida Vilanova de la Ajuda, alegan un sello de mano con la inscripción *Signum Arnaldi medici* y el emblema de una ave que tiene los pies sobre el dorso y el pico sobre la cabeza de otra ave. Pero ¿quién prueba que ese Arnaldo sea Arnaldo de Vilanova? «El sello (dice el señor Milá) parece de época posterior a la del médico de Pedro III.»

Inclínase el señor Milá a poner la cuna de Arnaldo en Vilanova de Cubells, hoy Villanueva y Geltrú, fundado en la siguiente observación: «En un pasaje de sus escritos pretende Arnaldo que los cadáveres de los habitantes de las costas tardan más en corromperse que los de los que viven en tierras interiores, poniendo por ejemplo de los primeros a los de Vilanova y de los segundos a los de Villafranca. La proximidad de las poblaciones de Villafranca del Panadés y de la mencionada Vilanova induce a creer que el autor del pasaje las conocía y recordaba muy particularmente».

Con el rótulo de *Dos palabras más acerca de la patria catalana de Arnaldo* publicó en el número 6.º, tomo II de la indicada Revista (l.º de junio de 1875), una carta a los señores Milá y Bofarull, otro amigo nuestro muy querido, el distinguido químico y bibliográfico don José R. de Luanco. Invoca éste, en apoyo de su sentir y del de nuestros amigos, el manuscrito L-34 de la Biblioteca Nacional, rotulado Físicos y Medicina. En el folio 62 hay un tratado que se encabeza así: *Incipit liber Avicenae de viribus cordis et de medicinis cordialibus, translatus a magistro Arnaldo de Barchinone*. Al final dice: *Translatus per magistrum Arnaldum de Villanova*. El carácter de la letra parece de fines del siglo XIV. Resulta, pues, que el Arnaldo de Barcelona y el de Vilanova son una misma persona. «Quizá —dice el señor Luanco— el pueblo en que nació Arnaldo no distaba mucho de la ciudad, cabeza del antiguo condado, sucediendo lo que muchas veces acontece: que lo más renombrado se antepone a lo menos conocido. Frecuente es dar el nombre de Vilanova a todo caserío reciente y de corto vecindario.»

Reivindicada ya para España la gloria de Arnaldo gracias a los esfuerzos de mis eruditos amigos, solo debo añadir:

1.º Que en catalán, y no en provenzal, están escritos el *Rahonament fet en Avinyó* y otros escritos heréticos de Arnaldo.

2.º Que en el *Antidotum contra venenum effusum per fratrem Martinum de Atheca* (manuscrito de la Vaticana) llama Arnaldo *compatriotas meos* a los catalanes.

3.º Que se apellida *llerdensis* al frente del tratado *De spurcitiis pseudo-religiosorum*, que presentó al arzobispo de Tarragona.

Es, pues, indudable que Arnaldo era catalán y nacido en Lérida o en algún pueblo de su tierra, quizá en Vilanova de Alpicat, en Vilanova de la Barca o en Vilanova de Segriá.

III. Noticias biográficas de Arnaldo. Sus escritos médicos y alquímicos

Para entrar holgadamente en el estudio de Arnaldo como heresiarca conviene apuntar con brevedad lo que de él sabemos en otros conceptos.

Dícenos él mismo, y no sin cierto orgullo, que había nacido de terruño innoble y oscuro (*ex gleba ignobili et obscura*) y que era nada por su origen.[135] Ignórase dónde y cómo adquirió sus conocimientos médicos y de ciencias naturales. Champier afirma que en París; pero si no hay más testimonio que el suyo, poco vale. Lo que consta por relación del mismo Arnaldo es que había aprendido teología con los frailes Predicadores de Montpellier (*in schola fratrum praedicatorum Montispellieri*),[136] lo cual no le estorbó en adelante para ser enemigo acérrimo de la Orden de santo Domingo.

Aprendió el hebreo con Raymundo Martí, autor del *Pugio fidei.* Así lo afirma en su Allocutio super significationem nominis tetragrammaton:[137] «Aquella semilla de la lengua hebraica que el celo religioso de fray Ramón Martí sembró en el huerto de nuestro corazón...». Supo además el árabe, como consta por sus traducciones de Avicena, Costa ben Luca, etc., y, según afirma Champier, el griego; pero esto último es muy dudoso. Yo no he hallado en sus obras pasaje alguno que demuestre conocimientos helénicos.

---

135 Véase su carta a Bonifacio VIII, fols. 230 y siguientes del *Códice vaticano*, que citaré luego.

136 Tratado, sin título, que comienza *Coram vobis* (fols. 142 y siguientes) del *Códice vaticano.*

137 Fol. 13 del *Códice vaticano*: «Semen illud quod zelus religiosi fratis R. Martini seminavit in ortulo cordis ei...».

Tampoco encuentro muy justificados los viajes que le atribuye el biógrafo. Después de llevar a Arnaldo a los veinte años a París y a los treinta a Montpellier, le hace recorrer la Italia y relacionarse con los filósofos pitagóricos, que no sé dónde estarían en el siglo XIV. Otros suponen que visitó la Grecia. Del prólogo de su tratado *De confectione vinorum*[138] se ha querido inferir, además, que estuvo en África.

De sus maestros en medicina nombra Arnaldo a Juan Casamida y a Pedro de Musadi, elogiando al primero en el *Breviarium practicae* y al segundo en el *De modo praeparandi cibos*.

Nadie de aquel tiempo penetró como Arnaldo los secretos de la naturaleza (dice Champier). Dedicóse a la medicina y a la alquimia, pero en edad más adelantada quemó los escritos alquímicos. No releía sus obras, escribía muy mal, caligráfica y ortográficamente hablando. Fue corto de vista. Su ingenio era vivo, agudo y pronto, de los que consumen todas sus fuerzas en el primer ímpetu.[139]

De las operaciones alquímicas de Vilanova dan testimonio los jurisconsultos Juan Andrés, Oldrado, el abad Panormitano, Baldo, Juan Platen. El primero llega a suponer que Arnaldo hizo barras de oro (*virgulas auri*) en la corte de Bonifacio VIII. *Plus nostris diebus habuimus magistrum Arnaldum de Villanova in curia romana: qui etiam magnus Alchimista virgulas auri quas faciebat, consentiebat omni probationi submittere.* El autor del libro apócrifo *Ars operativa*, que anda entre los atribuidos a Ramón Lull, cuenta haber recibido, bajo sello, del rey Roberto la relación de los experimentos de Arnaldo.[140] Sabido es que este rey Roberto figura de continuo en las patrañas alquímicas. A Arnaldo se ha atribuido, con más o menos fundamento, la extracción del espíritu de vino, del aceite de trementina, de las aguas de olor, etc.

---

138 «Confestim laetitiae meae festum festinans amovit super me Aquilonem, et induxit in Africam ad miseriam ipsam.» (Cód. de la B. N.) El pasaje no está claro.

139 «Dum vero scribebat, neque belle quidem litteras figurabat, neque ullam orthographiae diligentiam adhibebat», etc.

140 «Ea accepi et habui a serenissimo rege Roberto sub secreto sigilo: quae quidem experimenta ipse habuerat a peritissimo Arnaldo de Villanova, qui merito fons scientiae vocari debet.»

Prescindiendo de sus dudosos títulos químicos, en la medicina práctica fue eminente. Sus libros están llenos de observaciones sagaces y exactas, al decir de los entendidos. Dio mucha importancia a la higiene. Entre los médicos cristianos de la Edad media apenas hay un nombre que oscurezca al suyo.[141]

Llevóle su fama a la corte del rey don Pedro III de Aragón, llamado el Grande y el de los franceses, quien le protegió y honró mucho. En las nonas de abril de 1285, por los muchos servicios que había recibido y esperaba recibir de su amado físico, le hizo donación del castillo de Ollers, en la Conca de Barberá, cerca de Tarragona.[142]

El viernes 3 de las nonas de noviembre del mismo año asiste Arnaldo como testigo al último codicilo de don Pedro en Villafranca del Penedés.

Tras el breve reinado de Alfonso III el Liberal, empuñó el cetro don Jaime II, decidido protector de nuestro médico, como lo era también su hermano don Fadrique o Federico, rey de Sicilia. Bajo el gobierno de estos príncipes tuvo Arnaldo importancia no solo de físico, sino de hombre de gobierno, y llovieron sobre él donaciones y mercedes. El día sexto antes de los idus de abril de 1302, don Jaime cede a su venerable y amado consejero la gabela de la sal de Burriana, con plena libertad de tenerla y administrarla por sí o por su procurador y de arrendarla por cuatro años como y a quien quisiera. El mismo día, y atendiendo a los multiplicados servicios del maestro Arnaldo, le concede plena licencia para donar o legar a iglesias y lugares religiosos las casas, censos, honores y posesiones que tenía en el reino de Valencia, lo cual prueba que Arnaldo, a pesar de sus extravagancias teológicas, ya en aquella fecha conocidas, no dejaba de atender a sus devociones. Ambos privilegios tienen la fecha de Lérida y son inéditos.[143]

---

141 Según una bula de Clemente V, Arnaldo enseñó por muchos años la medicina en Montpellier. No puede precisarse más la fecha.

142 Archivo de la Corona de Aragón, registro n.º 57, fol. 233 V., y registro 62, fol. 147: «Propter multa servitia quae recepimus et recipere speramus a vobis dilecto physico nostro mag. Arnaldo de Villanova».

143 Archivo de la Corona de Aragón, registro n.º 193, fol. 69 V.; registro n.º 199, fol. 69, V. De éstos, así como de los demás de aquil archivo referentes a Arnaldo, me comunicó generosamente esmeradas copias mi querido amigo el insigne archivero e historiógrafo don Manuel de Bofarull.

En 1299, Arnaldo fue de embajador a la corte de Francia. En el Archivo de Aragón se conserva una hoja suelta con los borradores de tres cartas de don Jaime II. En la primera, dirigida a Felipe el Hermoso de Francia, habla de las letras suyas que le transmitió el maestro Arnaldo de Vilanova, su consejero y familiar (consiliarium et familiarem meum).[144] La segunda, enderezada al maestro Arnaldo de Vilanova, físico, canciller y familiar nuestro, dale parte del nombramiento de árbitros (el obispo de Tarazona y el sacristán de Lérida) para arreglar los negocios del Valle de Arán y los atropellos hechos a catalanes y aragoneses en Aguas Muertas.[145]

Para el reino de Sicilia, y por encargo de Federico, redactó Arnaldo unas Constituciones, en que principalmente trata de esclavitud, juegos y derechos eclesiásticos. Dióles fuerza de ley don Fadrique en 15 de octubre de 1310.[146]

Uno de los puntos oscuros de la vida no teológica de Arnaldo son sus relaciones con Raimundo Lulio, en que tanto han insistido los escritores de alquimia. Así, v. gr., el autor de la *Conservatio philosophorum*[147] dice que Raimundo Lulio era al principio incrédulo en cuanto al poder de la alquimia; pero que se rindió luego a los argumentos y experiencia del sacratísimo maestro Arnaldo de Vilanova, catalán, cuyo discípulo fue en aquella arte. Pero ¿qué crédito hemos de dar a aquel libro apócrifo, obra de algún embaidor del siglo XV, cuando hoy está probado que ni Raimundo creyó nunca en la posibilidad de la transmutación ni son auténticos los libros de química que corren a su nombre?[148]

No menos dificultad, hasta cronológica, presentan las relaciones de Arnaldo con el rey Roberto de Nápoles, patrono obligado de los alquimistas, si hemos de atenernos a sus libros. No cabe duda que el médico vilanovano dedicó a ese

---

144 «Ex notificatione litterarum nobis per magistrum Arnaldum de Vilanova, consiliarium et familiarem meum.»

145 Esta fecha ha sido fijada por Haureau con presencia de dos documentos, que citaré más adelante.

146 Se conserva en el Archivo de la Corona de Aragón.

147 «Raymundus Lullius hanc scientiam ignoravit et rationibus fortissimis improbavit. Sed per tantum doctorem catholicum et experimentatorem maximum, magistrum Arnaldum de Vilanova cathalanum, medicorum peritissimum, experientia convictus et operationibus instructus, a doctore doctior fuit factus...» (Biblioteca Marciana de Venecia, códice latino VI-214, siglo XV, en pergamino. Es una colección de escritos de alquimia.)

148 Véase Ramón Lull considerado como alquimista, por don José R. de Luanco.

monarca su libro *De conservanda iuventute* y quizá una epístola sobre alquimia, aunque la autenticidad de esta última es dudosa.

En los versos que preceden al Arte de agrimensura dice Arnaldo:

> Yeu Arnaut de Vilanova... etc.
> Doctor en leys et en decrets,
> et en siensa de strolomia,
> et en l'art de medicina,
> et en la santa teulogia,
> enquaras mais en las VII arts
> maistre per tots fuy apelats,
> et a Napols yeu me rendieu,
> al servizi del rey Robert estieu,
> molt longament sensa partir,
> et estant a son servir,
> en sa cambra ab lo rey estat,
> en son estudi esvelhat,
> ambós ensems nos fesém
> aquest libre veraiament...

Hasta aquí no hay dificultad. Pudo Arnaldo estar en la corte de Roberto,[149] que distaba tan poco de Sicilia, y escribir por su orden, y casi con su colaboración, el libro de *Geometría práctica*. Pero lo incomprensible es el final:

> Lo qual libre fo acabat,
> escrig et ahordenat
> en Napol la gran siutat
> l'an quart que fou coronat
> lo rey Robert en son regnat
> que Seciliá es appellat, etc.

El año cuarto de la coronación de Roberto corresponde al 1313. Ahora bien, está probado que Arnaldo había muerto antes de 1312. ¿Cómo había de escribir

---

149 Dícese que fue a él con una embajada de don Jaime II y es creíble.

un año después el tratado de agrimensura? Yo creo que los últimos versos fueron añadidos por un copista y que quizá no se refieran a la fecha del libro, sino a la del traslado.

Numerosísimas fueron, aunque breves, las obras de Arnaldo, aun prescindiendo de las teológicas. Pueden dividirse las demás en médicas y químicas. Publicáronse coleccionadas por vez primera en Lyón, 1504, con un prefacio de Tomás Murchi, genovés. Fueron reimpresas en París, 1509; Venecia, 1514; Lyón, 1520 y 1532, y Basilea, 1585. Esta última edición es la más completa y la que tengo a la vista. Se rotula:

Arnaldi Villano | vani | Philosophi et Medici | summi | Opera Omnia | Cum Nicolai Taurelli Medici et Phloso | phi in quosdam libros Annotatio | nibus. | *Indice* item copiosissimo. | Cum Gratia et Privilegio Caes. Maiest. | Basileae | ex officina Pernea per Con | radum Waldkirch | 1585.

5 hojas de preliminares y 2.071 páginas sin los índices. Precedida de una advertencia del impresor y de la vida de Arnaldo por Sinforiano Champier.

Comprende dos partes en el mismo volumen. Las obras de medicina son:

Speculum introductionum medicinalium.
Aphorismi de ingeniis nocivis, curativis et praeservativis morborum, speciales corporis partes respicientes.
De parte operativa.
De humido radicali.
De conceptione.
De simplicibus.
Antidotarium.
De phlebotomia. (Hay edición suelta de este tratado y de otros, hecha en Lyón, 1517.)
De dosibus theriacalibus.
De gradationibus medicinarum per artem compositarum.
De vinis (sive *De confectione vinorum*). (Es muy importante y de los primeros que se escribieron sobre la materia. Tradújole al alemán Guillermo Hirnkofen, Viena 1532.)

De aquis medicinalibus.

De conferentibus et nocentibus principalibus membris nostri corporis.

De physicis ligaturis. (Traducido de Costa ben Luca.)

Expositiones visionum, quae fiunt in somniis. (Este tratado, y el anterior, y algunos más, aunque incluidos entre los de medicina, son repertorios de supersticiones.)

De diversis intentionibus medicorum.

Regimen sanitatis. (Impreso suelto en Venecia, 1580. Hay una traducción castellana de Jerónimo Mondragón, año 1606, Barcelona.)

De regimine castra sequentium.

De conservanda iuventute et retardanda senectute. (Traducido al italiano; se imprimió en Venecia, 1550.)

De bonitate memoriae.

De coitu.

De considerationibus operis medicinae.

Medicationis parabolae... quae dicuntur a medicis regulae generales curationis morborum.

Tabulae quae medicum informant specialiter, cum ignoratur aegritudo.

Breviarium practicae. (Se divide en cuatro libros. Imprimióse por vez primera en Milán, 1485, por Cristóbal de Ratisbona.)

Practica summaria seu regimen.

De cautelis medicorum.

De modo praeparandi cibos et potus infirmorum in aegritudine acuta.

Compendium regimenti acutorum.

Regulae generales de febribus.

Regimen sive consilium quartanae.

Consilium sive curatio febris ecticae.

Consilium sive regimen podagrae.

De sterilitate.

De signis leprosorum.

De amore heroico. (Tiene algún interés moral y estético.)

Remedia contra maleficia.

De venenis.

De arte cognoscendi venena.

Contra calculum.

Praeservativum contra calarrhum.

De tremore cordis.

De epilepsia.

De usu carnium, pro sustentatione ordinis Cartusiensis contra Iacobitas.

Recepta electuarii.

De ornatu mulierum.

De decoratione.

Nova esplicatio super canonem «Vita brevis...»

Expositio super aphorismum Hippocratis «In morbis...», etc.

Super libello de mala complexione diversa (de Galeno).

Quaestiones super eodem libro.

Commentum super «Regimen Salernitanum». Este tratado de higiene es el más conocido y famoso de Arnaldo y hay de él innumerables ediciones sueltas: diez enumera Nicolás Antonio a contar desde la de Pisa, 1484. Pero nuestro La Serna Santander describe otras dos incunables sin fecha ni lugar. La primera parece ser de Lovaina typis Ioannis de Vestphalia; la otra se dice enmendada por los doctores de Montpellier, y entrambas fueron impresas hacia 1480, según opina La Serna.

La segunda parte de las obras de Arnaldo comprende los tratados alquímicos y astrológicos, cuya autenticidad es difícil de poner en claro, y son:

Thesaurus Thesaurorum et Rosarius philosophorum.

Novum lumen.

Sigila duodecim pro totidem coelestibus signis.

Flos Florum.

Epistola super alchimiam ad regem Neapolitanum.

Capitula Astrologiae de iudiciis infirmitatum secundum motum planetarum.

En las colecciones alquímicas de Guillermo Gratarol (Basilea 1561), Lázaro Zetzner (Estrasburgo 1613); en el *Ars Aurifera* (Basilea 1610) y en otras más modernas (v. gr., la de Mangeto, 1702), se reimprimieron estos tratados, reales o supuestes, de Arnaldo, con algún otro de dudosa procedencia.

Nada abunda en las bibliotecas tanto como los códices de Arnaldo; pero no ha de tenerse ligeramente por obra inédita cualquiera que se halle, porque observo que hay muchas con dos o tres títulos diversos, ora provengan del autor, ora del copista

Todos los manuscritos de nuestro médico que se conservan en El Escorial son de obras conocidas e impresas, como ya advirtió Pérez Bayer. De los que se guardan en la Vaticana, quizá sean inéditos el *Liber aquae vitae*, las *Additiones ad Hermetem* y el Syrupus contra pestilentiam. El segundo trata de las imágenes y de los signos, de las estrellas, plantas y piedras. La Biblioteca Nacional de París es riquísima en copias de Arnaldo; pero nada inédito, fuera de algún tratadito de alquimia.

Otras obras de Arnaldo se han impreso fuera de la colección general, v. gr., la traducción de Avicena, *De viribus cordis*, que está en el cuarto tomo de las obras de aquel médico árabe, edición de Venecia, 1520.

En el *Theatro Chimico* pueden leerse más opúsculos atribuidos a Arnaldo, v. gr., el *Speculum alchimiae*. La *Rosa Novella* y las *Parábolas*, comentadas por Diego Álvarez Chanca, se imprimieron en Sevilla, 1514, según Nicolás Antonio.[150]

Verdaderamente inédito es el libro de *Agrimensura*, de que ya he dado alguna noticia. En la Biblioteca Mejana de Aix hay un manuscrito incompleto de esta obra con el título de *Libre qu'ensenha de destrar, de atermenar, de*

---

150 Deseoso de facilitar la tarea de quien emprenda resolver el embrolladísimo punto bibliográfico de las obras de alquimia atribuidas a Arnaldo, pondré noticia de dos o tres colecciones manuscritas de este género, todas de la Biblioteca Marciana de Venecia.

El códice latino 324, de la clase Zanetti, siglo XIV, en pergamino, contiene dos opúsculos, atribuidos a Arnaldo: *Incipit epistola missa a Rainaldo de Villanova papae Bonifacio, super arte solis et lunae... Incipit liber de secretis naturae, editus ab Arnaldo de Villanova.*

Códice latino 6.º, 214, siglo XV, en pergamino. Contiene de Arnaldo: *Tractatus magistri Raynaldi de Villanova.*

Epistola ad magistrum Iacobum ale Toleto. Incipit rosa novella magistri Raynaldi de Villanova, ad comitem Petrum Flandriae, libri quatuor. Verba commentaria primi libri Arnaldi de Villanova, et Pericli et Phebi philosophorum, quibus dictis ipse Arnaldus collegit librum suum, libri duo.

Epistola Arnaldi de Villanova missa regi Ruperto neapolitano.

Exempla in arte philosophorum, secundum magistrum Arnaldum de Villanova.

Códice 6.º, 215. Es otra colección alquímica del mismo tiempo (siglo XV). *Incipiunt quaestiones tam essentiales quam accidentales magistri Arnaldi de Villanova de arte transmutationis declaratae papae Bonifacio VIII.*

agachonar e de scairar terras et autras possesions, estracte de un libre ordenat per Maistre Arnaut de Vilanova a la reqüesta del rey Robert et qu'a está treslata (?) en la ciutat d'Arle.

Raynouard se valió de este manuscrito para su Léxico. Después ha aparecido otra copia más completa y exacta en la Biblioteca de Carpentras, como es de ver en el Catálogo de los manuscritos de dicha Biblioteca, formado por Lambert, de quien tomo estas noticias.

El señor Milá, en el artículo ya citado acerca de la patria de Arnaldo, hace sobre este libro las observaciones siguientes: «Raynouard da este tratado como traducción del latín; el señor Lambert no decide si el conocido agrimensor Boysset tradujo o copió tan solo el original de Arnaldo. Es muy posible que fuese lo último, es decir, que Boysset, fuera del tratado que lleva su nombre, no hiciese más que modificar, conforme al habla de su tiempo y de su país, un original catalán; pero lo es también que Arnaldo se hubiese esforzado en provenzalizar su lenguaje, especialmente en la parte versificada, que, sin duda alguna, no escribió en lengua latina. Era todavía en aquellos tiempos empeño de nuestros poetas el escribir en el lenguaje de los trovadores, como se ve en las obras rimadas de Lull y en el *Sermón de Muntaner*, y mayor debía serlo en quien componía una obra inspirada por un rey, conde también de Provenza».[151]

Previas estas noticias, indispensables para formar cabal ideal del personaje, entramos en la parte verdaderamente nueva y curiosa de este capítulo, en la historia de la herejía de Arnaldo.

IV. Primeros escritos teológicos de Vilanova. Sus controversias con los dominicos en Cataluña

Ha supuesto don Antonio de Bofarull que hasta 1305 no comenzó a manifestar Arnaldo opiniones heréticas. Tal se infería de los documentos conservados en el Archivo de Aragón; pero el hallazgo de un precioso códice de la Biblioteca

---

151 Lo que pone de su cosecha Boysset es un tratado sobre las medidas de Arlés. Al principio hay un grosero dibujo, en que se representa a Arnaldo recibiendo de manos del rey Roberto las marcas o padrones de las medidas. De los versos que anteceden a la obra, ya hemos dado alguna muestra. Figuran entre los preliminares un elogio del rey Roberto, una especie de diálogo entre Jesucristo y el autor y una relación de los deberes del agrimensor. No falta quien dude, quizá con razón, de la autenticidad de este libro.

Vaticana, con escritos bastante anteriores a aquella fecha, viene a rectificar la hipótesis, que parecía fundada, de mi docto amigo.

El referido códice es en 4.º, escrito en vitela, letra de principios del siglo XIV; tiene 263 folios útiles, a dos columnas, y parece ser el mismo que Arnaldo presentó en Aviñón a Clemente, V. Encabézase con un índice de su contenido[152] y abraza no menos que treinta documentos, todos, fuera de uno, inéditos y desconocidos. Nicolás Antonio vio este manuscrito, pero muy de pasada, y no dio razón alguna de los tratados que comprende, quizá por escrúpulo.

Comenzó Arnaldo sus meditaciones místicas con una introducción al libro *De semine scripturarum*, del abad Joaquín de Fiore (murió año 1202), cisterciense, famoso por sus profecías, que santo Tomás cree hijas de un agudo discernimiento y no de luces sobrenaturales. No hay para qué entrar aquí en la eterna cuestión de la ortodoxia de Joaquín, que fue bien defendida por Gregorio de Lauro y otros. Sin necesidad de suponerle profeta ni iluminado, puede sostenerse que no erró a sabiendas y que sometió una y otra vez sus escritos al juicio de la Iglesia, ofreciendo retractar lo que aquélla desaprobase. Lo cual no obsta para que sectas heréticas de la Edad media, como los fratricelli, discípulos de Pedro Macerata y Pedro de Forosempronio, invocasen la autoridad de Joaquín en apoyo de sus errores cuando proclamaban el reino del Espíritu santo, que había de sustituir al del Hijo. Hasta se divulgó a nombre del abad de Cosenza

---

152 «In hoc: volumine sunt per ordinem sequentes editiones seu tractatus. Primo: Introductio in librum Ioachim *De semine scripturarum*. Secundo: Allocutio super significationem nominis tetragrammaton. Deinde: Dialogus de elementis catholicae fidei. Deinde: *Tractatus* de prudentia catholicorum scholarium. Deinde: *Tractatus* de tempore adventus Antichristi. Deinde: *Tractatus* de mysterio cymbalorum. Deinde: *Tractatus* epistolarum. Deinde: *Philosophia catholica* et divina. Deinde: Apologia. Deinde: Eulogium. Deinde: Tres denunciationes gerundensium. Deinde: Confessio Ilerdensis. Deinde: Prima denuciatio facta Massiliae. Deinde: Gladius veritatis adversus thomatistas. Deinde: Secunda denunciatio facta Massiliae. Deinde: Carpinatio theologi deviantis. Deinde: Tertia denunciatio facta Massiliae. Deinde: *Tractatus* qui incipit: Reverendissimi. Deinde: *Protestatio facta Perusii*. Deinde: Allocutio de dignitate creaturae rationalis. Deinde: tractatus qui incipit: Adversus me loquebantur. Deinde: Epistola domini Bonfacii. Deinde: Epistola dominorum Cardinalium. Deinde: Epistola domini Bremundi. Deinde: Epistola Bartholomaei Montanerii. Deinde: Epistola illustriss. dom. Regis Aragoniae cum commento. Deinde: *Antidotum contra venenum effusum per fratrem Marthinum de Atheca*. Ultima praesentatio facia Burdegaliae coram summo pontifice domino Clemente V» (Cód. 3824).

el *Evangelio eterno*, solo porque Joaquín se había excedido a veces en los encarecimientos de la vida monástica, dándole casi el aire de una reforma social.

Tiene el autor del *Psalterium decachordon* lugar de los más señalados en la historia del misticismo medieval; precede a Juan de Parma, al maestro Eckhart, a Suso, a Tauler y a otros contemplativos más o menos sospechosos, y alguno de ellos formalmente hereje. Pero su misticismo tiene un carácter particular: es apocalíptico y preñado de tempestades. Cayó Joaquín en la manía de hacer osadas aplicaciones y señalar fechas a los futuros contingentes que vio en sus éxtasis el apóstol de Patmos, y los discípulos del abad de Flore llegaron a fijar en 1260 el advenimiento del anticristo.

Nuestro Arnaldo se apoderó de esta idea, la repitió cien veces, la enlazó con combinaciones astrológicas y se tornó casi maniático. La introducción al libro *De semine scripturarum* o *De las profecías de los siete durmientes* es el primer síntoma de esta enfermedad mental. Por el mismo tiempo hubo de componer una *Exposición del Apocalipsis*, fundada casi del todo en la de Joaquín. No está incluida en este códice, sino que llena por sí otro de la Vaticana: el 5740 del fondo primitivo. Es en vitela, 143 páginas a dos columnas.[153]

Hasta ahora solo vemos en Arnaldo, fuera de algún verro incidental, una dosis no leve de fanatismo y excesiva confianza en el espíritu privado. En 1292, tres días antes de la fiesta de santa María Magdalena, compuso *in Castro Ardullionis* una explicación del *tetragammaton* hebreo, donde se propone demostrar por razones naturales, en lo cual ya pecaba de temerario, el misterio de la Trinidad.[154] Luce en este tratado su erudición hebraica y cabalística.

A continuación de esta obrita hallamos en el códice una especie de catecismo para los niños, por preguntas y respuestas. Titúlase *Alphabetum catholicum* y parece de sana doctrina. Está dedicado al rey de Aragón.[155]

---

153 *Expositio super Apocalipsi magistri Arnaldi de Villanova* (Cód. del siglo XIV). Empieza así: Pertransibunt plurimi, et multiplex erit scientia.

154 Incipit: «Allocutio super significationem nominis tetragrammaton, tam in lingua hebraea quam latina et super declaratione mysterii Trinitatis evidentibus rationibus atque signis». Empieza: «Pluries affectavi, charissime frater ut semen illud», etc. Termina: «Actum in castro Ardullionis tertia die ante festum beatae Mariae Magdalenae, Anno eiusdem domini millesimo et ducentesimo nonagesimo secundo».

155 Incipit: *Alphabetum Catholicum ad inclytum dominum Regem Aragoniae Pro filiis erudiendis in elementis catholicae fidei.*

Siguióse a estos librillos, y a algún otro de menor importancia, el famosísimo *De Adventu Antichristi et fine mundi*, escrito primero en catalán,[156] aunque hoy solo conocemos el texto latino de la Vaticana. Allí, no contento Arnaldo con anunciar la venida del Anticristo para 1345, clama por reforma en la Iglesia y se desata en invectivas contra el estado eclesiástico. Cayó, además, en algún yerro dogmático, quizá por explicarse ambiguamente, dando a entender que en Jesucristo había solo una ciencia, fundado en que el saber es circunstancia pertinente a la persona y no a la naturaleza.

Puesto ya en tan mal camino, escribió a poco el tratado *De mysterio cymbalorum Ecclesiae*, dirigido al prior y monjes de Scala Dei.[157] Es su fin ostensible probar que los predicadores (*praecones*) de la Iglesia deben escudriñar diligentemente la Sagrada Escritura y sus exposiciones, no imitando a las campanas pequeñas, que dan un leve son, como los profetas del *Antiguo Testamento*, sino a las campanas mayores y de solemne tañido, para que se cumpla aquello de *Laudate Deum in cymbalis bene sonantibus, laudate eum in cymbalis iubilationis*. Bueno era todo esto, pero Arnaldo mezcló sus acostumbradas profecías sobre el tiempo de la venida del Anticristo, apoyándose en las oscuras revelaciones de Cirilo. Este tratado *De mysterio cymbalorum* fue citado por Juan Pico de la Mirándola en el suyo *De rerum praenotione* (cap. 5, lib. 9), donde advierte que habían pasado doscientos años sin que se cumpliesen las profecías de Arnaldo.

El cual dirigió cartas, que están en este códice, a los frailes Predicadores de París y Montpellier, a los frailes Menores de París, al rey de Francia y al de Aragón, anunciándoles el próximo fin del mundo y llamándolos a penitencia.[158]

---

156 Cítale la sentencia condenatoria de 1316, y dice que comenzaba *Entes per vostres paraules...* El latino empieza de otra manera: Constitui super vos auditores speculatores. Además, del códice de la Vaticana, poseían uno los carmelitas de santa María de Transtevere. Comprendía, además, el *De mysteriis cymbalorum*, la *Apología*, etc. (Véase N. Antonio).

157 Fol. 78, V. Incipit: *Tractatus de mysterio cymbalorum Ecclesiae: Ad priorem et monachos Scalae Dei*. La pregunta hecha por los monjes de Scala Dei era: «¿Por qué fue costumbre de la Iglesia tocar, en maitines y vísperas, primero el címbalo pequeño y después el grande?». Según Arnaldo, esto es símbolo de la ley antigua y de la nueva.

158 Fol. 98: Incipit: *Tractatus epistolarum... Ad principes catholicos et praecones*. (Llegan hasta el, fol. 109.)

130

Poco después dedicó al Sacro Colegio Romano su Filosofía católica y divina, que enseña el arte de aniquilar las tramas del Anticristo y de todos sus miembros, [159] donde clama por la reforma de la Iglesia como medio de desbaratar al Anticristo; aboga por el precepto de la pobreza, inclinándose a las doctrinas de los Pobres de León, y da reglas para conocer a los miembros del Anticristo, que son los malos católicos, y especialmente los malos sacerdotes.

Resintiéronse los teólogos de las audacias de Arnaldo, y comenzaron a reprenderle porque se ponía a predicar sin misión y porque siendo médico escribía de teología. A lo cual él replicó indignado en su Apología contra las astucias y perversidad de los pseudoteólogos, enderezada al maestro Jacobo Albi (Blanch?), vignense: «Esos doctores, dice Arnaldo, están hinchados con su ciencia y no pueden alcanzar las maravillas de Dios... La próxima venida del Anticristo se conoce por el gran número de sus secuaces». Tras esto se desataba en invectivas contra los frailes, tachándolos de codiciosos, concupiscentes, vanos, hipócritas, piedras de escándalo, obstinados en el mal, aseglarados, impugnadores de la verdad, etc., aunque no extiende esta censura a todos, ni mucho menos al estado monástico, que considera como la mayor perfección.[160]

Muy parecido a este trabajo es el que rotuló *Eulogium, de notitia verorum et pseudoapostolorum*.[161] «A los falsos apóstoles se les conoce principalmente en la falta de caridad, en la impureza de las acciones», etc. Al fin del libro escribe: «Humildemente suplico al reverendo prelado y pastor de la iglesia de Gerona que llame a todos los teólogos de su diócesis que quieran objetar algo contra este libro o contra alguno de los cuatro que antes he divulgado sobre esta materia; y que, presentadas las objeciones, las haga registrar y sellar... y así me las comunique, para que nadie pueda tergiversarlas. Y me ofrezco de presente, y prometo y me obligo a enviar, del modo que me sea posible, las respuestas, tantas cuantas veces me lo ordene mi prelado; así como a entablar discusión pública sobre cualquiera de los precedentes artículos, siempre que llame y me designe tiempo y lugar. Y para que consten mis palabras y nadie pueda truncar

---

159 Fol. 110 V.: Incipit: *Philosophia catholica et divina tradens artem annichilandi versutias maximi Antichristi et omnium membrorum ipsius: Ad Sacrum Collegium Romanum.*

160 «Sicut nulli meliores quam hi qui in monasterio profecerunt, sic nulli deteriores quam hi qui in monasterio defecerunt.»

161 Fol. 160: *Casus eulogii subsequentis.* (Es una especie de prólogo.)
      Fol. 161: Incipit: Eulogium.

su sentido ni sembrar cizaña, os requiero a vos, Besulló, notario regio de Gerona, para que consignéis en forma pública cuanto he dicho en esta audiencia y deis copia de ello a cuantos os la pidan, abonando yo vuestro trabajo».[162]

No sabemos si los teólogos respondieron a este desafío; pero es lo cierto que en los púlpitos de Cataluña se censuraba cada día la imprudencia de Arnaldo, señalándose entre sus impugnadores el dominico Bartolomé de Puig Certós, contra el cual presentó nuestro médico dos denuncias al obispo de Gerona. Decía, y con razón, Puig Certós, que era aventurado, y hasta peligroso, el señalar la fecha de la venida del Anticristo, puesto que Dios no había querido revelarla en las Escrituras. Puesto en cólera Arnaldo, le emplazó a comparecer ante el Sumo Pontífice en la próxima septuagésima.

Presentó fray Bartolomé sus objeciones al obispo de Gerona, pero sin comunicárselas a Arnaldo, de lo cual éste se queja, y anunció que estaba dispuesto a someterlas al examen de los teólogos de París o de la Sede Apostólica, aunque lo dilató con varios pretextos. Lo cual fue causa de que Arnaldo presentase segunda denuncia, quejándose de que en sus sermones proseguía el dominico

---

162 «Humiliter supplico reverendo Praelato et Pastori Ecclesiae Gerundensis... ut requirat quoscumque theologos suae dioecesis ut in scriptis asserant ei quidquid obiicere poterunt contra dicta mea, tum hic praesentialiter lecta, tum in aliquo praecedenti quatuor operum super eadem materia editorum. Et praesentatas obiectiones faciat registrari et sub sigillo suo mihi communicari ne ulla tergiversatio adulteretur, per me vel per alium. Et ego me offero de praesenti et protestando promitto et promittendo me obligo supradicto pastori et toti Ecclesiae Gerundensi fideliter ac diligenter afferre vel mittere possibiles mihi responsiones, et hoc facere toties quoties ab eodem domino et pastore fuero requisitus... Insuper offero pastori et Ecclesiae supradictis quod quaecumque voluerint super quocumque articulo ad praefatam materiam pertinente discussionem publicam celebrare, veniam ad ipsorum vocationem, assignato mihi temporis spatio sufficienti ad veniendum. Ad perpetuam quoque rei gestae memoriam et ne quisque inimicus aut aemulus haec dicta mea possit truncare vel superseminando zizanniam depravare, vos dominum Besullonum Burgesii auctoritate regla notarium Gerundensem, ex parte domini regis... requiro ut haec omnia per me lecta coram venerabili ac praesenti collegio in formam publicam redigatis, et omni petenti exinde faciatis copiam, salva vestri laboris mercede.»

invectivando contra él, hasta el extremo de haber leído en Castellón de Ampurias un documento falso en que se vanagloriaba del triunfo.[163]

Los dominicos de Gerona respondieron a esta denuncia presentando al obispo una querella contra Arnaldo, el cual acudió entonces al lugarteniente del vicario, Guillén Ramón de Flaciano,[164] alegando que los frailes Predicadores no

---

163 Fol. 166 V.: Incipit: «Denunciatio Gerundensis contra fidem Bartholomaei de Podio Certoso praedicatorem: Coram vobis, reverendo praelato ac domino Episcopo Gerundensi propono ego magister Arnaldus de Villanova me audivisse per fidedignos quod quidam frater praedicator nomine frater B. de Podio Certoso, nuper in audientia vestra satagus mordere ac impugnare aliqua dicta mearum editionum, multa non solum falsa sed etiam erronea seminavit... Notifico vobis quod fertur eum asseruisse quod Deus non potest notificare finalia tempora secli... Item fertur dixisse quod nihil prodest Ecclesiae sed periculosum est praenoscere tempus persecutionis Maximi Antichristi».

Acaba: «Ego etiam cum praesenti scripto provoco ipsum ad audientiam Romanae Sedis quod hic ad septuagesimam proxime venturam compareat illic purgaturus seipsum. Et vos ut sincerum fratrem Romani pontificis et fidelem ministrum Romanae Sedis requiro cum testimonio scripturae praesentis quod hanc meam provocationem notificetis ei, citando ipsum ad comparendum coram Sedem praedictam infra terminum supra praefixum, protestans quod in defectu vestri requiram super hoc reverendum patrem dominum R. Metropolitanum in Sede Tarraconensi...»,

Incipit: «Denunciatio secunda adversus eumdem fratrem B. de Podio Certoso praedicatorem:... Asseruit quod ad veritatem praeconis evangelici non est necessaria charitas; propter hoc omnis diabolus verus evangelii praeco possit existere... Et etiam asseruisse quod quidquid Deus revelat hominibus, revelat per ministeria angelorum. Cumque nobis constat quod supradictus frater B. iam semel post publicationem Eulogii... legerit coram vobis quamdam cedulam vel scripturam continentem obiectiones contra dicta mearum editionum: vos etiam post lectum immediate, prout a vobis audivi, requisivistis eum quod ea quae legerat sub eodem nobis scripto communicaret, nec voluit nobis communicare... diebus sequentibus coram vobis fuit protestatus quod ipse paratus erat mittere dicta sua Parisium vel ad auditorem romanum, sicque diffugiis multiplicis calliditatis elapsus ab aequitate nostrae requisitionis, postmodum apud Castellionem Empuriarum instrumentum protestationis adulterinae se simulatae, plebi simplicissimae ostentavit, iactando se triumphasse».

164 Fol. 142 V.: «Coram vobis, reverendo domino Gullielmo Raymundi de Flaciano, locum tenente officialis Gerundensis protestor et protestando propono, ego magister Arnaldus de Villanova, quod ad querimoniam contra me propositam per fratres praedicatores conventus Gerundensis coram domino Episcopo Gerundensi, cuius vices geritis de praesenti, nullo modo in iudicio teneor respondere... quod supradicti fratres praedicatores non sunt in hoc iudicio audiendi nec ad iudicium admittendi, cum haeretici vel insani vel infames notorii».

debían ser oídos en aquel juicio, por ser capitales enemigos suyos, y además herejes e insanos, como que habían dicho en sermones que a los legos y a los casados, como parece que era Arnaldo, no se les había de dar crédito en cosas de fe. Replica el de Vilanova que él no solo había aprendido, sino enseñado teología, y que sus adversarios eran perros histriones, etc., especialmente Puig Certós, quien, predicando en Castellón de Ampurias, dijo que, aunque se le apareciera, en el momento de alzar la Hostia, un ángel anunciándole el fin del siglo, no había de creerle.[165] De lo cual fueron testigos (habla siempre Arnaldo) el sacristán mayor y el menor de Castellón y otras muchas personas. Añade que, si el prior Pontino de Olzeda le acusa por sus denuncias contra Puig Certós, *est fautor haereticae pravitatis*, puesto que él puede comprobarlas en toda forma; pide justicia contra el prior como enemigo de la libertad evangélica; le cita a comparecer ante la *Sede romana intra septuagesimam proxime futuram*; apela al papa si no se le hace justicia y manda al escribano levantar testimonio.

Acto continuo presentó al arzobispo de Tarragona lo que llama *Confessio de spurcitiis pseudoreligiosorum*;[166] nueva y enconada diatriba, donde, ratificándose en todo lo dicho en la *Philosophia catholica*, en el *De perversitate pseudotheologorum* y en el *Eulogium*, e insistiendo en las revelaciones de Cirilo, enumera las diecinueve torpezas o vicios (spurcitias) característicos, según él, de los religiosos de su siglo, a saber: 1.º, no parar en la celda; 2.º, andar por las calles, plazas y cortes seculares; 3.º, invadir los derechos ajenos; 4.º, despojar a los sencillos e incautos; 5.º, gloriarse de sua venatione entre sus cómplices; 6.º, fingir grandes ocupaciones, cuando están ociosos; 7.º, apetecer grandes honores y dignidades; 8.º, tener vanidad de ciencia y linaje; 9.º, esquilmar el rebaño ajeno; 10.º, despojarse mutuamente; 11.º, persuadir con falacia a las viudas; 12.º, vender las cosas santas en público mercado; 13.º, visitar a los enfermos por codicia y no por caridad; 14.º, alegrarse de la muerte de los que mandan enterrarse en las iglesias; 15.º, mentir diciendo que pueden resucitar a los muertos o librar absolutamente a los pecadores del purgatorio; 16.º, llenarse

---

165 «Nam dixit, ut fertur, in publico sermone quod si angelus Domini appareret ei dum elevaret *Corpus Christi* et annuntiaret ei finalia tempora, non crederet ei.»

166 Fol. 175: Incipit: «Confessio A. Ilerdensis de spurcitiis pseudoreligiosorum: Confiteor me dixisse et idipsum de praesenti asserere... quod modernis temporibus multiplicantur per draconis astuciam sive daemonis, in quibusdam statibus regularibus non tam pseudoreligiosi, quin etiam pseudoapostoli vel praecones evangelicae veritatis».

de arrogancia; 17.º, arder en lujuria; 18.º, ser muy avaros; 19.º, y causa de las demás, apartarse de las huellas de sus fundadores.[167]

Todas estas enconadas detracciones revelaban una verdad triste: la decadencia de una parte del clero regular en los últimos años del siglo XIII y principios del XIV, de lo cual bien amargamente se quejan escritores católicos, como Álvaro Pelagio en el *Planctus Ecclesiae*. Pero Vilanova, llevado de un celo amargo, generalizaba con exceso, y convertía en revelaciones y fatídicos anuncios sus personales resentimientos con los frailes Predicadores, quienes, no sin harta razón, se oponían a los caprichos teológicos del médico de don Pedro.

En la *Apología* declama contra los bienes del clero y la injerencia de los obispos en negocios temporales, parécenle mal las exenciones de los regulares, [168] pide al metropolitano que vigile y reprima a los Predicadores, y apela en último caso al juicio del papa, a quien dice haber enviado ya la *Philosophia catholica*.

---

167 «Dico etiam et confiteor me dixisse quod auctoritas evangelica praedicatoris in quacumque dioecesi principaliter et primo venit pastori sive dioecesano et quod ab eo in aliis suae dioecesis derivatur. Et ideo nisi sollicitus fuerit diligenter investigare et indagare quibus et qualibus pascuis grex ipsius pascitur per quoscumque praedicatores, non adimplet ministerium suum.»

168 «Así resulta de las quejas y reclamaciones de Arnaldo al papa y al rey Felipe el Hermoso. Hállanse estos documentos en el códice latino 17534 de la Biblioteca Nacional de París, fol. 103v a, fol. 106. No los tuve a la vista cuando hice mi primer estudio sobre Arnaldo, pero después me han sido comunicados en esmeradísima copia por mi amigo el docto hispanista Morel-Fatio. Pueden verse en el Apéndice de este tomo. De ellos se infiere que Arnaldo estaba en París con carácter diplomático y como nuncio del rey de Aragón; que el oficial parisiense le hizo llamar insidiosamente, y con blandas y sofísticas palabras le entretuvo hasta la noche; que le tuvo preso a pesar de las protestas del arzobispo de Narbona, y que al cabo le puso en libertad bajo fianza que dieron por él Amalrico, vizconde de Narbona; C. de Nogaret y otros. La causa que para la prisión se alegaba era una denuncia de cuatro o cinco maestros en teología contra el libro De la venida del Anticristo. Arnaldo reclama sus fueros de embajador y trata duramente al obispo de París y al oficial. La apelación al papa está fechada en Montpellier, a *Nativitate eiusdem millesimo trecentesimo, indictione XIII*. La protesta no puede ser más enérgica: «Dico sive pronuncio quod quidquid super, coram domino Episcopo, dixi legendo cedulam ordinationis vestrae quam dominus cancellarius posuit in manibus meis instans ut legerem, omni dilatione postposita, non dixi nec pronunciavi legendo vel aliter, nisi concussus timore perniciosae domus in qua timebam incarcerari».

Al poco tiempo salió de Cataluña para probar fortuna en París y Roma, anunciando a los teólogos y al Pontífice la proximidad del fin del mundo.

En este primer período de sus aventuras teológicas, más trazas tiene de perseguidor que de perseguido, más de denunciante que de denunciado. Hay mucho de terco y de pueril en sus escritos y ataques. En realidad, y con toda su ciencia, era un maniático visionario. En él no fallaba el proverbio: *Nullum magnum ingenium sine mixtura dementiae.*

V. Arnaldo en la corte de Bonifacio VIII

Llegado el médico catalán a París (año 1299), presentó su libro *De adventu Antichristi* a los teólogos de aquella Universidad, los cuales, después de examinarle y condenarle, no como herético, sino como temerario, hicieron prender al autor por medio del oficial parisiense, aunque luego fue puesto en libertad bajo fianza.[169] Mientras estuvo preso Arnaldo, quisieron obligarle los teólogos a retractarse de su obra (lo cual él hizo *per metum carceris*), y entonces condenaron el libro, aunque el autor se quejó y protestó de aquella violencia y condenación ante el rey de Francia y el papa con dos documentos en toda regla.

Mejor acogida pensó hallar en la corte de Bonifacio VIII. Presentóse a él y a los cardenales anunciándoles para dentro de aquel centenario el reino del Anticristo, ofreció contestar a las objeciones y pidió campo para la discusión pública. El papa y los cardenales le respondieron con una carcajada homérica, según él cuenta. «Maestro Arnaldo, si queréis acertar, decidnos tan solo el

---

169 En el último de los documentos del *Códice vaticano* cuenta Arnaldo que los teólogos de París borraron la primera parte del tratado en que iban las razones y enviaron la segunda a Bonifacio VIII, que mandó quemarla.

Estos hechos, casi desconocidos, de la vida de Arnaldo, están narrados por él mismo, autoridad algo sospechosa, en el tratado que empieza *Reverendissime...* (fol. 204, V. del códice de Roma), y en las *Protestatio facta Perusii* en 1304 (fol. 213 V.). En el primero dice: «Tua paternitas non ignorat qualiter antecessore tuo sedente in cathedra piscatoris et te praesente annuntiavi huic Ecclesiae, velut capiti catholicae multitudinis, quod persecutio maximi Antichristi fervere debet in hoc centenario quod est quartumdecimum a Christi nativitate. Praeterea adieci motiva quae me ad denuntiandum induxerunt... Recolit etiam tua paternitas qualiter interrogatus a Pontifice quid peterem, dixi me petere quod... Ecclesia romana cognosceret de annuntiatione quam praesentabam, et de veritate fundamentorum eius. Adieci quoque quod spontaneus veneram ut pedibus cius assisterem, quosque de veritate annuntiationis plenarie discusisset».

136

tiempo de la venida de Cristo.» Arnaldo no se desanimó, atribuyéndolo todo a los malos informes que de él habían dado los dominicos; y tan terco y pesado estuvo, que Bonifacio VIII le hizo encarcelar por algunas días; declaró en público que había sido temeridad censurable presentar el libro a los teólogos parisienses antes que a él, ratificó la sentencia de dichos teólogos, hizo retractarse nuevamente a Arnaldo y le impuso perpetuo silencio en materias teológicas. «Me quisieron para la salud temporal y no para la espiritual», dice Arnaldo. Y, en efecto, Bonifacio VIII le hizo médico suyo, prendado de su saber, a pesar de las muestras que cada día daba de su genial e incurable extravagancia, pero avisándole ante todo: *Intromitte te de medicina et non de theologia et honorabimus te.*

Por algún tiempo reprimió su comezón apocalíptica el temor de nuevos encarcelamientos, aunque él se persuadía que las condenaciones no habían sido in tempore et iure y que su retractación no valía, como arrancada minis et terroribus. De tales pensamientos y dudas le vino a sacar una visión, que conviene contar como él la cuenta, porque acaba de darnos idea del triste estado de su cabeza. Paseábase en verano por cierta capilla, meditando si escribiría o no sobre el fin del mundo, cuando se le apareció una maravillosa escritura o, según otra relación suya, oyó una voz que le decía: *Sede cito et scribe.* Para convencerse más abrió una Biblia y leyó: *Sede cito et scribe quodcumque cogitas*, pareciéndole que estas palabras eran de letra doble más gruesa que lo demás del texto. Y abriéndole después vio que estaban en la misma letra que lo restante, y entonces se convenció de que había sido milagro, en vez de convencerse de que la primera vez había visto visiones. Prosiguió registrando el libro, y halló este lugar de los *Proverbios: Homines pestilentes dissipant civitatem*; y como si estas palabras hubiesen sido para él un rayo de luz, tomó papel, tinta y pluma[170] y comenzó a escribir con gran rapidez un tratado, al cual sirven de lema estas palabras, donde uno por uno intentaba deshacer los reparos que el papa había puesto a su opinión de la próxima venida del Anticristo, tachándola de temeraria. Pensó ocultar aquel escrito; pero apenas lo había acabado, se le

---

170 Cuenta Arnaldo estos raros sucesos en dos escritos suyos: el tratado que empieza *Reverendissime...* y la carta a Bonifacio VIII (fol. 230 V.), de que inmediatamente hablo. Comienza: «Domino Bonifacio, summo pontifici. Arnaldus de Villanova, magister in Medicina, Christi servus inutilis et indignus, fidelissimus ipsius Bonifacii medicus, devotissime pedum oscula cum salute». Quéjase en esta carta de la mala voluntad de muchos potentados (plurium magnatum) de la corte del papa.

anunció que el refrendario apostólico subía a su habitación. Procuró Arnaldo ocultar el manuscrito, mas no pudo. El cardenal lo leyó todo y se quedó con él, después de alguna resistencia del médico. Y al cabo de un año se había multiplicado prodigiosamente el libro por todas las partes del orbe cristiano, lo cual, dice Arnaldo, estaba profetizado en el capítulo 36 de Jeremías.

Lo que parece muy difícil de admitir, y da tentaciones de acusar de falsario a Arnaldo, dado que nada autoriza para llamarle profeta, es la carta sellada con que, si hemos de creerle, envió a Bonifacio VIII el libro en cuestión. En esta epístola, escrita con afectada humildad de hombre y arrogancia diabólica de pseudoprofeta,[171] no solo dirige a Bonifacio insultos que de nadie hubiera tolerado aquel Pontífice, sino que le anuncia punto por punto, como aconteció, que había de ser arrojado de su silla y trasladado al destierro, y que había de quedar vacío el suntuoso sepulcro que había labrado.[172]

Para acierto casual parece mucho; y como no es cosa de atribuir don de profeta a quien erró no levemente en puntos dogmáticos, todo mueve a creer que esta carta no se escribió en vida de Bonifacio VIII, sino que fue forjada après coup por su médico para dar aire de profecía a lo que era historia.[173]

Igual juicio puede formarse de otra carta al Colegio de Cardenales, remitiéndoles copia del nuevo libro, no aprendido de ningún hombre, sino eco de la trompeta celeste, donde Arnaldo se queja de haber sido perseguido y blasfemado por los falsos doctores, y concluye con exhortaciones a la reforma.[174] En

---

171 «Nam cum sum coniugatus, sum inter catholicos infimus quod ad statum. Cum arte sim medicus, sum stercor, constat me fore vilem officio. Cumque sim natus ex gleba ignobili et obscura, pro certo sum nihil origine.»

172 «Adiuro per sanguinem Iesu Christi quod tu non tardes opus quod tibi mittitur divulgare et exequi quod est tuum, sciens indubitanter quod per hanc diligentiam tibi laeti exitus promittuntur et omnes inimici tui conterentur et corruent in conspectu tuo. Si vero sperneris aut neglexeris supradicta, cogor amore ac timore dura tibi denunciare, quod melius est ut dura nunc audias quam si durissima degustares. A ministerio simul atque loco pelleris, in exilimn transportatus, et vacuum remanebit sepulchrum quod extruisti, etc. II Kal. Septembris.»

173 En el *Boletín de la Real Academia de Buenas Letras de Barcelona* (1901-1902), un art. del doctor H. Finke, «Arnaldo de Villanova à la cour de Bonifacio VIII».

174 Collegio Dominorum Cardinalium... Opus noviter editum quod ab ullo mortalium accepi... Scitis enim quod zelo catholicae... veritatis persecutionem sum passus et illusus a doctoribus, ac irrisus et blasphematus.

el mismo tono de inspirado escribió cartas a amigos suyos de Cataluña, como Bartolomé Montaner y el astiferrario Bremundo.

Pero no se creía muy seguro Arnaldo en la corte de Bonifacio VIII, a quien tan malamente había desobedecido; así es que, como él dice, *discessit a curia*, y se refugió en Marsella. Allí le encontramos el 11 de febrero de 1304, a la hora vespertina, quejándose al obispo Durando de algunos predicadores de aquella diócesis, los cuales, en sus sermones, afirmaban ser cosa imposible conocer el tiempo de la venida del Anticristo. Él, protestando siempre de su sumisión a la Iglesia romana, promete demostrar lo contrario.[175] Por el mismo tiempo dedicó a su amigo Jaime Blanch (Albi), canónigo, un opúsculo con el título de Espada degolladora de los tomistas (Gladius iugulans thomistas) para contestar a lo que después de su salida de Cataluña habían dicho de él algunos dominicos, llamándole fantástico y visionario. Él les contesta con el epíteto de bicolores, y les acusa de preferir el estudio de la *Summa* al de la Escritura.[176]

Llegó entretanto a manos de Arnaldo un libro sin título que principiaba: *Si separaveris pretiosum a vili, quasi os meum eris*; en el cual se manifestaban opiniones contrarias a las suyas sobre la venida del Anticristo, y, por ende, peligrosas. El médico vilanovano que veía en el incógnito teólogo a uno de los predecesores de Anticristo, se apresuró a escribir, dedicada a Marcelo, canónigo de Cardona, su *Carbinatio theologi deviantis*, y a presentársela, con una nueva denuncia al obispo de Marsella, el 28 de febrero de 1304 por la mañana.[177] El autor del libro era fray Jofré Vigorosus (Viguier?), provincial de los dominicos, como hizo constar Arnaldo en otro documento de 10 de marzo del mismo año.

---

175 *Denunciatio prima facta Massiliae cum gladio...* «In nomine Domini nostre Iesu Christi, anno incarnationis eiusdem MCCCIII decima die mensis Februarii, hora vespertina, Norant universi praesentes pariter et futuri quod venerabilis magister Arnaldus de Villanova coram reverendo patre in Christo domino Durando, Dei gratia Episcopo Massiliensi, praesente me notario, etc., legit quamdam denunquiationem talibus verbis» etc. (fik. 180v del manuscrito vaticano).

176 Incipit: «Gladius iugulans thomistas: Ad magistrum Iacobum Albi, canonicum vignensem.»

177 *Denunciatio secunda facta Massiliae, cum Carpinatione.* (Fol. 192 del *Códice vaticano*.) Incipit: «Carpinatio praedicti theologi deviantis: Ad Dominum Marcellum, canonicum Cardonensem».

Allí denuncia un dicho de sus adversarios, que condenaban el abuso del sentido alegórico en la interpretación de las Escrituras.[178]

Vinieron entretanto los alegatos de Nogaret, los escándalos de Anagni y la muerte de Bonifacio, a quien sucedió por breve tiempo Benedicto XI. Nuestro Arnaldo, en quien la idea del Anticristo era una verdadera obsesión, acrecentada en aquellos horribles días por los inauditos ultrajes de Felipe el Hermoso y de los Colonnas a la tiara y a las llaves, presentó al nuevo Pontífice su tratado Reverendissime..., donde atribuye la calamidad de Bonifacio a haber desoído sus consejos cuando, anunciándole de parte de Cristo el fin del mundo, le exhortaba a reformar la Iglesia in capite et in membris, sobre todo los monasterios, que no eran nido de palomas, sino albergue de culebras, serpientes y dragones. Las ovejas se habían convertido en lobos, y los predicadores incurrían en los mismos pecados que censuraban, poseídos de ciega codicia de bienes temporales. Pero lo que más enojaba a Arnaldo era que se valiesen de médicos árabes y judíos, contra lo prevenido por los cánones. Esta circunstancia cómica quita toda seriedad a las invectivas de Arnaldo, el cual termina su peroración suplicando al papa: 1.º, que anuncie a los fieles la inminente venida del Anticristo, qui iam festinat, anunciado por infinitas señales en la revelación de Cirilo y en los escritos de Arnaldo postquam, discessit a curia; 2.º, que reforme la Iglesia; 3.º, que invite a los fieles, paganos y cismáticos, a oír pacíficamente la palabra de Cristo (¡fácil era la empresa!); 4.º, que desconfíe de los astrólogos y adivinos, etc.[179]

Benedicto, lejos de dar oído a las peticiones del médico, le impuso una pena (no se dice cuál) y recogió los once o doce tratados teológicos que hasta aquella fecha había divulgado Arnaldo.

Al poco tiempo vacó la Sede Apostólica, y el infatigable y testarudo catalán se presentó en Perusa el 18 de julio de 1304, cuando estaba reunido el cónclave para la elección del nuevo papa, solicitando del camarero apostólico, electo obispo de Spoleto, la entrega de sus manuscritos, pidiendo nuevo examen,

---

178 Incipit: «Denunciatio tertia facta Massiliae (fol. 202): Noverint universi quod magister Arnaldus... existens in domo Montisrivi, ubi solitus inhabitare», etc.

179 Fols. 104, V. y siguientes del *Códice vaticano*. El final de este escrito manifiesta el poco juicio y el desvanecimiento de Arnaldo: «Verbum Dei loquitur: cognoscite quod me misit. Mihi enim constat quod sicut Christus est Veritas, vera est haec scriptura».

y protestando contra las anteriores condenaciones.[180] Respondió el camarero que aquella protesta debía hacerse ante el colegio de cardenales, y que él solo podía admitirla condicionalmente y sin invadir en lo más mínimo la jurisdicción ajena. Siguen en el documento las firmas de los testigos, entre ellos Ermengaudo (Armengol?) de Oliva, arcediano de Conflens, y Gonzalo de Castro, canónigo de Tarragona.

Probablemente en el mismo año de 1304 compuso Arnaldo la *Allocutio christiana*, dedicada a don Fadrique o Federico, rey de Sicilia, *Breve tratado acerca de los medios de conocer a Dios que posee la criatura racional y los motivos que tiene para amarle*. Allí dice que los frutos del amor de Dios son la prosperidad y la seguridad, parece que exagera un poco esta última. Afirma el poder de las buenas obras, y tanto mejor cuanto más nobles y altas sean, lo cual comprueba con un ejemplo tomado de la caza. De aquí desciende a exponer en frases enérgicas los deberes del rey, condenando la alteración de la moneda, haciendo el retrato del tirano, etc.[181]

El tratado sobre la prohibición de carnes a los cartujos parece ser de la misma fecha.[182] Encabézale este lugar de la Escritura: *Adversus me loquebantur qui sedebant in porta et in me psallebant qui bibebant vinum*, palabras que, en concepto del autor, se aplican a los seculares y regulares, ministros de la Iglesia de Cristo, la cual puede decir de ellos: *Percusserunt me, vulneraverunt me, tulerunt pallium meum... molestando, diffamando, diripiendo*. El asunto es censurar a los cartujos, que, so pretexto de salud, daban contra su regla, carnes a los enfermos. Arnaldo quiere probar médica y teológicamente que esto era una novedad inútil y profana, y censura a los médicos ignorantes y estólidos que se lo consentían, siendo así que acorta la vida el uso de las carnes. Por no

---

180 Fol. 213 V.: Incipit: «*Protestatio facta Perusii* coram domino Camerario Summi Pontificis...»: In nomine Domine... Apostolica Sede vacante et reverendis patribus dominis Cardinalibus in papali palatio inclusis per electionem Summi Pontificis celebrandam, discretus vir magister Arnaldus de Villanova, medicus intitulatus, in praesentia venerabilis patris don Ioannis Dei gratia electi Spoletani, sedis apostolicae Camerarii meique notarii et testium subscriptorum, quamdam protestationem legit», etc.

181 Fol. 217 V.: Incipit: «Allocutio christiania de his quae eveniunt homini secundum propriam dignitatem creaturae rationalis: Ad inclytum dominum Fridericum Tertium Trinacriae regem illustrem».

182 Fol. 225 (sin título).

hacerle vivían tanto los primeros hombres, y mueren de noventa y cien años muchos cartujos.[183] [184]

VI. Relaciones teológicas de Arnaldo con los reyes de Aragón y de Sicilia Razonamiento de Aviñón. Últimos sucesos de Arnaldo en el pontificado de Clemente, V. Me limitaré a exponer lo que resulta de los documentos, para que mi lector juzgue con entera exactitud si corresponde o no a don Jaime II y a Federico responsabilidad y participación en los errores de su familiar Arnaldo

En el Archivo de la Corona de Aragón se conserva una hoja suelta, intitulada *Confessió de un escolá*, sobre las siete señales del juicio final, presentada al rey de Aragón per Pedro de Manresa, suplicándole que la transmitiera al *molt excellent e devot Arnau de Villanova*, para examinar et para jutgar la dita confessió. Sin año, pero debe de ser anterior al 1304.[185]

Pridie Nonas Octobris, sin más aclaración, es la fecha de una carta del cardenal de santa Sabina, Pedro, a don Jaime II, datada en Perusa. Hacia el fin dice: «En los negocios de nuestro maestro Arnaldo de Vilanova, hicimos lo posible; después que logró resolución, salió del palacio apostólico, y hemos oído que está en Sicilia».[186] Allí debió escribir la *Allocutio catholica*.

---

183 Este tratado, por lo que tiene de higiénico, se ha insertado en varias ediciones de las obras de Arnaldo.

184 Tomo 1, página 475... También el V. padre cartujo fray Bonifacio Ferrer, hermano de san Vicente, compuso un tratado sobre esta cuestión. *Quare Carthusienses non comedant carnes*. El padre Villanueva le vio manuscrito en la cartuja de Val de Cristo, junto a Segorbe (*Viaje literario*, tomo 4, páginas 220-226).

Hay otro de Gerson sobre el mismo asunto, pero no ha de confundirse con éste, como advierte Villanueva, que le publicó con otros tres opúsculos de fray Bonifacio, entre los apéndices del referido, tomo 4, páginas 220-226.

El de fray Bonifacio, circunscrito casi a la narración de los milagros, apenas tiene la décima parte de extensión que el de Gerson.

185 De todos estos documentos debo copias o extractos esmeradísimos al señor don Manuel de Bofarull, a quien de nuevo doy las gracias por tan peregrinas ilustraciones.

186 «Circa negotia nostri magistri Arnaldi de Villanova noveritis nos iuxta posse adhibuisse suffragium... demum post expeditionem suam discessit de curia, et postmodum audivimus ipsum in Siciliam transiisse. Datum Perusii pridie Nonas Octobris.» (Archivo de Aragón.)

Pero hay documentos más curiosos aún de aquel entonces. El rey Federico entró en los propósitos místicos de Arnaldo y escribió a su hermano una carta, que autógrafa se conserva en el Archivo de Aragón.[187] «Cierta cosa es, caro hermano, señor y padre, que por la gracia de Dios conozco que todo hombre debe imitar en su estado a nuestro Señor Jesucristo, esperando en su gracia, viviendo en caridad..., y nadie puede vivir en caridad si no menosprecia este mundo y se hace pobre de espíritu... Yo os convido en caridad, con toda reverencia y sujeción, a que, por el recuerdo de la pasión de nuestro Señor Jesucristo, le queráis imitar, siguiendo la verdad que él enseñó en la tierra, ya que la caridad está hoy tan resfriada... Y por ende es muy necesario que vos, a quien ha honrado Dios tanto, que os ha hecho el más alto hombre que hubo en nuestro linaje de Aragón, deis la señal para que muchos os sigan y sea loado y honrado el nombre de Dios por causa vuestra. Os envío algunos escritos que he hecho para dar a entender mi propósito, y la información del maestro Arnaldo... No atendáis a la calidad de la vasija, sino al sabor del pimiento.»

A esta carta acompañaban, en efecto, dos escritos, que pueden ver mis lectores en el Apéndice. Titúlase el uno *Interpretatio facta per magistrum Arnaldum de Villanova de visionibus in somniis dominorum Iacobi Secundi, regis Aragonum, et Friderici Tertii, Regis Siciliae, eius fratris*,[188] y el segundo, *Letra tramesa per lo rey Frederich de Sicilia al rey En Jaume Sigon son frare*.

La *Interpretación de los sueños* es una especie de diálogo entre Federico y Arnaldo. El primero había tenido, desde su adolescencia, portentosas visiones. Varias veces se le apareció en sueños la reina su madre con el rostro velado, diciéndole: «Hijo, te doy mi bendición para que en todo seas esclavo de la verdad». Federico, como lego e ignorante, no entendió lo que quería decirle, y juzgó que aquello era una ilusión. Retraíale además el temor de pasar por fantástico y visionario, a la vez que le aquejaba el deseo de seguir la perfección cristiana y reformar las costumbres de su pueblo. Andando el tiempo, le asaltó la duda de si la tradición evangélica sería divina o de invención humana, puesto

---

187 Véase Apéndice.

188 Fue publicado por Mateo Flacio Ilírico (Francowitz) en su *Catalogus testium veritatis* (Argentinae, 1562), apéndice, páginas 1-14, con el título de *Collocutio Friderici regis Siciliae et nostra Arnaldi de Villanova, lecta et communicata Sedi Apostolicae*. En el Apéndice doy todas las variantes de este texto respecto al del códice del Archivo de Aragón. Debo este minuciosísimo trabajo a Morel-Fatio, como tantas otras noticias.

que veía las malas costumbres de los ministros del Crucificado, así seculares como regulares, los cuales, en su sentir, hacían las ceremonias eclesiásticas, más que por devoción, por costumbre; eran ambiciosos de honores temporales, vivían en el lujo y en los placeres y no se cuidaban de la conversión de paganos y sarracenos.

En tales dudas, consultó a algunos maestros de teología, que tuvieron por vana aquella visión; pero su madre tornó a aparecérsele, diciendo que llamase a Arnaldo y le comunicase el sueño. Con toda diligencia envió el rey una nave para traer a Arnaldo de dondequiera que se le encontrase.[189] Entretanto había tenido otro sueño Federico: su madre se le apareció con la cara descubierta, que lanzaba maravilloso resplandor, y con una diadema de piedras preciosas en la diestra, y le dijo: Esta diadema llevarás en la cabeza.

Arnaldo había llegado a Mesina, y hubo de contestar al rey de la manera que se lee en este diálogo, declarando divina y sobrenatural inspiración la de sus sueños, que compara con los de José, disipando sus dudas sobre el origen de la tradición evangélica y refiriéndole que don Jaime II había tenido otro sueño por el estilo, viendo la sombra de su padre, quien le entregó cuatro piezas de oro de igual peso, encargándole que las llevase al monedero para que hiciese con ellas buena moneda, cuya visión interpretó Arnaldo, llamado expresamente por el rey, diciendo que las cuatro barras de oro eran los cuatro *Evangelios*. Don Jaime se holgó de la explicación e hizo copiar en cinco volúmenes los opúsculos teológicos del médico, para instrucción propia y de su mujer e hijos.

Prosiguiendo Arnaldo en sus interpretaciones, dijo a Federico que la diadema de piedras preciosas simbolizaba las virtudes evangélicas que él debía practicar, siendo celosísimo de la justicia, otorgándola por igual a todas horas a pobres y ricos, libre de temores, dudas y vacilaciones. El ver la perversión de seculares y regulares, más que a entibiar su fe, debía contribuir a acrecentarla, puesto que el fundamento de la Iglesia es indestructible. Arnaldo reproduce en este diálogo las invectivas que tantas veces había lanzado contra frailes, predicadores e inquisidores, acusando a los segundos de valerse de razones más filosóficas que evangélicas, y a los últimos de obedecer a enemistades y odios personales y pronunciar sentencias inicuas. Se queja de la prohibición

---

189 Morel-Fatio me hace notar que esta consulta debió de ser en 1309 o a fines de 1308, y no en 1304, como yo pensaba.

144

de la Escritura en lengua vulgar y de la persecución de ciertos pobres evangélicos, que son indudablemente los valdenses o beguinos, de cuyas doctrinas se declara partidario, llamándolos (al modo protestante) testes veritatis. No anuncia el fin del mundo, pero sí grandes estragos y calamidades en el término de tres años. Como calamidades nunca faltan en el mundo, era el modo más seguro de no equivocarse en la profecía.

Aconsejado por Arnaldo, y quizá dictándolo él, redactó Federico en su materna lengua catalana el plan de reforma para la casa y gobierno de don Jaime II, que no otra cosa encierra la *Letra tramesa*, escrita con hechicera ingenuidad, rica de pormenores sencillos y poéticos y de consejos de utilidad práctica, unos pedagógicos, otros higiénicos; cuáles domésticos, cuáles de buen gobierno, en todo lo cual, fuera de algún sabor de laicismo, no he notado errores de doctrina. Hay consejos muy curiosos respecto a la fundación de hospitales, devociones y limosnas que ha de hacer la reina, buena educación de sus hijas, a quienes no ha de permitirse leer libros de romances y vanidades mundanas; conversión de los sarracenos, prohibición de adivinos y hechicerías, etc.[190]

En el *Códice vaticano*,[191] tantas veces citado, se encuentran unos versos catalanes, atribuidos a don Jaime II, con un comento latino de Arnaldo y este encabezamiento: *Incipit stancia illustrisis, regis Aragoniae cum commento domestici servientis*. Están escritos como prosa y deben de resentirse de algunos yerros del amanuense. Véanse algunos fragmentos:

> Mayre de Deu é filla,
> Verge humil é bela,
> nostra nau nos apela
> que l'aydetz quar perylla;
> perylla nau en l'onda
> d'aquest mon per tempesta,
> el nauchier no s'ha cura
> e tal fortuna l'onda
> que nulls no'y leva testa,

---

190 Arnaldo recomienda mucho, y sin excepciones ni cautela, la lectura de la Biblia en lengua vulgar.

191 Fol. 234 y siguientes.

e l'aura qu'es escura,
e sa ysso gayre dura,
nostra nau es perduda,
si per la vostra ajuda
no troba port o ylha.

....

Parlam en ver lenguatge
devem tuytz ben entendre
quod signifiquet l'archa.
En humanal lynatge
flac á Deus tot comprendre
per complir et atendre
lo q'ia promés era.

....

La nau es carregada
e de son port se lunha,
quar trop vent la forsa
e es mal amarinhada, etc.

El comento está aplicado a la nave de la Iglesia. La fecha es en Montpellier, vigilia de Pentecostés, año de 1305.[192]

Otro opúsculo de Arnaldo conocemos, escrito por entonces el *Antidotum contra venenum effusum per fratrem Marthinum de Atheca*, dominico aragonés, que había divulgado una refutación del libro *De adventu Antichristi*.[193]

El 23 de agosto de 1305 compareció ante el papa Clemente V reclamando los opúsculos que había dejado en la cámara de Benedicto XI o pidiendo que

---

192 «Scriptum, correctum ac completum fuit hoc volumen in Montepessulano, in vigilia Pentecostes. Anno domini MCCCV.»

193 Incipit: «*Antidotum contra venenum effusum per fratrem Marthinum de Atheca* praedicatorem adversus denunciatores finalium temporum: Ad reverendum patrem Episcopum Maioricae».

se examinasen, para contestar él a las objeciones.[194] El papa, llamándole *filium meum dilectum*, le ofreció examinar el asunto despacio, sin aprobar ni reprobar por entonces cosa alguna, aunque alababa la ciencia de Arnaldo y su sumisión, como buen católico, a la Iglesia romana.[195]

Al mismo año de 1305 reduzco, con alguna duda, una carta firmada en Tolosa, el día de la Exaltación de la Cruz, por Juan Burgundi, sacristá de Mallorca y canónigo de Valencia, el cual avisa a don Jaime II de haber hablado en Tolosa con el maestro Arnaldo, que venía de la corte del papa.[196]

La verdad es que don Jaime ponía todo ahínco en proteger a Arnaldo, a quien llama nuestro venerable y amado consejero y físico, y tanto él como la reina, los cortesanos y algunos obispos, leían con mucha estimación sus lucubraciones teológicas. No lo llevaban a bien los dominicos, y Guillermo de Caucolibero (Colliure?), inquisidor en la diócesis de Valencia, excomulgó por tener y publicar las dichas escrituras, y arrojó de la iglesia, en presencia de la reina misma, a Gombaldo de Pilis, criado y familiar de don Jaime.[197] Éste se enojó gravemente, y escribió al maestro Eymerich en diciembre de 1305, para que hiciera revocar aquella sentencia, que el rey tenía por anticanónica, amenazando en otro caso a aquel fraile y a todos los de su Orden con duros castigos. Ya apuntaban las eternas y lamentables competencias de jurisdicción.

Desde 1305 a 1309 falta toda noticia de Arnaldo: es probable que en este intermedio compusiera algunos libros citados en la sentencia condenatoria de

---

194 «In nomine Domini universis per praesens publicum instrumentum pateat quod anno eiusdum MCCCV, indictione tertia Pontificatus S. S. Domini Clementis V... et ipso sedente pro tribunali ad audientiam publicam celebrandam in aula palatii archiepis copalis Bordegaliae et mei notarii et testium subscriptorum personaliter magister Arnaldus de Villanova protestatus est et legit quamdam scripturam.»

195 Tres años después le daba una prueba mayor de estimación, afirmando (en dos bulas expedidas en Aviñón el 8 de septiembre de 1308 a favor de la Facultad de Medicina de Montpellier) que había seguido los consejos de los dos antiguos y sabios profesores, Arnaldo y Juan de Alais, en el arreglo de aquella escuela.

196 Archivo de la Corona de Aragón.

197 Archivo de Aragón, registro, n.º 335, fol. 313. Véase en el Apéndice.

1316, y que hoy no parecen ni en el Vaticano ni en el Archivo de la Corona de Aragón.[198]

Solo consta que en 1309 hizo en Aviñón, en presencia del papa y cardenales, un Rahonament sobre las visiones del rey don Jaime y de Federico.[199] Allí, como añafil del Salvador, anuncia que dentro de aquel centenario acabará el mundo y que en los primeros cuarenta años cumplirá el Anticristo su carrera; se lamenta de la perversión de los cristianos, principalmente prelados y religiosos; de la venalidad de los jueces y oficiales públicos; de la barbarie y tiranía de los ricos-hombres, robadores de caminos, iglesias y monasterios, los cuales tienen menos religión que el caballo que montan; de la falsía de los consejeros reales; de la negligencia de los príncipes, que desamparan a las viudas, huérfanos y pupilos; de las falsas y sofísticas distinciones de los predicadores (crides), dados a la gula y convertidos en goliardos de taberna (goliarts de taberna), amantes de la ciencia seglar y no de la Escritura. Quéjase de la persecución que se hacía a las personas seglares que quieren hacer penitencia en hábito seglar y vivir en pobreza..., como son beguinos y beguinas, especie de Pobres de León, de que aún quedan restos en Gante y otras ciudades flamencas. Cuenta que él mismo estuvo expuesto a ser encarcelado y quemado vivo en el lugar de santa Cristina, y que sus enemigos hicieron contra él una colecta de 60.000 tornesas. Unos le llamaban fantástico, otros nigromante, otros encantador; cuáles hipócrita, cuáles hereje y papa de los herejes; pero él estaba firme y aparejado para confundir a los falsarios de la verdad evangélica. Anuncia los propósitos de vida cristiana y conquista de Tierra santa que tenían los reyes de Aragón y de Sicilia, la reforma que la reina había hecho en su casa, vendiendo sus joyas para objetos piadosos, etc. El rey de Sicilia había establecido escuelas de doctrina cristiana y de lenguas orientales para contribuir a la conversión de judíos y mahometanos; el de Aragón llevaba sus armas contra Granada. Arnaldo

---

198 Fuster (Biblioteca Valenciana) toma del Registrum super aestimatione equorum in viachio Almeriae (año 1309), la noticia de que Arnaldo, montado en un caballo de la casa real, asistió con don Jaime II al sitio de Almería, comenzado el mes de agosto y levantado en enero de 1310.

199 Primero la escribió en latín: «E ell dia quem oyrem yols dix ligen en escrit en llengua latina les paraules ques seguxem». El texto catalán, que inserto en el Apéndice, está en el mismo códice del Archivo de la Corona de Aragón, que encierra la Interpretatio y la Letra tramesa, y ha sido copiado por mi bueno y sabio amigo D. M. de Bofarull.

se regocija de que sean legos, idiotas y casados los reformadores del pueblo cristiano.

No a todos sentaron bien sus palabras: Clemente V hizo poco caso de ellas, sabedor, como era, de las rarezas de Arnaldo y de su empeño en hacerse predicador y reformista. Y aunque es cierto que el cardenal de san Adrián, llamado Napoleón, y el diácono Pedro, felicitaron a don Jaime II por sus proyectos de conquista de la Tierra santa y de seguir el espíritu evangélico conforme les había informado el prudente, sabio y abrasado en el amor de Dios, maese Arnaldo, gran zelador de la honra regia, varón iluminado y de virtud;[200] en cambio, fray Romeo Ortiz, ministro de la Orden de Predicadores en Aragón, y el cardenal Portuense, llevaron muy a mal la conducta de Arnaldo, que había tratado al rey de Aragón y a su hermano de vacilantes en la fe (dubios in fide) y de infieles que creían en sueños, y se lo escribieron así a don Jaime para que se sincerase con el papa y no enviara otra vez de procurador suyo a Arnaldo, acusado ya de herejía por Felipe el Hermoso en sus cargos contra Bonifacio.[201]

Don Jaime obtuvo del papa una copia del escrito de Arnaldo, que estaba en poder del cardenal obispo de Túsculo, y, convencido de que las extravagancias de su médico solo podían servir para comprometerle, dirigió en octubre de 1310 una serie de cartas al papa, a los cardenales y a su hermano Federico, donde, en vez de confesar la verdad, trata de embustero a Arnaldo, niega lo de sus sueños, etc.[202] Clemente V le respondió que no sabía a punto fijo lo que Arnaldo había dicho, porque él, absorto en negocios más graves, no había prestado atención alguna a su razonamiento ni le daba fe ni importancia.[203]

Federico II no abandonó la causa de Arnaldo (*nostre natural e domestic, qui es gelós de ver christianisme*), antes escribió a su hermano afirmando que las

---

200 «Prudens et sapiens et spiritu Dei fervens magister Arnaldus de Villanova, magnificentiae regiae zelator praecipuus, vir luminis et virtutis» (Archivo de Aragón).

201 Archivo de Aragón. La carta de fray Romeo Ortiz va íntegra en el Apéndice. Es de VI kalendas noviembre, 1300. Las del cardenal Portuense, 25 y 28 de octubre, dicen en sustancia lo mismo.

202 Archivo de Aragón, registro 336, fols. 19 y siguientes. Citadas ya por don Antonio de Bofarull, en su *Historia de Calaluña*. La fecha es de Barcelona, kal. de octubre de 1310.

203 En el Apéndice pueden verse las dos cartas de Clemente V, ya publicadas por Villanueva (*Viaje literario*, tomo 19, apéndices 49 y 50). La fecha es «Datum in prioratu de Gransello... IX kal. nov. pontificatus nostri anni V».

proposiciones del médico ninguna infamia contenían para ellos, siendo lo de las dudas un encarecimiento y modo de decir ponderativo para indicar la mala vida de los cristianos, que hacía pensar a los ignorantes e idiotas que la tradición evangélica fuese fábula. En concepto de Federico, la verdadera infamia y muestra de poco cristianismo sería abandonar en el peligro a Arnaldo, súbdito y servidor fiel de la casa aragonesa.[204]

Mal visto el de Vilanova en la corte del papa,[205] y temeroso quizá del enojo del rey de Aragón, juzgó oportuno refugiarse en Sicilia al amparo de don Fadrique. Poco después le envió éste con una comisión a Clemente V; pero murió en el mar, sin que pueda determinarse la fecha precisa. Según unos, fue enterrado en Génova; según otros, en Monte Albano, lugar de Sicilia.[206] Clemente V, que lo apreciaba como médico, pasó una encíclica a todos los obispos mandando buscar con exquisita diligencia un libro, De re medica, que Arnaldo le tenía prometido, y entregárselo al clérigo Oliver.[207]

Se habla de la muerte de Arnaldo en una carta del rey de Aragón a don Fadrique de Sicilia, a 3 de las nonas de marzo de 1311, desde Valencia.[208] Por escritura ante Jaime Martí, en 5 de los idus de febrero de 1311, Ramón Conesa, albacea de Arnaldo, inventarió diecinueve masmutinas sobre tierras de Rauchoza.

Tuvo nuestro héroe un hijo de su mismo nombre, que suena en documentos de 1320 y posteriores,[209] y una hija, monja en el convento de santa María

---

204 Archivo de la Corona de Aragón. Véase en el Apéndice, copiada del original autógrafo.

205 Cita Raynaldo una abjuración hecha por Arnaldo de sus errores, la cual constaba en un manuscrito hallado en el archivo del palacio de Aviñón el año 1594, siendo allí legado Octavio Aquaviva.

206 Véase Juan Villani (lib. 9, cap. 3), san Antonio de Florencia, Raynaldo (*Anales*, tomo 4, página 498, año de 1310), du-Boulay (*Historia Universatis Parisiensis*, etc.), etc.

207 Raynaldo cita esta carta circular. (Idus de marzo del año VII del pontificado de Clemente V, en Viena del Delfinado.)

208 Nota del señor Bofarull. M. Haureau ha probado, según veo en el artículo de Morel-Fatio, que la muerte de Arnaldo no podía ser posterior al 15 de marzo de 1312, fecha de la Carta de Clemente V.

209 En el legajo 26 de *Cartas reales*, archivo de Aragón, se lee el documento que sigue: «Iacobus Dei gracia Rex Aragonum, etc. Dilecto notario nostro Bernardo de Aversona salutem et dilectionem. Mandamus vobis quatenus faciatis fieri litteram quae dirigatur fideli thesaurario nostro Petro Marti quod de pecunia curiae nostrae, quae est vel erit penes

Magdalena, de Valencia, cuyo nombre aparece en una escritura de abril de 1322, citada por Fuster.[210]

VII. Inquisición de los escritos de Arnaldo de Vilanova y sentencia condenatoria de 1316

Con la muerte de Arnaldo recrudeciéronse las cuestiones relativas a su doctrina, y escribieron contra ella los dominicos aragoneses Pedro Maza y Sancho de Besarán, según refiere Diago.[211] Todo indica la grande difusión de aquellos libros, que podían hacer no leve daño en la conciencia del pueblo catalán, escritos como estaban muchos de ellos en lenguaje vulgar y acomodados a la comprensión de rudos e ignorantes y hasta de las mujeres. Movíanlos a dudas en la fe, a menosprecio del estado eclesiástico, y daban calor a la tendencia laica de valdenses y begardos. Para resistir al peligro,[212] Jofré de Cruilles, prepósito de Tarragona, sede vacante, y fray Juan de Longerio o Lletger, inquisidor, convocaron a los venerables y discretos religiosos fray Bernardo Domingo, lector de la Orden de Predicadores en Barcelona; fray Bernardo de Pin, lector en Lérida; fray Arnaldo de Canells, lector de la Orden de frailes Menores; fray Bernardo Simón, dominico, lector en Tarragona; fray Guillermo Carocha, franciscano, lector en Tarragona; fray Jaime Ricart, cisterciense, lector en Poblet; fray Ramón Otger, cisterciense, lector en santas Creus. Todos los cuales examinaron los escritos de Arnaldo, y, reunidos en la Sala capitular de la Orden de Predicadores en Aragón Berenguer de Calders, Gonzalo de Castro, Francisco de Casanova y otros canónigos tarraconenses, y, en representación de los abades de Poblet y santas Creus, sus procuradores, dieron su dictamen y calificación de las obras

---

eum, tribuat et solvat Arnaldo de Villanova de domo nostra, quinque mille solidos barchinonenses, quos pro eruendo hereditamento sibi gratiose dusimos concedendos; quam litteram absque iure sigilli tradatis eidem. Data in Sitxes sub sigillo nostro secreto, III Nonas Maii anno Domini 1320.»

210 El mismo Fuster menciona otros dos documentos relativos a Arnaldo: una escritura ante G. Bernet, a 9 de las calendas de octubre de 1287, donde consta que nuestro médico vendió a B. Acenuy un pedazo de huerta cerrado cerca del palacio del rey, por 220 sueldos, censales, redales y annales, que producían varias tierras de la huerta de Valencia.

211 *Historia de la Orden de Predicadores en Aragón.*

212 La sentencia condenatoria puede verse en el Apéndice. Fue ya impresa por el padre Villanueva (*Viaje literario*, tomo 19, páginas 321 y siguientes), según un traslado auténtico que poseían los dominicos de Barcelona.

de Arnaldo el sábado 8, antes de los idus de noviembre de 1316. Las proposiciones condenadas fueron éstas:

1.ª Que la naturaleza humana en Cristo es igual a la divinidad y vale y puede tanto como ella. Lo cual es error en la fe, porque ninguna cosa creada puede igualarse a Dios, y va derechamente contra el símbolo de san Atanasio, *Minor Patre, secundum humanitatem*, y contra las palabras del mismo Salvador en el *Evangelio de san Juan: Pater maior me est.*

2.ª Que tan pronto como el alma de Cristo se unió a la divinidad, alcanzó la plenitud de la ciencia divina, siendo, según Arnaldo, el saber circunstancia pertinente a la persona y no a la naturaleza.

3.ª Que el pueblo cristiano ha perdido la fe y solo conserva la piel, es decir, la apariencia del culto eclesiástico, viviendo y reinando la apostasía desde la planta del pie hasta la cabeza. Lo cual parece oponerse a la persistencia de la gracia en la Iglesia militante, conforme a aquellas palabras del Señor: Yo estaré con vosotros hasta la consumación de los siglos. Pero es de creer que Arnaldo no tomase tan a la letra sus ponderaciones del mal estado de la Cristiandad hasta entender que no quedaba miembro sano. Fuera excesiva tal locura.

4.ª Que todos los religiosos y claustrales faltan a la caridad y alteran la doctrina de Cristo y se condenan. Otra proposición temeraria y calumniosa por su generalidad.

5.ª Que es dañoso y condenable el estudio de la filosofía y su aplicación a las ciencias teológicas. Arnaldo odiaba a los escolásticos.

6.ª Que la revelación de Cirilo es más preciosa que las Sagradas Escrituras.

7.ª Que las obras de misericordia agradan más a Dios que el sacrificio de la misa. ¡Qué espíritu tan estrecho, laico y positivo, como ahora en mal sentido se dice, es el de esta proposición!

8.ª Que son inútiles las misas y sufragios por los difuntos. Herejía profesada también por los albigenses. Dudo, sin embargo, que Arnaldo la enseñase tan en crudo; lo único que dice es que se condena el que en vez de socorrer a los pobres funda capellanías o deja rentas para que se digan misas por él después de su muerte.

9.ª Que en el sacrificio de la misa, el sacerdote nada propio de él ofrece, ni siquiera la voluntad.

10.ª Que en la limosna se representa la pasión de Cristo mejor que en el sacrificio del altar, porque en la primera se alaba a Dios con obras, en el segundo con palabras. Lo cual, además de ser un absurdo hasta en los términos, manifiesta en Arnaldo cierta animadversión contra el culto, y tendencias a sobreponerle la moral; todo lo cual nace de un vulgar criterio práctico que no se levanta a la parte dogmática de la religión.

11.ª Que las constituciones papales versan sobre disciplina y no sobre dogma.

12.ª Que Dios nunca ha amenazado con eterna condenación a los pecadores, sino a los que den mal ejemplo; cuando, por el contrario, está expreso en Ezequiel: Anima quae peccaverit ipsa morietur.

13.ª En que condena Arnaldo todas las ciencias, fuera de la teología.

14.ª La consabida acerca del tiempo de la venida del Anticristo y fin del mundo.

Leídas y calificadas estas proposiciones, Jofré de Cruilles y el inquisidor Lletger procedieron a la condenación de los errores de Vilanova, mandando entregar en el término de diez días todos los ejemplares que pareciesen de sus libros. Los que habían llegado a manos de los calificadores, y nominalmente fueron reprobados, son:

De humilitate et patientia Christi. Empezaba: *Si l'amor natural...*

De fine mundi. Com.: *Entés per vostres lletres...*

Informatio Beguinorum vel lectio Narbonnae. Incip.: *Tots aquells qui volen fer vida spiritual...*

Ad priorissam, vel de charitate: Beneyt et loat Iesu Christi...

Apología: *Ad ea quae per vestras litteras...*

Una carta sin título, que comienza: *Domino suo charissimo...*

Denunciatio facta coram Episcopo Gerundensi. Incip.: *Coram vobis reverendo...*

De eleemosyna et sacrificio: Al catolic Enqueridor...

Otro libro sin título, cuyo principio era: *Per ço com molts desigen saber oyr ço que yo vag denunciam.*

Alia informatio Beguinorum. Incip.: *Als cultivadors de la evangelical pobrea.*

El libro que empieza: *Daván vos, senyor En Jacme per la gracia de Déu rey d'Aragó, propós yo Mestre Arnau...*

El Rahonament. Cant fuy Avinyó...

El que comienza: Entés per vostres paraules...
La Responsio contra Dn. Sicardi.

Buena parte de estos opúsculos estaban, como se ve, en lengua vulgar.[213]

Algunos no parecen; otros quizá sean los mismos que tenemos, pero con diferentes títulos y principios; en cambio, faltan muchos de los que llevamos analizados.[214]

Hizo Arnaldo extravagantes experimentos sobre la generación.

«Hay quien diga, por lo menos el Tostado lo testifica, que intentó con simiente de hombres y otros simples que mezcló en cierto vaso, de formar un cuerpo humano, y que aunque no salió con ello, lo llevó muy adelante», escribe Mariana (lib. 14). Este conato repugnante e impío ha sido repetido muchas veces por médicos visionarios y algo teósofos. Paracelso da en el Paramirum la receta para crear un homunculus por el arte Spagírico. Hasta ahora no hay noticia de más homunculi que del fabricado por Wagner, ex contrario et incongruo, en el laboratorio de Fausto, como puede ver el curioso en la inextricable parte segunda del poema de Goethe.

Renán[215] dice que Arnaldo de Vilanova pasaba por adepto de una secta pitagórica esparcida en toda Italia. Semejante noticia riñe con todo lo que sabemos del médico español; descansa solo en la autoridad de Champier y ha sido poca crítica en Renán el admitirla.

Tampoco hay fundamento para atribuir a Arnaldo el libro semifabuloso *De tribus impostoribus.*[216]

---

213 Salvá tuvo a la venta en Londres un Códice del siglo XIV (fines), que contenía las Prediccions de Mestre Arnau de Vilanova, con una explanación de Mossen Ramón Serverá. (El manuscrito había pertenecido a Mayáns y tenía notas de su mano.)

214 De esta sentencia copió Eymerich todo lo que dice de Arnaldo en el *directorium inquisitorium* (página 265 y 316 de la edición de Roma). Véase además: Bernardo de Lutzemburgo, *Catal. haeret.* (lib. 2); Gabriel Praeteolo, lib. 1, cap. 69, *De vitis et sectis haereticorum*, y Raynaldo (continuación de los *Anales*, de Baronio), tomo 5 (Luca 1750), año 1317, páginas 77, que tomaron sus noticias de Eymerich.

215 *Averroès et l'Averroisme.*

216 En la obra de Hermann Oelsner, *Dante in Frankreich* (Berlín, Ebering, 1898), hallamos citado este pasaje de una carta del papa Juan XXII al rey de Francia Felipe el Largo, cuyo original latino declara Oelsner no haber podido encontrar. «Nous défendons également à votre Université de París de s'occuper de questions philosophiques, et d'éviter surtout les dissertations sur les erreurs du moine Roger Bacon, d'Albert, de Raymond (Ramón Lull)

Puede tenerse a Arnaldo por el corifeo de los begardos o beguinos en Cataluña. Este es el único resultado de su influencia.

Hora es ya de poner término a esta prolija narración, en que me he dilatado más de lo que pensé, movido no de la trascendencia de los errores de Arnaldo, sino de lo peregrino de las noticias y lo singular del personaje. Los tratados suyos que he sacado del olvido, sobre todo el Rahonament fet en Avinyó, aunque insignificantes bajo el aspecto teológico, son un tesoro para la historia de las costumbres de la Edad media y un documento curiosísimo de lengua catalana.[217]

Capítulo IV. Noticia de diversas herejías del siglo XIV

I. Preliminares. Triste estado moral y religioso de la época. II. Los begardos en Cataluña (Pedro Oler, fray Bonanato, Durán de Baldach, Jacobo Juste, etc.). III. Errores y aberraciones particulares (Berenguer de Montfalcó, Bartolomé Janoessio, Gonzalo de Cuenca, R. de Tárrega, A. Riera, Pedro de Cesplanes). IV. Juan de Peratallada (*Rupescissa*). V. La impiedad averroísta. Fray Tomás Scoto. El libro *De tribus impostoribus*. VI. Literatura apologética. El *Pugio fidei*, de Ramón Martí

I. Preliminares. Triste estado moral y religioso de la época

Caracterízase el siglo XIV por una recrudescencia de barbarie, un como salto atrás en la carrera de la civilización. Las tinieblas palpables del siglo X no infunden más horror ni quizá tanto. Reinan doquiera la crueldad y la lujuria, la sórdida codicia y el anhelo de medros ilícitos, desbócanse todos los apetitos de la carne; el criterio moral se apaga. La Iglesia gime cautiva en Aviñón, cuando no abofeteada en Anagni; crecen las herejías y los cismas; brotan los pseudo-profetas animados de mentido fervor apocalíptico; guerras feroces y sin plan ni resultado ensangrientan la mitad de Europa; los reyes esquilman a sus súbditos

---

et de tous les alchimistes ou physiciens; nous ne voulons pas davantage qu'ils engagent des discussions sur les doctrines de Jean Scott, de Dante Alighieri (alude al tratado De Monarchia), d'Arnaud de Villeneuve et d'autres docteurs qui ont essayé de détruire la théocratie romanic.»

217 Entre los autores que han defendido la ortodoxia de Arnaldo debe contarse a Masdéu, en el tomo 24 (inédito) de su *Historia crítica de España*, y al erudito premonstratense padre don Jayme Pascual, que dejó inédita una disertación sobre este punto.

o se convierten en monederos falsos; los campesinos se levantan contra los nobles, y síguense de una y otra parte espantosos degüellos y devastaciones de comarcas enteras. Para deshacerse de un enemigo se recurre indistintamente a la fuerza o a la perfidia; el monarca usurpa el oficio del verdugo; la justicia se confunde con la venganza; hordas de bandoleros o asesinos pagados deciden de la suerte de los imperios; el adulterio se sienta en el solio, las órdenes religiosas decaen o siguen tibiamente las huellas de sus fundadores; los grandes teólogos enmudecen y el arte tiene por forma casi única la sátira. Al siglo de san Luis, de san Fernando, de Jaime el Conquistador y de santo Tomás de Aquino sucede el de Felipe el Hermoso, Nogaret, Pedro el Cruel, Carlos el Malo, Clocester y Juan Wiclef. En vez de la Divina comedia se escribe el Roman de la rose y llega a su apogeo el ciclo de Renard.

Buena parte tocó a España en tan lamentable estado. Olvidada casi la obra de la Reconquista después de los generosos esfuerzos de Alfonso XI, carácter entero, si poco loable; desgarrado el reino aragonés por las intestinas lides de la unión, que reprime con férrea mano don Pedro el Ceremonioso, político grande y sin conciencia; asolada Castilla por fratricidas discordias, peores que las de los Atridas o las de Tebas, empeoraron las costumbres, se amenguó el espíritu religioso y sufrió la cultura nacional no leve retroceso.

Los testimonios abundan y no son, por cierto, sospechosos. Prescindamos del de Arnaldo de Vilanova, ya conocido; hablen otros autores más católicos. Basta abrir el enorme volumen *De planctu Ecclesiae*, que compuso Álvaro Peláez o Pelayo (Pelagius), obispo de Silves y confesor de Juan XXII,[218] para ver tales cosas, que mueven a apartar los ojos del cuadro fidelísimamente trazado y, por

---

218 Álvaro Pelagio, obispo de Silves.

«El ermitaño Agustín Triunfo, muerto en 1328, y el franciscano Álvaro Pelagio, muerto después de 1340, sostuvieron la siguiente tesis: "El poder del papa es el único que emana directamente de Dios; toda otra autoridad, tanto la del emperador como la de los otros soberanos, se deriva de la pontificia. El papa por sí solo puede nombrar un emperador y quitar a los electores el derecho de elección que les ha sido concedido; y el elegido en manera alguna puede gobernar el imperio antes de ser confirmado y coronado por el pontífice, aunque, desde luego, pueda ocuparse de los negocios de Alemania. Finalmente, el papa tiene el derecho de nombrar directamente al emperador, bien sea por vía de sucesión o por vía de elección". Estas opiniones distaban mucho de poder pacificar los

ende, repugnante.[219] No hay vicio que él no denunciara en los religiosos de su siglo; el celo le abrasaba. ¿Dónde hallar mayores invectivas contra la simonía[220] (*Corpus Christi pro pecunia vendunt*) y el nepotismo?[221] ¿Dónde más triste pintura de los monasterios, infestados, según él, por cuarenta y dos vicios?[222] No hay orden ni estado de la Iglesia o de la sociedad civil de su tiempo, desde la cabeza hasta los miembros, que no se encuentre tildado con feos borrones en su libro. Y el que esto escribía no era ningún reformista o revolucionario, sino un franciscano piadosísimo, adversario valiente de las novedades de Guillermo Occam y fervoroso partidario de la autoridad pontificia. Del seno de la Iglesia, no de la confusión del motín, se han alzado siempre las voces que sinceramente pedían corrección y reforma.

Así oímos, consonando con la de Álvaro Pelayo, la de fray Jacobo de Benavente en su *Viridario*:[223] «O perlados et ricos, desyt: ¿qué provecho os face el oro et la plata en los frenos et en las siellas?... ¿Et qué pro facen tantos mudamientos de pannos presciados et de las otras cosas sin necessidat?... Ya, ¡mal pecado!..., tales pastores no son verdaderos, mas son mercenarios de Luzbel, et, lo que es peor, ellos mesmos son fechos lobos robadores... et pastores et perlados que agora son, por cierto velan et son muy acueidosos por fenchir los establos de mulas et de caballos, et las cámaras et las arcas de riquezas et de

---

espíritus ni acallar las dudas que se presentaban acerca del poder de la Silla Apostólica, y que, tomando cada vez más cuerpo, conmovieron a los más celosos partidarios del antiguo orden de cosas y hasta hicieron temer que el Supremo Pontificado sucumbiría en la lucha»• (Alzog, III 215).

• Augustinus-Triumphus, *Summa de potestate ecclesiastica ad Ioh. Pap. XXII* (Augustae Vindelicorum, 1473, Roma, 1582). Alvarus Pelagius, *De planctu Ecclesiae*, lib. 2 (Ulm 1474, Venecia 1560), folio.

219 *De planctu Ecclesiae* Alvari Pelagii Hispani, ex ordine Minoritarum Theologi et decretorum Doctoris, Episcopi Silventis, Libri duo... Venetiis, ex officina Francisci Sansovini et Sociorum MDLX.

220 Cap. 9, lib. 2.

221 Cap. 15.

222 Cap. 24.

223 *Vergel de Consolación*... Acabada y imprimida fue la presente obra del Vergel de Consolación en la muy noble y muy leal Ciudad de Sevilla, por Meinardo Ungut Alemán e Stanislao Polono, compañeros, a XXI días del mes de octubre de MCCCCXCVII años. (La obra es de fines del siglo XIV.), cap. 8, página 3.ª

joyas et de pannos presciados. Et piensan de fenchir los vientres de preciosos manjares et aver grandes solaces, et de enriquescer et ensalzar los parientes: et non han cuidado de las sus ánimas nin de las de su grey que tienen en su acomyenda, sinon solamente que puedan aver de los súbditos o de las oveias mesquinas leche et lana».

No con menos vigor, y en términos harto crudos, denuncia el insigne arzobispo de Sevilla don Pedro Gómez de Albornoz, en su *Libro de la justicia de la vida espiritual*,[224] los concubinatos, la gula y el fausto de los clérigos de su diócesis.

De los de Toledo dejó tristes noticias el satírico Arcipreste de Hita en la Cantiga de los clérigos de Talavera; y aun en todo el cuerpo de sus desenfadadas poesías, donde el autor mismo aparece como personificación del desorden y sacrílegamente se parodian himnos sagrados y hasta el nombre de Trotaconventos, dado a una celestina, revela a las claras lo profundo del mal.

Seriedad mayor y espíritu didáctico muestra el canciller Pero López de Ayala en el *Rimado de palacio*, donde ni reyes, ni mercaderes, ni letrados, ni cortesanos, ni menos gente de iglesia, quedan bien librados:[225]

> La nave de sant Pedro está en gran perdición,
> por los nuestros pecados et la nuestra ocasión.
>
> ....
>
> Mas los nuestros perlados que nos tienen en cura,
> assás han á fazer por nuestra desventura:
> cohechar los sus súbditos sin ninguna mesura,
> et olvidar consciencia et la sancta Scriptura.
> Desque la dignidad una vez han cobrado,
> de ordenar la Iglesia toman poco cuidado:
> en cómo serán ricos más cuydan ¡mal pecado!
> Non curan de cómo esto les será demandado.
>
> ....
>
> Perlados sus eglesias debían gobernar,

---

224 Biblioteca Nacional, BB-136.

225 Véase los poemas del Arcipreste de Hita y de Pero López de Ayala en los *Poetas castellanos anteriores al siglo XV* (tomo 57 de Rivadeneyra).

por cobdicia del mundo allí quieren morar,
e ayudan revolver el reino á más andar,
como revuelven tordos el pobre palomar.

....

De los prestes dice:
 Non saben las palabras de la consagración,
nin curan de saber nin lo han á corazón:
si puede aver tres perros, un galgo et un furón,
clérigo de aldea tiene que es infanzón.
Si éstos son ministros, sonlo de Satanás,
ca nunca buenas obras tú facer les verás,
gran cabaña de fijos siempre les fallarás,
derredor de su fuego que nunca y cabrás.

Puede tenerse por satírico encarecimiento lo que Juan Ruiz escribió de la simonía en la corte de Aviñón o lo que el Petrarca repitió en églogas latinas y sonetos vulgares:

 Dell'empia Babilonia, ond'è fuggita
ogni vergogna, ond'ogni bene è fuori,
albergo di dolor, madre d'errori.

....

¡Fiamma dal ciel su le tue treccie piova!

....

Nido di tradimenti, in cui si cova
quanto mal per lo mondo oggi si spande,
di vin serva, di letti e di vivande,
in cui lussuria fa l'ultima prova.

Pero no parece justo negar el crédito a severos moralistas como el gran canciller o fray Jacobo de Benavente. En realidad, los pecados clamaban al cielo.

No es de extrañar, pues, que a la sombra de tantas prevaricaciones creciese lozana la planta de la herejía aun en España, más libre siempre de esos peligros. El laicismo y el falso misticismo de los begardos, predecesores de los alumbrados; las supuestas profecías y revelaciones de algunos discípulos de Arnaldo, la impiedad oculta con el nombre de averroísmo: he aquí las principales plagas. Procuraré recoger las escasas noticias que quedan, algunas bien peregrinas aun para los doctos.

II. Los begardos en Cataluña (Pedro Oler, fray Bonanato, Durán de Baldach, Jacobo Juste, etc.)

De los primeros pasos de la Inquisición catalana he dicho en capítulos anteriores. Pudieran añadirse ciertos herejes cuyos nombres constan, aunque no la calidad de sus errores. En 1263 fue quemado (combustus), por crimen de herética pravedad, un tal Berenguer de Amorós, confiscándosele los bienes que tenía en Ciurana. Queda también noticia de haberse secuestrado una alquería en tierra de Valencia a Guillermo de Saint-Melio, condenado por hereje.[226] Uno y otro serían quizá valdenses o más probablemente begardos.

De éstos hay noticias en el *Directorium inquisitorum*, de fray Nicolás Eymerich. En tiempo de Juan XXII, hacia 1320, predicaron esa doctrina en Barcelona Pedro Oler de Mallorca y fray Bonanato. Fueron condenados por fray Bernardo de Puig-Certós, inquisidor, y por el obispo de Barcelona, entregados al brazo secular y quemado Pedro Oler. Fray Bonanato consintió en abjurar y salió de las llamas medio chamuscado.

En 1323 apareció en Gerona otro begardo, Durán[227] de Baldach, con varios secuaces, que condenaban la propiedad y el matrimonio. Fueron juzgados por el obispo Villamarín y por el inquisidor fray Arnaldo Burguet, entregados como impenitentes al brazo secular y quemados.

Fray Bonanato reincidió en la herejía y la predicó en Villafranca del Panadés en tiempo de Benedicto XII. Fue condenado por el obispo de Barcelona, fray Domigo Ferrer de Apulia, y por el inquisidor fray Guillermo Costa. Bonanato fue quemado vivo, y su casa de Villafranca, arrasada. Los cómplices abjuraron.

En tiempo de Clemente VI (hacia 1344) se presentaron en Valencia muchos begardos, capitaneados por Jacobo Juste. Veneraban como mártires a sus

---

226 Archivo de la Corona de Aragón, reg. 12, fol. 129v y reg. 40, fol 58, alegados por don Antonio de Bofarull en su *Historia de Cataluña*.

227 En algunos códices del Directorio se lee, en vez de Durantus, «Ducandus»; pero debe de ser errata.

correligionarios condenados antes por la Inquisición. Don Hugo de Fenollet, obispo de Valencia, y el inquisidor fray Nicolás Rosell, después cardenal, reprobaron sus predicaciones. Juste, después de abjurar, fue puesto en reclusión, donde murió. Se exhumaron los cadáveres de varios herejes: Guillermo Gelabert, Bartolomé Fuster, etc.[228]

¿Cuáles eran los errores de los begardos? Álvaro Pelagio los recopila en el capítulo III, libro II del *Planctus Ecclesiae*, con arreglo a una constitución de Clemente V contra aquellos herejes. Los principales capítulos de condenación eran:

1.º Que el hombre puede alcanzar en la presente vida tal perfección, que se torne impecable.

2.º Que de nada aprovechan al hombre la oración ni el ayuno después de llegar a la perfección, y que en tal estado pueden conceder libremente al cuerpo cuanto pida, ya que la sensualidad está domeñada y sujeta a la razón.

3.º Que los que alcanzan la perfección y el espíritu de libertad no están sujetos a ninguna obediencia humana, entendiendo mal las palabras del Apóstol: *Ubi spiritus Domini, ibi libertas.*

4.º Que el hombre puede llegar a la final beatitud en esta vida.

5.º Que cualquiera naturaleza intelectual es por sí perfectamente bienaventurada y que el alma no necesita de los resplandores de la gracia para ver a Dios en vista real.

6.º Que los actos virtuosos son muestra de imperfección, porque el alma perfecta está sobre las virtudes.

7.º Que el acto carnal es lícito, porque a él mueve e inclina la naturaleza, al paso que el ósculo es ilícito por la razón contraria.

8.º Que se pierde la pura contemplación al meditar acerca del sacramento de la Eucaristía o la humanidad de Cristo, etc., por lo cual condenaban la veneración a la Hostia consagrada.

Estos hipócritas (dice Álvaro) se extendieron por Italia, Alemania y Provenza, haciendo vida común, pero sin sujetarse a ninguna regla aprobada por la Iglesia, y tomaron los diversos nombres de Fratricelli, Apostólicos, Pobres, Beguinos,

---

228 Páginas 265 y siguientes de la edición romana del *Directorium* (in aedibus populi romani, 1573), con adiciones de La Peña.

etc.[229] Vivían ociosamente y en familiaridad sospechosa con mujeres. Muchos de ellos eran frailes que vagaban de una tierra a otra huyendo de los rigores de la regla.[230] Se mantenían de limosnas, explotando la caridad del pueblo con las órdenes mendicantes.[231]

---

229 Begardos, fraticellos, partidarios de Dolcino.

El concilio de Viena (1311-1312), decimoquinto de los ecuménicos, condenó a todos estos sectarios, juntamente con los templarios. Alzog, III 210.

«Renacieron luego en forma más ortodoxa estas asociaciones libres. Gerardo Groot de Deventer, muerto en 1384, estableció una congregación de clérigos libres en Holanda (clerici et fratres vitae communis). Sus individuos tenían que asociar el trabajo de manos a los ejemplos y enseñanza de la piedad cristiana. El monasterio de canónigos regulares fundado en Windesheim en 1386 fue el centro de estas asociaciones, a las cuales se fueron añadiendo insensiblemente legos de ambos sexos, y todos se extendieron principalmente en los Países Bajos y por la Westfalia, en donde, por una sabia disposición, se introdujo entre ellos el estudio filológico. De una asociación semejante salieron el célebre Tomás de Kempis y el último sentenciario Gabriel Biel. Así Eugenio IV como Paulo II concedieron muchos privilegios a estas hermandades, en donde lo escogido del clero hallaba una excelente salvaguardia contra los desórdenes del tiempo.» Alzog, III 316-317.

230 En otra parte dice: «Vagationi et dormitationi et ingurgitationi operam dant, more hypocritarum in angulis platearum, et palam in conspectu hominum in ecclesiis actum orationis exterioris ostendentes» (cap. 51).

231 Beguinas y begardos. Alzog, III 147.

«La general tendencia a la vida interior, que no siempre se hallaba en el clero secular; una idea errónea de la verdadera piedad y el deseo de procurar un asilo a las viudas y a las jóvenes sin protección por las cruzadas, hicieron que desde el siglo XI algunas piadosas cristianas formasen asociaciones religiosas y edificantes en los Países Bajos y en Alemania. Estas asociaciones eran un promedio entre el mundo y el claustro. Las asociadas, llamadas desde el siglo XII beguinas (de begehen o beten, rogar), se dedicaban particularmente a las obras de caridad y fueron un precioso recurso para el pueblo. Pero no tenían regla fija, y sus conciliábulos no tardaron en ser teatro de muchos sueños fantásticos. Fueron perseguidas, y concluyeron por reunirse a la Orden Tercera de san Francisco. Al lado de las beguinas hubo también los beguardos, compuestos de hombres jóvenes (Mosheim, *De beghardis et beguinabus*, edición Martini, Leipzig 1790). Estos escogieron por patrón a san Alejo, cuyo nombre tomaron; pero luego lo cambiaron en el de lollardos, que significa «gente que canta en voz baja», y que se les dio porque conducían los muertos a la sepultura cantando en voz baja con tono fúnebre. Igualmente se distinguieron por su industria

162

Cuanto a su doctrina, cualquiera notará que es la misma profesada en el siglo XV por los herejes de Durango, en el XVI por los alumbrados y en el XVII por los molinosistas.

III. Errores y aberraciones particulares (Berenguer de Montfalcó, Bartolomé Janoessio, Gonzalo de Cuenca, R. de Tárrega, A. Riera, Pedro de Cesplanes)

No faltaron herejes de otra laya en Cataluña. En 1353, el arzobispo de Tarragona, don Sancho López de Ayerbe, condenó a Berenguer de Montfalcó, cisterciense de Poblet, por enseñar que solo es lícito obrar bien por puro amor de Dios y no por esperanza de la vida eterna,[232] doctrina muchas veces reproducida, v. gr., en las *Máximas de los santos*, de Fenelón, y reprobada en el siglo XVII con los demás yerros de los quietistas.

En 1352, el italiano Nicolás de Calabria divulgó en Barcelona las siguientes extravagancias, que exceden a cuanto puede imaginar la locura humana:

1.ª Que un cierto Gonzalo de Cuenca, maestro suyo, era el hijo de Dios unigénito.

2.ª Que dicho Gonzalo era inmortal y eterno.

3.ª Que el Espíritu santo debía encarnar en los futuros tiempos, y que entonces Gonzalo convertiría a todo el mundo.

4.ª Que el día del juicio, Gonzalo rogaría a su Eterno Padre por los pecadores y condenados, y todos serían salvos.

5.ª Que en el hombre hay tres esencias: el alma, formada por Dios Padre; el cuerpo, creación del Hijo, y el espíritu, infundido por el Espíritu santo; en apoyo

---

y por los cuidados piadosos que prodigaban a los enfermos, indigentes y a la juventud; los soberanos y grandes los acogieron y protegieron. Desgraciadamente, los beguardos imitaron también los errores de sus hermanas primogénitas, y como ellas cayeron en un panteísmo místico, que degeneró en verdadera herejía.»

232 «Quod omnia de genere bonorum quae fienda sunt, sunt fienda Dei puro amore, et non ex alia causa nec spe mercedis aeternae.»

de lo cual traía el texto: *Formavit Deus hominem de limo terrae, et spiravit spiraculum vitae et factus est in animam viventem.*[233]

De estos errores abjuró pública y solemnemente Nicolás de Calabria en santa María del Mar de Barcelona, siendo penitenciado con prisión y sambenito perpetuos. Pero no tardó en reincidir, y en 20 de abril de 1357 fue denunciado por fray Berenguer Gelati. En 30 de mayo del mismo año, el inquisidor Eymerich y Arnaldo de Busquets, vicario capitular de Barcelona, condenaron pública y solemnemente estas aberraciones y entregaron al delirante italiano al brazo secular. Entonces fue quemado el Virginale, libro compuesto por Gonzalo de Cuenca y Nicolás de Calabria bajo la inspiración del demonio, que se les apareció visiblemente, dice Eymerich.

En el pontificado de Urbano V, hacia 1363, un mallorquín, Bartolomé Jarioessius, publicó varios libros, *De adventu Antichristi*, que fueron examinados y reprobados en consulta de maestros de teología convocados por el obispo de Barcelona y por fray Nicolás Eymerich. El autor se retractó. Enseñaba, siguiendo las huellas de Arnaldo de Vilanova, que el anticristo y sus discípulos habían de aparecer el día de Pentecostés de 1360, cesando entonces el sacrificio de la misa y toda ceremonia eclesiástica; que los fieles pervertidos por el anticristo no se habían de convertir nunca, por ser indeleble el sello que él les estamparía en la mano o en la frente, para ser abrasados, aun en vida, por el fuego eterno. Esto se entiende con los cristianos que tuvieren libre albedrío, pues los niños y de igual manera los judíos, sarracenos y paganos, etc., habrían de convertirse después de la muerte del anticristo, viniendo la Iglesia a componerse solo de infieles convertidos.

---

233 «Primus error, quod quidam hispanus haeresiarca magnus vocatus Gundisalvus, de episcopatu Conchensi oriundus, erat Dei filius, in coelis aeterniter generatus, licet videretur patrem et matrem in terris habuisse.

»Secundus error, quod dictus Gundisalvus nunquam moriretur, sed viveret in aeternum.

»Tertius error, quod Spiritus Sanctus debebat futuris temporibus incarnari, et tunc ipse Gundisalvus totum mundum convertert, .

»Quartus error, quod in die iudicii Gundisalvus ille oraret pro omnibus mortuis in peccato mortali et damnatis in inferno, et eius precibus liberarentur et salvarentur.

»Quintus error, quod in homine sunt tria: anima quam formavit Deus Pater, corpus quod formavit Dei Filius, et spiritus quem creavit Spiritus Sanctus», etc.

Los fratricelli penetraron en Cataluña durante los pontificados de Inocencio VI, Urbano V y Gregorio XI. Fray Arnaldo Muntaner, su corifeo, enseñó en Puigcerdá, diócesis de Urgel:

1.ª Que Cristo y los apóstoles nada habían poseído propio ni común.

2.ª Que nadie podía condenarse llevando el hábito de san Francisco.

3.ª Que san Francisco baja una vez al año al purgatorio y saca las almas de los que fueron de su Orden.

4.ª Que la Orden de san Francisco había de durar siempre.

Fray Arnaldo no quiso abjurar, aunque alguna vez fingió hacerlo. Citado a responder no compareció, persistiendo en tal empeño diecinueve años. Al cabo, Nicolás Eymerich y el obispo Berenguer Daril le declararon públicamente hereje en la Seo de Urgel.[234]

Famoso más que ninguno de los anteriores fue Raimundo de Tárrega. ¡Ojalá se conservara su proceso, que aún existía en tiempo de Torres Amat! Hoy hemos de atenernos a los escasos datos que del *Diccionario de escritores catalanes* y de la obra de Eymerich resultan. Raimundo de Tárrega, natural de la villa de este nombre, en el obispado de Solsona, era de familia de conversos, y por eso se le llamó el neófito y el rabino. A los once años y medio abrazó la religión cristiana. Fraile, después, de la Orden de Predicadores y señalado en las disputas escolásticas por su agudeza e ingenio, hubo de defender proposiciones disonantes, e insistiendo en ellas fue delatado al inquisidor general de Aragón, que lo era entonces el dominico fray Nicolás Eymerich. Vanas fueron las exhortaciones de éste para que Raimundo se retractara: vióse precisado a encarcelarle y solicitó de Gregorio XI especiales letras apostólicas para procesarle. La causa empezó en 1368, preso Tárrega en el convento de santa Catalina de Barcelona, y duró hasta 1371. Los calificadores declararon unánimemente erróneas y heréticas las proposiciones; pero el reo se negaba a abjuralas a pesar de los ruegos del general de su Orden.

Acudió Tárrega a la curia romana, quejándose de varias irregularidades en el proceso, y el cardenal Guido, obispo de Perusa, por orden de Gregorio XI, escribió desde Aviñón, a 15 de febrero de 1371, al inquisidor Eymerich, para que, junto con el arzobispo de Tarragona, terminase cuanto antes la causa de

---

234 Consta todo en el *Directorium*, de Eymerich, de quien lo tomaron Prateolo (*De sectis haereticorum*) y Bernardo de Lutzemburgo (*Cathalogus haereticorum*).

Raimundo. El Pontífice mismo escribió con ese objeto a Eymerich y al prelado tarraconense, mandándoles que fallasen en breve el proceso y le remitiesen a la Silla Apostólica. Es más: se formó una congregación de treinta teólogos para calificar de nuevo las proposiciones e informar al Pontífice.[235]

Así las cosas, el 20 de septiembre de 1371 apareció Raimundo muerto en su cama, no sin sospechas de suicidio o de violencia, sobre lo cual mandó el arzobispo de Tarragona a Eymerich y al prior de los canónigos regulares de santa Ana, de Barcelona, abrir una información judicial. La fecha de esta carta es de 21 de octubre de 1371.

Las proposiciones sospechosas parece que versaban sobre el sacrificio de la misa, adoración y culto y sobre la fe explícita de los laicos.

Las obras de R. de Tárrega condenadas y mandadas quemar en 1372 por Gregorio XI eran un libro *De invocatione daemonum* y unas *Conclusiones variae ab eo propugnatae*. Se le atribuyen, además, tratados *De secretis naturae*, *De alchimia*, etc., y son suyos muy probablemente algunos de los escritos alquímicos que corren a nombre de Lull. Raimundo Lulio llaman algunos al de Tárrega, lo cual ha sido ocasión de que muchos atribuyeran al Beato mallorquín culpas del hereje dominico,[236] notable adepto de las ciencias ocultas.

Eymerich, en sus obras inéditas, da noticia de otros heterodoxos de su tiempo en cuyos procesos intervino. El decimoquinto de los tratados suyos, que encierra el códice 3171 de la Biblioteca Nacional de París, es una refutación de veinte proposiciones divulgadas en el Estudio de Lérida por un escolar valenciano, Antonio Riera. Decía:

1.º Que el Hijo de Dios puede dejar la naturaleza humana que tomó y condenarla in aeternum.

2.º Que se acercaba, según los vaticinios de los santos, el tiempo en que debían ser exterminados todos los judíos, sin que quedase uno en el mundo.

---

235 Memorias para ayudar a formar un *Diccionario crítico de escritores catalanes*. Escribiólas el ilustrísimo señor don Félix Torres Amat, obispo de Astorga (Barcelona, 1836). El proceso debe de haber perecido en alguna de las infinitas y vandálicas quemas de papeles de la Inquisición en 1820, 1834, etc. ¡Lástima que Torres Amat no le extractase más por extenso!

236 Tal es la fundada opinión de mi amigo don José R. de Luanco en su precioso opúsculo *Ramón Lull considerado como alquimista* (Barcelona, 1870).

3.º Que había llegado, conforme a las profecías, la era en que todos los frailes Predicadores, y Menores, y los clérigos seculares, habían de perecer, cesando todo culto por falta de sacerdotes.

4.º Que todas las iglesias se convertirían en establos y se aplicarían a usos inmundos.

5.º Que cesaría totalmente el sacrificio de la misa.

6.º Que llegaría tiempo en que la ley de los judíos, la de los cristianos y la de los sarracenos se redujesen a una ley sola; cuál de ellas, solo Dios lo sabía.

7.º Que todas esas cosas habían de pasar dentro de aquel centenario.

8.º Que, acabada esa persecución, los cristianos irían a Jerusalén a recobrar el Santo sepulcro y elegir allí papa.

9.º Tachaba de falsedad el *Evangelio de san Mateo*.

10.º Que Cristo hubiera podido pecar y condenarse.

11.º Que el judío que cree de buena fe será salvo.

12.º Que al rústico le basta creer en general, y no artículo por artículo, lo que la Iglesia cree.

13.º Que el adulto que se bautiza alcanza más gracia por el bautismo que el párvulo.

Las demás proposiciones que Eymerich apunta no merecen tomarse en cuenta. Decía Riera que la doctrina luliana era buena y católica, lo cual no era herejía, mal que le pesara a fray Nicolás, llevado de su manía contra los lulianos, puesto que la Iglesia no la había condenado ni la condena. Otras son modos lulianos de expresarse, impropios en rigor teológico; v. gr., «que la esencia de Dios, referida al Padre, engendra; referida al Hijo, es engendrada; referida al Espíritu santo, espira y procede».[237]

---

237 «Super XX articulis per quemdam Anthonium Riera studentem Valentinum... ibi dissemi-natis (scil. in studio Ilerdensi): 1. Quod filius Dei potest dimittere humanam naturam quam assumpsit, et illam postmodum aeternaliter condemnare. 2. Quod tempus aderat, iuxta sanctorum vaticinia, in quo omnes iudaei debebant interfici, ut nullus iudaeus in mundo deinceps remaneret. 3. Quod tempus advenerat, secundum vaticinia prophetarum, quod religiosi fratres praedicatores et minores et caeteri religiosi, clerici et sacerdotes omnes debebant interfici, ut nullus religiosus clericus vel sacerdos in mundo deinceps remaneret, sed ex toto cessaret cultos sacerdotum. 4. Quod omnes ecclesiae materiales quae erant in civitatibus christianorum, converterentur in stabula iumentorum, et fierent de his omnibus stabula et habitacula porcorum et caeterorum animalium... ut deinceps in mundo christia-

Los vaticinios del próximo fin del mundo, decadencia o extinción del culto eclesiástico, etc., parecen asimilar a Riera con Arnaldo y Juan de Rupescissa. Pero la herejía gravísima y característica suya, la refundición de las tres leyes en una sola, no pertenece más que a los averroístas, que solían ponerlas en parangón e igualdad. Es el cuento de los tres anillos. Algunos han atribuido absurdamente esa idea de conciliación y tolerancia, como dicen, a Ramón Lull, al fervoroso misionero que tanto se afanó por la cristianización de judíos y mahometanos, intentando a veces, con sobrada osadía, demostrarlo todo por razones naturales, pero sin imaginar nunca que el resultado hubiera de obtenerse por concesiones mutuas, sino por concesión sincera del error a la verdad.

Si hemos de creer a Eymerich, un cierto Pedro Rosell, luliano, enseñó que «en tiempo del anticristo todos los teólogos han de apostatar de la fe, y entonces los discípulos de Lulio convertirán con la doctrina de su maestro a todo el mundo». El mismo Rosell decía que «la doctrina del *Antiguo Testamento* se atribuye a Dios Padre; la del *Nuevo Testamento*, al Hijo; la de Raimundo Lulio, al Espíritu santo; que toda disciplina teológica ha de perecer fuera de la de Lulio y que los teólogos modernos nada alcanzan de verdadera teología». Todas éstas son ponderaciones e hipérboles de discípulos apasionados, que quizá no tenían tanta trascendencia ni alcance como Eymerich quiere darles en su Dialogus contra lulistas, escrito en 1389.

El mismo inquisidor, en un tratado sin título, combatió a Pedro de Cesplanes, rector de Sella en el reino de Valencia, por haber dicho en una cédula extendida ante notario que «en Cristo hay tres naturalezas: humana, espiritual y divina».[238] Cuando se leyó en público esta cédula,[239] levantóse un mercader y comenzó a

---

norum ecclesia nulla esset, sed totaliter cultus divinus cessaret et finem haberet. 5. Quod deinceps missae non celebrarentur nec sanctum sacrificium in missa offerretur... imo sacrificium missae totaliter haberet finem et totaliter cessaret. 6. Quod tempus adesset quo lex christianorum, lex iudaeorum et lex sarracenorum converterentur in unam legem, scil. quod esset illa lex quae omnium generaliter esset una, nesciebatur si esset lex christianorum, iudaeorum vel sarracenorum, sed solus Deus noverat quae esset lex illa et nullus alius», etc.

238 Cód. 1464 (antiguo fondo latino) de la Biblioteca Nacional de París, página 74: Incipit *Tractatus qui dialogus contra lulistas appellatur.*

239 Eymerich la inserta traducida al latín: «Et sic, christiane, postquam in Iesu Christo sunt tres naturae, scil., humana, spiritualis et divina, si tibi tradat alquis presbyter corpus I. C. pretiosum, et interrogat te primo de humanitate, dicens: Credis tu, christiane, quod cum presbyter dixit illa verba vel similia quae dixit Christus die iovis coenae, quod panis qui

gritar: «¡No, no!», de lo cual resultó un tumulto entre el pueblo y el clero. Sabido por el inquisidor de Valencia, mandó hacer información y arrestar al rector en el palacio episcopal. El cardenal de Valencia y el inquisidor reunieron una junta de veintiocho teólogos, juristas y médicos. La mayoría decidió en la primera sesión que la cédula era herética, aunque algunos dijeron que podía entenderse en sentido católico. Le condenaron en la tercera sesión a abjurar públicamente su yerro, so pena de degradación y entrega al brazo secular, y tras esto a cárcel perpetua, a privación de beneficio y de licencias de predicar. Esta sentencia podía mitigarse al arbitrio del cardenal de Valencia y de los inquisidores. La primera abjuración fue en la cámara episcopal un sábado. Al domingo siguiente abjuró en la iglesia, teniendo en la mano una vela de cera y siendo azotado al fin de la misa por el sacerdote con una correa. Pero la retractación fue simulada y el reo huyó a Cataluña y a las Baleares, reclamando contra la sentencia del arzobispo y del inquisidor a la curia romana. Entonces compuso Eymerich su tratado, el año decimosegundo del papa Clemente (1390), en Aviñón. Allí atribuye a Pedro de Cesplanes otro error: el de suponer que en el cuerpo de Cristo existen las tres personas de la santísima Trinidad.

IV. Juan de Peratallada (Rupescissa)

Peratallada, villa del Bajo Ampurdán y solar de los barones de Cruilles, designada en documentos de los siglos XI, XII y XIII con los nombres de Petra taliata, Petra incisa o Petra scisa, quizá por unas grandes canteras inmediatas o por sus fosos abiertos en roca viva, patria de varios ilustres guerreros, generalmente Bernardos y Dalmacios, en los siglos XI y XII; de un abad de san Félix de Gerona en el XIII y del obispo Guillermo, que rigió la sede gerundense desde 1160 a 1168,[240] parece haberlo sido también del célebre alquimista franciscano Juan de

---

est materialis convertitur in veram carnem Christi? Quid dicis christiane? Dicas tu: ita. Et si interrogat te de natura spirituali, scil., si credis quod ibi sit sancta anima Christi, dicas: ita, ita. Et si interrogat te de natura et essentia divina, credis tu quod ipse sit Pater, Filius et Spiritus Sanctus, dicas tu, christiane, ita, ita, quia omnes tres personae sunt illic essentialiter» (Cód. 1464 del fondo latino de París).

240 Véase Zurita, lib. 2, cap. 25; Villanueva, tomo 13, página 142, y *España sagrada*, tomo 43, página 210.

Rippacisa, Rupescissa, Peratallada o Ribatallada, que con todos estos nombres se le designa.[241]

Forma Juan de Rupescissa, con Arnaldo de Vilanova y Ramón Lull, el triunvirato de la ciencia catalana en el siglo XIV. Su vida fue, como la de ellos, aventurera y agitada, su espíritu, inclinado a profecías y visiones. Señalóse en su Orden como maestro teólogo y misionero, predicó en Viena y en Moscú con gran fruto y a los noventa años volvió a su patria. Quedan a su nombre varios tratados alquímicos, aunque no es fácil separar los ciertos de los dudosos. Sobre las circunstancias de su vida reina oscuridad grande.[242]

Quizá no haya fundamento para calificarle de hereje. Siguió las huellas de Arnaldo cuanto a venerar y comentar las profecías de Cirilo y de Joaquín; cayó en la manía de señalar fechas y nombres a los vaticinios apocalípticos; increpó con excesiva dureza y generalidad las costumbres del clero, pero de aquí no pasa. Es una especie de padre Lacunza del siglo XIV. Sus profecías se asemejan mucho a *La venida del Mesías* en gloria y majestad.

He visto tres códices de ellas en la Biblioteca Nacional de París. El más completo es el 3498, intitulado Visiones fratris Ioannis de Rupescissa, obra dedicada al cardenal Guillermo y escrita en noviembre de 1349 en Aviñón, donde los superiores de su Orden habían hecho encarcelar a Rupescissa para curarle de la manía profética. Allí dice que con oraciones y penitencias alcanzó la vista de las cosas futuras, y que en julio de 1345, pocos días antes de la fiesta de Santiago, tuvo una visión estupenda. Entendió que de la estirpe de Federico II y del rey don Pedro III de Aragón había de proceder el Anticristo, el cual no sería otro que Luis de Baviera, enemigo de la Iglesia y fautor de un antipapa.

---

241 Roig y Yalpi (*Resumen historial de las grandezas de Gerona*, página 470) dice: «Peratallada, población celebérrima por ser patria de aquel prodigioso filósofo Juan de Petrascissa». Bosch (*Títols d'honor de Catalunya*, página 366): «Juan de Rippacisa, al qual diém en càthalá Joan de Pera Tallada». El maestro Sala también le apellida catalán en la *Proclamación católica*, página 5.

242 Véase Wading, *Annales Minorum*, tomo 8, página 138; Trithemio, Uvilloto, *Bibliotheca universa franciscana*, tomo 2, página 214; Lenglet-Dufrenoy, *Histoire de la philosophie hermétique* (París, 1742), tomo 1, página 204, y, tomo 2, página 290 y siguientes; Hoefer, *Histoire de la chimie*, 10.ª edición (París, 1866), página 446; Torres Amat, *Diccionario de escritores catalanes* (artículos Ribatallada y Peratallada), etc. A mi amigo señor Pella y Forgas, autor, con el señor Coroléu, del excelente libro Las Cortes catalanas, debo algunas noticias sobre Rupescissa.

Él subyugaría la Europa y el África, mientras que en Oriente se levantaría un horrendo tirano. Anuncia estas calamidades para el año 1366. En pos vendrá el cisma, eligiéndose un papa bueno y otro malo; la Orden de los frailes Menores se dividirá en tres partes, siguiendo muchos al papa, otros al antipapa, algunos ni a uno ni a otro, pero sí el reino general del Anticristo de Baviera. Los carmelitas y dominicos se irán todos con el antipapa. Los judíos predicarán libremente. El Anticristo se hará señor de todo el orbe, conquistando primero España, luego Berbería y, a la postre, Siria y la Casa santa. Estallará tremenda lid entre ingleses y franceses. Se levantarán muchas sectas heréticas. Muerto el Anticristo, sucederán cuarenta y cinco años de guerras, y el cetro del imperio romano pasará a Jerusalén y tierras ultramarinas. Convertidos los judíos y destruida la monarquía del Anticristo, seguirán mil años de paz, concordia y dicha (el reino de los milenarios). Los judíos conversos poseerán el mundo y Roma quedará desolada. Jerusalén será el asiento del Sumo Pontífice. Todos vivirán en la tercera regla de san Francisco, y los frailes Menores serán modelos de santidad y pobreza, extendiéndose prodigiosamente la Orden. Pero después caerán todos en grandes abominaciones y torpezas (sodomía, embriaguez, etc.). Durante estos mil años, los herejes, que después de la muerte del Anticristo no habrán querido convertirse, vivirán en las islas de los mares y en montes inaccesibles. De allí saldrán al fin de la época milenaria para inundar la tierra, y habrá grande aflicción, y aparecerá el último Anticristo, y bajará fuego del cielo para abrasar a él y a sus partidarios. Tras de lo cual vendrá el fin del mundo y el juicio final. Hay mucho de milenarismo carnal en esta exposición del *Apocalipsis*, pero el autor concluye sometiéndose humildemente al juicio de la Iglesia.[243]

243 Inc.: «Reverendissime in Christo Pater et Domine, Domine Guillerme, sacrosanctae romanae Ecclesiae Cardinalis, titulo quatuor coronatorum. Ego Frater Johannes de Rupescissa ordinis fratrum minorum, provinciae Aquitaniae, provincie Ruthenensis et conventus Aurelhiaci, ad mandatum vestrum descripsi seriem notabilium eventuum futurorum mihi in carceribus apertorum, prout melius et verius potero recordari. Modus revelandi fuit iste. Cum anno Domini millesimo tricentesimo quadragesimo quinto multis diebus fierem vinctus in carcere... in conventu Figiaci stupens et mirans», etc.

Fin: «Scripta sunt haec per me, fratrem Johannem de Rupescissa ordinis fratrum minorum Provinciae Aquitaniae, custodiae Ruthenensis... in romana curia, in Avinione, in carcere Dom. Papae Clementis VI, pontificatus sui anno VIII. Qui carcer vocatur carcer Soldam. Anno ab incarnatione Dom. nostri Iesuchristi MCCCXLIX, in mense Novembris, in die Sancti Martini».

El códice 7371 no contiene más que retazos de estas visiones. El 2599 es un *Comentario a las profecías de Cirilo y del abad Joaquín*, dividido en ocho tratados, y en el cual sustancialmente se repiten las mismas ideas, con alusiones continuas al cisma.[244]

Eximenis, en el libro X de su Chrestiá, inserta un extracto de las profecías de Rupescissa tocantes al juicio final.

V. La impiedad averroísta. Fray Tomás Scoto. El libro De tribus impostoribus

Sabemos ya lo que era el averroísmo como doctrina filosófica, pero esa palabra tuvo un doble sentido en la Edad media y, sobre todo, en el siglo XIV. El *Comento*, de Averroes, se había convertido en bandera de incredulidad y materialismo.

Nadie se fijaba en el fondo del sistema, sino en sus últimas consecuencias, libérrimamente interpretadas: negación de lo sobrenatural, de los milagros y *De la inmortalidad del alma*. «Hay en el mundo tres leyes, se decía; la religión es un instrumento político, el mundo ha sido engañado por tres impostores.» Esta blasfemia sonó, quizá por primera vez, en la corte siciliana de los Hohenstaufen. Federico II, suelto y relajado en sus costumbres, dado al trato de judíos y musulmanes,[245] envuelto en perennes discordias con la Santa sede y a la vez príncipe inteligente y de aficiones literarias, es el primero de esos averroístas impíos. Su cruzada a Jerusalén no pasó de sacrílega burla. Pedro de las Viñas, Ubaldini, Miguel Scoto, todos los familiares de Federico, eran de ortodoxia sospechosa.

Los primeros impugnadores de Averroes, Guillermo de Alvernia, Alberto el Magno, santo Tomás, nuestro Ramón Martí, de quien tornaré a hablar cuando trate de los apologistas españoles de la ortodoxia, atacaron doctrinas verdaderamente averroístas: el intelecto uno, la eternidad del mundo, etc.

Tiene este manuscrito 46 folios.

244 «In nomine Dom. nostri Iesuchristi, incipit Commentum super prophetiam Cyrilli heremitae presbyteri, simul cum Commento Ioachim, editum afratre Ioanne de Rupescissa, ordinis fratrum minorum.»
Tiene 270 folios en pergamino y papel.

245 Armari publicó en el *Journal Asiatique* (febrero y marzo de 1853) las preguntas de Federico al filósofo arábigo-hispano Ben Sabin de Murcia y las respuestas de éste.

El otro Averroes, corifeo de la impiedad, aparece por primera vez en el libro de Egidio Romano *De erroribus philosophorum*.[246] Allí se le acusa de haber vituperado las tres religiones, afirmando que ninguna ley es verdadera, aunque pueda ser útil. Usaban los averroístas, como término de indiferentismo, la expresión loquentes in tribus legibus, entendiendo a los cristianos, israelitas y mahometanos, y se abroquelaban con pasajes de su maestro en el comento a los libros II y XI de la *Metaphysica* y al III de la *Physica*.

Acosados por los doctores católicos, solían acudir al sofisma de que una cosa puede ser verdadera según la fe y no según la razón, y, fingiéndose exteriormente cristianos, se entregaban a una incredulidad desenfrenada, poniendo todas sus blasfemias en cabeza de Averroes. Achacábanle el dicho de que la religión cristiana es imposible; la judaica, religión de niños; la islamita, religión de puercos. ¡Qué secta la de los cristianos, que comen a su Dios!, contaban que había exclamado. Muera mi alma con la muerte de los filósofos era otra de las frases que se le atribuían.

Así se encontró el filósofo cordobés, a mediados del siglo XIV, transformado de sabio pagano que había sido en una especie de demonio encarnado, cuando no en blasfemo de taberna, a quien llamó Duns Scoto *iste maledictus Averroes*; el Petrarca, *canem rabidum Averroem*, y Gerson, *dementem latratorem*; a quien pintó Andrés Orcagna en el camposanto de Pisa al lado de Mahoma y del Anticristo, y a quien, en la capilla de los españoles de santa María Novella, de Florencia, vemos, con Arrio y con Sabelio, oprimido por la vencedora planta de santo Tomás en el admirable fresco de Tadeo Gaddi.

Esa especie de averroísmo también penetró en España. Nicolás Eymerich la anota en el gran registro de su *Directorium*, hablando de ciertos herejes que defendían en Aragón *quod secta Mahometi est aeque catholica sicut fides Christi*.[247] ¿De dónde podía venir tal desvarío sino de Averroes?

Generalmente los impíos de la Edad media eran hipócritas y cautelosos: deslizaban sus audacias en la interpretación de un texto o las ponían en boca de

---

246 Publicado por Renán (Averroes y el averroísmo, página 467) en el capítulo de Averroes, con presencia del manuscrito 694 de la Sorbona. Sobre toda esta fase del averroísmo encierra curiosos datos el libro de Renán, cuyo espíritu, no hay para qué decirlo, es bien poco recomendable.

247 *Directorium Inquisitorum*, página 198.

un infiel. Pero en España hubo una excepción de esta regla, un personaje hasta hoy casi desconocido: fray Tomás Scoto.

¿Dónde nació? Lo ignoro; solo sé que era apóstata dominico y apóstata franciscano y que peregrinó, divulgando su mala doctrina por la Península, hasta que fue encarcelado en Lisboa, donde había tenido agrias disputas con Álvaro Pelagio, a quien debemos la noticia y relación de sus errores. Dice así en su obra inédita *Collyrium contra haereses*:[248]

Estas son las herejías y errores de que fue convicto Tomás Scoto:

1.ª Dijo que era fábula la longevidad de los antiguos patriarcas.

2.ª Que la profecía de Isaías (cap. 7): *Ecce virgo concipiet*, no se entendía de la Virgen María, sino de alguna criada o concubina del profeta, debiendo tomarse la palabra virgo en el sentido de puella o adolescentula.

3.ª Que tres impostores habían engañado al mundo. Moisés a los judíos, Jesús a los cristianos y Mahoma a los sarracenos.

4.ª Enseñó en las escuelas de *Decretales* de Lisboa que las palabras de Isaías *Deus fortis, pater futuri saeculi* no se referían a nuestro Señor Jesucristo.

5.ª Que después de la muerte las almas se reducían a la nada.

6.ª Que Cristo era hijo adoptivo y no propio o natural de Dios.

7.ª Negaba la perpetua virginidad de nuestra Señora.

8.ª Dijo en las escuelas que la fe se probaba mejor por razones filosóficas que por la Escritura, y que el mundo estaría mejor gobernado por los filósofos que por los teólogos y canonistas.

9.ª Defendía el concubinato de los frailes y hablaba con poco respeto de san Agustín y san Bernardo.

10.ª Negaba que Cristo hubiese dado potestad a san Pedro, ni a sus sucesores, ni a los obispos.

11.ª Era preadamita.

12.ª Admitía la eternidad del mundo.

---

248 Véase este curioso paso en el Apéndice. Me valgo del códice latino III-VI de san Marcos de Venecia. He examinado, además, el 2324 de la Vaticana, página 133: Incipit *Collyrium fidei* contra haereses, compositum a frare Alvaro Hispano, doctore Decretorum et Episcopo Silvensi. El mismo Álvaro habla de ciertos herejes lisbonenses que negaban la eficacia de las preces por los difuntos.

13.ª Negaba el juicio final, la resurrección de los muertos y la gloria futura.

14.ª Tenía a Aristóteles por más sabio que a Moisés y por mejor hombre que a Cristo (*qui fuit homo malus et suspensus pro suis peccatis, et qui parabat se cum mulierculis loquentibus*).

15.ª Blasfemó de la Eucaristía y del poder de las llaves.

16.ª Atribuía a arte mágica los milagros de Cristo.

17.ª Erraba en la materia de sacramentos.

Era, además, mago nigromante y evocador de demonios, o, como diríamos hoy, espiritista. Conversaba día y noche con los judíos, y sus costumbres eran el colmo del escándalo.

Este tipo repugnante de fraile malo, impuro, apóstata y blasfemo, pero que tenía, a diferencia de otros averroístas, el mérito de la franqueza, hubiera figurado en primera línea a haber nacido cuatro o cinco siglos más tarde entre los Diderot, La Mettrie, Holbach y demás pandilla de materialistas y ateos de escalera abajo, que, sin gran fatiga, lo explicaban todo por impostura, trápala y embrollo. ¡Lástima que no hubieran tenido noticia de un predecesor tan egregio![249]

Si el rótulo *De tribus impostoribus* corresponde a un libro y no a una simple blasfemia, repetida por muchos averroístas y por nadie escrita, ¿quién más abonado que Tomás Scoto para ser el autor? Pero ¿ha existido el libro? Todo induce a creer que no.

Cuestión bibliográfica es ésta que no pasa de curiosa y que puede tenerse por agotada después de los trabajos de La Monnoye y de Gustavo Brunet.[250] Conviene, no obstante, decir algo, porque entre los supuestos autores de este libro suenan dos o tres españoles. Comencemos por advertir que antes del siglo

---

249 No se ocultó a la varia y erudita curiosidad de la Monnoye, adicionador de la Menagiana, el libro de Álvaro Pelagio y lo que en él se dice de Tomás Scoto, aunque solo cita un brevísimo pasaje: el referente a los tres impostores. Se valió del manuscrito 2071 de la Biblioteca Real de París (fondo de Colbert).

250 Véase la disertación de la Monnoye al fin de la Menagiana. La de Brunet (Filomnesto Junior) figura al frente del librillo titulado *De tribus impostoribus* (MDIIC). Testo latino collazionato sull'esemplare del Duca de la Vallière, ora esistente nella Biblioteca Imperiale di Parigi, con l'aggiunta delle varianti di parechi manoscriti... (Milán, Daelli, 1874). (Biblioteca Rara.) Reproducción de otra francesa, que ahora no tengo a mano.

XVI nadie habla del *De tribus impostoribus* como libro. Desde aquella época ha venido atribuyéndose a diversos personajes conocidos por sus audacias o impiedades. Prescindamos de Federico Barbarroja, que, a pesar de sus desavenencias con Roma, no dio motivo a que se dudase de su fe. Dejemos a Averroes, a quien pudo atribuirse la idea, pero nunca el libro. El primer nombre verdaderamente sospechoso es el de Federico II. Gregorio IX le acusa en una epístola muy conocida de haber dicho que «el mundo estaba engañado por tres impostores (tribus baratoribus) y de haber negado el misterio de la Encarnación y todo lo sobrenatural»; pero no de haberlo escrito.[251] Otro tanto puede decirse de su canciller Pedro delle Vigne, el que tuvo las llaves del corazón de Federico. El emperador negó una y otra vez ser suya aquella blasfemia: *Absit de nostris labiis processisse*, pero sin convencer a nadie de su ortodoxia.

Tomás de Cantimpré acusa al maestro parisiense Simón de Tournay (siglo XIII) de haber enseñado a sus discípulos que Moisés, Jesús y Mahoma eran tres impostores. En aquella Universidad reinaba licencia grande de opiniones, y el obispo Esteban Tempier tuvo que condenar proposiciones averroístas en 1269 y 1277.

---

251 Federico II. Tres impostores.

Gregorio IX, en su epístola «ad omnes principes et praelatos terrae» (Mansi, tomo 23, página 79), dice: 786 326 2483

«Iste rex pestilentiae a tribus barathronibus, ut eius verbis utamur, scilicet Christo Iesu, Moyse et Mahometo, totum mundum fuisse deceptum; et duobus eorum in gloria mortuis, ipsum Iesum in lignum suspensum manifeste proponens, insuper dilucida voce affirmare vel potius mentiri praesumpsit, quod omnes fatui sunt, qui credunt nasci de Virgine Deum, qui creavit naturam et omnia, potuisse.»

Ya en 1201 Simón de Tournay, profesor de teología en París, había dicho:

«Tres sunt qui mundum sectis suis et dogmatibus subiugarunt, Moyses, Iesus et Mahometus. Moyses primo Iudaicum populum infatuavit. Iesus Christus a suo nomine Christianos, gentilem populum Mahometus.» (Véase Thomas Cantipratanus, dominico, que murió en 1263: Bonum Universale, de apibus, lib. 2, cap. 40, n.º 5)

También los musulmanes, y entre ellos nada menos que el imán de la gran mezquita de Jerusalén, atribuyó el dicho a Federico (Reinaud, Extractos de los historiadores árabes relativos a las guerras de las Cruzadas, [París 1829], página 431).

Sobre el escrito posterior *De Tribus impostoribus, vide De Impostura religionis breve compedium sive Liber de tribus impostoribus*, publicado por Genthe (Leipzig, 1833). Alzog, III 68-69.

Gabriel Naudé sacó a plaza el nombre de Arnaldo de Vilanova. Mis lectores saben su historia y la naturaleza de sus errores. A su modo era creyente fervoroso, y jamás se le pudo ocurrir la idea de poner en parangón la verdad cristiana con el judaísmo o el mahometismo. En ninguno de sus escritos hay huellas de esto, ni lo apunta la sentencia condenatoria.

También han citado algunos a Boccaccio, y da que sospechar el cuento de los tres anillos (jornada 1.ª, n.º 3 del *Decamerone*), donde anda mal disimulado el indiferentismo. Cada cual de los hermanos tenía su anillo por verdadero, y uno de los tres lo era, pero ¿cuál? Boccaccio preludia la incredulidad ligera y mundana de los florentinos del Renacimiento, aunque bien amargamente se arrepintió de haber escrito ésta y otras impiedades entre el fárrago de sus cuentos obscenos. De todas maneras, hay diferencia de la idea de los anillos a la de los impostores. La una es escepticismo elegante; la otra, brutalidad de mal gusto; las dos por igual censurables, quizá más peligrosa la primera.

Otros han hablado de Poggio no más que por haber llenado sus Facecias de diatribas contra la corte romana; de Pedro Aretino, solo por la triste fama que le dieron sus libros obscenos; de su amigo Fausto de Longino, que comenzó a escribir una obra impía: *Tempio della verità*; de Machiavelli, que pasaba por medio pagano, sobre todo en política; de Pomponazzi, que en el *Tractatus de immortalitate animae trae un dilema* sobre las tres leyes (*aut igitur omnes sunt falsae... aut saltem duae eorum*) sin resolverle; de Cardano, que en el libro XI *De Subtilitate* deja en pie una duda semejante (*his igitur arbitrio victoriae relictis*); de fray Bernardo Ochino, célebre heresiarca italiano; de nuestro Miguel Servet y de Giordano Bruno, que eran antitrinitarios y panteístas, pero que picaban demasiado alto para que se les pueda atribuir la pobreza del *De tribus impostoribus*; del estrafalario Guillermo Postel, a quien cuenta haber oído Enrico Stefano que de las tres religiones podía resultar una buena; de Mureto, a quien acusa Campanella; de Campanella, acusado por otros, pero que se defendió alegando que el libro estaba impreso treinta años antes de su nacimiento; de Vanini, de Hobbes, de Spinoza..., de todos los impíos que hasta fines del siglo XVII fueron apareciendo.

Y, entretanto, nadie había visto el libro de que todos hablaban. Algunos fijaban fechas y lugares de impresión. Fray Jerónimo Gracián (*Diez lamentaciones del miserable estado de los atheístas*) dice que el libro *De los tres engañadores* no se permitió imprimir en Alemania el año 1610. Berigardo, en el Círculo Pisano, llegó a citar, quizá por no decirlo en propio nombre, una opinión de ese libro en que se atribuían a magia los prodigios de Moisés. Teófilo Raynaldo menciona el nombre del impresor: Wechel. La reina Cristiana de Suecia ofreció 30.000 francos a quien le proporcionase un ejemplar; todo en vano. Los eruditos más avisados, Naudé, Ricardo Simón, Bayle, La Monnoye, tuvieron por fábula todo lo que se decía; el último dedicó una disertación a probarlo.

Un cierto Pedro Federico Arpe, de Kiel, autor de la *Apología* de Vanini, quiso impugnar la disertación de La Monnoye, contando que en 1706 en Francfort-sur-Mein había visto y copiado el manuscrito *De tribus impostoribus*, que él atribuía resueltamente a Federico II o a Pedro de las Viñas, y aun llegó a dar un extracto de sus seis capítulos. Tenía la relación de Arpe de novela, lo bastante para hacerle perder el crédito, y La Monnoye contestó que él no negaba que cualquier aficionado hubiese podido forjar el libro; pero que ni las ideas ni el estilo eran del tiempo de Pedro de las Viñas, y que olía a moderna, por sobrado elegante, la latinidad de la supuesta dedicatoria a Otón de Baviera.[252]

Vino el siglo XVIII, y, excitada la codicia de libreros y eruditos, entonces, y solo entonces, apareció el librejo *De tribus impostoribus*, y no uno, sino dos o tres, a cuál más insignificantes, con los cuales se especuló largamente. El más conocido y famoso está en latín, con la falsa data de 1598, y se reduce a 46 páginas en 8.º, llenas de vulgaridades, en mal estilo y pésimo lenguaje. Parece que la impresión es de Viena, 1753, y que se repitió en Giersen, 1792, sin año ni lugar, aunque es fácil distinguir los ejemplares, porque tienen 62 páginas. Las dos ediciones escasean, y en la venta del duque de la Vallière (1784) valió la primera 474 francos. Gustos hay que merecen palos. Conozco cuatro reimpresiones modernas: de Genthe (Leipzig, 1833), de Weller (1846), de Brunet y de Daelli. Que el texto no es de la Edad media, basta a demostrarlo la mención que se hace de los jesuitas. Todavía son más despreciables el Traité des trois imposteurs, alias Espíritu de Spinoza, que se tradujo al castellano y al inglés, y otro aborto por el estilo, que se atribuye al barón de Holbach o a su tertulia.

---

252 Véase *Mémoire de littérature*, de Sallengre (La Haya, por Sauzet, 1716). Todas estas contestaciones han sido reproducidas al fin de la edición de Filomnesto junior, el cual inserta, además, una bibliografía bastante completa de todos los que han tratado de esta cuestión. Algunos dudan que la disertación firmada con las iniciales J. L. R. L. sea de Arpe. Poco importa.

En resumen: el *De tribus impostoribus*, como obra de la Edad media, es un mito.

VI. Literatura apologética. El Pugio fidei

No todos los que se dedicaban al estudio de las lenguas orientales, y traían a los idiomas modernos producciones filosóficas de árabes y judíos lo hacían con el dañado intento de esparcir cautelosamente, y a la sombra de un musulmán o hebreo, sus propias impiedades y errores. Muchos de estos orientalistas eran fervorosísimos católicos, y convertían su ciencia en instrumento apologético, y aun de catequesis. Así don Alfonso el Sabio, que «fizo trasladar toda la secta de los moros, porque paresciessen por ella los errores en que *Mahomad*, el su falso profeta, les puso et en que ellos están hoy en día. Otrosí fizo trasladar toda la ley de los judíos, et aun el su Talmud et obras sciencias que han los judíos muy escondidos, a que llaman Kábala». Y esto lo hizo «porque paresce manifiestamente por la su ley que toda fue figura de esta ley que los cristianos avemos, et que también ellos como los moros están en gran error et en estado de perder sus almas».[253] Así Raimundo Lulio, como veremos en el capítulo que sigue. Así, más que todos, el grande hebraizante, dominico del siglo XIII, Ramón Martí, natural de Subirats, en Cataluña, autor de un vocabulario arábigo recientemente publicado por Sciapparelli y de una obra maestra de controversia y erudición rabínica, monumento inmortal de la ciencia española, muy utilizado por Pascal en sus famosos Pensamientos: el *Pugio fidei*.[254]

Fue Ramón Martí (1230-1286?) uno de los ocho dominicos a quienes el cuarto general de la Orden, fray Juan de Vildeshuzen, destinó a aprender lenguas orientales. Su apología del cristianismo difiere en el modo y en la sustancia

---

253 Don Juan Manuel, *Libro de cetrería*.

254 *Pugio fidei*, Raymundi Martini, ordinis Praedicatorum, adversus Mauros et Iudaeos; nunc primum in lucem editus impensis Ordinis: cura vero et auspiciis felicis memoriae Reverendissimi Thomae Turco: subindeque Reverendissimi Ioannis Baptistae de Marinis, Magistrorum Generalium: ope et opera Illustrissimi ac Reverendissimi Domini Iosephi de Voisin Presbyteri, et Exsenatoris Burdegalensis. Ad Serenissimum Regiae Stirpis Primum Principem Ludovicum Borbonium Condaeum, Burdegalae et Aquitaniae Proregem Optatissimum. Parisiis apud Mathurinum Henault, via Iacobaea sub signo Angeli Custodis. MDCLI (1651). Cum approbatione et Privilegio. (Esta edición es muy rara, sobre todo en España.) Los prolegómenos son de Maussac y de Voisin: 783 páginas sin los preliminares.

de todas las que hasta entonces se habían emprendido, excepto la *Summa contra gentes*; y no solo debe estimarse como cumplida demostración de la verdad católica contra moros y judíos, sino como libro de teología natural, en que hábilmente se refutan las doctrinas filosóficas, nacidas del estudio de la filosofía oriental, poniéndose más de una vez a contribución los argumentos de Algazel y otros impugnadores del peripatetismo muslímico. Una breve ojeada a la primera parte del libro bastará a probar su interés bajo este aspecto, no muy tenido en cuenta hasta ahora.

Comienza Ramón Martí por dividir a los enemigos del cristianismo en dos clases: o tienen ley o no tienen otra que la natural. Estos últimos se dividen en temporales o epicúreos, naturales y filósofos. Los primeros ponen la felicidad en el placer y niegan la existencia de Dios. Los segundos confiesan la existencia de Dios, pero niegan la inmortalidad del alma. Los filósofos combaten a unos y otros, pero niegan por su parte la creación, la resurrección de los cuerpos y el conocimiento particular que Dios tiene de las cosas. Tales son Avicena y Alfarabi, al decir de Algazel, de quien está tomada esta distinción.

La existencia de Dios se prueba contra los epicúreos con cinco argumentos: 1.º, necesidad de la primera causa; 2.º, necesidad del primer motor; 3.º necesidad de la concordia; 4.º, porque nuestra alma ha tenido principio; 5.º, por la contemplación de las cosas creadas.

Que el sumo bien no es el deleite, lo persuade el autor del *Pugio fidei* con razones tornadas de la Escritura, de los Padres, de los clásicos y de los filósofos, como Algazel en el Lampas luminum, Avicena en el Alixarat, Aben Rost (sic) y otros.

Por la inmortalidad del alma invoca estos argumentos: 1.º, utilidad moral de esta creencia; 2.º, justicia de Dios incompleta en este mundo; 3.º, el alma solo alcanza su perfección separada del cuerpo; 4.º, no se debilita con él; 5.º, es incorruptible, y no ha de confundirse con el temperamento o la complexión, como pretendió Galeno y sostenían algunos médicos en tiempo de Raimundo.

El cual templa mucho las invectivas de Algazel contra los filósofos, que, sin embargo, reproduce, aseverando con la sana filosofía católica que «no todo lo que hay en los filósofos es malo, aunque la fe, y no la ciencia, es la que salva».

Defendían los panteístas de entonces la eternidad del mundo con dos clases de argumentos: unas ex parte Dei, otros ex parte creaturae. Alegaban que Dios obra eternamente y del mismo modo; que su querer y su bondad son infinitos y eternos, y que eterna e infinita debe ser también la creación. A lo cual Raimundo contesta: 1.º, que la novedad del efecto divino no demuestra novedad de acción en Dios, porque su acción es su esencia; 2.º, que de la eternidad de la acción no se deduce la eternidad del efecto; 3.º, que la misma voluntad que quiere y determina el ser, quiere y determina la actualidad (tale... tunc); 4.º, que, aunque el fin de la divina voluntad no pueda ser otro que su bondad misma, no obra, sin embargo, necesariamente, porque su bondad es eterna e inmutable, y no se le puede acrecentar nada. Ni puede decirse que Dios obra por mejorarse, porque Él es su propia bondad. Obra, pues, o crea libremente.[255]

Ex parte creaturae defendían los filósofos la eterna conservación de las especies, alegando la imposibilidad de que no existan algunas criaturas y la incorruptibilidad de otras. Pero nuestro apologista responde que la necesidad de ser en las criaturas es necesidad subordinada y de orden, y que la virtud de ser incorruptibles supone la producción de sustancia.

Trata luego del alma, de su naturaleza, de su unidad o diversidad, impugnando el monopsichismo de los averroístas:

1.º Porque todo compuesto requiere una forma sustancial, que es su primera perfección. *El alma* racional es la forma sustancial de cada individuo humano.

2.º Porque los principios de las cosas particulares han de ser particulares también.

3.º Porque ningún motor produce a un tiempo diversos movimientos contrarios,

4.º Porque, si el intelecto o el alma racional fuese única, acontecería que los hombres tendrían una sola forma sustancial, pero no una sola animalidad, cosa a todas luces contradictoria.

La creación, como artículo que es de fe, no está probada directamente en el *Pugio fidei*; pero sí destruidos los argumentos contrarios, no sin que advierta

---

255 «Quod licet finis divinae voluntatis non possit esse nisi eius bonitas, non tamen agit propter producendum hunc finem in esse, sicut artifiex agit propter constitutionem artificiati, cum bonitas eius sit aeterna et immutabilis, ita quod ei nihil accrescere potest. Nec potest etiam dici quod Deus agat propter meliorationem sui... ipse enim est sua bonitas» (cap. 7).

sabiamente el autor, con testimonios de Maimónides, Averroes, Algazel y Rasi, que el mismo Aristóteles no tuvo por demostrativas *simpliciter*, sino *secundum quid*, sus razones en defensa de la eternidad del mundo. La doctrina de Maimónides en el *More Nebuchim* le sirve de grande auxilio en esta parte.

Viene después la gran cuestión: «Si Dios conoce alguna cosa distinta de sí mismo», dado que las cosas particulares son materiales, contingentes, perecederas, muchas en número, viles y malas. El filósofo catalán contesta sabiamente:

1.ª Que Dios no puede dejar de tener el conocimiento de lo particular, porque es causa de ello, porque conoce sus principios, porque sabe los universales y porque su conocimiento mismo es causa de las cosas.

2.º Que Dios tiene el conocimiento de las cosas que no existen, porque conoce las causas y porque el artífice sabe bien lo que puede hacer, aunque no lo haga.

3.º Que Dios tuvo desde la eternidad noticia de los particulares contingentes, porque conoce sus causas.

4.º Que Dios conoce todas las voluntades y pensamientos, porque entiende las cosas en sus causas, y su entender es causa del entendimiento humano.

5.º Que Dios conoce infinitas cosas, porque su ser es infinito y porque el mismo entendimiento humano en potencia es *cognoscitivus infinitorum*.

6.º Que Dios conoce las cosas pequeñas y viles, porque la vileza no redunda *per se*, sino *per accidens*, en el que conoce.

7.º Que Dios conoce lo malo como contrario de lo bueno y que el conocimiento de lo malo no es malo.

Con la traducción de una carta de Averroes sobre el conocimiento que Dios tiene de los particulares contingentes y los argumentos de Algazel en pro de la resurrección de los muertos, termina esta primera parte del *Pugio fidei*. La doctrina, como se ha visto, es la misma de santo Tomás, pero expuesta con cierta originalidad y con profundo conocimiento de la filosofía semítica. En España no se escribió mejor tratado de teodicea en todo el siglo XIII. Ramón Martí demostró prácticamente el provecho que podía sacar la filosofía ortodoxa de aquellos mismos peripatéticos árabes, que eran el gran texto de la impiedad averroísta.

182

De la segunda parte, en que con portentosa y todavía no igualada erudición hebraica prueba la venida del Redentor y el cumplimiento de las profecías mesiánicas, y de la tercera, en que discurre de la Trinidad, del pecado original, de la redención y de los sacramentos, no es oportuno tratar ahora. Quédese para el afortunado escritor que algún día ha de tejer digna corona a este insigne teólogo, filósofo, escriturario y filólogo, gloria de las más grandes e injustamente oscurecidas de nuestra olvidadiza España. El maestro de Pascal, siquiera por este título, alguna consideración ha de merecer aun a los más acérrimos despreciadores de la ciencia católica de nuestros padres.

Capítulo V. Reacción antiaverroísta. Teodicea luliana. Vindicación de Raimundo Lulio (Ramón Lull) y de R. Sabunde

I. Noticias del autor y de sus libros. II. Teología racional de Lulio. Sus controversias con los averroístas. III. Algunas vicisitudes de la doctrina luliana. Campañía de Eymerich contra ella. R. Sabunde y su libro *De las criaturas*. Pedro Dagui, etc.

I. Noticias del autor y de sus libros

Pasaron, a Dios gracias, los tiempos de inaudita ligereza científica, en que el nombre del iluminado doctor sonaba como nombre de menosprecio, en que su *Arte magna* era calificada de arte deceptoria, máquina de pensar, jerga cabalística, método de impostura, ciencia de nombres, etc. ¡Cuánto daño hicieron Bacon y nuestro padre Feijoo con sus magistrales sentencias sobre Lulio, cuyas obras declaraban enteramente vanas, quizá sin haberlas leído! Es verdad que los lulianos, nunca extinguidos en España, se defendieron bien; pero, como el siglo pasado gustaba más de decidir que de examinar, dio la razón a Feijoo, y, por lo que toca a España, sus escritos se convirtieron en oráculo. Hoy ha venido, por dicha, una reacción luliana, gracias a los doctos trabajos e investigaciones de Helfferich, Roselló, Canalejas, Weyler, y Laviña, Luanco, etc., no todos parciales o apologistas de Lulio, pero conformes en estudiarle por lo serio antes de hablar de él.[256] Ya no se tiene a Ramón Lull por un visionario, o a lo sumo por inventor

---

256 Véase Helfferich, *Raymund Lull und die Anfänge der catalonischen Literatur* (Berlín 1858); Roselló, *Obras rimadas de Lull* (Palma 1859) y *Biblioteca Luliana* (inédita); Canalejas, *Las doctrinas del doctor Iluminado Raimundo Lulio* (Madrid 1870) y otros opúsculos; Weyler y Laviña, *Raymundo Lulio juzgado por sí mismo* (Palma 1867); Luanco, *Raymundo Lulio considerado como alquimista* (Barcelona 1870).

de nuevas fórmulas lógicas, sino por pensador profundo y original, que buscó la unidad de la ciencia y quiso identificar la lógica y la metafísica, fundando una especie de realismo racional; por verdadero enciclopedista; por observador sagaz de la naturaleza, aunque sus títulos químicos sean falsos o dudosos; por egregio poeta y novelista, sin rival entre los cultivadores catalanes de la forma didáctica y de la simbólica, y, finalmente, por texto y modelo de lengua en la suya nativa. El pueblo mallorquín sigue venerándole como a mártir de la fe católica, la Iglesia ha aprobado este culto inmemorial, y se han desvanecido casi del todo las antiguas acusaciones contra la ortodoxia luliana.

Ellas serán el único objeto de este capítulo, si bien juzgo conveniente anteponer algunas noticias biográficas y bibliográficas. La vida de Lulio, el catálogo de sus libros o la exposición de su sistema, sería materia, no de breves páginas, sino de muchos y abultados volúmenes, sobre los ya existentes, que por sí solos forman una cumplida biblioteca.

La biografía de Lulio es una novela: pocas ofrecen más variedad y peripecias.[257] Nacido en Palma de Mallorca el 25 de enero de 1235, hijo de uno de los caballeros catalanes que siguieron a don Jaime en la conquista de la mayor de las Baleares, entró desde muy joven en palacio, adonde le llamaba lo ilustre de su cuna. Liviana fue su juventud, pasada entre risas y devaneos, cuando no en torpes amoríos. Ni el alto cargo senescal que tenía en la corte del rey de Mallorca, ni el matrimonio que por orden del monarca contrajo, fueron parte a traerle al buen camino. La tradición, inspiradora de muchos poetas, ha conservado el recuerdo de los amores de Raimundo con la hermosa genovesa Ambrosia del Castello (otros la llaman Leonor), en cuyo seguimiento penetró una vez a caballo por la iglesia de santa Eulalia, con escándalo y horror de los fieles que asistían a los divinos Oficios. Y añade la tradición que solo pudo la dama contenerle mostrándole su seno devorado por un cáncer. Entonces com-

---

257 Véase: entre otros biógrafos de Lull: Doct. Petri Bennazaz almae sedis Maioricarum canonici. Breve ac compendiosum rescriptum, nativitatem, vitam... R. Lullii complectens (Mallorca 1688); *Vindiciae* Lullianae... Auctore don An. Rai. Pasqual (Aviñón 1778); Vida y hechos del admirable doctor y mártir Ramón Lull, por el doctor Juan Seguí (Palma 1606); Historia del reino de Mallorca, por don Vicente Mut (todo el, lib. 3); Vida admirable del ínclito mártir de Cristo B. Raimundo Lulio, por fray Damián Cornejo (Madrid 1686); *Disertaciones históricas* del culto inmemorial de Raimundo Lulio, por la Universidad luliana (1700); Acta B. R., lib. Maioricensis, por Juan B. Soler (1708); Wadding, *Annales* etc.

prendió él la vanidad de los deleites y de la hermosura mundana; abandonó su casa, mujer e hijos; entregóse a las más duras, penitencias, y solo tuvo desde entonces dos amores: la religión y la ciencia, que en su entendimiento venían a hacerse una cosa misma. En el *Desconhort*, su poema más notable, recuerda melancólicamente los extravíos de su juventud:

> Quant fui grans, e senti del mon sa vanitat,
> comencey á far mal: é entrey en peccat;
> oblidam lo ver Deus: seguent carnalitat, etc.

Tres pensamientos le dominaron desde el tiempo de su conversión: la cruzada a Tierra santa, la predicación del Evangelio a judíos y musulmanes, un método y una ciencia nueva que pudiese demostrar racionalmente las verdades de la religión para convencer a los que viven fuera de ella. Aquí está la clave de su vida: cuanto trabajó, viajó y escribió se refiere a este objeto supremo.

Para eso aprende el árabe, y, retraído en el monte Randa, imagina su *Arte universal*, que tuvo de buena fe por inspiración divina, y así lo da a entender en el Desconhort. Logra de don Jaime II de Mallorca, en 1275, la creación de un colegio de lenguas orientales en Miramar, para que los religiosos Menores, allí educados, salgan a convertir a los sarracenos; fundación que aprueba Juan XXI en el año primero de su pontificado.

¡Qué vida la de Raimundo en Miramar y en Randa! Leyéndola tal como él la describe en su *Blanquerna*, se cree uno transportado a la Tebaida, y parece que tenemos a la vista la venerable figura de algún padre del yermo. Pero Dios no había hecho a Raimundo para la contemplación aislada y solitaria: era hombre de acción y de lucha, predicador, misionero, maestro, dotado de una elocuencia persuasiva, que llevaba tras sí las muchedumbres. Así le vemos dirigirse a Roma para impetrar de Nicolás III la misión de tres religiosos de san Francisco a Tartaria, y el permiso de ir a predicar él mismo la fe a los musulmanes, y emprende luego su peregrinación por Siria, Palestina, Egipto, Etiopía, Mauritania, etc.[258] disputando en Bona con cincuenta doctores árabes, no sin exponerse a las iras del populacho, que le escarneció, golpeó y tiró de las barbas, según él mismo dice.

---

258 Algunos tienen este primer viaje por fabuloso, pero el señor Roselló le afirma.

Vuelto a Europa, dedícase en Montpellier a la enseñanza de su Arte; logra del papa Honorio IV la creación de otra escuela de lenguas orientales en Roma; permanece dos años en la Universidad de París, aprendiendo gramática y enseñando filosofía; insta a Nicolás V para que llame a los pueblos cristianos a una cruzada; se embarca para Túnez, donde a duras penas logra salvar la vida entre los infieles, amotinados por sus predicaciones; acude a Bonifacio VIII con nuevos proyectos de cruzada, y en Chipre, en Armenia, en Rodas, en Malta, predica y escribe sin dar repeso a la lengua, ni a la pluma.

Nuevos viajes a Italia y a Provenza; más proyectos de cruzadas, oídos con desdén por el rey de Aragón y por Clemente V; otra misión en la costa de África, donde se salva casi de milagro en Bujía; negociaciones con pisanos y genoveses, que le ofrecen 35.000 florines para ayudar a la guerra santa...[259] Nada de esto le aprovechó, y otra vez se frustraron sus planes. En cambio, la Universidad de París le autoriza en 1309 para enseñar públicamente su doctrina, verdadera máquina de guerra contra los averroístas, que allí dominaban.

En 1311 se presenta Raimundo al concilio de Viena con varias peticiones: fundación de colegios de lenguas semíticas; reducción de las órdenes militares a una sola; guerra santa o, por lo menos, defensa y reparo a los cristianos de Armenia y santos lugares; prohibición del averroísmo y enseñanza de su arte en todas las universidades. La primera proposición le fue concedida; de las otras se hizo poca cuenta.

Perdió Lulio toda esperanza de que le ayudasen los poderosos de la tierra, aunque el rey de Sicilia, don Fadrique, se le mostraba propicio; y, determinado a trabajar por su cuenta en la conversión de los mahometanos, se embarcó en Palma el 14 de agosto de 1314 con rumbo a Bujía, y allí alcanzó la corona del martirio, siendo apedreado por los infieles. Dos mercaderes genoveses le recogieron expirante y trasladaron su cuerpo a Mallorca, donde fue recibido con veneración religiosa por los jurados de la ciudad y sepultado en la sacristía del convento de san Francisco de Asís.

La fecha precisa de la muerte de Raimundo es el 30 de junio de 1315.

El culto a la memoria del mártir comenzó muy pronto; decíase que en su sepulcro se obraban milagros, y la veneración de los mallorquines al Doctor Iluminado fue autorizada, como culto Inmemorial, por Clemente XIII y Pío VI.

---

259 Algunos niegan este hecho, que realmente es poco probable.

En varias ocasiones se ha intentado el proceso de canonización. Felipe II puso grande empeño en lograrla, y hace pocos años que el Sumo Pontífice Pío IX, ratificando su culto, le concedió misa y rezo propios y los honores de Beato, como le llamaron siempre los habitantes de Mallorca.

Este hombre extraordinario halló tiempo, a pesar de los devaneos de su mocedad y de las incesantes peregrinaciones y fatigas de su edad madura, para componer más de quinientos libros, algunos de no pequeño volumen, cuáles poéticos, cuáles prosaicos, unos en latín, otros en su materna lengua catalana. El hacer aquí catálogo de ellos sería inoportuno y superfluo; vea el curioso los que formaron Alonso de Proaza (reproducido en la Biblioteca de N. Antonio), el doctor Dimas (manuscrito en la Biblioteca Nacional) y el doctor Arias de Loyola (manuscrito escurialense). Falta una edición completa, la de Maguncia (1731 ss), en diez tomos folio, no abraza ni la mitad de los escritos lulianos. Ha de advertirse, sin embargo, que algunos tratados suenan con dos o tres rótulos diversos y que otros son meras repeticiones.

Entre los libros que pertenecen al Arte o lógica luliana, de algunos de los cuales hay colección impresa en Estrasburgo, 1609, descuella el *Ars Magna generalis et ultimas*,[260] ilustrada por el *Ars brevis* y por las diversas artes inventivas, demostrativas y expositivas. Igual objeto llevan el *De ascensu et descensu intellectus*, la *Tabula generalis ad omnes scientias applicabilis*, empezada en el puerto de Túnez el 15 de septiembre de 1292, y, sobre todo, el *Arbor scientiae*, obra de las más extensas y curiosas de Lulio, que usó en ella la forma didáctica simbólica, ilustrando con apólogos el árbol ejemplifical.

Entre los opúsculos de polémica filosófica descuella la *Lamentatio duodecim principiorum philosophiae contra averroistas*. Como místico, su grande obra es el *Liber contemplationis*; como teólogo racional, el *De articulis fidei*, además de sus varias disputas con los sarracenos. Numerosos tratados de lógica, retórica, metafísica, derecho, medicina y matemáticas completan la enciclopedia luliana. Libros de moral práctica en forma novelesca son el *Blanquerna* y el del *Orden de la caballería*, imitados por don Juan Manuel en el *De los estados* y en el *Del caballero y del escudero*. Novelesca es también en parte la forma del *Libre de*

---

260 Raymundi Lulli, *Opera ea quae ad inventam ab ipso artem universalem, scientiarum, artiumque omnium... pertinent. Argentinae, sumptibus Lazari Zetzneri* (1599), Con los comentarios de Cornelio Agripa y de Giordano Bruno.

maravelles, que contiene la única redacción española conocida del apólogo de Renart. Las poesías de Lull, coleccionadas por el señor Roselló, que es de sentir admitiese algunas a todas luces apócrifas, como las *Cobles de alquimia* y la *Conquista de Mallorca*, forjada indudablemente por algún curioso de nuestros días, son: ya didácticas, como *L'Aplicació de l'art general*, la *Medicina del peccat* y el *Dictat de Ramon*; ya líricas, como el *Plant de nostra dona santa María*, *Lo cant de Ramon* y dos canciones intercaladas en el *Blanquerna*; ya lírico-didácticas, como el hermoso poema del Desconhort, y hasta cierto punto *Els cent noms de Deu*, donde la efusión lírica está ahogada por la sequedad de las fórmulas lulianas.[261]

Dos caracteres distinguen a la doctrina luliana: uno externo y otro interno; es popular y armónica. Prescinde de todo aparato erudito; apenas se encontrará

---

261 Debemos mencionar algunas de las ediciones más asequibles de los tratados antedichos. Buena parte de los filosóficos se hallará en la colección intitulada *Beati Raymundi Lulli, doctoris illuminati et matyris, Operum...* Anno salutis Domini MDCCXXI. Maguntiae, ex officina typographica Mayeriana per Ioannem Gregorium Haffner (con interesantes prolegómenos de Salzinger). Diez tomos en folio. Nunca, o rarísima vez, se hallará ejemplar íntegro.

B. Raymundi Lulli... *Liber de ascenso et descensu intellectus*. Valentiae impressus anno 1512 et nunc Palmae Maioricarum anno 1744. Ex typis Michaelis Cerdá..., en 8.º Hay una traducción castellana del siglo pasado, en el cual se reimprimieron y tradujeron muchas obras de Lulio. La edición de Zetzner, ya mencionada, no tiene más que el *Ars brevis*, el *De auditu Kabbalistico, Lamentatio contra Averroistas, Logica, Tractatus de conversione subiecti el praedicati, De venatione medii, Rhetorica, Ars Magna* y *De articulis fidei*.

Árbol de la ciencia, del iluminado maestro Raimundo Lulio, nuevamente traducido y explicado por don Alonso de Cepeda y Andrada (Bruselas 1664). Dio ocasión a un notable opúsculo del judío Isaac Orobio de Castro contra los lulianos.

B. Raymundi Lulli... *Liber magnus contemplationis* (Palmae 1746).

El *Blanquerna* se imprimió en Valencia (1521), por Juan Jofré, traducido al valenciano, es decir, remozado en el estilo, por mosén Juan Bonlabii. Hay una traducción castellana: *Blanquerna, maesiro de la perfección cristiana en los estados de matrimonio, religión, prelacía, apostólico señorío y vida eremétira...* Con licencia. Año 1749. En Mallorca, por la viuda de Frau. El traductor tuvo a la vista un antiguo manuscrito catalán. De otro semejante ha presentado extractos mi amigo A. Morel-Fatio en su curioso artículo «Le Roman de *Blanquerna*» (*Romania*, tomo 6). *El libro del Orden de la caballería* y el *De maravillas* están en prensa para la Biblioteca Catalana de don Mariano Aguiló. Sobre el segundo de estos libros, véase el opúsculo de Hoffman *Ein Kalalanisches Thierepos von Raimon Lull* (Munich 1872).

en los escritos de Lulio una cita; todo aparece como infuso y revelado. Para herir el alma de las muchedumbres se vale el filósofo mallorquín del simbolismo, de los *schema*s, como ahora se dice, o representaciones gráficas, de la alegoría, de la narración novelesca y del ritmo; hasta metrifica las reglas de la lógica.

Construye Lulio su sistema sobre el principio de unidad de la ciencia; toda ciencia particular, como todo atributo, entra en las casillas de su *Arte*, que es a la vez lógico y metafísico, porque Raimundo Lulio pasa sin cesar de lo real a lo ideal y de la idea al símbolo. Pero no me pertenece hablar aquí de la lógica luliana ni del juego de los términos, definiciones, condiciones y reglas, ni de aquel sistema prodigioso que en el *Árbol de la ciencia* engarza con hilo de oro el mundo de la materia y del espíritu, procediendo alternativamente por síntesis y análisis, tendiendo a reducir las discordancias y resolver las antinomias, para que, reducida a unidad la muchedumbre de las diferencias, como dijo el más elegante de los lulianos, venza y triunfe y ponga su silla no como unidad panteística, sino como última razón de todo, aquella generación infinita, aquella expiración cumplida, eterna e infinitamente pasiva y activa a la vez, en quien la esencia y la existencia se compenetran, fuente de luz y foco de sabiduría y de grandeza. Esto me trae a los lindes de la teodicea luliana, en la cual debo entrar, ya que las audaces novedades del ermitaño mallorquín fueron calificadas por Eymerich y otros de manifiestas herejías, punto que conviene poner en claro.

II. Teología racional de Lulio. Sus controversias con los averroístas

Para no extraviarnos en el juicio, conviene tener presente, ante todo, la doctrina de las relaciones entre la fe y la ciencia, tal como la expone santo Tomás. En el capítulo III de la *Summa contra gentes* leemos:[262] «Hay dos órdenes de verdades en lo que de Dios se afirma: unas que exceden toda facultad del entendimiento humano, v. gr., que Dios es trino y uno; otras, que puede alcanzar la razón; por ejemplo, que Dios existe y que es uno, lo cual demostraron los filósofos guiados por la sola razón natural». Y en la *Suma teológica* (1, q. 2 a. 2) añade: No son éstos artículos de la fe, sino preámbulos a los artículos. La fe, por lo tanto, no

---

262 «Est autem in his quae de Deo confitemur, duplex veritatis modus. Quaedam namque... sunt de Deo, quae omnem facultatem humanae rationis excedunt, ut Deum esse trinum et unum. Quaedam vero sunt, ad quae etiam ratio naturalis pertingere potest, sicut est Deum esse: quae philosophi demonstrative probaverunt, ducti naturalis lumine rationis.»

está contra la razón, sino sobre la razón. Infiérese de aquí, y santo Tomás lo dice expresamente, que la fe no puede ser demostrada porque trasciende el humano entendimiento, y que en las discusiones contra infieles no se ha de atender a probar la fe, sino a defenderla. Yerran, pues, los que se obstinan en probar racionalmente la Trinidad y otros misterios en vez de contentarse con demostrar que no encierran imposibilidad ni repugnancia.[263]

¿Fue fiel a estos principios Ramón Lull? Forzoso es decir que no, aunque tiene alguna disculpa. Encontróse con los averroistas, que disimulaban su incredulidad diciendo: «La fe y la razón son dos campos distintos: una cosa puede ser verdadera según la fe y falsa según la razón». Y Lulio juzgó que la mejor respuesta era probar por la razón todos los dogmas y que no había otro camino e convencer a los infieles. No pretende Lulio, que aquí estaría la heterodoxia, explicar el misterio, que es por su naturaleza incomprensible y suprarracional, ni analizar exegética e impíamente los dogmas, sino dar algunas razones que aun en lo humano convenzan de su certeza. La tentativa es arriesgada, está a dos pasos del error, y error gravísimo, que en manos menos piadosas que las de Lulio hubiera acabado por hacer racional la teología, es decir, por destruirla. Tiene además una doctrina sobre la fe propedéutica, verdaderamente digna de censura, aunque profunda e ingeniosa. En el capítulo 63 del Arte magna leemos este curioso pasaje, que ya he citado antes de ahora: «La fe está sobre el entendimiento como el aceite sobre el agua... El hombre que no es filósofo cree que Dios es; el filósofo entiende que Dios es. Con esto, el entendimiento sube con la intelección a aquel grado en que estaba por la creencia. No por esto se destruye la fe, sino que sube un grado más: como si añadiésemos agua en el vaso, subirá sobre ella el aceite. El entendimiento alcanza, naturalmente, muchas cosas. Dios le ayuda con la fe y entiende mucho más. La fe dispone y es preparación para el entendimiento, como la caridad dispone a la voluntad para amar el primer objeto. La fe hace subir el entendimiento a la intelección de ser primero. Cuando el entendimiento está en un grado, la fe le dispone para otro, y así de grado en grado, hasta llegar a la inteligencia del primer objeto y

---

263 Relaciones entre la ciencia y la fe. Santo Tomás, *Summa contra gentes*, lib. 1, cap. 7: «Quod veritati fidei christianae non contrariatur veritas rationis».
«Quamvis autem praedicta veritas fidei christianae humanae rationis capacitatem excedat, hace tamen, quae ratio naturaliter indita habet, huic veritati contraria esse non possunt.»

reposar en él, identificándose fe y entendimiento». «El entendimiento (dice en otra parte) es semejante a un hombre que sube con dos pies por una escalera. En el primer escalón pone el pie de la fe y luego el del entendimiento cuando el pie de la fe está en el segundo, y así va ascendiendo. El fin del entendimiento no es creer, sino entender; pero se sirve de la fe como instrumento. La fe es medio entre el entendimiento y Dios. Cuanto mayor sea la fe, más crecerá el entendimiento. No son contrarios entendimiento y fe, como al andar no es contrario un pie al otro.»[264]

Cabe, sin embargo, dar sentido ortodoxo a muchas de estas proposiciones, aun de las que parecen más temerarias. Cuando llama Raimundo a la fe preparación para el entendimiento, se refiere al hombre rudo e indocto, en quien la fe ha de suplir a la razón, aun por lo que toca a las verdades racionalmente demostrables; v. gr., la existencia y unidad de Dios. Pero no ha de negarse que esa escala y esos grados tienden a confundir las esferas de la fe y de la razón, aunque Lulio, fervoroso creyente, afirma a cada paso quod fides est superius et intellectus inferius. Él comprendía que la verdad es principio común a la fe y al entendimiento, y, empeñado en demostrar que illa lex quaecumque sit per fidem, oportet quod sit vera, erraba en el método aunque acertase en el principio.

En el Desconhort dice: «Ermitaño, si el hombre no pudiese probar su fe, ¿podría culpar Dios a los cristianos si no la mostrasen a los infieles? Los infieles se podrían quejar justamente de Dios, porque no permitía que la mayor verdad fuese probada para que el entendimiento ayudase a amar la Trinidad,

---

264 «Et sic fides ascendit super intellectum, sicut oleum ascendit super aquam... Et tunc intellectus ascendit ad illum gradum intelligendo, in quo erat credendo... Sicut charitas disponit voluntatem ad amandum obiectum primum, fides disponit intellectum ad intelligendum... Et quando intellectus est in aliquo gradu intelligendo, fides disponit illum in illo gradu credendo, ut ascendat in alium gradum intelligendo, et sic de gradu in gradum, quousque intellectus ascendit ad primum obiectum et in ipso quiescit intelligendo... Fides est medium cum quo intellectus acquirit meritum, et ascendit ad primum obiectum, quod quidem influit intellectui fidem, ut ipsa sit intellectui unus pes ad ascendendum. Et intellectus habet alium pedem de sua natura, videlicet intelligere: sicut horno ascendens scalam cum duobus pedibus. Et in primo scalone ponitur pes fidei. Et in illomet pes intellectus ascendendo gradatim... Credere non est finis intellectus, sed intelligere, verumtamen fides est suum instrumentum... fides consistit inter intellectum et Deum», etc.

la Encarnación», etc.[265] Y replica el ermitaño: «Ramón, si el hombre pudiese demostrar nuestra fe, perdería el mérito de ella. Y ¿cómo lo infinito ha de comprender lo finito?».[266] A lo cual contesta como puede Raimundo: «De que nuestra fe se pueda probar no se sigue que la cosa creada contenga ni abarque al ente increado, sino que entiende de él aquello que le es concedido».[267]

En la introducción a los *Artículos de la fe*[268] explana la misma idea: «Dicen algunos que no tiene mérito la fe probada por la razón, y por esto aconsejan que no se pruebe la fe para que no se pierda el mérito... En lo cual manifiestamente yerran. Porque o entienden decir que la fe es más probable que improbable o al contrario. Si fuera más improbable que probable, nadie estaría obligado a admitirla. Si dicen que es improbable en sí, pero que se puede probar su origen divino, síguese que es probable porque viene de Dios, y verdadera y necesaria, por ser Él la suma verdad y sabiduría.[269] El decir, contra la fe, que por razones

---

265 «N'ermitá, si la fé hora no pogués provar,
   donch Deus als christians no pográ encolpar,
   si á los infaels no la volon mostrar;
   els infaels se pogren de Deus per dret clamar;
   car major veritat no lax argumentar,
   perque l'entendiment ajut á nostra amar,
   cont mays ant trinitat é de Deus l'encarnat», etc.

266 «Ramon, si hom pogués demostrar nostra fe,
   hom perdera merit.............................
   Encara qu'el humá entendre no conté
   tota virtut de Déu qu'infinida es manté
   tant, que causa finida tota ella no té.»

267 «E si bé's pot provar, no's segueix que creat
   contegua é comprena trestot l'ens increat,
   mais qu'en entén aytant, com en eyl s'en es dat.»
   (Obras rimadas, páginas 331-333.)

268 Articuli fidei sacrosanctae ac salutiferae legis christianae cum eorumdem per pulchra introductione: quos illuminatus doctor Magister Raymundus Lullius rationibus necessariis demonstrative probat (página 941 y siguientes de la edición de Estrasburgo).

269 «Dicunt etiam quod fides non habet meritum cui humana ratio praebet experimentum, et ideo dicunt quod non est bonum probare fidem ut non amittatur meritunt... Ostendunt se manifestissime ignorantes. Quia aut intendunt dicere quod ipsa in se sit magis improbabilis quant probabilis... Aut intendunt dicere quod ipsa fides in se est magis improbabilis quam probabilis, sed probabile est quod sit a Deo. Et in hoc casu, si probabile est quod sit a Deo, sequitur quod ipsa est probabilis, et si est verum quod sit a Deo, ipsa est vera et

naturales puede desatarse cualquier objeción, pero que las pruebas directas de ella pueden también destruirse racionalmente, implicaría contradicción. El que afirma, v. gr., y prueba por razones necesarias que en Dios no hay corrupción, afirma y prueba que hay generación».[270]

Repito que el error de Lulio es de método: él no intenta dar explicaciones racionales de los misterios; lo que hace es convertir en positiva la argumentación negativa. Ahora conviene dar alguna muestra de esas demostraciones, para él más necesarias y potísimas que las demostraciones matemáticas. A eso se encamina el libro *De articulis fidei*, escrito en Roma en 1296.[271]

Después de probar en los primeros capítulos la existencia del *ente summe bonum, infinite magnum*, eterno, infinito en potestad, sumo en virtud y uno en esencia, apoya el dogma de la Trinidad en estas razones, profundas, sin duda, y que además tienen la ventaja de dejar intacto el misterio:[272] «Si la bondad finita

---

necessaria.»

270 «Si quis autera dixerit quod obiectiones quae possunt fieri contra fidem, possunt solvi per rationes necessarias, et probationes quae possunt fieri pro fide possunt frangi per rationes necessarias, dicimus quod implicat contradictionem... Qui autent intendit improbare per necessarias rationes quod corruptio non est in Deo, et ipsum oportet tenere quod generatio est in Deo», etc.

271 «Factus fuit iste tractatus Romae anno Domini MCC nonagesimo sexto, et completus ibident in vigilia Beati Iohannis Baptistae...» Así acaba el libro.

272 «Sed bonitas finita est ratio bono finito, quod producat naturaliter et de se bonum finitum: ergo bonitas infinita erit ratio bono infinito, quod producat naturaliter et ex se bonum infinitum: ergo cura in Deo sit bonitas infinita, producet honum infinitum. Nihil autem aliud a Deo potest esse infinitum, sed solus Deus, ut probatum est: ergo Deus, cura sit bonum infinitum, producet bonum infinitum, et per consequens idem et aequale sibi in bonitate essentiae et naturae... Inter producens et productum oportet esse distinctionem suppositorum, cum idem non possit scipsum producere... Utrumque dicimus personam... Omne id quod est puros actus, aeternus et infinitus, agit aeterne infinite et aeternum et infinitum: alias non esset purus actus aeternus et infinitus: sed Deus est purus actus aeternus et infinitus: ergo agit aeternaliter et infinite et aeternum et infinitum... ergo Deus producit Deum... Nobilius est illud ens quod bonum est et bonum facit, infinitum est et infinitum facit, aeternum est et aeternum facit, perfectum est et perfectum facit quam illud quod non facit, alias potentia et privatio essent nobiliora quam sit actus», etc.

«Probato quod sit in Deo persona Patris et Filii, restat probare tertiam personam, scilicet Spiritum Sanctum... Sicut ergo naturale est patri filium generare, ita naturale est ei filium amare, cum sit infinite bonus... Omnis amor verus, actualis et perfectus requirit de necessitate amantem, amatum et amare, sed in Deo est amor verus, actualis et perfectus...

es razón para producir naturalmente y de sí el bien finito, la bondad infinita será razón que produzca de sí naturalmente el bien infinito: Dios es infinita bondad; luego producirá el bien infinito, igual a él en bondad, esencia y naturaleza. Entre el que produce y lo producido debe haber distinción de supuestos, porque nada se produce a sí mismo. A estos supuestos llamamos personas... El acto puro, eterno e infinito, obra eterna e infinitamente lo eterno y lo infinito; solo Dios es acto puro; luego obra eterna e infinitamente lo eterno y lo infinito... El acto es más noble que la potencia y la privación, y Dios es acto puro y ente nobilísimo; luego obra eternamente lo perfecto y absoluto... A la persona que produce llamamos Padre; a la producida, Hijo... Resta probar la tercera persona, es decir, el Espíritu santo. Así como es natural en el Padre engendrar, así es natural en el Hijo amar al Padre... Todo amor verdadero, actual y perfecto requiere de necesidad amante, amado y amar... Imposible es que el amor sea un accidente en la esencia divina, porque ésta es simplicísima; luego el amor de Padre e Hijo es persona. Tan actual y fecundo es en Dios el amar como el engendrar». Y por este camino sigue especulando sobre el número ternario, sin que las frases que usa de *bonificans, bonificatum, bonificare*; *magnificans, magnificatum, magnificare*, puedan torcerse en sentido heterodoxo y antitrinitario, como pretendía Nicolás Eymerich, a pesar de las repetidas declaraciones de Lulio.

Largo sería exponer las pruebas que trae éste de la Creación, del pecado original, de la Encarnación, de la Resurrección, de la Ascensión, del juicio final, etc., pruebas demasiado sutiles a veces, otras traídas muy de lejos, pero casi siempre ingeniosas y hábilmente entretejidas. Si este precioso tratado fuese más conocido, quizá no lograría tanto aplauso la Teología natural, de Raimundo Sabunde, que en muchas partes le copia.

Explanó Lull sus enseñanzas teológicas en muchos libros, y hasta en un poemita, Lo dictat de Ramon, donde prueba la Trinidad, como ya hemos visto, y la Encarnación; porque

      Mays val un hom deificar

Impossibile est in divinis esse aliquod accidens, cum essentia divina, ut probatum est, sit simplicissima et nobilissima, sed si amor patris et filii non esset persona, esset amor accidentalis: ergo necesse est illum amorem esse personam. Tantae actualitatis et fecunditatis est amare in Deo sicut generare, sed per generare exit persona de persona, ergo de amore patris et filii persona.»

194

que mil milia mons crear...

Al adoptar esta forma, quería, sin duda, el filósofo mallorquín que hasta el pueblo y los niños tomasen de memoria sus argumentos y supiesen contestar a los infieles.[273]

«Raymundo Lulio fue (dice Renán) el héroe de la cruzada contra el averroísmo.»[274] Solicitó en el concilio de Viena que los pestíferos escritos del comentador se prohibiesen en todos los gimnasios cristianos. En los catálogos de Alonso de Proaza, Nicolás Antonio, etc., constan los siguientes tratados antiaverroístas:

Liber de efficiente et effectu (París, marzo de 1310).

Disputatio Raymundi et Averroystae de quinque quaestionibus.

Liber contradictionis inter Raymundum et Averroystam, de centum sillogismis circa mysterium Trinitatis (París 1310).

Otro libro del mismo argumento (Montpellier 1304).

Liber utrum fidelis possit solvere et destruere omnes obiectiones quas infideles possunt facere contra sanctam fidem catholicam (París, agosto de 1311).

Liber disputationis intellectus et fidei (Montpellier, octubre de 1303).

Liber de convenientia quam habent fides et intellectus in obiecto.

Liber de existentia et agentia Del contra Averroem (París 1311).

Declaratio Ray. Lulli per modum dialogi edita contra CCXVIII opiniones erroneas aliquorum philosophorum, et damnatas ab Episcopo Parisiensi.

Ars Theologiae et philosophiae mysticae contra Averroem.

De ente simpliciter per se, contra errores Averrois.

Liber de reprobatione errorum Averrois.

Liber contra ponentes aeternitatem mundi.

---

273 Obras rimadas, páginas 370-382. Acaba:
    «A honor del Sanct Spirit
    comenzà è finí son escrit
    Ramon, en vinent de París
    el comaná á Sanct Loys
    e al noble rey d'Aragó
    Jacme, en l'encarnació
    de Christ MCCXC nom...»

274 *Averroès et l'Avérroisme*, página 255.

Lamentatio duodecim principiorum philosophiae contra averroistas.[275] Este es el más conocido, y fue escrito en París el año 1310. Está en forma de diálogo con estos extraños interlocutores: forma, materia, generación, corrupción, vegetación, sentido, imaginación, movimiento, inteligencia, voluntad y memoria, todos acordes en decir que la filosofía *est vera et legalis ancilla theologiae*, lo cual conviene tener muy en cuenta para evitar errores sobre el racionalismo de Lulio. No pretendía éste que la razón humana pudiera alcanzar a descubrir por sí las verdades reveladas, sino que era capaz de confirmarlas y probarlas. El empeño de Lulio era audaz, peligroso cuanto se quiera, pero no herético.

De las demás proposiciones que a éste se achacan, apenas es necesario hacer memoria. Unas son meras cavilaciones de Eymerich, a quien cegaba el odio; otras no están en los escritos lulianos y pertenecen a Raimundo de Tárrega, con quien algunos le han confundido. Ciertas frases, que parecen de sabor panteísta o quietista, han de interpretarse benignamente mirando al resto del sistema y tenerse por exageraciones e impropiedades de lenguaje, disculpables en la fogosa imaginación de Lulio y de otros místicos.

Algunos tildan a éste de cabalista. Realmente escribió un opúsculo *De auditu Kabbalistico sive ad omnes scientias introductorium*, donde define la *Cábada superabundans sapientia y habitus animae rationalis ex recta ratione divinarum rerum cognoscitivus*; pero leído despacio y sin prevención[276] no se advierte en él huella de emanatismo ni grande influjo de la parte metafísica de la Cábala, de la cual solo toma el artificio lógico, las combinaciones de nombres y figuras, etc., acomodándolo a una metafísica más sana.

Cuanto al monoteísmo, que fundía los rasgos capitales del judaísmo, del mahometismo y del cristianismo, achacado por el señor Canalejas y otros a Lulio, no he encontrado, y me huelgo de ello, en las obras del filósofo palmesano el menor vestigio de aberración semejante. Creía él, como creemos todos los cristianos, que el mosaísmo es la ley antigua y que el islamismo tiene de bueno lo que Mahoma plagió de la ley antigua y de la nueva: ni más ni menos. Por eso intentaba la conversión de judíos y musulmanes apoyándose en las

---

275 *Duodecim principia Philosophiae M. Raymundi Lulli, quae et lamentatio seu expostulatio Philosophiae contra Averroistas.* Dedicado a Felipe el Hermoso. Páginas 117 a 153 de la edición de Estrasburgo.

276 Páginas 44-116. Nótese este lugar: *Ubi philosophia Platonis desinit, ibi incipit Kabbalae sapientia.*

verdades que ellos admiten. Lo mismo hacían y hacen todos los predicadores cristianos cuando se dirigen a infieles, sin que por eso se les acuse de sacrílegas fusiones.

Terminaré esta vindicación, si vindicación necesita aquel glorioso mártir, a quien veneran los habitantes de Mallorca en el número de los bienaventurados, repitiendo que los artículos de la fe son siempre en las demostraciones de Lulio el supuesto, no la incógnita de un problema que se trate de resolver, y que esas demostraciones no pasan de un procedimiento dialéctico más o menos arriesgado, donde la teología da el principio, y la filosofía, como humilde sierva, trata de confirmarle por medios naturales.[277]

III. Algunas vicisitudes de la doctrina luliana. Campaña de Eymerich contra ella. R. Sabunde y su libro De las criaturas. Pedro Dagui, etc.

La enseñanza pública del lulismo en el reino de Aragón debió comenzar en vida del maestro o muy poco después de su martirio. Fuera de España había divulgado la doctrina el mismo Lull, y los baleares citan con orgullo una serie de documentos que autorizaron y recomendaron el Arte magna. Los principales son una circular de Raimundo Gaufredi, ministro general de la Orden de Menores, para que sus religiosos de Pulla y Sicilia diesen a Ramón lugar oportuno donde enseñar su método[278] y un diploma firmado por cuarenta maestros de París en 1309, los cuales, después de largo examen, declararon que el arte luliana era buena, útil, necesaria y en nada repugnante a la fe católica, antes muy útil para confirmarla;[279] aprobación confirmada por unas letras de Felipe el Hermoso y un

---

277 Los franciscanos han defendido siempre la ortodoxia de Ramón, y le tienen por hermano suyo, aunque de la Tercera Orden. Es en muchas cosas semejantes a los poetas de aquella Religión en Italia. Sería curioso un paralelo entre Lull y Jacopone de Todi.

278 Montpellier, a VII de las calendas de noviembre de 1290. Citada por Roselló con referencia al proceso de beatificación de Lulio en 1612.

279 El documento puede verse en Roselló. Entre los maestros figuran Martín y Raimundo de Biterum, médicos; Juan Escoto, fray Clemente, prior de los siervos de santa María; fray Accursio, Pedro Burgundo, Gil de Villesponte, Mateo Guidón, Gofredo de Meldis, Pedro de París, Hebrando de Frisa, Gilberto de Normandía, Lorenzo de España (quis?), Guillermo de Escocia, Enrique de Borgoña, Juan de Normans, etc. Ad requisitionem Magistri Raymundi Lulli, catalani de Maioricis, quod ipsi a dicto Magistro Raymundo Lull audiverunt per

diploma del cancelario de la Universidad de París en 1310. De sus lecciones en aquella Universidad y controversias con Escoto, los averroístas, etc., queda larga memoria en sus tratados.

Muerto Lull, arreció contra sus ideas la oposición de los tomistas, distinguiéndose entre todos el gerundense fray Nicolás Aymerich o Eymerich (nació en 1320, murió en 1399), inquisidor general en los reinos de Aragón, hombre de gran saber, al modo escolástico, y de mucho celo, a las veces áspero y mal encaminado, como que no solía reparar en los medios. Su obra más conocida, y quizá la única impresa es el *Directorium inquisitorum*,[280] manual de procedimiento, extractado de las decretales, constituciones, bulas, etc., anteriores, a todo lo cual añadió, y este es su principal interés, fuera del canónico, muchas noticias de procesos de la Inquisición catalana, hoy perdidos.

Pero antes de esta compilación, que fue uno de sus postreros trabajos, había escrito Eymerich algunos opúsculos contra los lulianos.

El códice 1464, antiguo fondo latino, de la Biblioteca Nacional de París, contiene:

Tractatus intitulatus «Fascinatio Lullistarum», dedicado al antipapa Benedicto. Después de llamar a Ramón Lull nigromante y sembrador de errores, objeta con visible mala fe que, según los principios de arte luliana, puede comprenderse la esencia divina; lo cual es absurdo, pues Dios no está comprendido en ninguna de las categorías lógicas.

Parécele también herético en el *Ars Magna*, dejo aparte mil sofisterías, el distinguir en la esencia *divina bonificatus, bonificabilis et bonificare*; *magnificatus, magnificabilis et magnificare*; *glorificatus, glorificabilis et glorificare*; *possificatus, possificabilis et possificare*; *verificatus, verificabilis et verificare*. ¡Como si Lulio hubiese querido con esto denotar que hay en Dios muchas esencias! Tan lejos está de semejante herejía, que a cada paso la impugna en el *De articulis*

---

aliqua tempora artem seu scientiam quam dicitur fecisse seu adinvenisse idem Magister Raymundus..., etc. Consta en este curioso documento el lugar donde habitaba Raimundo en París: In domo, quam ad praesens inhabitat idem Magister Raymundus Lull in vico Bucceriae parisiensis ultra parvum pontem versus Sequanam.

Los demás documentos pueden verse en las *Disertaciones históricas* del padre Custurer.

280 Impreso en Barcelona (1503) por Juan Luchsner. Me valgo siempre de la edición de Roma (1585), con adiciones y comentarios de don Francisco Peña, oidor por Aragón en la Sagrada Rota. Compiló Eymerich esta obra en Aviñón el año 1376.

fidei, en el *Ars Magna*, en el *De auditu Kabbalistico*, etc. *Nec sequitur per hoc quod in Deo sint plures bonitates et plures essentiae...*

Incipit tractatus qui dialogus contra lullistas appellatur (escrito en 1389). Combate las revelaciones atribuidas a Lulio en el monte Randa, la preeminencia de su doctrina sobre las demás, el juicio que formó de los teólogos, la anunciada destrucción de todas las doctrinas, menos la luliana; la beatitud de Ramón, etc.; y por primera vez invoca y reproduce una bula condenatoria de Gregorio XI, a quien él informó en 1371 contra los errores de Lulio. La autenticidad de esta bula era sospechosa, como veremos; pero, aun tomada a la letra, no contenía más que frases vagas y prohibición de veinte volúmenes de Lull, sin decir cuáles ni especificar ninguna herejía y refiriéndose siempre a informes ajenos, que en todo caso hubieran sido los de Eymerich, parcial sospechoso.[281] Parece, sin embargo, que el papa había encargado la revisión y examen de este negocio al cardenal ostiense Pedro y a veinte maestros en teología y que ellos reprobaron más de doscientos artículos.

Así es que este inquisidor, no satisfecho con tales letras, que daba por apostólicas, añadió por su cuenta, en un tratado sin título que se lee a conti-

---

281 Tiene esta bula la fecha de Aviñón, a VIII de las calendas de febrero, año VI del pontificado de Gregorio. Éste había escrito al arzobispo de Tarragona, en 5 de julio de 1372, encargándole, en vista de las denuncias de Eymerich, que examinara las obras de Lull, ayudándole en tal examen el inquisidor y algunos teólogos y juristas, y que las hiciera quemar si realmente

encontraba en ellas doctrina errónea. No consta que tal examen se verificara. (Véase las letras apostólicas en la colección diplomática que sigue al *Directorium*, edición de Roma 1581, página 67.) También la inserta el señor Grahit (don Emilio) en su curiosa monografía *El inquisidor fray Nicolás Eymerich* (Gerona 1878), página 110.

En III de las calendas de octubre de 1374, Gregorio XI, por bula expedida en Villanueva de Aviñón y dirigida a Francisco Borrell, prior de santa Eulalia del Campo (diócesis de Barcelona), y a Pedro de san Amans, hospitalario de Tortosa, oficiales uno y otro del obispo de Barcelona, pide que le remitan un libro catalán de Ramón Lull que Eymerich había dejado en poder del notario eclesiástico Francisco Vidal (página 67 del apéndice del *Directorium* y 111 de la *Memoria* de Grahit).

El rey don Pedro el Ceremonioso se declaró en favor de los lulianos, y en 7 de enero de 1377 solicitó del papa que el examen de las obras de Lull se hiciese en Barcelona, porque, como estaban en catalán, habían de ser mejor entendidas por catalanes que por hombres de otra nación, y por tener, además, la ciencia de Raimundo principios muy desemejantes de los de las demás ciencias (*Disertaciones históricas* [Mallorca 1700], página 260 y, página 115 de la *Memoria* de Grahit).

A consecuencia de estas cuestiones tuvo que salir Eymerich de Aragón, sucediéndole en el cargo de inquisidor su grande enemigo Bernardo Ermengaudi (Armengol), que en 19 de mayo de 1386 declaró que no se encontraba en la *Philosophia amoris*, de Lull, tres pro-posiciones que habían sido tachadas por Eymerich, y levantó acta de esta absolución ante seis frailes menores y dos de la Orden de Predicadores (véase *Disertaciones históricas*, cap. 3 disert. 2, páginas 239 y siguientes).

En 1387 subió al trono de Aragón don Juan I, acérrimo enemigo de Eymerich, a quien una vez y otra vez desterró y proscribió, denigrándole en documentos oficiales con los nombres de loco pertinaz, endiablado enemigo de la fe, untado con ponzoña de infidelidad, mortal enemigo nuestro y hombre venenoso. (Archivo de la Corona de Aragón, registro 1927, fols. 97, 98 y 99.) Estas órdenes han sido publicadas por el señor Grahit (don Emilio) en su curiosa monografía *El inquisidor Fray Nicolás Eymerich* (Gerona, 1878), página 110.

En III de las Kalendas de octubre de 1374, Gregorio XI, por Bula expedida en Villanueva de Aviñón, y dirigida a Francisco Borrell, prior de Santa Eulalia del Campo (diócesis de Barcelona), y a Pedro de San Amans, hospitalario de Tortosa, oficiales uno y otro del Obispo de Barcelona, pide que le remitan un libro catalán de Ramón Lull, que Eymerich había dejado en poder del notario eclesiástico Francisco Vidal. (Página 67 del Apéndice del *Directorium*, y III de la Memoria de Grahit.)

El rey don Pedro el Ceremonioso se declaró en favor de los lulianos, y en 7 de enero de 1377, solicitó del Papa que el examen de las obras de Lull se hiciese en Barcelona, porque como estaban en catalán, habían de ser mejor entendidas por catalanes que por hombres de otra nación, y por tener, además, la ciencia de Raimundo principios muy desemejantes de los de las demás ciencias. (*Disertaciones históricas*, Mallorca, 1700, página 260, y página 115 de la Memoria de Grahit.)

nuación del diálogo, y fue presentado en Aviñón a Clemente VII, antipapa[282] una recapitulación de dichos errores, seguidos de breves reparos. El primer cargo es sobre las relaciones entre la fe y la ciencia; segundo, que el hombre, dotado de razón, no puede errar, como el hombre que tiene ojos ha de ver necesariamente;[283] tercero, que pueden demostrarse por razones naturales todos los artículos de la fe; cuarto, que los judíos y sarracenos que crean de buena fe y no pequen mortalmente pueden salvarse; quinto, que la verdadera caridad consiste en amar a Dios, porque es bueno, y que es falso amor el que se mueve por la esperanza del paraíso o de bienes temporales; sexto, «el amor y el amar, el amigo y el amado, se unen tan fuertemente en el amado, que son una actualidad en esencia, una esencia, sustancia y naturaleza indivisa e inconfusa en número, una eternidad, una bondad, una magnitud sin contrariedad ni diversidad de esencia»;[284] arrebatos místicos que no han de tomarse ad pedem litterae; séptimo, no hay hombre que por sus buenas obras merezca la salvación, sino que Dios la da a los que tienen virtud y santidad, etc.

A consecuencia de estas cuestiones tuvo que salir Eymerich de Aragón, sucediéndole en el cargo de inquisidor su grande enemigo Bernardo Ermengaudi (Armengol), que en 19 de mayo de 1386 declaró que no se encontraban en la *Philosophia amoris*, de Lull, tres proposiciones que habían sido tachadas por Eymerich, y levantó acta de esta absolución ante seis frailes menores y dos de la Orden de Predicadores (véase *Disertaciones históricas*, cap. III, disertación II, páginas 239 y siguientes).

En 1387 subió al trono de Aragón Don Juan I, acérrimo enemigo de Eymerich, a quien una vez y otra vez desterró y proscribió, denigrándole en documentos oficiales con los nombres de loco pertinaz, endiablado enemigo de la fe, untado con ponzoña de infidelidad, mortal enemigo nuestro y hombre venenoso. (Archivo de la Corona de Aragón, registro 1.927, fols. 97, 98 y 99.) Estas órdenes han sido publicadas por el señor Grahit en su Memoria.

282 «Iste tractatus fuit por praedictum Inquisitorem Domino Papae Clementi Septimo... consistorio publico praesentatus et ibidem per dictum don Papam Dom. Cardinali Sancti Angeli est commissum quia illum diligenter examinaret..., qui dicto tractatu diligenter examinato, tandem retulit... Quae relatio facta est in Capella Nova, in Camera Domini, et hoc anno Domini 1389.»

283 En ninguna parte dice Lulio semejante desvarío.

284 «Quod vera charitas est amare Deum quia bonus est, et falsus amor est si homo amat plus Deum, ideo ut det bonum paradisi vel bona temporalia... quod amatus et amicus, quando inter cos est amor magnus, sunt una essentia substantiva et natura indivisa et inconfusa in numero, et una actualitas, una aeternitas, una bonitas, una magnitudo sino contrarietate ulla et diversitate essentiae.»

Los artículos notados son en todo ciento; casi los mismos que en el *Directorium*, donde reprodujo la bula de Gregorio XI, provocando de nuevo la indignación de los lulianos. Éstos habían logrado arrojarle de Aragón, convenciéndole de falsedad, en 1386. En el Apéndice puede verse un curioso documento de 8 de julio de 1391 que contiene la deliberación y acuerdos tomados por los consellers de Barcelona sobre el hecho del maestro Eymerich[285] en vista de una carta de los jurados de Valencia quejándose de los atropellos de aquel inquisidor contra algunos lulistas valentinos. Valencia había determinado llevar sus quejas al Pontífice, acusando a Eymerich de diversos y enormes crímenes, y pedía el apoyo de Barcelona. Los consellers deliberaron que, «si por parte de la ciudad de Valencia se hacia acusación general contra Eymerich, la ciudad de Barcelona haría con ella un solo brazo y un corazón solo»; pero no si las querellas eran particulares. «Cuanto a las obras de Ramón Lull, decidieron suplicar al papa que comisionase a algún prelado de la provincia para que, junto con ciertos maestros y doctores en teología, reconociesen y declarasen con autoridad apostólica si las condenaciones de Eymerich eran justas o injustas.»[286]

Cien años antes que se imprimiese el *Directorium* (viviendo todavía Eymerich) y veinte después de la muerte de Gregorio XI, dice Juan Arce de Herrera en la *Apología* que citaré luego, esparcióse en Cataluña el rumor de que Eymerich había insertado la bula condenatoria en sus libros, y los parientes y discípulos de Ramón Lull entablaron recurso a la Sede Apostólica, que comisionó para el examen de la causa al cardenal Leonardo de san Sixto. Examináronse en 1395 los registros de Gregorio XI correspondientes al año 1376, sexto de su pontificado, y los tres archiveros contestaron unánimes que tal bula no existía, siendo convencido Eymerich de subrepción y falsedad.

---

285 Me comunicó este preciosísimo documento inédito el erudito y modesto catalanista don Andrés Balaguer y Merino. (Archivo municipal de Barcelona, legajo de los años 1390 a 92, folios 34 y 35.)

286 Eymerich debió de salir de Aragón antes de 1394. En casi todos los tratados suyos, escritos después de aquella fecha, se dice: *Relegatus*... pro fidei defensione et haeresis R. Lulli extirpatione, quorundam Lullistarum haereticorum vehementia et impulsu. (Véase el códice 3171 de París, antiguo fondo latino.)

Otros dicen que el acusador de Eymerich ante la Sede Apostólica fue aquel Antonio de Riera, estudiante leridano, a quien él había perseguido por hereje.

Por segunda vez se demostró la falsedad de la bula en 24 de marzo de 1419 ante el legado apostólico en Aragón, cardenal Alamani (pontificado de Martino V), logrando de nuevo sentencia favorable los lulianos, quienes conservaban en su Universidad de Mallorca los originales de todos estos documentos.[287]

Merced a estas aprobaciones y a los sucesivos privilegios de don Pedro IV (1369), don Martín el Humano (1399), Alfonso V (1449) y Fernando el Católico (1503), fue creciendo en fama y autoridad el lulismo, que contaba en el siglo XV sectarios como Raimundo Sabunde, autor del libro *De las criaturas.*[288]

El atrevido propósito de este autor, aunque los méritos de la ejecución no correspondieran, bastaría para salvar de la oscuridad su nombre. En el último y decadente período de la escolástica, cuyo imperio se dividían místicos y nominalistas, apareció en Tolosa un profesor barcelonés que, sin pertenecer a ninguna de las banderías militantes ni ajustarse al método y forma generales en las escuelas, antes puesta la mira en la reforma de método y de toda enseñanza, como si respondiera a la voz del Renacimiento, que comenzaba a enseñorearse del arte, concibió la traza de un libro único, no fundado en autoridades divinas ni humanas, que, sin alegar textos de ningún doctor, llegase a la inteligencia de todos; libro fundado en la observación y en la experiencia, y sobre todo en la experiencia de cada cual dentro de sí mismo: *Nulla autem certior cognitio quam per experientiam, et maxime per experientiam cuiuslibet intra seipsum.* Trazó, pues, una *Teología natural*, donde la razón fuese demostrando y leyendo, cual si estuviesen escritos en el gran libro de las criaturas, todos los dogmas de la religión cristiana. El plan era audaz, y la concepción misma da indicio claro de un vigorosísimo entendimiento. Al desarrollarla mostróse Sabunde hábil en la argumentación, abundante en los recursos y hasta inspirado y fecundo a veces en el estilo, libre a la continua de arideces escolásticas.

El libro había nacido en tiempo y sazón oportunos, y su éxito fue brillante, aunque más bien fuera que dentro de las escuelas. Difundido en multitud de

---

287 Pueden verse copiados en la *Apologia Lullianae doctrinae adversus Eymerici calumnius* (manuscrito de la Ambrosiana de Milán).

288 *Theologia Naturalis Raymundi de Sabunde,* Hispani, viri subtilissimi... Venetiis, apud Franciscum Tiletum, 1581.

copias por Francia, Italia y Alemania, llegó a ser estampado por los tórculos de Deventer en 1484, si es que no existe edición anterior, como algunos sospechan; y entre los últimos años del siglo XV y todo el XVI se publicaron más de doce ediciones del primitivo texto, sin que fuera obstáculo la prohibición que del *Prólogo* de Sabunde hizo el concilio de Trento. Suprimido el prólogo, la obra siguió imprimiéndose sin otra mudanza. Y como su extensión y lo incorrecto de su latín retrajesen a muchos de su lectura, acudieron dos elegantes humanistas, Pedro Dorland y Juan Amós Comenio, con sendos extractos, rotulados *Viola animae* y *Oculus fidei*. Y por si algo faltaba a la mayor difusión y renombre de la doctrina de Raimundo, un caballero gascón, antítesis viva del piadoso catedrático del siglo XV, se entretuvo en verter la *Teología natural* en encantadora prosa francesa, que aquel escéptico bordelés hablaba y escribía como pocos o ninguno la han vuelto a escribir y hablar. No satisfecho con esto, tomó pie del libro de Sabunde para su más extenso y curioso *Ensayo*, que con título de *Apología*, aunque de todo tiene más que de esto, anda desde entonces en manos de todos los aficionados a ingeniosas filosofías y a desenfados de estilo.

He llamado barcelonés al autor del libro *De las criaturas*, y no me arrepiento, aun después de leída y releída la memoria en que el abate Reulet quiere hacerle hijo de Francia.[289] Es cierto que Sabunde fue profesor en Tolosa, pero esto nada prueba.

El abad Trithemio, que en 1494 publicó su *Catálogo de escritores eclesiásticos*, dice de Sabunde: *natione hispanus*. Sinforiano Champier, en los primeros años del siglo XVI, lo repite. Montaigne hace correr de gente en gente la misma aserción. El docto Maussac, en los prolegómenos al *Pugio fidei*, de fray Ramón Martí (1651), adelanta más: llama a Sabunde natural de Barcelona.

El abate Reulet anuncia que las pretensiones del Ebro van a sucumbir ante los derechos del Garona. Y ¿qué derechos son éstos? ¿Ha aparecido la partida de bautismo de Sabunde? ¿Se ha encontrado la indicación de su patria en algún registro de la Universidad de Tolosa? No hay más que la rotunda afirmación del abate Reulet, escritor de 1875, contra el testimonio del abad Trithemio en 1494, cuando aún debían de vivir gentes que conocieron a Sabunde.

---

289 *Un inconnu célèbre. Récherches historiques et critiques sur Raymond de Sebonde...* (París, V. Palmé, 1875) 8.º

Y ¿cómo ha querido invalidar esta prueba el apologista de la causa francesa? Fantaseando, con escasa formalidad crítica, un cuadro de novela donde el abad Trithemio aparece en su celda hojeando el libro *De las criaturas* para redactar el artículo concerniente a Sabunde, a quien llamó *hispanus*. ¿Saben mis lectores por qué? Porque en un manuscrito citado en una Historia del Languedoc se habla de cierto *magister hispanus*, médico del conde Raimundo de Tolosa en 1242. Y ya se ve, el pobre Trithemio tomó el rábano por las hojas, confundiendo a un filósofo del siglo XV con un médico oscuro del XIII, del cual hay noticia en un manuscrito. Y ¿qué prueba tenemos de que Trithemio hubiera visto semejante manuscrito? Y dado que le viera, ¿por qué hemos de suponerle capaz de un yerro tan enorme e inexplicable?

Que Trithemio, aunque laborioso y erudito, era a veces ligero, ya lo sabemos; pero ¿quién prueba que lo haya sido en este caso? En reglas de crítica, y tratándose de un autor del siglo XV, la palabra de los contemporáneos o inmediatamente posteriores vale y hace fuerza mientras no haya datos en contra.

Tampoco los hay para destruir la afirmación de Maussac respecto a la patria barcelonesa de Sabunde. Maussac sabía demasiado para confundir a Sabunde con san Raimundo de Peñafort. ¿Quién ha dicho a Reulet que Maussac no tuvo datos o documentos, que hoy desconocemos, para poner en Barcelona y no en otra ciudad de España la cima de Sabunde? ¿Los ha presentado él buenos ni malos para hacerle hijo de Tolosa? ¿No confiesa que los analistas y la tradición de esa ciudad callan?

Una sola conjetura apunta, débil y deleznable por estribar en un supuesto falso: la lengua. Dista mucho, en verdad, de ser clásico el latín del libro *De las criaturas*; pero muy de ligero ha procedido Reulet al asentar que está lleno de galicismos. Razón tiene cuando estima por de ningún valor el texto de Montaigne: *Ce livre est basti d'un espagnol baragouiné en terminaisons latines*, si por español se entiende el castellano; pero ¿a quién se le ha de ocurrir que Sabunde, catalán del siglo XV, hablase castellano?

Dícenos el abate Reulet que él sabe el español (sic) y que no ha encontrado castellanismos en la *Teología natural*. Y ¿cómo los había de encontrar, si Sabunde fue barcelonés? ¿Ignora el respetable clérigo que los barceloneses, lo mismo ahora que en el siglo XV, no tienen por lengua materna el castellano, sino el catalán, es decir, una lengua de Oc, hermana del provenzal, de la lengua de

Tolosa, donde se escribió el libro *De las criaturas* en un latín bastante malo, que abunda en catalanismos, por ser catalán el autor, y en provenzalismos, porque había residido mucho tiempo en Tolosa, y en repeticiones, desaliños y redundancias, como todos los libros de profesores no literatos, y más en el siglo XV?

¿Por qué han de ser francesas, y no catalanas, o castellanas, o italianas, o de cualquiera otra lengua romance, expresiones tan sencillas como éstas: *Unus cattus* (un gato), *omnes culpabiles, volo quod omnes dicant bonum de me. Hoc est clavis et secretum totius cognitionis. Addiscere ad legendum* (aprender a leer)? ¿No son castellanas de buena ley estas otras: Quiero que todos digan bien de mí. Esta es la llave y el secreto de todo conocimiento? ¿No se puede y debe decir en catalán: *Aquesta es... la clau de tot coneixement,* y en toscano: *Questa é la chiave ed il segredo,* etc.?

La repetición de los pronombres personales, aunque contraria a la índole suelta y generosa de las lenguas peninsulares, máxime del castellano, está en los hábitos académicos y profesorales: nosotros dijimos, nosotros creemos, etc. En las palabras que como francesas cita Reulet, aún anda más desacertado. Brancha puede ser traducción del catalán *branca,* mejor que del francés branche, como *bladum* de blé (trigo).

Argumento que prueba demasiado, nada prueba. Sabunde, como todos los malos latinos, tendía a la construcción directa y atada, con poco o ningún hipérbaton, lo cual su biógrafo llama construcción francesa, siendo realmente el modo de decir propio del que habla o escribe con dificultad una lengua, atento solo a la claridad y enlace lógico de las ideas.

Toda esta digresión sobre la patria de Sabunde va encaminada a justificar su mención, aunque de pasada, en esta obra, no por ser heterodoxo, sino por hallarse en el mismo caso que Raimundo Lulio, de cuyas ideas y métodos es fiel continuador, por más que el abate Reulet quiera olvidarlo. Solo se distingue de él en haber dado más importancia a la observación psicológica y a la experiencia interna que al problema ontológico. Sabunde enlaza el lulismo con la filosofía del Renacimiento. Pero su *Teología racional,* ese empeño en demostrar los dogmas por razones naturales, esas pruebas de la Trinidad, de la Encarnación, etc., todo eso es luliano, aunque en los pormenores no falte novedad. Algo hay también de san Anselmo y de Ricardo de san Víctor.

He dicho que el concilio de Trento mandó quitar el prólogo, donde Sabunde lleva su entusiasmo naturalista hasta querer descubrir todos los misterios en las criaturas: *Istum mundum visibilem dedit tanquam librum infalsificabilem... ad demonstrandam homini sapientiam et doctrinam sibi necessariam ad salutem.* Si el espectáculo de la naturaleza diese la doctrina necesaria para salvarse, ¿de qué serviría la revelación? Y ¿quién ha de leer en las criaturas el dogma de la Trinidad, por ejemplo?

La Inquisición de España reprodujo la condenación del prólogo, y así consta en los *Índices* del cardenal Quiroga (1584), de don Bernardo Sandoval y Rojas (1611), de don Antonio Zapata (1631) y de don Antonio de Sotomayor (1640). En el de 1707 se prohíbe no la Teología natural, sino el compendio que de ella hizo (mezclando errores de su secta) el sociniano Juan Amós Comenio (1664).

Cuanto a la Violeta del ánima, prohibida en el índice de Valdés (1559), falta averiguar si era obra idéntica a la *Viola animae*, de Dorland. Lo cierto es que este libro fue traducido y publicado por fray Antonio Arés, religioso de san Francisco, el año 1614, con todas las aprobaciones y licencias necesarias. El título es: Diálogos de la naturaleza del hombre, de su principio y su fin.[290]

Han contado algunos entre los lulianos del siglo XV al prodigioso Fernando de Córdoba, autor del libro inédito *De artificio omnis scibilis*. Así lo dice Eurico Cornelio Agripa en su comentario al *Arte breve*, de Lull: *Notum est Ferdinandum Cordubam Hispanum, per cuncta ultra et citra montes gymnasia, omnibus studiis hac arte celebratissimum extitisse.* Pero, en realidad, Fernando de Córdoba era enemigo encarnizado de los lulianos, y su artificio empieza con una invectiva contra Raimundo, a quien llama *nimius in pollicendo, exiguus in exequendo quae pollicetur*, admirándose de la barbarie de su estilo. «Fuera de lo que tomó de Aristóteles (añade), lo demás es tan inepto y conduce tan poco a la inteligencia de la dialéctica, que se diría que el autor estaba delirante o frenético.» (*Ut eum delirare putes aut correptum morbo phrenetico Hippocratis vinculo alligandum.*)

Y, sin embargo, ¡poder incontrastable de las ideas!, Fernando de Córdoba, platónico del Renacimiento, amigo y familiar de Bessarion, obedece a la

---

290 En los quales se da por admirable estilo el necessario y verdadero conocimiento, assi de Jesu Christo nuestro Dios y Señor, como de sí mismo. Traducidos de lengua latina, en la qual los compuso el muy docto y piadoso maestro Remundo Sebunde, en castellana, y anotados... En Madrid, por Juan de la Cuesta. Año 1614.

influencia luliana no solo en la traza y disposición de su artificio, sino en el realismo extremado y en la identificación continua de la *Lógica* y de la *Metafísica*.[291] Alguna frase panteísta he creído notar en su libro, pero así como de pasada y sin consecuencias.[292]

Hasta las damas se convirtieron en protectoras del lulismo. Queda memoria de la fundación de una cátedra en Barcelona, en 1478, por doña Beatriz de Pinós, y de otra en Palma, 1481, por doña Inés Quint. De este mismo año es el privilegio de fundación del Estudio (después Universidad luliana) de Mallorca por los jurados de Palma. El primero de los maestros célebres en aquella isla fue Juan Llobet, de Barcelona, autor de un libro de *Lógica* y de otro de *Metafísica*.

---

291 Ferdinandi Cordubensis: *De artificio omnis et investigandi et inveniendi natura scibilis*. Ad Rmum. in Christo Pres. et omnium sapientissimum atque eruditissimum don Bessarionem. Epm. Sabinensem, Samictae Romanae Ecclesiae Cardinalem, etc. Copia manuscrita que poseo, sacada del códice 3177, de la Vaticana, y cotejada con el 481 de la de san Marcos de Venecia. De este Fernando de Córdoba dice su contemporáneo Trithemio que «sabía de memoria toda la Biblia; los escritos de Alberto Magno, santo Tomás, Alejandro de Hales, Escoto y san Buenaventura; los libros de ambos Derechos, y las obras de Avicena, Galeno, Hipócrates, Aristóteles y muchos comentadores y expositores. Hablaba las lenguas hebrea, arábiga, caldea, griega y latina. En todas las universidades de Francia e Italia tuvo disputas públicas, en que convenció a todos y nadie le convenció a él. Era, además, excelente pintor y músico. Todo esto a los veinte años. Los doctores de París decían que un hombre tan prodigiosamente sabio no podía ser otro que el Anticristo» (*Chronicon Spanheimense*, Teodoro Gofredo, etc.). Aunque rebajemos algo, siempre resultará que Fernando de Córdoba fue una biblioteca ambulante y un asombro. Los pocos escritos suyos que hoy tenemos no desmienten esta fama.

292 Córdoba (Fernando de):

Bibliothèque de l'Ecole des Chartes (septiembre a diciembre de 1901).

Deux ouvrages inconnues de Ferdinand de Cordoue, par René Poupardin (páginas 532-542).

Una de estas obras inéditas es la *De laudibus Platonis*, dedicada al cardenal Bessarion (ms. de la Biblioteca Vallicelliana).

En el *Journal des Savants*, marzo de 1899, hay nuevos datos sobre Fernando de Córdoba, publicados por Leopoldo Delisle.

Véase, además, el *Auctarium Chartularii Universitatis Parisiensis* del padre Denifle y de Chatelain, tomo 2, col. 631-635.

Murió en 1460, y en su tumba se grabó un epitafio, que transcribe Carbonell en el precioso libro *De Viris Illustribus catalanis suae tempestatis*:[293]

> Terrea Ioannis tenet hic lapis ossa Lubeti,
> arte mira Lulli nodosa aenigmata solvit:
> hac eadem monstrante polo Christumque Deumque
> atque docens liberam concepta crimine matrem...

Los lulianos eran simpáticos y populares por el fervor que ponían en la defensa de la limpia concepción de Nuestra Señora contra algunos dominicos. A esto alude el último verso.

Sucedió a Llobet en la cátedra mallorquina Pedro Dagul o Degui, contra el cual se renovaron las acusaciones de heterodoxia. Hay de él los siguientes opúsculos, todos de peregrina rareza:

Incipit liber qui vocatur «Ianua Artis» Magistri Raymundi Llul editus a dno. Petro Degui villae Montis Albi presbytero. Barchinone, impressum per Petrum Posa. Anno MCCCCLXXXVIII-18 hojas.[294]

Incipit opus divinum... editum per magistrum Petrum Degui, Presbyterum et cathalanum villae Montis Albi (Montblanch).

Al fin: *Barchinone* (por Pedro Prosa), *anno millesimo quadringentesimo octuagesimo nono.*[295]

Incipit tractatus formalitatum brevis editus a magistro Petro Degui in artem magistri Raymundi Lull.

Acaba: Ad Dei laudem, per reverendum fratrem Iacobum Gener magistri Degui discipulum correctum, et per Petrum Posa impressum Barchinone. Sin año ni lugar. 6 hojas en letra de tortis.

---

293 *Colección de documentos inéditos del Archivo general de la Corona de Aragón*, tomo 28 (Barcelona 1865), página 239; *Opúsculos* de Carbonell, ilustrados con exquisita erudición por don Manuel de Bofarull.

294 Méndez, *Tipografía española*. Cuenta Cornelio Agripa que Pedro Dagui adquirió en siete meses, sin educación alguna anterior, toda su ciencia, de que se asombró Italia, merced al artificio luliano (*Comm. al Arte Breve.*)

295 Méndez.

En la Biblioteca Ambrosiana de Milán he visto una segunda edición, que también cita Diosdado Caballero como existente en la librería secreta del Colegio Romano:

Libellus formalitatum, per | reverendum magistrum Petrum Deguim, presbyterum in arte reve- | rendissimi ac clarissimi viri magistri Raymundi Lulli pe | ritissimum sacrae Theologiae professorem editum, feliciter incipit.

Al fin: Absolutae distinctiones per dominum fratrem Martinum al- | modovar ordinis militiae de calatrava traditae impressori- | bus: et per cos impressae Hispali prima die Martii. Anno ab incarnatione dni. 1491.

Ha de ser obra distinta la titulada *Metaphysica Magistri Petri Dagui*, compuesta por él en el monte Randa el año de 1485, y cuyo final, que transcribe Diosdado Caballero,[296] es éste:

Absolutum opus de formalitatibus cum quibusdam praeambulis introductivis ipsarum, vulgo nominatum Metaphysica: impressum Hispali, opera et diligentia Stanislai Poloni, impensis vero domini Iohannis Montisserrati in Artibus Magistri. Die 22 mensis Iunii anno dni. 1500.[297]

Dagui era capellán de los reyes católicos cuando estos sus libros se imprimieron en Castilla. Nuestros teólogos, mal avenidos con la fraseología luliana, dirigieron al papa una censura contra varias proposiciones del libro, a saber:

La distinción es plurificable según los modos de los conceptos, pues uno es el concepto de razón, otro el de la naturaleza de la cosa; uno formal, otro real; uno subjetivo, otro objetivo.

La bondad es un número y la magnitud otro; luego se distinguen esencialmente. No puede una formalidad distinguirse en número sin que se distinga en esencia. Todo lo que distingue esencialmente, distingue realmente, y todo lo que distingue realmente, distingue formalmente, con propiedad o con impropiedad.[298]

---

296 *De prima typographiae hispanae aetate specimen*. Hain (*Repertorium*) llama a Dagui Petrus de Gui, y cita un tratado, *De differentiis*, escrito por él en Jaén el año 1500.

297 Para completar estas noticias hay que ver la correspondencia de Descós y el padre Boyl y los libros del padre Pascual contra Feijoo.

298 Esta censura se halla manuscrita al fin del precioso ejemplar del *Libellus formalitatum*, de la Ambrosiana.

La segunda y tercera proposición son harto disonantes, porque, aplicadas a los atributos divinos, implicarían distinción de esencias.

Dagui fue a Roma con varios discípulos suyos (que se apellidaban con orgullo daguinos), explicó el sentido de sus palabras y obtuvo, según parece, una aprobación, suscrita por seis teólogos de la corte de Sixto IV, entre ellos el obispo de Fano y Fernando de Córdoba, tan enemigo de la doctrina de Ramón.[299] [300]

Tras esta nueva victoria siguió el lulismo en su apogeo. Llevóle a la Universidad complutense el magnífico caballero Nicolás de Pax, traductor del Desconhort, y a Valencia, Alfonso de Proaza. El cardenal Cisneros, que costeó las ediciones lulianas de uno y otro, escribía en 8 de octubre de 1513 a los jurados de Mallorca: Tengo grande afición a todas las obras del doctor Raimundo Lulio, doctor iluminadísimo, pues son de gran doctrina y utilidad, y así, creed que en todo cuanto pueda proseguiré en favorecerte y trabajaré para que se publiquen y lean en todas las escuelas. Felipe II fue decidido protector de los lulianos; puso grande empeño en adquirir copias de sus libros,[301] y en su corte, y bajo su amparo, escribió el arquitecto Juan de Herrera, con estilo y método lulianos, el Discurso de la figura cúbica. Para complacer al prudente monarca trazó el doctor Juan Seguí su Vida de Lulio.

En el Índice de Paulo IV se había incluido a Lulio entre los autores prohibidos, pero los catalanes reclamaron[302] y el concilio de Trento levantó la prohibición en 1.º de septiembre de 1563; así es que en los índices sucesivos no aparece.

---

299 Dice Nicolás Antonio que al fin de un ejemplar de las *Distinctiones* leyó esta nota: «Et talis est sententia dicti magistri Petri, quam nos uniformiter laudamus, Antonius Episcopus Fanensis, Noianus Episcopus Xephauensis, Ferdinandus Cordubensis subdiaconus Domini nostri, Ioannes abbas S. Bernardi Valentini, Iacobus Conil, Guillielmus Bodonit».

300 Dagui murió en Sevilla el año 1500, siendo capellán de los reyes católicos. Su cátedra mallorquina la heredó Arnaldo Descós, célebre por su amistad con fray Bernardo Boyl, primer evangelizador de las Indias Occidentales.

301 En 9 de marzo de 1598 escribía al doctor Antonio Bellver pidiéndole el índice de las obras de Lull; en 10 de marzo de 1583 solicitaba de los jurados de Palma copias exactas de sus libros para El Escorial.

302 Intervino en el asunto el ilustre luliano Luis Juan Vileta, canónigo de Barcelona, catedrático de filosofía en su Universidad y teólogo consultor de su obispo.
Véase el Apéndice de la defensa de Lulio que publicó Vileta en Barcelona, 1582, unida a su edición del *Arte breve* (*Lullianae doctrinae multiplex approbatio cum honorificis eiusdem encomiis*).

En tiempo de Sixto V trataron los antilulianos de renovarla; pero el jurisconsulto Juan Arce de Herrera, en nombre de Felipe II, presentó a la Congregación del *Índice* una *Apología*, y pudo conjurarse aquel nuevo peligro.[303] Todavía más ampliamente defendió en Roma la ortodoxia de Lull el franciscano mallorquín Juan de Riera, que murió en prosecución de la causa.

Y aunque sea cierto que algunos lulianos extranjeros, como Heurico Cornelio Agripa, Alstedio y Giordano Bruno, comprometieron con sus sueños, herejías y visiones el buen nombre de Raimundo, en nada empece esto a la pureza de la doctrina del venerable mallorquín. Porque Agripa, a pesar de comprender el carácter sintético del Arte luliano (*Habet enim principia universalia genera-lissima ac notissima, cum mutua quadant habitudine ac artificioso discurrendi modo, in quibus omnium aliarum scientiarum principia et discursus tanquam particularia in suo universali elucescunt*), se atuvo a la parte cabalística, aña-diendo algo de sus teosofías y ciencias ocultas. El protestante Enrique Alstedio tomó solo la parte formal de la lógica luliana, valiéndose de ella para impugnar los dogmas, como hubiera podido valerse de la aristotélica. En Giordano Bruno hay que distinguir siempre dos hombres: el comentador bastante fiel del Arte de Lulio y el filósofo panteísta, predecesor y maestro de Schelling, sin que por esto niegue yo que las concepciones armónicas del primero pudieron influir en las del segundo.[304] De Lulio pudo tomar Giordano Bruno, aunque a su manera, la identidad del método lógico y de su objeto y contenido.

---

303 Véase esta defensa en el Apéndice, tomada del original, que se halla en la Ambrosiana. También he leído allí otra Apología mucho más extensa: *Apologia Lullianae doctrinae adversus Eymerici calumnias, ex suo Directorio*. Dos tomos 4.º, el primero de 310 folios útiles; el segundo, de 331 páginas. Rebosa en increíble virulencia contra Eymerich, *inventor mendacii, sycophantiae parens, impius blasphemus*. Del *Directorium* dice que fue *in medio Acheronte conflatus daemonum consilio*. Esta obra debe de ser la misma que Wading atribuye a Antonio Bellver, canónigo de Mallorca y profesor de la Universidad luliana. El de Riera se rotula: *Tractatus in quo respondet omnibus quae hucusque obiecta sunt Raymundo* (Palma 1627), folio.

304 Heurici Corneli Agrippae, *Armatae Militiae Equitis Aurati, et utriusque iuris doctoris: In artem brevem Raymundi Lulii Commentaria* (páginas 810-890 de la edición de Estrasburgo).
Iordanus Brunus Nolanus: *De Lulliano specierum scrutinio. De lampade combinatoria lulliana. De progressu logicae venationis. De lampade venatoria logicorum*. Todos estos tratados se leen en la citada edición de Estrasburgo desde la página 682 a la 806.

Las posteriores vicisitudes del lulismo importan mucho en la historia de la filosofía, y quizá alguna vez las escribamos; pero no hacen al caso en esta vindicación. Cuando en el siglo pasado lidiaron contra el padre Feijoo los lulianos Fornés, Pascual, Tronchon y Torreblanca, no se discutía ya la ortodoxia del mártir palmesano, sino la certidumbre o vanidad de su arte. La tradición de éste fue conservada con religioso respeto, casi hasta nuestros días, por la Universidad luliana de Mallorca.[305] El señor Canalejas ha mostrado deseos de renovarla, pero con cierto sabor krausista o de teosofía hegeliana, que había de agradar poco al Doctor Iluminado si levantara la cabeza.

Capítulo VI. Siglo XV. Herejes de Durango. Pedro de Osma. Barba Jacobo y Urbano

I. Consideraciones preliminares. Vindicación del Abulense. II. Los herejes de Durango. Fray Alonso de Mella. III. Pedro de Osma. IV. Barba Jacobo y Urbano

I. Consideraciones preliminares. Vindicación del Abulense

Presenta el siglo XV tres casos de herejía, todos sin consecuencia: una intentona de Fratricelli en Durango, las proposiciones husitas de Pedro de Osma en Salamanca y las extravagancias de dos fanáticos, Barba Iacobo y Urbano, en Barcelona.

Aquella centuria es en todo de transición. Recibe del siglo XIV el impulso de rebeldía y de protesta, y le transmite al siglo XVI, donde toma nombre y máscara de reforma. La situación de la Iglesia era calamitosa. Desde 1378 a 1429 duró, con escándalo de la cristiandad, el gran cisma de Occidente, en que tanto figura

---

De compendiosa architectura et complemento artis Lullii. Parissis. 1582, 12.º

Ninguno de estos tratados se halla incluido en *Opere di Giordano Bruno Nolano*, ora per la prima volta raccolte e pubblicate da Adolfo Wagner, Dottore, Lipsia, Wiedmann, 1830. (Dos tomos 8.º) Véase la introducción de Wagner a la edición referida.

305 En el Discurso de don Antonio de Bofarull sobre la lengua catalana considerada históricamente (*Memorias de la Academia de Barcelona*, tomo 2, página 348) encuentro la curiosa noticia de que «a Berenguer de Fluviá y al presbítero Ximeno Tomás se facilitaron (¿en tiempo de don Martín o de Fernando el de Antequera?) las habitaciones del palacio mayor y del menor, para enseñar y estudiar el arte y doctrina del gran filósofo catalán menos la teología» (reg. 1925, fol. 119; reg. 1927, fol. 100; reg. 2194, fol. 77 V y reg. 2615, fol. 58, todos de la Corona de Aragón).

nuestro antipapa Pedro de Luna (Benedicto XIII). Los reyes de España anduvieron indecisos. Enrique II de Castilla no quiso resolverse, pero su hijo Juan I reconoció al papa de Aviñón, Clemente VII. Lo mismo hizo en Aragón don Juan I, el amador de toda gentileza. Muerto Clemente, los españoles todos siguieron al papa Luna, aun después del concilio de Pisa y de la sentencia de deposición. Pero no sucedió así una vez reunido el de Constanza. El mismo don Fernando de Antequera, que debía a Benedicto la corona de Aragón, se apartó de su obediencia y envió a Constanza sus embajadores, que tomaron asiento desde la sesión 22, junto con los portugueses. En la 26 acudieron los navarros, y en la 35, los castellanos. Todos reconocieron a Martín V, aunque Luna persistía en llamarse papa, y se retrajo en Peñíscola.

Pero en Constanza, y más aún en Basilea, el concilio quiso sobreponerse al papa, cuya autoridad y prestigio habíase amenguado malamente por la cautividad y por el cisma. Y las mismas asambleas congregadas para atajar el mal contribuyeron a aumentar el espíritu de rebeldía, procurando por todas maneras restringir, condicionar y humillar el poder de la santa Sede. Al cabo, los Padres de Basilea se declararon en abierta rebelión, y tuvo Eugenio IV que excomulgarlos. El cismático concilio eligió un antipapa: Félix V.

¡Así daban los prelados alemanes y franceses a sus greyes el ejemplo de abierta desobediencia a Roma! No tardaron en sazonar los frutos.

Ya como preludios de la gran tormenta que había de estallar en Wittemberg aparecieron sucesivamente la herejía de Juan Wicleff (1314-1387), partidario del más crudo fatalismo, hasta declarar necesario e inevitable el pecado;[306] la de Juan Huss y Jerónimo de Praga (1425), condenados en el concilio de Constanza, y de cuyas cenizas renacieron las sectas de taboritas y calixtinos. No hay para qué detallar los errores de estos sectarios de Bohemia, semejantes en algo a los valdenses, baste advertir que la protesta de Huss, como la de Wicleff, tomaba el carácter de absoluta oposición a Roma, a quién llamaban Babilonia, como al papa, Anticristo. Eran luteranos antes de Lutero.

---

306 Juan Wiclef. Véase Alzog, III 237-275.
«La base del sistema wiclefista está en su teoría de las ideas, que tiene relaciones palpables con las opiniones de Amaury de Bene, y, por consiguiente, con el panteísmo. La enseñanza del panteísmo inglés puede resumirse en estas palabras: "Toda la naturaleza es Dios y cada ser es Dios",• lo que está conforme con la manera como Wiclef concibe la idea, y, además esta otra proposición fundamental: "Lo que es Dios según la idea, es Dios mismo,

En España no dejaron de sentirse, aunque lejanas y amortiguadas, las consecuencias de este mal espíritu. Por de pronto, reinaba lamentable soltura y relajación de costumbres en el clero, sin que se libraran de la fea mancha de incontinencia prelados, por otra parte tan ilustres, como don Diego de Anaya, don Alonso de Fonseca y el arzobispo Carrillo. Otros, irreprensibles en sus costumbres privadas, se mezclaron más de lo que era razón en seglares negocios y contiendas civiles, y entre ellos el mismo don Alonso de Cartagena, a quien tuvo don Álvaro de Luna por su mayor enemigo, y cuya conducta respecto del condestable no puede traerse por modelo de lealtad o buena fe. En tiempo de Enrique IV empeoraron las cosas, y ciertamente no pueden leerse sin rubor, ni son apenas para publicados, algunos capítulos de las Décadas latinas de Alonso de Palencia, v. gr., el referente al obispo de Mondoñedo y al de Coria. Grima da leer en el Viaje de León de Rosmithal que halló la catedral de Santiago con-

---

o la idea es Dios". Con dificultad se concibe que el heresiarca no haya visto la falsedad de sus principios al inferir de ellos esta consecuencia absurda. "Luego un asno es Dios."•• Hasta pretendía apoyar en el sólido fundamento de la Sagrada Escritura esta identificación panteísta de Dios con la idea.»• • •

• Entre los pasajes condenados hay los siguientes: «Quaelibet creatura est Deus; quodlibet est Deus. Ubique omne ens est, cum omne ens sit Deus».

•• Estas son las mismas palabras de Wiclef: «Et si dicatur, quod male sonat, concedere asinum et quodlibet aliud esse Deum, conceditur apud aegre intelligentes; ideo multi non admittunt talia nisi cum determinatione, ut talis creatura secundum esse intelligibile, vel ideale quod habet in Deo ad intra, est Deus. Illi autem qui habent eumdem sensum per subiectum per se positum aeque concedunt propositionem simplicem» (*De ideis*, cap. 2).

• • • «Unde sic converto istam quaestionem: omnis creatura est Deus, Deus est quaelibet creatura in esse intelligibili, et istam conversionem videtur Apostolus docere nos, ubi non dicit absolute quod Deus est omnia, sed cum additamento: Deus est omnia in omnibus, ac si diceret: "Deus est omnes rationes ideales in omnibus creaturis"» (*De ideis*, cap. 2).

Esta idea eterna implica una predestinación eterna, que destruye la libertad del Criador del mismo modo que la de la criatura. Sin ambages dice: «Cum omnia quae eveniunt de necessitate eveniunt, absolute necessarium est quod damnandus ponat obicem in peccando» (Trialog., lib. 3, cap. 7, 23; lib. 4, cap. 13).

Para Wiclef todas las Órdenes religiosas son obra del demonio, y también las universidades, estudios y colegios. «Omnes religiones indifferenter introductae sunt a diabolo. Universitates, studia, collegia, graduationes et magisteria in eisdem sunt vana gentilitate introducta, ea tantum prosunt Ecclesiae sicut diabolus.»

vertida en alojamiento y en establo por los bandos que traía el arzobispo con los burgueses. De los habitantes de Olmedo y de otras villas castellanas dice el mismo viajero que vivían como animales brutos, sin cuidarse de la religión. En el repugnante *Cronicón*, por dicha inédito, de don Pedro de Torres, vese cuánta escoria quedaba todavía en tiempo de los reyes católicos.

El dogma no dejaba de resentirse por efecto de esta relajación moral. Y aunque pocas prevaricasen, era moda, por una parte, promover hasta en los saraos de palacio difíciles cuestiones teológicas, cayendo a veces en herejía más o menos formal, siquiera la disculpase el calor del ejercicio dialéctico; y por otra, hacer profanas aplicaciones de textos y asuntos sagrados en la poesía erótica y hasta en la de burlas. De todo hay muestras en los *Cancioneros*. En el de Baena, por ejemplo, trátase la cuestión de predestinados y precitos, promovida por Ferrán Sánchez Talavera, el cual no duda en decir:

> Pues esto es verdad, non hay dubdanza
> que ante qu'el hombre sea engendrado
> e su alma criada, que sin alonganza
> bien sabe Dios quál será condenado,
> e sabe otrosy quál será salvado,
> e pues fase que sabe que se ha de perder,
> paresce que su mercet de fazer
> ombre que sea en infierno damnado.
> Demuéstrase esto por quanto escogidos
> de Dios son aquellos qu'él quiso salvar,
> e por su gracia sola son defendidos
> de yr al infierno, escuro lugar:
> Assy que es de más los omes curar
> de dar alimosnas nin fazer ayuno
>
> ....
>
> E de esta quistion se podria seguir
> una conclusión, bien fea atal,
> que Dios es causa y ocasión de mal.
> Y aunque atenúa sus discursos, afirmando:
> Que mi entincion es querer disputar,

mas non poner dubda nin fazer error,
con razón le replica el canciller Ayala:
 Amigo senor, muy grant piedat
tengo de vos con mucha femencia,
que de los secretos de la deydat
quieredes aver plena conoscencia

....

Por ende, amigo, silencio é ayuno
en esta question devedes guardar.
E si la llaga aun non es madura
de aquesta dubda que agora tenedes,
poned del bálsamo, ólyo é untura
de buena creencia...

Con razones teológicas contestaron a Talavera fray Diego de Valencia, de León, y fray Alfonso de Medina, monje de Guadalupe, convenciéndole,[307] sin duda, del error que seguía en dudar del libre albedrío e inclinarse a lo que hoy diríamos fatalismo calvinista.

Espíritu inquieto y disputador como el de Ferrán Sánchez Talavera, hubo de tener el catalán Bernat Metge, que en un *Sueño*, todavía inédito, propone y esfuerza mucho las dificultades contra la inmortalidad del alma, mostrando menor vigor en las pruebas.[308]

En tanto, los trovadores cortesanos trataban con harto poco respeto las cosas más santas, siguiendo en esto la tradición provenzal. Don Álvaro de Luna cantaba:

Si Dios nuestro Salvador

---

307 El *Cancionero* de Juan Alfonso de Baena (siglo XV), ahora por primera vez dado a luz..., por don Pedro J. Pidal (Madrid, Imprenta de la Publicidad, 1851), página 549 y siguientes.

308 Biblioteca de san Juan de Barcelona, manuscrito 2-3-2 (códice del siglo XV, en papel). El segundo de los tratados en él incluidos es el *Sompni*, de Bernat Metge, dividido en dos partes. En el mismo códice hay de Bernat Metge, con el título de *Historia de las bellas virtuts*, una traducción de la Griselda, del Petrarca. De este Bernat Metge y de un poema suyo inédito trae noticias y extractos el señor Milá y Fontanals en su opúsculo francés *Poetes catalans. Noces rimades. Codolada* (Monpellier 1876).

ovier de tomar amiga,
fuera mi competidor.

Suero de Ribera escribía la *Misa de amor*; Juan Rodríguez del Padrón, los *Siete gozos de amor*; Garci-Sánchez de Badajoz, las *Lecciones de Job*, aplicadas al amor profano; Juan de Dueñas, la *Misa de amores*; mosén Diego de Valera, los *Siete Psalmos penitenciales* y la *Letanía de amor*. Fuera fácil acrecentar el catálogo de estas parodias, donde compite lo irreverente con lo estrafalario, aun sin descender a otras de género más bajo contenidas en el *Cancionero de burlas*.

Yo bien sé que esta ligereza no penetraba muy hondo, pero siempre es un mal síntoma. De todas maneras, estaba templada y hasta oscurecida en el cuadro literario de la época por las graves, religiosas y didácticas inspiraciones de Fernán Pérez de Guzmán, el marqués de Santillana, Juan de Mena y otros, en quienes el sentido moral es por lo regular alto y la fe pura. Los mismos que tan malamente traían y llevaban en palacianos devaneos las cosas más venerandas, eran creyentes sinceros, y quizá por eso mismo se les ocultaba el peligro y el escándalo de aquella ocupación. En su vejez solían arrepentirse y detestar sus anteriores inspiraciones, como hizo en el *Desprecio de la fortuna* Diego de san Pedro, autor del primer *Sermón de amores*. Casi todas esas parodias han quedado inéditas, y si alguna, como las *Lecciones*, de Garci-Sánchez, llegó a estamparse, fue rigurosamente vedada por el Santo oficio.

En medio de todo, no era el siglo XV tan calamitoso como el anterior. Dábanle gloria inmarcesible una legión de teólogos, escriturarios y canonistas, famosos algunos en la Iglesia universal, no ya solo en la de España: san Vicente Ferrer y su hermano, fray Bonifacio; el insigne converso Pablo de santa María, autor del *Scrutinium Scripturarum*; su hijo don Alonso de Cartagena, a quien llama *Eneas Silvio decus praelatorum*, y de quien dijo Eugenio IV: Si el obispo de Burgos en nuestra corte viene, con gran vergüenza nos assentaremos en la Silla de san Pedro; el Tostado, cuyo nombre basta; su digno adversario Juan de Torquemada; Juan de Segovia, lumbrera del concilio de Basilea; fray Alonso de Espina, martillo de los judíos en su *Fortalitium fidei*; fray Alonso de Oropesa, defensor de la causa de los conversos en su *Lumen Dei ad revelationem gentium*; Rodrigo Sánchez de Arévalo, el primero en aplicar las formas

218

clásicas a nuestra historia; Fernando de Córdoba, cuya sabiduría se miró como prodigio...[309]

Y ya que a Alfonso de Madrigal hemos aludido, oportuno sera vindicarle de ciertos cargos de heterodoxia. Un escritor impío y de poca autoridad en estas materias, como mero literato que era, el abate Marchena, dice: Maridaba el Abulense a una portentosa erudición eclesiástica y profana una libertad de pensar en materias religiosas, precursora de la reforma, por Lutero y Calvino más tarde y con más fruto llevada a cabo.[310] Sin duda, para hacer reformista al Tostado, se acordaba Marchena de las cinco proposiciones defendidas por aquel insigne teólogo en Siena el 21 de junio de 1443, impugnadas por Juan de Torquemada en un opúsculo inédito en la Biblioteca Vaticana, tachadas, respectivamente, de temerarias, escandalosas, falsas, erróneas y heréticas por una congregación de tres cardenales y otros teólogos y juristas, y sostenidas por el autor en su *Defensorium trium propositionum*.[311]

Las dos primeras proposiciones eran meramente históricas.

1.ª Que Nuestro Señor Jesucristo no fue muerto sino al principio del año treinta y tres de su edad.

2.ª Que no padeció en 25 de marzo, sino en 3 de abril.

No era ésta la opinión admitida en tiempo del Tostado, pero lo fue después y lo es hoy por casi todos los cronologistas.

Las otras tres proposiciones son malsonantes, pero en sustancia se reducen a una sutileza: Aunque ningún pecado es irremisible por su naturaleza, ni Dios ni el sacerdote absuelven de la culpa ni de la pena. Para defender esta nueva y extravagante manera de hablar, decía el Abulense que, siendo la culpa acción transitoria, cuando la absolución llega no existe ya la culpa, sino el reato. Por otra parte, la pena no es un vínculo que pueda ser absuelto, sino el término de una obligación. ¡Triste afán el de la paradoja!

---

309 Hay que añadir al arcediano de Barcelona Juan de Palomar, que tanto intervino en el concilio de Basilea y en las controversias con los hussitas.

310 *Lecciones de filosofía moral*, página IV (Burdeos 1820).

311 Está en el tomo 22 de sus obras. La impugnación de Torquemada se rotula: Ioannis a Turrecremata tractatus, in quo ponuntur impugnationes quarumdam propositionum, quas quidam magister in Theologia, nominatus Alphonsus de Matricali, posuit el asseruit in disputatione (códice 5606 de la Vaticana).

La cuestión era de palabras, aunque podían ser torcidamente interpretadas, y parece que Eugenio IV se dio por satisfecho con las explicaciones del Defensorium.

Lo único que puede decirse del Abulense es que en Basilea se mostró poco amigo de la autoridad pontificia, aunque no tanto como quiere persuadir el padre Burriel en una carta inédita, donde se lee: Si hemos de estar a las palabras desnudas... del *Apologético*, el Abulense solo concede al papa el ser *caput ministeriale Ecclesiae* y ser órgano por donde la Iglesia se explica; pero a él solo, independiente de la Iglesia y concilio ecuménico, que la representa, no concede infalibilidad en el dogma, aunque le atribuye poder para alterar y aun mudar todo el Derecho canónico. De aquí nació el prohibirse por el santo Tribunal el *Apologético* del Abulense, hasta que se desvedó en fuerza de las defensas que hizo el colegio de san Bartolomé.[312]

Pero, aun tomadas las palabras en este rigor literal, no hay que culpar al Tostado, puesto que esa cuestión era en su tiempo opinable, y muchos españoles opinaron como él. De su acendrada piedad debemos creer que hoy pensaría de muy distinto modo. El espectáculo del cisma y de las tumultuosas sesiones de Constanza y Basilea llevaron a los defensores del concilio, como a los del papa, a lamentables exageraciones.

De todas maneras, siempre es temeridad insigne en el padre Burriel decir que Pedro de Osma, acaso discípulo del Abulense, pagó por todos los atrevidos, siendo así que los de Pedro de Osma no fueron atrevimientos, sino formales herejías, de que siempre estuvo libre el Tostado.

II. Los herejes de Durango. Fray Alonso de Mella

Las noticias casi únicas que de este negocio tenemos hállanse en el capítulo 6, año 36 (1442), de la *Crónica de don Juan II*:

Ansimesmo en este tiempo se levantó en la villa de Durango una grande herejía, fue principiador della fray Alonso de Mella de la Orden de san Francisco, her-

---

312 Carta sobre el Abulense y su sentir tocante a la potestad pontificia (en un tomo de *Papeles varios* de la Biblioteca de Bruselas; tomo que perteneció a La Serna Santander). El padre Burriel, a pesar de ser jesuita, era regalista tanto o más que Masdéu. Uno de los objetos de su *Viaje literario* a Toledo fue allegar documentos en defenſa de las libertades de la iglesia española, por encargo de los ministros de Fernando VI.

mano de don Juan de Mella, obispo de Zamora, que después fue cardenal. E para saber el rey la verdad, mandó a fray Francisco de Soria, que era muy notable religioso, así en sciencia como en vida, e a don Juan Alonso Cherino, abad de Alcalá la Real, del su consejo, que fuesen a Vizcaya e hiciesen la pesquisa, e gela truxiesen cerrada para que su alteza en ella proveyese como a servicio de Dios e suyo cumplía: los quales cumplieron el mandato del rey, e traída ante su alteza la pesquisa, el rey envió los alguaciles suyos con asaz gente e con poderes los que eran menester para prender a todos los culpantes en aquel caso: de los quales algunos fueron traídos a Valladolid, y obstinados en sus herejía, fueron ende quemados, e muchos más fueron traídos a santo Domingo de la Calzada, donde asimismo los quemaron: e fray Alonso, que había sydo comenzador de aquella herejía, luego como fue certificado que la pesquisa se hacia, huyó y se fue en Granada, donde llevó asaz mozas de aquella tierra, las cuales todas se perdieron, y él fue por los moros jugado a las cañas, e asi hubo el galardón de su malicia.[313]

El obispo de Zamora y cardenal, hermano de fray Alonso de Mella, y tan diferente de él en todo, fue jurisconsulto eminente, como le apellida Eneas Silvio.[314] Murió en Roma en 13 de octubre de 1467, y está enterrado en Santiago de los españoles, con una inscripción que publica sus méritos. En la Biblioteca Vaticana yacen inéditas sus obras jurídicas.[315]

Geddes, en su *Martyrologium*, quiere suponer que los herejes de Durango eran valdenses, y comienza por ellos el catálogo de los protestantes españoles. Pero Mariana (lib. 2 cap. 17) dice expresamente que la secta despertada en Durango era la de los fratricellos, deshonesta y mala, una especie de alumbrados. A esta herejía debe de aludir el doctor Montalvo en su comentario al *Fuero real* (ley 2, tít. 2 1.4), donde escribe: *Item nunc nostris temporibus in dominatione Vizcayae, quidam vizcayni sunt de haeresi damnati; non tamen propter hoc omnes illi sunt universaliter haeretici.*

---

313 De cómo se levantó en la villa de Durango una grande herejía, de la cual fue comenzador fray Alonso de Mella.

314 *Scientia iuris excellentem* (Véase Nicolás Antonio, *Bibliotheca Vet.*, página 284).

315 Códices 2617, 2688 y 4066.

Casi hasta nuestros días duró la memoria de estos hechos y de los culpables en unos padrones de la iglesia de Durango, hasta que por solicitud de familias interesadas fueron destruidos durante la guerra de la Independencia.

Quedaban los autos originales en el coro de la parroquia, pero hacia el año 1828 mandó quemarlos un alcalde para no dar pretexto a las burlas de los comarcanos, que preguntaban siempre a los durangueses por los autos de fray Alfonso. ¡Pérdida irreparable para la ciencia histórica no por los nombres de los reos, que poco importaban, sino por los datos que de seguro contenían aquellos papeles sobre doctrina y que hoy nos permitirían establecer la filiación exacta de esta herejía y sus probables relaciones con la de los alumbrados de Toledo, Llerena y Sevilla en el siglo XVI! Pero ¿es probable que en tan largo tiempo cuanto estuvieron los autos en la iglesia, ningún curioso tomase copia o extracto de ellos? Amigos míos vascongados se han propuesto averiguarlo, pero hasta el presente nada me dicen.[316] [317]

---

316 En 1442, fray Alonso de Mella, hermano del obispo de Zamora, predicó en Durango las doctrinas comunistas de los fraticellos. Don Juan II mandó dos comisarios, uno de ellos fray Juan de Soria, de la Orden de san Francisco, para inquirir y castigar tales delitos. Fray Alonso huyó a Granada con algunos discípulos suyos, y parece que se hizo mahometano. Por desgracia han perecido (destruidos por los franceses) los padrones que en la iglesia de Durango decían los nombres de los culpados y la calidad de sus delitos y penas.

317 «Protestas y diligencias que practicó el Theniente de Prestamero Mayor de esta villa con su Justhizia y Regimiento, en 20 de agosto de 1444 años, para que se le entregasen ziertas personas que profesaban la secta de fray Alonso de la Mella... para probeer de remedio y castigar a dichos sectarios. Compónese de 16 ojas.»

[De una carta dirigida a Menéndez Pelayo por don Samuel Baerte, fechada en Durango en 28 de agosto de 1889. Las líneas que se transcriben son el título de un cuaderno que en esta fecha existía en el Archivo municipal de Durango.]

«El padre de Alfonso de Mela (éste es el verdadero apellido, y no Mella, como se lee en la crónica de don Juan II, aunque tal vez sea ortografía latina), fue embajador del rey de Castilla en uno de los estados de Italia, donde le nació uno de los hijos, el hereje o el cardenal, o tal vez los dos.

El hereje Alfonso tomó el hábito de san Francisco en uno de los conventos de la provincia de Santander, ignorándose el pueblo.

Después de la apostasía vino a Durango, donde hizo prosélitos hasta el número de 500 o más. Vivió en la única casa que aún subsiste enfrente de la antiquísima parroquia de san Pedro Apóstol de Tavira, extramuros de Durango, unos cinco minutos de paseo. De Tavira toma el nombre Durango, que aún hoy en los documentos oficiales se dice Tavira

III. Pedro de Osma

Este es, después de Gundisalvo y Vilanova, el nombre más ilustre entre los heterodoxos españoles de la Edad media. Si hemos de creer a sus contemporáneos, pocos le excedían en materia teológica. Pero ya advirtió Juan de Valdés, y hubiera podido decirlo de sí propio, que hombres de grandes ingenios son los que se pierden en herejías y falsas opiniones por la falta de juicio. Y en Pedro de Osma excedía el ingenio al juicio.

---

de Durango.

La familia de Mela (hoy Mella) tuvo en Durango un gran mayorazgo.

Los errores fundamentales del hereje eran la comunidad de bienes y la de mujeres, habiéndose propagado la secta por entre la gente baja, jornaleros, labradores, industriales, etc.

La señal que Alfonso tenía para reunir a los sectarios era el sonido de la trompa que trajo él de Santander, y que desde entonces es conocida en Vizcaya.

Durango desde entonces, y con motivo de los herejes, fue y es llamado en son de burla por los pueblos comarcales el pueblo de las trompas, en vascuence, *tromperri*.

Cuando Alfonso de Mela se creyó bastante fuerte, pensó en alzarse en armas, tomar a Durango y fundar un estado donde se enseñasen y practicasen sus máximas. Cuatro de los sectarios, espantados ante el proyecto, le delataron a la autoridad local, la cual dio parte a la Inquisición de Logroño. Emprendió ésta las pesquisas; muchos se retractaron; pero unos trece contumaces fueron quemados en la plaza de santa María de Durango. El Mela se fugó a Santander con siete mozas, pasó a Andalucía por mar, tocando en África, donde no se sabe si estuvo mucho o poco tiempo. En Andalucía siguió propagando las mismas doctrinas entre los moros, hasta que por ello fue sentenciado a muerte.

Cuando la Inquisición vino a Durango a formar el proceso, terminada la causa, siguió en la villa el tribunal por temor de que la herejía volviese a tomar cuerpo. La herejía se había propagado por los pueblos y caseríos inmediatos, como Mañaria, Izurza, Abadiano, Bérriz. Hasta la guerra de la Independencia, el proceso se conservó debajo de la peana de san Pedro Mártir de Verona, inquisidor, en la parroquia de santa María, y el pueblo durangués miraba aquel sitio con horror. La estatua de san Pedro de Verona estaba entonces donde hoy está santa Teresa, en el nicho de la derecha del altar de Ánimas; y en el altar de san José, en la parte superior, pusieron a san Pedro en lugar de santa Teresa. Este cambio se hizo tan solo hace unos diez o doce años.

Durante la guerra de la Independencia parece que las dos autoridades, no se sabe por qué temores, acordaron quemar el expediente inquisitorial, como se hizo públicamente.»

Pocas noticias quedan de él fuera de las relativas a su herejía.[318] Su nombre patronímico era Martínez, aunque por su patria se llamó de Osma. Fue colegial de san Bartolomé desde el año 1444, lo mismo que el Tostado y Alfonso de la Torre; racionero de la iglesia de Salamanca, canónigo en la de Córdoba, lector de *Philosophia* y luego maestro de teología en la Universidad salmantina y corrector de libros eclesiásticos por delegación del deán y cabildo de aquella iglesia. Tuvo la gloria de contar entre sus discípulos y amigos a Antonio de Nebrija, quien le ensalza en estos términos en su rara *Apología*:[319] «Nadie hay que ignore cuánto ingenio y erudición tuvo el maestro Pedro de Osma, a quien, después del Tostado, todos concedieron la primacía de las letras en nuestra edad. Siendo beneficiado de la iglesia de Salamanca le encargaron el deán y cabildo de enmendar los libros eclesiásticos, concediéndole por cada cinco pliegos diarios las que llaman distribuciones quotidianas, lo mismo que si asistiese a coro. Hay en aquella iglesia un códice muy antiguo de ambos Testamentos, del cual más de una vez me he valido. Por éste comenzó sus correcciones el maestro Osma, comparándole con algunos libros modernos y enmendando más de seiscientos lugares que yo te mostré, padre clementísimo (habla con el cardenal Cisneros), cuando estaba allí la corte».[320]

Fuera de estas tareas escriturarias, no queda noticia de más libros de Pedro de Osma que los siguientes:

Petrus de Osma, in libros Ethicorum Aristotelis cum commento Magistri Osmensis, correctum per R. Mag. de Roa, cathedraticum in studio salmantino.

---

318 Véase Nicolás Antonio, página 310, tomo 2 de la *Bibliotheca Vetus*; el marqués de Alventos, *Historia del Colegio Viejo de san Bartolomé* (Madrid 1661); Rezábal y Ugarte, Biblioteca de escritores que han sido individuos de los Colegios Mayores, página 257.

319 *Apologia earum rerum quae illi obiiciuntur...* (Cum privilegio. Apud inclytam Granatam, mense Februario, 1535, 4.º)

320 «Quanto ingenio et eruditione fuerit Magister Petrus Uxomensis nemo est qui ignoret, cum post Tostatum illum, omnium iudicio apud nos fuerit nostra actate in omni genere doctrinae facile princeps. Is fuit ex portione beneficiarios in Ecclesia Salmanticensi, cui ex Decani et capituli decreto delegata fuit provincia libros Ecclesiasticos emendandi, proposita illa mercede laboris, ut pro quinis quotidie chartis emendandis mereretur quas appellant distributiones quotidianas, tametsi rei divinae non interesset. Est in ea Ecclesia utriusque Testamenti codex pervetustus, qui mihi saepe fuit usui. Ab eo castigationum suarum initium Uxomensis fecit, conferens illum (opinor) ad aliquem e recentioribus libris: distorsit a prototypi exemplari plusquam sexcentos locos.»

Salmanticae, anno MCDXCVI (1496). Así en Méndez y en un índice de la Colombina. Cítase un manuscrito de la Biblioteca Toledana.

Aquí se acaba un breve compendio sobre los sex libros de la *Metaphisica de Aristotelis*: copilado por el fijo de la philosophia natural, no denegando la moral, Pedro de Osma. Por el tiempo que él lo copiló, era licenciado en Artes, lector de philosophia natural en la Universidad de Salamanca, e despues con solepnidat grandissima recebió el Magisterio. Fue trasladado en romance por mandado de Fernan Gonzalez, regidor de la noble villa de Valladolid, Camarero de don Fadric, almirante de Castilla, por el gran desseo que tenia de cognoscer el juicio de maestre Pedro de Osma, por quanto él era muy singular amigo suyo, y en sus tiempos no era fallado semejable a él en las artes: ansi gramatica práctica como speculativa: logica sophistica e rracional philosophia natural e moral: mathematica sobre todas: Theologia de Dios revelada por los santos e por juycio alcanzada: en todas las sciencias sufficientissime fue instructo... (Manuscrito del siglo XV, que poseía Pérez Bayer,[321] en 4.º, de 184 folios, letra menuda.)

De comparatione deitatis, proprietatis et personae disputatio seu repetitio. (Catálogo de la Biblioteca de Antonio Agustín. Manuscritos.)

El libro herético causa de todas las persecuciones de Pedro de Osma se intitulaba *De confessione*, y debe de haberse perdido, aunque quedan trozos de él en los escritos de los impugnadores. Por otra parte, no era más que una ampliación de su *Quodlibetum*, que afortunadamente existe en la Biblioteca Vaticana, donde le vi y copié en 1876.[322]

Divídese en treinta y ocho artículos, referentes todos a la confesión, a las indulgencias y al poder de las llaves. Pedro de Osma sostiene:

1.º Que los prelados eclesiásticos no pueden absolver a ningún vivo de las penas del purgatorio, en todo ni en parte, ni perdonar el residuo de pena que queda después del sacramento, por lo mismo que no pueden imponerla. La contrición que borra el pecado debe borrar también las consecuencias, es decir, la pena. De donde infería:

2.º Que los pecados se perdonan por la sola contrición y no por la autoridad de las llaves; y

---

321 Véase sus notas a la *Bibliotheca Vetus*, página 311, tomo 2.

322 Códice 4149: *Quodlibetum Petri de Osma*, cum suis impugnationibus ad singulos articulos per fratrem Iohannem Lupi Salmantinum (véase en el Apéndice).

3.º Que la confesión de los pecados in specie es de precepto, no de sacramento.[323]

¿Pueden, sin embargo, los prelados (añade Pedro de Osma) remitir indirectamente una parte de las penas del purgatorio, ya aplicando al penitente los méritos de Cristo, lo cual dice con sofística evasiva que no es absolvere, sino pro illo solvere, ya perdonándole las penitencias que le habían impuesto, lo cual es conmutación de un tanto de pena del purgatorio, aunque el cuanto sea incierto, por lo cual las indulgencias más bien habían de llamarse sufragios?

Parécele al maestro salmantino que no tienen más autoridad los prelados para aplicar los méritos de Cristo que para remitir la pena, aunque él mismo se contradice cuanto a lo segundo, alegando aquel texto: Quodcumque solveris super terram..., que es la condenación más palmaria de su error. Añade que el aceptar o no aceptar los méritos de alguno en tanta o cuanta cantidad depende de la voluntad de Dios, que no nos consta. ¿Hase visto modo más avieso de discurrir? ¡Como si Dios pudiera dejar de aceptar alguna vez los méritos de su Hijo!

Afirma, pues, Pedro de Osma que solo absuelven los prepósitos eclesiásticos de la pena en que tienen jurisdicción. A esto responden los católicos:

1.º Que la Iglesia romana concede cada día indulgencia plenaria a vivos y difuntos.

2.º Que esta concesión se funda en el privilegio de Pedro, quos absolveris super terram, absoluti sunt in caelo. Así le cita Osma, pero con error.

3.º Que las indulgencias, consideradas como remisión de la pena más leve, serán casi inútiles, puesto que las penitencias son actualmente arbitrarias y muy ligeras.

---

323 Para Pedro de Osma.

Juan Wessel, nacido en Groninga en 1419, después de haber recibido su primera educación entre los clérigos de la vida común en Zwolle, estudió la teología en Colonia; luego se familiarizó con los autores clásicos griegos y romanos, aprendió el hebreo, enseñó en Colonia, Lovaina, París, Heidelberg, y por sus conocimientos literarios y escolásticos obtuvo el sobrenombre de Lux Mundi, que le dieron sus admiradores, a pesar de que sus tendencias hicieron que los católicos le llamasen Magister contradictionum. Murió en 1489. Se le considera como uno de los precursores inmediatos del protestantismo. Lutero puso un prefacio en sus obras. Entre sus errores figuran los siguientes: «Solo Dios puede absolver y no absolver los pecados. La confesión y la satisfacción no son partes esenciales del sacramento de la Penitencia; solo la contrición absuelve antes de la confesión». Alzog. III 341.

Propuestas estas objeciones y alguna más, trata de responder el teólogo de Salamanca con las siguientes evasivas:

1.ª Que, hablando con propiedad, la Iglesia predica indulgencia de la pena de este siglo, sufragios de la pena del siglo futuro. Pero la cuestión no es de palabras, ni se resuelve con un distingo.

2.ª Que el *absoluti in caelo* ha de entenderse *apud Deum*, en el sentido de que Dios aprueba la absolución de la pena de este siglo: *a poenis iniunctis, vel ab excommunicatione lata a iure vel ab homine, vel etiam ex opere peccati*. No puede darse mayor tormento a un texto más claro.

3.ª Y contradicción palmaria: que las indulgencias remiten tanta parte de la pena del purgatorio cuanta correspondía a las penitencias impuestas. Y si pueden remitir esto, ¿por qué no más? Y si lo uno queda absuelto en el cielo, ¿por qué no lo otro? Bueno es advertir que Pedro de Osma conviene en que se aplica *aliquid meriti ex auctoritate clavium*.

4.ª Que al decir la Iglesia en las concesiones de indulgencias *vel de poenitentiis iniunctis, vel omnino de remissione peccatorum*, absuelve de las penitencias omnino, y de la pena del siglo futuro *in quantum potest*.

Sobre esta doctrina de las indulgencias no se ha de olvidar lo que dice Moehler en la Simbolica: «Desde los primeros siglos, los católicos entendieron por indulgencia la abreviación, con ciertas condiciones, de la penitencia impuesta por la Iglesia y la remisión en general de las penas temporales. Más tarde, algunos teólogos aplicaron a la palabra indulgencia un significado más extenso (ésta es la doctrina del tesoro de la Iglesia, acrecentado por los méritos de los santos); pero su opinión, aunque basada en sólidos fundamentos, no es artículo de fe. En cuanto al dogma católico, el concilio de Trento ha definido solo que tiene la Iglesia autoridad de conceder indulgencias y que son útiles si con prudencia se dispensan».[324]

Pedro de Osma seguía a los wiclefitas en el yerro de limitar la remisión de las penas temporales a las penitencias eclesiásticas. También era doctrina de los Pobres de León, y por eso llama a Pedro de Osma Valdensis su impugnador Juan López.

---

324 *La Simbolica, o sia Esposizione delle antitesi dogmatiche tra I catolici ed I protestanti, di G. A. Moelher...* Milán 1853. Quarta edizione italiana.

En el libro *De confessione* extremaba aquél su heterodoxia hasta decir que la Iglesia romana podía errar en la fe y que algunos papas erraron y fueron herejes.

Divulgadas desde Salamanca tan malsonantes proposiciones, fízose un processo en la muy noble cibdad de Zaragoza por el reverendo señor Miguel Ferrer, doctor en Decretos, Prior e Vicario general en la iglesia de Zaragoza, Sede vacante, contra las conclusiones de Pedro de Osma. En 14 de diciembre de 1478, el inquisidor Juan de Epila nombró procurador en este negocio a Juan Perruca. Los doctores de Zaragoza convinieron en rechazar las proposiciones heréticas o, a lo menos, sospechosas vehementísimamente, y mandaron quemar el libro.[325]

Si tan grande era el escándalo en el reino de Aragón, júzguese lo que acontecería en Castilla, donde era más conocido Pedro de Osma. El arzobispo de Toledo, Carrillo, impetró de Sixto IV una bula para proceder con autoridad pontificia contra el herético teólogo, e instruyó acto continuo el proceso, cuyas actas voy a extractar, ya que, por fortuna, han llegado íntegras a nuestros días.[326]

---

325 Consta así en el proceso de Alcalá, en un escrito del fiscal Riaza: «Denique autem die intitulata decima mensis Ianuarii, anno a nativitate Domini millesimo quadringentesimo septuagesimo nono, apud Sedem Caesaraugustanam, dictus Domintis Iohannes de Epila locum tenens inquisitionis fidei catholicae, in Missa maiore dum ibidem ad divina audiendum convenerat populi multitudo, coram omni populo, post factum sermonem per eumdem Magistrum Iohannem de Epila in dicta sede... dictum libellum publice et palam igni tradidit et concremavit et consummavit».

326 Me valgo de la copia del padre Burriel (Biblioteca Nacional): «Actas de la junta de Theólogos, celebrada en Alcalá y presidida con autoridad de Sixto IV summo pontífice, por don Alonso Carrillo, arzobispo de Toledo, Primado de las Españas, contra los errores del maestro Pedro Martínez de Osma, canónigo de la Iglesia de Córdoba y cathedrático de la Universidad de Salamanca, año MCCCCLXXIX. Copiadas de un manuscrito antiguo de la Librería de don García de Loaysa, arzobispo de Toledo, colocada hoy en la Real de Madrid. Añádense un compendio latino de las mismas Actas escrito por Pedro de Ponte, secretario del mismo arzobispo don Alonso Carrillo, copiado del original que se guarda en el Archivo secreto de Toledo, y un tratado Castellano del maestro fray Juan López contra otro del mismo maestro Pedro de Osma, copiado de un tomo antiguo de la Librería de la santa Iglesia de Toledo. Ilustrado todo con notas y observaciones histórico-teológicas por el padre Andrés Burriel, Theólogo de la Compañía de Jesús, 1755». (Algunos de estos documentos fueron ya publicados por Tejada y Ramiro en su *Colección de Concilios*, tomo 6.)

In Dei nomine. Amen. A honor y reverencia de Dios todopoderoso y de la virgen santa María su Madre, e a gloria e ensalzamiento de nuestra sancta fee cathólica, e quebrantamiento de los infieles e herejes e de todos aquellos que en otra manera sienten, predican o enseñan... Conoscida cosa sea a todos los presentes e advenideros... cómo en la villa de Alcalá de Henares, de la diócesis de Toledo, dentro de los palacios arzobispales de la dicha villa, donde posa el reverendísimo y muy magnífico Sennor don Alfonso Carrillo, por la divina misericordia arzobispo de Toledo, primado de las Españas e chanciller mayor de Castilla, en 22 días del mes de marzo, año del nacimiento de nuestro Salvador Jesu Christo de mill e quatrocientos e setenta e nueve annos, ante dicho Señor arzobispo, en presencia de mí, Pedro de la Puente, racionero en la santa Iglesia de Toledo, vicario de Brihuega, notario apostólico e secretario del dicho señor arzobispo en su Consejo, a la audiencia de las Vísperas, parecieron ahí presentes los venerables señores el maestro Pedro Ximénez de Préxamo, maestro en santa Theología, canónigo de la santa Iglesia de Toledo, e Pedro Díaz de Costana, licenciado en Theología, canónigo en la Iglesia de Burgos, e presentaron ante dicho señor arzobispo una bulla apostólica de nuestro señor el papa Sixto IV... escripta en pergamino de cuero, sellada con un sello de plomo pendiente en cuerdas de cáñamo, según costumbre de Roma, sana y entera, no viciosa ni cancellada, ni en alguna parte della sospechosa, más antes de todo vicio y suspición careciente, segundo que a prima facie parescia, su tenor de la cual es este que se sigue...

Renuncio a transcribir la bula, porque su contexto está reproducido casi del todo en la que después dio Sixto IV para confirmar la sentencia de Alcalá. Sabedor el papa de que «en los reinos de España, y principalmente en el estudio salmantino,[327] han aparecido algunos hijos de iniquidad, teniendo y afirmando diversas proposiciones falsas, contrarias a la fe católica, escandalosas y malsonantes, componiendo y divulgando libros heréticos, da comisión al arzobispo para que, congregados algunos maestros en teología y oídos los descargos de

---

327 «Quod a modico tempore citra in Hispaniarum Regno, praesertim in universitate studii Salamantini fuerunt et adhuc sunt nonnulli iniquitatis filii, qui quasdam falsas, sanctae catholicae fidei contrarias, erroneas, scandalosas et malesonantes propositiones praesertim circa peccatorum confessionem et Ecclesiastica Sacramenta...»

los culpables, declare y condene el error con autoridad pontificia (*auctoritate nostra*) y admita a penitencia a los reos, si abjuraren, entregándolos en caso de pertinacia al brazo seglar, sea cual fuere su dignidad, fuero o privilegio».[328]

Repárese en los términos de esta bula. El arzobispo Carrillo no procedía como diocesano ni como primado, sino como delegado apostólico, a la manera de los inquisidores de Aragón: *pro executione officii inquisotionis ei commissi*.

El arzobispo, por ser obediente a los mandamientos apostólicos e por ser negocio de nuestra sancta fee cathólica, la acebtó con la reverencia que debió, e assí acebtada, con grave querella e no sin amargura de su corazón le expusieron e denunciaron que el dicho maestro Pedro Martínez de Osma, en los años que pasaron del señor de mill e quatrocientos e setenta e seis años e en los años de setenta e siete e setenta e ocho siguiente en este presente año... ha dicho e enseñado e publicado en su cáthedra e otros lugares públicos ciertas doctrinas agenas de la verdad, sintiendo en otra manera e enseñando de los Sacramentos Eclesiásticos e confission de los pecados e del poderío dado al señor san Pedro e a san Pablo e sus subcessores... Enseñó e publicó un libro llamado *De confessione*, que comienza: «Decem sex sunt conditiones»; y acaba: «Qui viderit hoc opus, corde teneat...», en derogación del sacramento de la penitencia e confission de los pecados, e en diminucion y jactura de las llaves eclesiásticas, e poder pleníssimo dado por nuestro Redemptor a señor san Pedro su vicario e a sus Subcessores, assí cerca de la absolucion sacramental e partes del Sacramento de la Penitencia, como de las indulgencias apostólicas y de los prelados eclesiásticos, sintiendo mal acerca de ellas... en desperacion de los fieles que tan plenísimo e ligero medio ovieron de nuestro Redemptor por efusion de su preciosa sangre, para emendacion e remission de los pecados..., por lo cual dijeron que el dicho maestro estaba descomulgado e en grand peligro de su ánima...

En vista de lo cual pidieron que se procediese contra Pedro de Osma al tenor de la bula.

E juraron en forma por las órdenes que recibieron, poniendo las manos sobre sus pechos, que esta denunciación e lo en ella contenido non facian maliciosamente

---

328 «Datum Romae apud Sanctum Petrum, anno incarnationis Dominicae millesimo septuagesimo octavo. Septimo Kal. Iul. Pontificatus nostri anno septimo», es la fecha de esta bula.

ni con ánimo de venganza, salvo con puro celo de nuestra sancta fee e religión christiana.

Ahora conviene que conozcamos a los dos acusadores de Pedro de Osma. Quedan bastantes noticias del maestro Pedro Ximénez Préxamo, natural de Logroño, según indica Floranes.[329] Había sido colegial de san Bartolomé con Pedro de Osma, y después canónigo y provisor de Segovia. En 1484 obtenía el deanazgo de Toledo y más adelante los obispados de Badajoz y Coria. Escribió contra los errores de Pedro de Osma un tratado rarísimo en estilo inelegante y bárbaro, dice Mariana, pero con ingenio agudo y escolástico.[330] Titúlase:

Confutatorium errorum contra claves Ecclesiae nuper editorum explicit feliciter. Fuit autem confectum anno Domini MCCCCLXXVIII. Per reverendum magistrum Petrum Ximenes de Préxamo, tunc canonicum toletanum. Et fuit impressum Toleti per venerabilem virum Jhoannem Vasqui. Anno Domini MCCCC.86 (sic) pridie Kals. Augusti, praefato magistro Petro iam episcopo pacensi.[331]

Más conocido es su *Lucero de la vida christiana*, impreso en Salamanca, 1493; en Burgos, 1495, y en Barcelona, traducido al catalán, 1496; obra escrita por mandado de los reyes católicos para doctrinar en nuestra fe a los ignorantes y, sobre todo, a los conversos del judaísmo y evitar apostasías. Opina el padre Méndez que Préxamo es el Pedro Ximénez autor del poema de la *Resurrección de nuestro Redemptor Jesu-christo...*, incluido en el raro *Cancionero de Zaragoza*, 1492, que se rotula *Coplas de vita Christi*, etc.[332] Redujo a compendio en dos volúmenes los comentos del Tostado sobre san Mateo: obra que, con el título de *Floretum*, fue estampada en Sevilla por Paulo de Colonia y Juan Pegnizer de Nuremberga en 1491. A Préxamo apellida Marineo Sículo *praestantissimus theologus et vita sanctissimus*.

Pedro Díaz de Costana había sido compañero suyo y del maestro Osma en el colegio de san Bartolomé (desde 1444), profesor de Vísperas y maestro teólogo en Salamanca. Murió deán de Toledo e inquisidor el año 1488. [Su libro *De con-*

---

329 Vida literaria del Chanciller Pero López de Ayala (página 279). Tomo 19 de los *Documentos inéditos* de Salvá y Baranda.
330 Lib. 24, cap. 19 de la *Historia latina y de la castellana*.
331 Existe un ejemplar en la biblioteca episcopal de Córdoba, según me informó su sabio prelado, ilustrísimo fray Ceferino González.
332 *Tipografía española* (2.ª edición), página 67.

fessione sacramental va dirigido principalmente contra Pedro de Osma].[333] Ni él ni Préxamo muestran la menor animosidad personal en el proceso.[334]

Recibidas sus denuncias, el arzobispo Carrillo intimó a Pedro de Osma, rigente la cáthedra de prima de Theología en las escuelas del estudio de Salamanca, que paresciera personalmente en esta nuestra villa de Alcalá de Henares, en los nuestros palacios arzobispales... a quince días andados del mes de mayo siguiente, a la audiencia de la tercia, a tomar traslado de la dicha Bulla Apostólica e de la dicha denuncia e decir e alegar de su derecho...

Al respaldo de la carta da fe Diego González de Alcalá, clérigo y notario público en Salamanca, el martes 30 de marzo de 1497, de haber notificado las letras del arzobispo a Pedro de Osma, pidiéndole éste traslado de ellas.

En 22 de marzo había convocado el arzobispo a los siguientes teólogos:

Don Tello de Buendía, doctor en Decretos, arcediano de Toledo. (Más adelante fue obispo de Córdoba; llámale Hernando del Pulgar hombre loable por su sciencia y honestidad de vida.)[335]

El general de la Orden de san Francisco.

El general de Lupiana de la Orden de san Jerónimo.

El provincial de los dominicos claustrales.

El provincial de los dominicos observantes.

El abad de Aguilar.

---

333 [Incipit tractatus de confessione sacramentali a licenciato Petro de Costana et fide et sapientia viro quam integerrimo editus: cum aliis et necessariis et utilibus additamentis.]

334 Véase el marqués de Alventos, *Historia del Colegio Viejo*, etc., y Salazar de Mendoza en la *Vida del Gran cardenal*, lib. 1, cap. 56, probablemente era distinta a otra que el marqués de Alventos cita, y que se titulaba: *Tractatus* fructuosissimus atque christianae religioni admodum necessarius super decalogo et septem peccatis, mortalibus cum articulis fidei, et sacramentis Ecclesiae, atque operibus misericordiae, superque sacerdotali absolutione, utraque excommunicatione, et suffragiis et indulgentiis Ecclesiae, a Pedro Costana in Sacra Theologia licenciato benemerito, non minus eleganter quam salubriter editus (4.º, sin foliar). Acaba: Libellus iste est impressus et finitus Salmanticae civitalis... XVIII mensis Iulii anno Domini 1500.

335 *Cónica de los reyes católicos*, página 3.ª, cap. 98.

El maestro fray Juan López, autor de la refutación del *Quod-libetum*, de Pedro de Osma, inédita en la Vaticana, y de otro tratado que citaremos después.[336]

El maestro fray Pedro de Ocaña.

El maestro fray Pedro de Caloca, catedrático de Vísperas en Salamanca desde 1491.

El maestro fray Pedro de Betoño.

El maestro Gómez.

El maestro Pedro Ximénez Préxamo.

El maestro Luis de Oliveira, ministro de Castilla.

El maestro fray Alfonso de Zamora.

El maestro fray Diego de Mendoza.

El maestro Pascual Ruiz.

El maestro fray Juan de Sancti Spiritus.

El maestro fray Juan de santo Domingo.

El maestro Francisco...

El maestro García de Valdeveruelo.

El maestro Sancho.

El maestro fray Fernando.

El maestro Antón.

El maestro fray Juan Durán.

El maestro fray Pedro de Loranca.

El maestro fray Luis de Cuenca.

El doctor Zamora.

El doctor Cornejo.

El doctor Juan Ruiz de Medina.

El doctor Thomás de Cuenca, canónigo de Toledo.

El doctor Montalvo.

El doctor Fernand Núñez.

Los doctores e licenciados de nuestro Consejo.

El licenciado fray Hernando de Talavera, prior de santa María del Prado, después arzobispo de Granada.

---

336 En mi concepto es distinto del famoso arcediano de Segovia Juan López, autor de varios tratados jurídicos de gran mérito. Murió en Roma (1496) y está enterrado en santa María del Pópolo. (Véase N. Antonio.)

El licenciado Costana.

El licenciado Quintanapalla.

El licenciado de Cañizares.

El doctor Fernando Díaz del Castillo.

El doctor Fernand Sanches Calderón, Canónigo e obrero de nuestra sancta Iglesia.

El doctor Alfonso de Madrid.

El doctor Alfonso de la Quadra, catedrático de la Universidad de Valladolid.

Envió además el arzobispo cartas mensajeras o graciosas a Pedro de Osma y a los demás, ofreciéndoles buen acogimiento y todo lo necesario para los días que estuviesen en Alcalá.

E después de lo susodicho, en la dicha villa de Alcalá de Henares, dentro de los... Palacios arzobispales, en la cámara del retraymiento del dicho señor arzobispo, en catorce días del mes de mayo... estando presentes algunos de los señores del Consejo del arzobispo..., nombró éste fiscal e promotor de la causa al honrado Pedro Ruiz de Riaza, Bachiller en Artes, Rector de la Iglesia de Torrejón de Ardoz e Beneficiado en la Iglesia de san Juste de Alcalá.

En quince días del mes de mayo, a la audiencia de tercia, en la sala que es en los dichos Palacios, que estaba aparejada e entoldada de paños ricos, e en medio della un estrado rico..., el señor arzobispo, después de oyda misa solemne de Nuestra Señora según lo acostumbra cada sábado, salió con los del su Consejo a la dicha sala... e asentóse en el estrado... con algunos de los dichos reverendos, maestros e doctores que quisieron venir al acto... E luego incontinente paresció... el dicho Pedro Ruiz de Riaza... e acusó las rebeldías e contumacias del maestro Osma e de los otros non comparescientes.

El arzobispo señaló nuevo plazo hasta el lunes primero siguiente.

Rui Martínez de Enciso suplicó que se examinasen los tratados compuestos con ocasión del *De confessione*, de Pedro de Osma.

Pedro de Hoyuelos, criado y capellán de éste, presentó en su defensa un escrito, donde el referido maestro decía: Puse en obra de continuar mi camino con propósito e voluntad de yr en el dicho término, e desque llegué a este monesterío de santa María de Gracia, extramuros de la villa de Madrigal, estó doliente en tal manera que yo non puedo partir... sin gran peligro de mi persona; por lo cual daba poder en su causa, con fecha 4 de mayo, al bachiller Alfonso de Montoya, a Gómez de Salmoral y al mismo Pedro de Hoyuelos, quien probó con testimonio de Juan de Aspa, físico de la reyna nuestra señora, e información de testigos, que Pedro de Osma había salido de Salamanca el 30 de abril, llegando el sábado 1.º de mayo a Madrigal, donde le sobrevino fiebre hética con grand consumpción de los miembros, e con muy grand flaquiza... e otra fiebre pútrida, de que ha estado y está a grand peligro de muerte.

Al domingo siguiente, oída misa del Espíritu santo, con sermón de fray Diego de Mendoza, reuniéronse todos en el Estrado y habló el arzobispo en elegante latín y no poca retórica, como era uso en aquellos días del Renacimiento: *Quamquam ves ista tam difficilis tamque gravis et mihi penitus ingrata sit...* Lamentóse de la caída de Pedro de Osma, recordó los áureos tiempos del estudio salmantino: *Recordare, igitur, recordare, Universitas Salmantina, cum per praeterita tempora apud te studia propagarentur litterarum, quasi aurea saecula dies illos vidimus prosperari... fidem exaltari, etc.*

Pronunciaron sendos discursos el arcediano Tello de Buendía y el secretario Pedro de Puente, exhortando éste a los teólogos congregados a desechar toda emulación y proceder con orden y sigilo. El doctor en Decretos y consejero real Diego Gómez de Zamora, catedrático salmantino, salió con mucho calor a la defensa de su Universidad, infamada por culpa de uno de sus maestros: *Qui te obscuravit, quis te commaculavit et infamavit?* Pero todos se sosegaron después de un breve razonamiento del licenciado Costana.

El lunes comenzaron a discutirse y calificarse las nueve proposiciones extractadas por Préxamo y Costana del libro *De confessione*, a saber:

1.ª Los pecados mortales, cuanto a la culpa y pena del siglo futuro, se borran por la sola contrición, sin el poder de las llaves.

2.ª La confesión de los pecados *in specie* es estatuto universal de la Iglesia, pero no de derecho divino.

3.ª Los malos pensamientos no deben confesarse; basta a borrarlos la sola displicencia, sin el poder de las llaves.

4.ª La confesión debe ser secreta en el sentido de confesarse los pecados secretos y no los manifiestos.

5.ª No se ha de absolver al penitente sino después de cumplida la penitencia.

6.ª El papa no puede conceder a ningún vivo indulgencia de la pena del purgatorio.

7.ª La Iglesia romana puede errar en materia de fe.

8.ª El papa no puede dispensar en los estatutos de la Iglesia universal.

9.ª El sacramento de la Penitencia, cuanto a la colación de la gracia, es sacramento natural, no instituido en el Antiguo ni en el *Nuevo Testamento*.[337]

De los teólogos convocados por el arzobispo asistieron solo don Tello de Buendía, el provincial de san Francisco, fray Luis de Olivera, Préxamo, Costana, Tomás de Cuenca, fray Hernando de Talavera, el doctor Zamora, el doctor Cornejo, don Juan de Colmenares, abad de Aguilar; el licenciado Quintanapalla, fray Pedro de Caloca, fray Luis de Cuenca, fray Antón de Valderrábano, guardián de la Observancia; fray Juan de Sancti Spiritus, dominico; Fernand Martínez de Toledo, el doctor Días del Castillo, fray Pedro de Ocaña, fray Diego de Betoño, que debe ser el fray Pedro de las letras anteriores, y fray Diego de Mendoza.

Los demás se excusaron con varios pretextos o nombraron quien los susti-tuyera. Por eso aparecen los siguientes nombres nuevos:

Don Vasco de Rivera, doctor en Decretos, arcediano de Talavera.

Fray Guillermo Berto, vicario de la Observancia de los Menores claramon-tanos.

Fray Rodrigo Auriense, prior de san Bartolomé de Lupiana.

Fray Diego de Toledo, prior del Frexno del Val de jerónimos.

Fray Juan de Truxillo y fray Diego de Zamora, del mismo monasterio.

---

337 «Prima conclusio. Peccata mortalia quantum ad culpam et poenam alterius saeculi delentur per solam cordis contritionem sine ordine ad claves.

»Secunda... Quod confessio de paccatis in specie fuerit ex aliquio statuto universalis Ecclesiae, non de iure divino.

»Tertia... Quod pravae cogitationes confiteri non debent, sed sola displicentia delentur sine ordine ad claves.

»Quarta... Quod confessio debet esse secreta, id est, de peccatis secretis, non de mani-festis.

»Quinta... Quod non sunt absolvendi poenitentes nisi peracta Prius poenitentia eis iniuncta.

»Sexta... Quod papa non potest indulgere alicui vivo poenam purgatorii.

»Septima... Quod Ecclesia urbis Romae errare potest.

»Octava... Quod papa non potest dispensari in statutis universalis Ecclesiae.

»Nona... Quod sacramentum poenitentiae, quantum ad collationem gratiae, sacramentum naturae est, non alicuius institutionis veteris vel novi Testamenti.»

Garci-Fernández de Alcalá, canónigo de Toledo.

Juan Pérez de Treviños, ídem.

Maestre García Quixada, fraile de san Francisco.

Licenciado fray Alfonso, de la misma Orden.

Sancho de Torquemada, deán de Valladolid.

Fernando de Roa, catedrático de Moral en Salamanca.

Fray Olivero Mallandi, custodio (guardián) de los Menores observantes de Bretaña.

Fray García, guardián de los observantes de Madrid.

Martín Alfonso de la Torre, visitador de Segovia.

Fray Pedro de Blancos, franciscano.

Fray Ambrosio de Florencia, dominico.

Fray Francisco de Carrión, franciscano.

Fray Juan de Toledo, agustino.

Fray Juan Yarca, presentado, dominico, prior de san Pedro Mártir, de Toledo.

Fray Diego de Deza, dominico.

Fray Alonso de la Espina. Créole distinto del autor del *Fortalitium*. Fue después inquisidor en Barcelona.

Fray Alfonso de Villarreal.

Rui Martínez de Enciso.

Fray Antón, prior de Medina, dominico.

Fray Diego de Peralta, comendador del hospital de Sancti Spiritus, de Soria.

Fray Bartolomé de Córdoba, franciscano.

Fray Pedro de Vitoria, ídem.

Fray Sancho de Fontenova, ídem.

Fray Bernardo de santa María, presentado, dominico.

Fray Fernando de santa María, dominico, prior de santa María la Real.

Pedro Ruiz Berto.

Gabriel Vázquez, consejero del arzobispo.

El bachiller Alvar González Capillas, canónigo de Córdoba, consejero del arzobispo.

El bachiller Alfonso Mejía, consejero.

Íñigo López Aguado, bachiller en Decretos, consejero del arzobispo.

El bachiller de santo Domingo.

El bachiller Alfonso de Montoya.

Diego González, bachiller en Leyes.

Total, 58; que no fue menos numerosa y lucida la congregación de teólogos que el arzobispo Carrillo, varón alentado y de regios pensamientos, quiso reunir en su villa de Alcalá.

Casi todos se manifestaron adversos a Pedro de Osma; solo los maestros Roa, Deza y Sancti Spiritus y los licenciados Quintanapalla y Enciso procuraron excusarle. Pedro Ruiz de Riaza tornó a acusar su rebeldía. Pedro de Hoyuelos presentó nueva suplicación para que se prorrogase el término.

Martes (segunda sesión). Pide el fiscal Riaza que se proceda en la causa, a pesar de la petición de Hoyuelos. Préxamo y Costana denuncian a fray Diego de Deza, Roa, etc., como a fautores y defensores de Pedro de Osma. Quintanapalla se justifica de haber errado *ex lapsu linguae, non ex proposito.* Deza y los restantes dijeron que exponían los motivos de Pedro de Osma, pero sin seguir su opinión.

Aquel día, a la audiencia de vísperas, recogió el arzobispo los votos de los doctores sobre las nueve proposiciones. Casi todos las tacharon de erróneas, escandalosas, malsonantes, etc., y juzgaron que el libro debía ser entregado a las llamas.

Dieron pareceres más benignos:

1.º Fray Hernando de Talavera, que calificó la segunda proposición de indiscreta; la tercera y sexta, de falsas; la quinta, de contraria a los estatutos de la Iglesia; sobre la primera dijo que no comprendía bien la mente del autor; sobre la cuarta, que él opinaba lo contrario, es decir, que habían de ser confesados en secreto, así los pecados secretos como los públicos; sobre la séptima, que, en su opinión, la Iglesia de Roma no podía errar nunca en materia de fide et moribus; de la octava, que el creía lo contrario. Calificó la nona de opinable, y del libro dijo que ojalá nunca hubiera sido escrito.[338]

2.º Juan de Quintanapalla dijo que a la Iglesia tocaba decidir si la primera conclusión era errónea o falsa, aunque él había defendido siempre la contraria como más segura. La segunda le parecía opinable. Acerca de la tercera, que podía engendrar daño, debía imponerse silencio al maestro Osma y borrarla de su libro. La cuarta era herética; la quinta, contra *consuetudinem Ecclesiae*; la sexta, *ut iacet*, falsa, lo mismo que la octava. De la séptima dijo que el papa, *adhibito consilio*, no podía errar en las cosas de fe. La nona, opinable, aunque en todo se sometía al juicio de la Iglesia.[339]

Quintanapalla parece en ocasiones un discípulo vergonzante de Pedro de Osma.

3.º Fray Diego de Deza juzgó las proposiciones tercera y cuarta erróneas; la quinta, *contra consuetudinem Ecclesiae*; la sexta, *prout iacet*, falsa; las demás, opinables, aunque él llevaba la contraria.[340]

---

338 «Frater Ferdinandus de Talavera, ordinis Sancti Hieronymi, Prior Sanctae Mariae del Prado, Theologiae Licenciatus, dicit quod in hac prima conclusione non bene capit intellectum magistri Oxomensis: dicit secundam indiscretam, tertiam falsam, quartam dicit quod ipse tenet quod peccata publica sunt occulte confitenda: quintam conclusionem contra consuetudinem Ecclesiae, sextam falsam, septimam dicit quod sedes apostolica statuendo quod ad mores pertineat, errare non potest: octavam dicit quod contrarium credit ac tenet, nonam opinabilem... De libro dicit quod utinam non fuisset scriptus, iudicet de illo Dominatio sua.»

339 «Iohannes de Quintana Palla, Licenciatus in Theologia, Cathedraticus Theologiae... dicit quod semper tenet ac tenuit opinionem contrariam isti primae conclusioni, utpote communiorem et mittit Ecclesiae non falsam, non haereticam, non scandalosam, sed opinabilem, sed magis sibi placet contraria opinio. De tertia dicit quod ipse tenet quod pravae cogitationes sunt de necessitate confessionis, et quia conclusio Magistri Oxomensis est multum expressius et potest generare damnum, videtur sibi debere Magistro imponi silentium et radi de libro: dicit quarta quod publica peccata non confiteri est haereticum, quinta contra consuetudinem Ecclesiae... sextam, prout iacet, falsam: septimam, quod papa cum Cardenalibus, in his quae sunt fidei, adhibito consilio, non potest errare: octavam falsam, nonam opinabilem. Et protestatus est tenere doctrinam Ecclesiae in omnibus.»

340 «Frater Didacus de Deza, Theologiae Licenciatus, ordinis Praedicatorum, dicit quod semper tenuit ac legit contra huius primae conclusionis sententiam, sed non constar sibi esse erroneam: secundam non erroneam, non scandalosam, non haereticam, sed contrarium credit probabilius: tertiam dicit erroneam, quartam erroneam, quintam contra consuetudinem Ecclesiae, sextam, prout iacet, falsam, septimam quod contrarium credit, octavam quod

4.º Fernando de Roa, catedrático de Filosofía moral en Salamanca, tenía la primera proposición por disputable, no constándole que hubiera decisión de la Iglesia en contra; la segunda, por malsonante; la tercera, según estaba, podía ser escandalosa; la cuarta y quinta, *contra consuetudinem Ecclesiae*, aunque no erróneas ni falsas; la sexta y séptima, ambiguas y controvertibles; la novena, probable.[341]

También es sospechoso este comprofesor de Pedro de Osma.

5.º Rui Martínez de Enciso, sin decidirse acerca de la primera y sometiéndose en todo al juicio de la Iglesia, calificó la segunda de opinable; la tercera, de contraria a un concilio general; la cuarta, de malsonante, aunque salvaba la intención del maestro Osma; la quinta, de contraria a la disciplina de la Iglesia; la sexta, de herética, *ut iacet*, aunque no lo era en la mente de Pedro de Osma. Cuanto a la séptima y octava, llevaba la contraria. Tenía la nona por opinable.[342]

Miércoles 19 de mayo. Nuevo escrito de Pedro de Hoyuelos pidiendo dilaciones por la presentación del acusado. Se dio traslado al fiscal Riaza.

Viernes 21 de mayo. Pide el fiscal que se desestime el impedimento presentado por Hoyuelos.

---

contrarium credit, nonam opinabilem, sed contrapositionem tenet...»

341 «Ferdinandus de Roa, Magister in Artibus Theologiae Bachalaureus, Cathedraticus Philosophiae Moralis studii Salmantini, dicit hanc primam conclusionem non esse erroneam et esse disputatam; si tamen appareat determinatio Ecclesiae, submittitur ei et determinationi Reverendissimi Domini Archiepiscopi. Secundam credit non haereticam, non erroneam, non scandalosam nec malesonantem: tertiam, prout iacet, posse esse scandalosam... quartam dicit non erroneam, non falsam idem de quinta, sed ambae contra consuetudinem Ecclesiae: sextam et septimam ambiguas, usque ad hodie non decisas: octavam ignorat, nonam satis probabilem.»

342 «Rodericus Martinez de Enciso, Theologiae Licenciatus Asturicensis et Calagurritanus dicit contrarium esse probabilius hac prima conclusione atque verius, sed non condemnat cam ut haereticam aut falsam vel erroneam, sed submittit se correctioni Ecclesiae: secundam opinabilem, tertiam opinabilem et contra Concilium Generale: quartam, ut iacet, malesonantem, sed credit quod non fuit talis intentio Magistri, sicut illam iacet tenere... quintam dicit contrariam consuctudinem Ecclesiae: sextam, prout iacet, hacreticam: septimam, contrariam dicit: octavam non credit, prout iacet. Addit in sexta conclusione quod secundum mentem Magistri non est haeretica: nonam dicit opinabilem, sed contrarium est probabilius et favorabilius.»

Sábado 22. Apela Pedro de Hoyuelos contra todo lo que se hiciere en ausencia de Pedro de Osma y presenta nuevos testigos de su enfermedad, entre ellos a fray Diego de Deza.

Nuevo escrito de Riaza contra el recurso de impedimento. Prueba con información de testigos que muchos, por haber leído el libro de Pedro de Osma, no se querían confesar y decían que no había sino nacer y morir. En un lugar dejaron de confesarse hasta ochenta vecinos. Unida al escrito de Riaza va una copia del proceso de Zaragoza.

El arzobispo dio por cerrada la causa. Y el martes 23 de mayo «ordenóse una procesión muy solempne en la qual iba el dicho señor e todos los otros Reverendos Doctores, e en medio de la dicha Procesión yba el dicho Pedro Ruiz de Riaza, promotor fiscal, caballero en una mula, e levaba en la mano el dicho libro que compuso el dicho maestro, cubierto de un velo prieto, en señal de luto... E así fueron a la iglesia de santa María de la dicha villa, en la puerta principal de la qual estaba aderezado un cadahalso con muchas gradas, entoldado de paños y ricamente, en medio della una silla eminente con un dosser rico a las espaldas para el dicho arzobispo». Allí, después de haber oído en la iglesia misa solemne y sermón, leyó Pedro de Ponte la sentencia del arzobispo, condenando la doctrina por herética y mandando quemar el libro. En el término de treinta días debía fijarse esta sentencia, en latín y castellano, en todos los monasterios, catedrales, colegios, universidades, etc. Al mismo tiempo declara inocentes a la ciudad, estudio e iglesia de Salamanca, y manda quemar en el término de tres días todos los ejemplares del libro *De confessione*.

Incontinenti fue entregado uno de ellos a la justicia seglar y quemado en medio de la plaza.

El secretario, Pedro de Ponte, amenizó el acto con una oración de gracias en estilo ciceroniano: *Vellem hodierna die, dignissime praesul...*, donde hay hasta la pedantería de llamar *Patres conscripti* a los doctores.

El 29 de mayo se concedió a Pedro de Osma un término de treinta días para comparecer en Alcalá a la audiencia de vísperas y hacer la abjuración y obediencia.

El 10 de junio se le hizo la intimación en Madrigal.

El arzobispo, por cartas a don Gonzalo de Vivero, obispo de Salamanca, y al rector, maestrescuelas y doctores de aquella Universidad, les mandó y amonestó, por autoridad apostólica,[343] quemar solemnemente, en el término de nueve días, todas las copias del libro *De confessione*.

Pedro de Osma, a quien habían detenido en Madrigal más bien el temor y la inquieta conciencia que la enfermedad, compareció al fin en Alcalá de Henares, y el arzobispo mandó facer una procesión solempne... el día de la fiesta de los Bienaventurados san Pedro e san Pablo..., en la qual concurrió todo el clero e religiosos con el pueblo..., yendo el dicho maestro en medio de la dicha procesión, una hacha encendida en la mano, con mucha obediencia cerca del preste, e así llegada la dicha procesión al nuestro monasterio del señor sant Francisco..., el dicho maestro subió en el púlpito de la iglesia... e, después de fecha por él cierta proposición..., abjuró los errores en la forma que se sigue.

No transcribo la fórmula de abjuración porque fue ya publicada por fray Bartolomé Carranza en la Suma de los concilios y porque en nada se aparta de los usos canónicos.[344]

Por penitencia se impuso a Pedro de Osma la de no entrar en Salamanca ni en sus términos, media legua en contorno, durante un año, restituyéndosele en lo demás a sus honores y beneficios. Tan suave fue la pena como amplia y razonada había sido la discusión que precedió al juicio.

Sixto IV confirmó la sentencia por bula de 10 de agosto de 1480, después de haber dado comisión de examinar las actas a los cardenales Esteban, de santa María in Transtevere, y Juan, de santa Práxedes.

De esta bula vio un ejemplar el arzobispo Carranza en el convento de dominicos de san Vicente de Plasencia, además del original que existe en Toledo.[345] Pero no la publicó él, aunque lo afirme nuestro Floranes, sino fray Alfonso de Castro, en el libro IV *Adversus haereses*,[346] cuya primera edición es de 1534.

---

343 No primacial, como alguna ha creído.

344 «Quoniam ego Magister Petrus Uxomensis composueram librum confessionis continentem nonnullas propositiones quas tunc credebam veras... sed quia primum ex libro illo orta sunt maxima scandala in cordibus fidelium...», etc. (*Summa Conciliorum et Pontificum...* Collecta per fray Barth. Carranzam Mirandam ordinis Praedicatorum... Lugduni, apud haeredes Iacobi Iunctae 1570, página 396 y siguientes.)

345 «Quam confirmationem ego legi et vidi in legitimo exemplari, sed ne plus iusto cresceret volumen huius summae, hic nolui illam subicere» (ibíd., página 397 V).

346 *Opera Alphonsi a Castro Zamorensis...* Tomus primus. Matriti, ex typographia Blasii Roman, 1773 (página 151).

Pedro de Osma murió al año siguiente en el convento de san Francisco, de Alcalá.

Tomo la siguiente noticia de la *Historia de la Universidad de Salamanca*,[347] por Pedro Chacón: «Haviendo un maestro de otra Universidad, gran letrado, al leer una cátedra de Teología en Salamanca, fundado en su lectura cierta opinión nueva acerca de la confesión y poder del papa, y atreviéndose después a imprimirla, siendo convencido primero della, mandó la Universidad que en día señalado se hiciese una solemne procesión en que se hallasen todas las personas del estudio, y que con ceremonias santas se desenviciasen las escuelas, y en la capilla dellas se celebrase una Misa del Espíritu santo, y un sermón en el qual la tal opinión se detestasse, y acabado el officio en medio del patio, y en presencia de todos, se quemase la cátedra donde había leído, y los libros donde estaba escrita, y no se partiessen de allí hasta ser vuelto todo ceniza».

Dice esto Chacón con referencia al libro de claustros de 24 de junio de 1477, y debemos creerle, aunque en su narración hay más de una inexactitud, como suponer que Pedro de Osma procedía de otra universidad, siendo así que aprendió y enseñó siempre en Salamanca y que su libro se imprimió, lo cual en ninguna parte del proceso consta ni parece verosímil.

He nombrado ya a los impugnadores del libro *De confessione*, Pedro Ximénez Préxamo, Costana, Juan López. Los reparos de éste al *Quodlibetum* se hallan en la Biblioteca Vaticana. Su *Defensorium fidei* contra garrulos *praeceptores*, que solo tiene de latino el rótulo, fue recogido por el padre Burriel en la colección de papeles relativos a Pedro de Osma. Tiene la fecha de 1479 y está dirigido «al redotable fidalgo intitulado de alto linaje, justicia et corregidor et los otros conscriptos varones, regidores et cavalleros, escuderos, et los otros oficiales católicos, et buenos hombres vecinos et moradores de la noble cibdad de Salamanca, et de su tierra». Fray Juan López se apellida conterráneo de los salmantinos, carregado de fuerzas, en vicio de hedat, etc., y discúlpase de haber escrito en castellano: «Por quanto a todos los latinos generalmente les agradan más todas las Escripturas en latín que en romance, por ser más dulce e compendiosa lengua, podrían desir e maravillarse del Reverendo Señor maestro fray Juan López no le ser tan posible escribir contra el Reverendo maestro de

---

347 Fue publicada en el *Semanario erudito* de Valladares; pero yo hago uso del códice I-E-52 de la Biblioteca Real de Nápoles, que es más correcto.

Osma en Romance como en Latín. Quanto más haviendo escripto el maestro de Osma en latín, no parecia congruo impugnarlo en romance: no sabiendo los tales cómo el maestro fray Juan López tiene fechos tres tratados en latín de asás escriptura contra el dicho maestro Osma. El que verlos quiera, fallarlos ha en poder del licenciado Costana. Por ende sepan todos los que este tractado leyeren, que el dicho maestro fray Juan López vino a disputar esta materia a Salamanca contra el dicho maestro de Osma e le requirió que viniese a las Escuelas a la disputa, que ge la entendía impugnar por herética. Y el dicho maestro de Osma no quiso con él disputar, seyerido requerido por los Señores Deán et Arcediano et Chantre de la Iglesia de Salamanca, e ansimismo por los Reverendos maestros de Theología fray Pedro de Caloca et fray Diego de Bretonio et fray Juan de Sancti Spíritus... e a todos denegó la disputa. Y como algunos caballeros y regidores y otros nobles, que estaban en las Escuelas esperando la disputa, viesen que no venia... en execución, pedieron por merced al dicho maestro fray Juan López que para evitar algunas dudas de sus conciencias que acerca de esto habían tenido, les quisiesse informar de la verdat cathólica en romance».[348]

Melchor Cano, en su hermosa *Relectio de poenitentia,* llama Concilio complutense a la Junta de teólogos que condenó a Pedro de Osma, cuyas proposiciones trae y reprueba.

Pedro de Osma no fundó secta, ni tuvo discípulos, ni es más que un hecho aislado, como voz perdida de los wiclefitas y husitas en España. Pero al rechazar la infalibilidad de la Iglesia, no ya de su cabeza; la potestad de las llaves, las indulgencias, y reducir la confesión sacramental a los pecados ocultos, y no de pensamiento, destruyéndola casi con tales límites, cortapisas y laxitudes, precedía y anunciaba a los reformistas. Es, en tal sentido, el primer protestante español.

Por dicha abjuró de sus yerros, y todo induce a creer que murió sinceramente arrepentido. En los contemporáneos, el recuerdo de su saber y agudeza

---

348 El secretario Pedro de Puente resumió las actas de la Congregación de Alcalá en un Compendio latino, que puede verse en la colección del padre Burriel: *Petri de Ponte, a secretis D. Alphonsi Carrilli, Arch. Toletani, Compendium actorum Congregationis Theologorum Compluti habitae...* (Biblioteca Toledana).

escolástica se sobrepuso al de su caída, y ya vimos cómo le elogiaba años después Antonio de Nebrija.

IV. Jacobo Barba y Urbano

Como toda esta historia es de fenómenos y hechos aislados, no enderezándose, en puridad, a otra cosa que a mostrar la poca consistencia de las herejías entre nosotros y la índole unitaria del genio nacional en medio de los peligros que siempre le han cercado, a nadie extrañará que de Castilla saltemos a Barcelona y, tras los ordenados desvaríos de un teólogo salmantino, mostremos las absurdas fantasías de un aventurero italiano y de su maestro, semejantes en todo a Nicolás de Calabria y a Gonzalo de Cuenca.

Entre los curiosos papeles de la Inquisición catalana que recogió el archivero Pedro Miguel Carbonell, y que suplen hoy la pérdida dolorosísima de los archivos de aquel Tribunal, hay una sentencia, dada en 1507 por don Francisco Pays de Sotomayor y fray Guillén Caselles, dominico, inquisidores, y por el vicario de Barcelona, Jacme Fiella, contra Mosén Urbano, natural de la diócesis y ciudad de Florencia, hereje y apóstata famosísimo, el cual publicó una y muchas veces que un cierto Barba[349] Jacobo, que andaba vestido de saco como el dicho Urbano, fingiendo observar la vida apostólica y haciendo abstinencias y ayunos reprobados por la Iglesia, era el Dios verdadero omnipotente, en Trinidad Padre, Hijo y Espíritu santo. Dijo y afirmo que el dicho Barba Jacobo era igual a Jesucristo, y que, así como Jesucristo vino a dar testimonio del Padre, así Barba Jacobo, que era el Padre, vino a dar testimonio del Hijo. Y así como los judíos no reconocían a Cristo, así ahora los cristianos no conocían a Barba Jacobo.

Sostenía además:

1.º Que el modo de vivir que él tenía, según la doctrina de Barba Jacobo, era el estado de perfección, equivalente al de inocencia.

2.º Que él no estaba obligado a prestar obediencia al Sumo Pontífice ni a persona alguna si no se convierten a la enseñanza de Jacobo.

3.º Que los prelados no tenían potestad alguna, por estar llenos de pecados, y que las decisiones del papa no eran valederas ni eficaces si no las confirmaba Barba Jacobo con su gracia.

---

349 Así llaman los valdenses a sus pastores.

4.º Que estaba próximo el fin del mundo y que Barba Jacobo sería el verdadero y único pastor y que juzgaría a los vivos y a los muertos. (*E que axi ho creu ell, e que li tolen lo cap mil vegades e nel maten, que may li faran creure lo contrari.*)

5.º Que Barba Jacobo era el ángel del *Apocalipsis*.

6.º Que Barba Jacobo sabía todas las cosas sin haber aprendido ciencia alguna, puesto que había sido rústico pastor cerca de Cremona.

7.º Que Barba Jacobo era todo el ser de la Iglesia plenísimamente.[350]

8.º Que había de predicar por tres años, muriendo después degollado en la ciudad de Roma para que comenzase con su resurrección la segunda iglesia, donde las hembras concebirán y parirán sin obra de varón.

9.º Que el pecado de Adán no había consistido en la manzana, sino en la cópula carnal con Eva.

Por este camino proseguía desbarrando, sin orden ni concierto en sus disparates, hasta que la Inquisición le tuvo encarcelado cuatro meses, procurando en vano Micer Rodrigo del Mercado y otros doctores traerle a buen juicio. Fingió abjurar y someterse a penitencia; pero a los doce o quince días tornó a sus locuras, por lo cual fue condenado a degradación y entrega al brazo secular. Verificóse la ceremonia ante Guillén Serra, prelado hiponense, testificando Juan Meya, notario del Santo oficio de Barcelona, el viernes 5 de mayo de 1507, en la Plaza del rey.[351]

Quede registrado este nuevo y singular caso en la historia de las enajenaciones mentales, al lado del de Simón Morín y otros mesías e hijos del hombre. La ciencia histórica no alcanza a explicar tales aberraciones.

Capítulo VII. Artes mágicas, hechicerías y supersticiones en España desde el siglo VIII al XV

I. Persistencia de las supersticiones de la época visigoda. II. Influjo de las artes mágicas de árabes y judíos. Escuelas de Toledo: tradiciones que se enlazan

---

350 Usaba Barba Jacobo la bendición siguiente: «In nomine Patris et matris et Filii et Spiritus Sancti et Sanctae Trinitatis, filioli et filiolae et compatris et comatris, et de lo fratre ab la sorore et de lo cosino e de la cosina»

351 Usaba Barba Jacobo la bendición siguiente: «In nomine Patris et matris et Filii et Spiritus Sancti et Sanctae Trinitatis, filioli et filiolae et compatris et comatris, et de lo fratre ab la sorore et de lo cosino e de la cosina».

con ellas. Virgilio Cordobés. Astrología judiciaria. III. Siglo XIV. Tratados supersticiosos de Arnaldo de Vilanova, Raimundo de Tárrega, etc. Impugnaciones del
fatalismo. Obras de fray Nicolás Eymerich contra las artes mágicas. Las supersticiones del siglo XIV y el Arcipreste de Hita. El rey don Pedro y los astrólogos.
Ritos paganos de los funerales. IV. Introducción de lo maravilloso de la literatura caballeresca. La superstición catalana a principios del siglo XV. Las artes
mágicas en Castilla: don Enrique de Villena. Tratados de fray Lope Barrientos.
Legislación sobre la magia. Herejes de la sierra de Amboto, etc.

I. Persistencia de las supersticiones en la época visigoda
No hemos de creer que se hundieron en las turbias ondas del Guadalete todas
las prevaricaciones de la monarquía toledana. Muchas de ellas continuaron
viviendo, a despecho de aquella providencial catástrofe, en el seno de los
estados cristianos y mucho más entre los muzárabes. Ni en modo alguno se
extinguieron aquellos males y supersticiones inherentes a la condición humana
en todas épocas y lugares, siquiera en pueblos jóvenes y vigorosos, creyentes
de veras y empeñados en la lid reconquistadora, se aminorasen sus dañosos
efectos. Por eso son ligeras y de poca monta en los siglos anteriores al XIII las
referencias a hechicerías y artes mágicas, que penetraban e influían poco, a
no dudarlo, en la vida social. Hora es de recogerlas, siquiera para comprobar
más y más lo que al principio asenté: que es y ha sido España el pueblo menos
supersticioso de Europa, por lo mismo que ha sido el más católico y devoto de
lo maravilloso real.[352]

El *Chronicon* albeldense o emilianense cuenta de Ramiro I, el de la vara de
la justicia, «que impuso pena de fuego a los magos» (*magicis per ignem finem
imposuit*).[353]

El canon 6 del concilio de Coyanza (1050) manda que los arcedianos y
presbíteros llamen a penitencia a los maléficos o magos, lo mismo que a los

---

352 Supersticiones.
    Capitulares de Carlomagno, ann. 769, cap. 7 (Baluz, tomo 1, página 345).
    «Statuimus ut singulis annis unusquisque episcopus parochiam stiam sollicite circumeat et
    populum confirmare, et plebes docere, et investigare et prohibere paganas observationes,
    divinosque vel sortilegos, aut auguria philacteria, incantationes, vel omnes spurcitias genti-
    lium studeat.»
353 n.º 59 de la edición de Flórez.

adúlteros, incestuosos, sanguinarios, ladrones, homicidas y a los que hubieren cometido el pecado de bestialidad.[354]

El canon 5 del concilio de Santiago (1056) veda que ningún cristiano tome agüeros ni encantamientos por la Luna ni por el semen, ni colgando de los telares figuras de mujercillas o animales inmundos, u otras cosas semejantes, todo lo cual es idolátrico.[355]

La superstición de los agüeros andaba muy válida entre la gente de guerra, y no se libraron del contagio los demás ilustres campeones de la Reconquista, si hemos de creer a historiadores y poetas. En la *Gesta Roderici Campidocti*, Berenguer el fratricida escribe al Cid: Sabemos que los montes, los cuervos, las cornejas, los azores, las águilas y casi todas las demás aves son los dioses en cuyos agüeros confías más que en el Dios verdadero.[356] A Alfonso I el Batallador culpa la *Historia compostelana*, poniendo tal acusación en labios de su mujer, doña Urraca, de confiar en agüeros y adivinaciones de cuervos y cornejas.[357]

Tales ideas vienen a reflejarse en los primitivos monumentos de la poesía vulgar, y, sobre todo, en el Mío Cid:

> A la exida de Vivar ovieron la corneia diestra
> E entrando a Burgos ovieron la siniestra.

---

354 «Statuimus ut omnes archidiaconi ac presbyteri... vocent ad poenitentiam adulteros, incestuosos, sanguine mixtos, fures, homicidas, maleficos et qui cum animalibus se coinquinant»
(página 210 del tomo 3 de Aguirre).

355 «Item interdicimus ut nullus christianus auguria et incantationes faciat, nec pro Luna, nec
pro semine, nec animalia immunda, nec mulierculas ad telaria suspendere, quae omnia
cuncta idolatria est» (*Colección de Concilios*, de Aguirre, tomo 3).
Algunos, y el mismo señor Amador de los Ríos (*Revista de España*, n.º 67), dan a este
concilio la fecha errada de 1031.

356 «Videmus etiam et cognoscimus, quia montes et corvi et cornellae et nisi et aquilae et fere
omne genus avium sunt dii tui quia plus confidis in auguriis eorum quam in Deo.»

357 «Ipse nimirunt mente sacrilegio pollutus, nulla discretionis ratione formatus, auguriis
confidens et divinationibus, corvos et cornices posse nocere irrationabiliter arbitratus...
Sapientes viros et nobiles, quasi erubescendo subterfugit, factusque vilium collega nebu-
lonum ad omnem levitatis strepitum sollicitatur: exsecrata apostatarum consortia studiose
veneratur, omnemque divinum Ecclesiae cultum pro nihilo ducens aspernatur» (lib. 1, cap.
64, *España sagrada* XX 116). Lo de exsecrata apostatarum consortia, ¿podrá aludir a
secretos, conciliábulos de judaizantes y moros? Tanto esta frase como la de vilium nebu-
lonum (¿viles hechiceros?) provocan en gran manera la curiosidad.

(Ver. 859.)

Al exir de Salon, muclio ovo buenas aves.

¡Lo mismo que si se tratase de un héroe clásico! Al Campeador se le llama a cada paso el de la buena auce, el que en buen ora nascó o fue nado, el que en ora buena cinxo espada, frases sacramentales, epítetos homéricos, que han sido tachados de fatalistas, aunque los dos últimos puedan admitir mejor sentido. Pero no cabe duda que el poeta hace supersticioso al campeón burgalés: dice: que vio en los agüeros el mal resultado de las bodas de sus hijas con los infantes de Carrión.

De igual manera, en la leyenda de los infantes de Lara, hoy conocida no por los cantos primitivos, sino por la *Estoria d'Espanna* o *Crónica general*, que hubo de resumirlos, cuando los infelices mancebos llegan al pinar, cataron por agüeros e hoviéronlos muy malos. Su ayo les aconseja volverse a Salas, pero Gonzalo González replica que el entender los agüeros pertenece solo a quien guía la hueste. El traidor Ruy Velázquez les asegura que son buenos. Síguese un altercado entre Rodrigo y el ayo sobre aquellas señales.

Rarísimas son en el Cantor de los santos las referencias a agüeros y encantamientos. Sin embargo, en la *Vida de santo Domingo de Silos* se han notado las siguientes:

Si por su auce mala lo podiessen tomar,
por aver monedado non podrie escapar.
(Cop. 420.)
Guarir non las pudieron ningunas maestrias,
Nin cartas, nin escantos, nin otras heresias.
(Cop. 640.)
Alude a los ensalmos, pero los condena,
 Mas non foron guiadas de sabio agorero
(Cop. 701)
hablando de una hueste que entró en tierra de moros.
En los Milagros de la Virgen cuenta de un judío

diestro en malas artes:

Sabie encantamientos et otros maleficios.
Facie el malo cercos et otros artificios.
(Cop. 722.)

Por mediación de este judío consuma Teófilo el pacto diabólico:

Luego la otra nochi, la gente aquedada,
furtóse de sus omes, issió de su posada...
Prísolo por la mano el trufán traidor...
Sacólo de la villa a una cruceiada,
díssol: non te sanctigues, nin temas de nada...
Vio a poca de ora venir muy grandes gentes
con ciriales en mano é con cirios ardientes,
con su rey en medio, feos, ca non lucientes...
(Cop. 732.)

Teófilo entrega al diablo su alma con una carta sellada.

Pero esta leyenda, tan famosa en la Edad media, ni en el conjunto ni en los pormenores tiene nada de castellana. Escrita primero en griego, a lo que parece, y trasladada al latín por el diácono Paulo; puesta en verso por Rostwita de Gandersheim, hubo de llegar a Gonzalo de Berceo por el intermedio de Gautier de Coincy o de algún hagiógrafo latino. De las mismas fuentes, o de Berceo, la tomó don Alonso el Sabio para sus *Cantigas*.

Repito que fuera de la superstición militar de los agüeros, de origen romano a no dudarlo, lo sobrenatural heterodoxo era casi desconocido de nuestros padres, y cuando en sus libros aparece, es de importación erudita. Veamos otros ejemplos de fatalismo al modo nacional.

En los *Miráculos de santo Domingo de Silos* escribe Pero Marín al contar la pérdida de don Nuño de Écija: «En esto veno una águila de mano diestra antellos, et pasó a la siniestra: empués pasó de la siniestra a la diestra et vena aderredor, et posósse en somo de las menas. Comenzaron la lid, e murieron todos los peones». Este cuadro es español, aunque parece arrancado de una página de Tito Livio.

«Et este Garci-Lasso era ome que cataba mucho en agüeros, et traiga consigo omes que sabian desto. Et ante que fuesse arredrado de Córdoba, dixo que vio en los agüeros que avia de morir de aquel camino, et que morririan con él otros muchos», escribe la *Crónica de don Alfonso XI* cuando refiere la muerte del Merino mayor en Soria.

El señor Amador de los Ríos ha querido utilizar el *Poema de Alexandre* para tejer el catálogo de nuestras supersticiones medievales. Pero el libro atribuido a Juan Segura no contiene quizá ningún elemento indígena; todo procede de la tradición erudita y ultrapirenaica, de obras latinas o francesas,[358] sobre todo de la *Alexandreis*, de Gualtero de Chatillon. En España no se conocían ni espadas encantadas como la de Alejandro, que *avie grandes virtudes*, ni *camisas tejidas por las fadas en la mar*.

> Fezieron la camisa duas fadas ena mar,
> diéronle dos bondades por bien la acabar,
> quinquier que la vestiesse fuesse siempre leal,
> e nunqua lo pudiesse luxuria temptar.
> Fizo la otra fada tercera el brial,
> quando lo ovo fecho, dióle un gran sinal:
> quinquier que lo vestiesse fuesse siempre leal,
> frio nin calentura nunqua feziesse mal.
> (Cop. 89.)

Todo esto, según Morel-Fatio, está copiado del poema inédito en versos de diez sílabas, atribuido al clérigo Simón:

> Danz Alexandre demanda sa chamise...
> Ovrée fut per l'aiqua de Tamise...
> Qui l'a vestue cha, sa char n'est malmise,
> ne de luxure ne sera trop esprise...
> Sur sa chamise a vestu un bliaut...
> quar quatre fées le firent en un gaut.

---

358 *Recherches sur le texte el les source du «Libro de Alexandre»*, par Alfred Morel-Fatio (París 1875), tomo 4 de la *Romania*. Excelente trabajo.

También es reminiscencia erudita la de los ariolos del templo de Diana, y a nadie se le ha ocurrido atribuir a inventiva del poeta leonés el viaje aéreo ni las maravillas de la India y de Babilonia, cuyos originales son bien conocidos. Fuera de esto, hallamos en el Alexandre la acostumbrada creencia en los presagios y en la adivinación:

> Avien buenos agüeros et buenos encontrados.
> (Cop. 274.)
> La madre de Achilles era mojier artera,
> ca era grant devina, et era grand sortera (de sortes).
> (Cop. 388.)

Otra influencia más poderosa que la ultrapirenaica había comenzado a sentirse poco después de la conquista de Toledo: la oriental. Bien claro nos lo indica el hecho de haber consultado Alfonso VI, antes de la batalla de Zalaca, a rabinos intérpretes de sueños.[359]

II. Influjo de las artes mágicas de árabes y judíos. Escuelas de Toledo: tradiciones que se enlazan con ellas. Virgilio Cordobés. Astrología judiciaria

Las artes mágicas de los muslimes ibéricos, como toda su civilización, eran de acarreo. Lo de menos era el elemento arábigo. A éste podemos atribuir los amuletos y talismanes con signos y figuras emblemáticas, pero el fondo principal de las supersticiones (fuera de las que son comunes a todos los pueblos y razas y las que el Corán autoriza en medio de su rígido monoteísmo, v. gr., la de ciertos espíritus o genios que no son ni ángeles ni hombres, el poder de los maleficios, el de las influencias lunares, etc.) está tomado de creencias persas y sirias, que en esta parte se amoldaban bien al principio fatalista. Influencia *oriental*, pues, y no *árabe*, ni siquiera *semítica*, puesto que el poderoso elemento persa, la tradición de los Magos, es *arya*, debemos llamar a la que traen a España los musulmanes y propagan los judíos, a pesar de las severas prohibiciones de su ley. La Cábala solía descender de sus alturas metafísicas para servir de pretexto

---

359 Véase Fernández González, *Mudéjares de Castilla* página 41 y 42.

a las artes irrisorias de no pocos charlatanes, que profanaban el nombre de aquella oculta ciencia.

Copiosa biblioteca puede formarse, si hemos de creer a los arabistas, con las obras de moros y judíos concernientes a artes mágicas, astrología judiciaria, días natalicios, interpretación de sueños. Solo de esta última materia se mencionan en algún catálogo 7.700 escritores.[360] Cítese, no sin elogio, por lo que hace a España, el poema de Aben Ragel, de Córdoba, sobre la astrología judiciaria;[361] una *Demonología*, atribuida al último de los Al Machriti, los Pronósticos sobre figuras y contemplaciones celestes, de Abulmasar; el *Juicio de la ciencia arenaria o geomancia*, de Alzanati;[362] otro poema sobre el mismo asunto, por Abulkairo; un tratado *De arte genetlíaca*, debido al famoso astrónomo sevillano Arragel; la *Chiromantia*, del cordobés Alsaid ben Alí Mohamed; las *Natividades*, del judío toledano Alkahabizi, y varios tratados de amuletos y encantamientos, en lo cual parece que descolló Abulcassem-Alcoschairi, de Almería.[363] Fuera prolijo, y aun pedantesco, acumular noticias de segunda mano sobre este punto, cuando no escribimos la historia de las artes mágicas entre los infieles, sino entre los cristianos.

Hoy nadie duda, y al señor Amador de los Ríos se debe el haberlo puesto en claro, que Gerberto (Silvestre II) recibió su educación en escuelas cristianas de Cataluña, sin que sus *Matemáticas* tuvieran que ver con las de los árabes. La leyenda de Gerberto, nigromante y mago, toma cuerpo en Francia y Alemania mucho después de la conquista de Toledo, cuando de aquella ciudad salían los libros de astrología judiciaria y de filosofía oriental, trasladados por muzárabes y judíos.[364] Cuéntase de Gerberto que aprendió de los mahometanos la *necro-*

---

360 Plan de una biblioteca de autores árabes españoles, por don Francisco Fernández González.

361 Casiri, Bib. arab. hisp. esc., página 344.

362 Casiri, tomo 1, página 363. Sigo su manera de transcribir los nombres propios. En él pueden verse los artículos de los demás autores citados, sección de Matemáticos.

363 Casiri, página 402.

364 Pulci, en el Morgante Maggiore (canto 25), habla de los estudios de *nigromancia, piromancia*, geomancia y tetremancia en Toledo. Vese que hasta el siglo XVI duró su fama.

Per que ch'io udi' gia dir sendo in Tolleta
dove ogni negromante si raccozza.
(Oct. 42.)

mancia o evocación de los muertos, la interpretación del canto y del vuelo de las aves, etc. Sabedor de que otro mago poseía un libro de conjuros de extraordinaria virtud, enamoró a su hija y robó al padre aquel tesoro. Con ayuda del tal volumen hizo maravillas, entre ellas una cabeza de plata que hablaba y revelaba lo por venir. Las artes mágicas le abrieron camino hasta el solio pontificio. Guiado por la sombra de la mano de una estatua, descubrió en Roma un palacio subterráneo de mármoles y oro, lleno de incalculables riquezas.[365]

En otro lugar de esta historia he descrito el movimiento intelectual promovido en Toledo por el arzobispo don Raimundo y cómo fue transmitida a las escuelas cristianas la filosofía y ciencia arábigas; cómo de Italia, de Francia y de Germania acudían a aquella ciudad los curiosos y tomaban a sueldo traductores. Entre la ciencia seria se deslizaba la irrisoria. Cesáreo de Heisterbach habla de unos jóvenes de Suabia y Baviera que habían estudiado *nigromancia* en Toledo. «Los clérigos, decía Elinando, van a París a estudiar las artes liberales; a Bolonia, los códigos; a Salerno, los medicamentos; a Toledo, los diablos, y a ninguna parte, las buenas costumbres.»

De Toledo y de Nápoles vino la *nigromancia*, dice un fabliau francés.[366] En el libro caballeresco de Maugis y Vivian se supone que el héroe había estudiado magia en Toledo.

Juan Hispalense, el traductor favorito del arzobispo, el compañero de Gundisalvo, interpretó más de un libro de astrología judiciaria, como el *Thebit*

Questa città di Tolleta solea
tenere studio di Nigromanzia:
quivi di magica arte si legea
pubblicamente, é di *Piromancia*,
e molti geomanti sempre avea,
esperimenti assai d'Idromatizia,
d'altre false opinion di sciocchi,
come é fatture o spesso batter gli occhi
(Oct. 259.)

365 Véase Vicente de Beauvais, *Speculum historiale.* La leyenda de la magia de Gerberto fue todavía admitida por Platina. Véase Hock, Silvestre II, cap. 15. Cítanse, además, como fuentes de esta historia a Guillermo de Malmesbury y Alberico de Trois Fontaines.

366 *La bataille des sept arts,* apud Jubinal, Oeuvres de Ruteboeuf. Tomo esta cita y las dos anteriores del precioso libro de Comparetti *Virgilio nel medio evo,* tomo 2, página 98.

de imaginibus, la *Isagoge de judiciis astrorum*, de Alchabitio, etc., y entre otras producciones supersticiosas, un tratado de *chiromancia* y otro de *physionomia*. Insigne en arte mágica y en ciencia astrológica le llamó Egidio de Zamora.[367] A Gerardo de Cremona se atribuye un libro de *geomantia et practica planetarum*.

Pero ninguno de los intérpretes toledanos alcanzó tanta fama de nigromante como Miguel Scoto, entre cuyas obras figuran tratados de quiromancia y fisionomía y de imágenes astrológicas. El cronista Francisco Pipini y el *Memorial de los podestás*, de Reggio, le suponen dotado de espíritu profético, semejante al de las antiguas sibilas.[368] Dante le puso en el canto vigésimo de su Infierno:

> Quell'altro che ne' fianchi é cosi poco,
> Michele Scotto fu, che veramente
> delle magiche frode seppe il giuoco.

Por boca de un maleante de Bolonia cita Boccaccio en la novela 9, jornada 8, del *Decamerone*, «a un gran maestro de *nigromancia*, el cual hubo por nombre Miguel Escoto, porque de Escocia era».

Todavía en el siglo XVI le cita el donoso poeta macarrónico Merlín Cocayo (Teófilo Folengo) en el canto 18 de su raro poema *De gestis Baldi*:

> Ecce Michaelis de incantu regula Scoti,
> qua post sex formas cerae fabricator imago,
> demonii sathan, Saturni facta plombo.
> Cui suffimigio per sirica rubra cremato,
> hâc (licet obsistant) coguntur aniore puellae.
> Ecce idem Scotus, qui stando sub arboris umbra,
> ante characteribus designat millibus orbem,
> quatuor inde vocat magna cum voce diablos.
> Unus ab occasu properat, venit alter ab ortu,
> meridies terzum mandat, septentrio quartum,
> consecrari facit freno conforme per ipsos,
> cum quo vincit equum nigrum, nulloque vedutum

---

367 Véase Nicolás Antonio, página 370 y 371.
368 Muratori, *Rev. Ital. Script.*, tomo 4 y 8.

quem, quo vult, tamquam turchesca sagitta cavalcat,
sacrificatque comas eiusdem, saepe cavalli.
En quoque depingit Magus idem, in littore navem,
quae vogat totum octo remis ducta per orbem.
Humanae spinae suffimigat inde medullam.
En docet ut magicis cappam sacrare susurris,
quani sacrando fremunt plorantque per aera turbae,
spiritum, quoniam verbis nolendo tiramur,
hanc quicumque gerit gradiens ubicumque locorum
aspicitur nusquam: caveat tamen ire per altum
solis splendorem, quia tunc sua cernitur umbra.[369]

Cercos mágicos, filtros amorosos, carros movidos por la diabólica fuerza de un corcel negro, naves encantadas, evocación de demonios, capas que hacen invisible a quien las lleva..., todo esto atribuía la leyenda medieval a Miguel Scoto. Gabriel Naudé, en el siglo XVII, y en el pasado Schmuzer, le defendieron seriamente de estas inculpaciones.[370]

Español parece haber sido, o a lo menos educado en Toledo, el autor del libro apócrifo *Virgilii Cordubensis Philosophia*, cuyo manuscrito, perteneciente a la Biblioteca Toledana, fue dado a conocer por el padre Sarmiento y publicado por Heine en su Bibliotheca anedoctorum. El nombre del autor, la fecha del libro, la pretensión de ser traducido del arábigo, todo es falso. Cierto que el escritor debía de saber poco de cosas arábigas, cuando se le ocurrió llamar a un filósofo musulmán Virgilio. Guióse, sin duda, por la tradición napolitana de la magia de Virgilio, y tomó aquel nombre para autorizar sus sueños, que hoy llamaríamos espiritistas. La latinidad de la obra supera en barbarie a los más desconcertados escritos de la Edad media. El autor parece estudiante, y de los

---

369 *Opus Merlini Cocaii Poetae Mantuani Macaronicorum...* Amstelodami, apud Abraham a Someren, 1692. Hay una traducción castellana antigua, rarísima sobre toda rareza. El único ejemplar conocido está en la Biblioteca de Wolfembüttel. Se intitula *La Trapesonda... que trata de los grandes hechos del invencible caballero Baldo y las graciosas burlas de Cingar* (Sevilla 1542, por Domenico de Robertis).

370 *Apologie pour les grands hommes soupçonez de Magie*, par G. Naudé parisien (Ámsterdam 1712). *De Michaele Scoto veneficii iniuste damnalo* (1739), disertación de Schmuzer. Véase, además, el tomo 20 de la *Histoire Littéraire de la France.*

más rudos. Con ideas confusas de filosofía rabínica y musulmana, mezcla lo que había alcanzado de artes mágicas y fantásticas noticias de escuelas y de enseñanzas, que algunos eruditos, con sobrado candor, han tomado por lo serio. El supuesto Virgilio hispano comienza hablando de los grandes estudios de Toledo, especialmente del de filosofía, al cual concurrían los filósofos toledanos, que eran doce, y los de Cartagena, Córdoba, Sevilla, Marruecos, Cantorbery[371] y muchas otras partes. Cada día se disputaba de omni scibili, hasta que se llegó a cuestiones muy difíciles, en que los pareceres se dividieron, si bien los filósofos toledanos iban siempre unidos. Al cabo, para concertar la disputa, determinóse acudir a un juez, que no fue otro que el mismo Virgilio, profesor entonces en Córdoba de *Nigromancia* o Refulgencia. Él no quiso moverse de su ciudad, y les aconsejó que, si querían saber algo, trasladasen los estudios a Córdoba, que era lugar sanísimo y en todo abundante. Así lo hicieron, y a ruegos suyos compuso Virgilio este libro, fundado todo en las relaciones de los espíritus, a quienes interrogó. Realmente su fatiga fue bien inútil, y los espíritus de aquel tiempo debían de saber tan poco como los del nuestro, pues no le dijeron más que vulgaridades de filosofía peripatética sobre la existencia del primer motor, la inmortalidad del alma, etc., e impugnando la eternidad del mundo; por donde se ve que eran espíritus de bien y enemigos de toda herejía, aunque a veces se resienten de malas y peor digeridas lecturas.

Las noticias que da el tal Virgilio de filósofos españoles amigos y contemporáneos suyos son de lo más peregrino, y acaban de demostrar su insensatez, a no ser que pretendiera burlarse de la posteridad. Cuenta entre ellos a Séneca (!), a Avicena y Algazel, que jamás estuvieron en España, y Averroes; habla de los 7.000 estudiantes que concurrieron a las aulas de Córdoba, de los tres famosos

---

371 *Virgilius Ispanus ex civitate Cordubensi omnibus philosophantibus et philosophiam audientibus.* Volumus vos scripta vera dimittere, etc. (Véase Heine, *Bibliotheca anedoctorum, seu veterum monumentorum ecclesiasticorum collectio novissima*, página 1.ª [Lipsiae 1848], páginas 211 y siguientes).
La primera noticia de este manuscrito se debe al padre Sarmiento, quien se la comunicó al padre Feijoo para el discurso de las Cuevas de Salamanca y Toledo. Después dio más noticias el padre Sarmiento en sus *Memorias para la historia de la poesía y poetas españoles*. En la Biblioteca Nacional de Madrid hay copia esmerada del tal Virgilio, hecha por Palomares. El señor Amador de los Ríos no tuvo noticia de que hubiera sido impreso, y le consideró como documento histórico serio y de autoridad.

astrólogos Calafataf, Gilberto y Aladanfac; de los tres nigromantes toledanos Philadelpho, Liribando y Floribundo, y de otros maestros de *piromancia* y de geomancia, cuyos nombres eran (¡apréndanlos mis lectores!) Beromandrac, Dulnatafac, Ahafil, Jonatalfac, Mirrafanzel, Nolicarano... O Virgilio estaba loco o decía bernardinas.

También nos habla del *Arte notoria, quae est ars et scientia sancta*, la cual solo el que esté sin pecado puede aprender. Autores de ella fueron los ángeles buenos, y la comunicaron al rey Salomón. Éste encerró los espíritus en una botella, fuera de uno que era cojo, el cual logró libertar a los demás. Cuando Alejandro tomó a Jerusalén, su maestro Aristóteles, hasta aquel día hombre rudo, logró saber dónde estaban encerrados los libros de Salomón, y se hizo sabio. Esta *Arte notoria* no parece ser otra que la Cábala. Cuanto al Diablo cojuelo, verémosle reaparecer en la sabrosa ficción de Luis Vélez de Guevara.

Al fin del tratado se lee: *Istum librum composuit Virgilius Philosophus Cordubensis Arabico, et fuit translatus de Arabico in latinum in civitate Toletana, anno Domini millesimo ducentessimo nonagessimo.* El doctor Steinschneider, citado por Comparetti,[372] duda de esta fecha. El códice parece de la segunda mitad del siglo XIV. Pero sea de éste o del siglo XIII, la obra nada gana en importancia como documento histórico ni pasará nunca de una extravagante curiosidad bibliográfica.

Con la tradición de los estudios mágicos se enlaza la de las cuevas de Toledo y Salamanca, nefandos gimnasios, que dice Martín del Río.[373] Supónese que en una y otra se enseñó la magia en tiempo de los sarracenos y aun después.

Siempre han sido consideradas las cavernas como teatro de evocaciones goéticas; recuérdese el antro de Trofonio, la cueva de la Sibila, etc. Célebre Toledo como escuela de artes ocultas, era natural que la tradición localizase a aquella enseñanza en un subterráneo, y así sucedió, contribuyendo a ello circunstancias topográficas. El monte que sirve de asiento a la ciudad de Toledo

---

372 *Virgilio nel medio evo*, tomo 2, página 95.

373 «Legimus post sarracenicam per Hispanias illuvionem tantum invaluisse magicam ut cum litterarum bonarum omnium summa ibi esset inopia el ignoratio, solae ferme daemoniacae artes palam Toleti, Hispali et Salmanticae docerentur... Ostensa mihi fuit cripta profundissima, gymnasii nefandi vestigium» (*Disquisitionum Magicarum libri sex*... Auctore Martino del Rio... Maguntiae, apud Iohannem Albinum, 1612, tomo 1, *Proloquium*).

está casi todo hueco.[374] Estas cuevas, o algún edificio ruinoso por donde se penetraba en ellas, habían dado ya motivo a una célebre ficción arábiga, transmitida a nuestras historias. Cuenta Abdelhakem (murió en 871) que había en España una casa cerrada con muchos cerrojos, y que cada rey le aumentaba uno, hasta el tiempo de don Rodrigo. Éste no quiso echar el cerrojo, sino entrar en el palacio encantado, donde halló figuras de árabes con esta letra: «Cuando el palacio se abriere, entrarán en España los que aquí están figurados».[375] Al-Makkari habla de un pergamino hallado por don Rodrigo dentro de un arca en la casa de Toledo.

El arzobispo don Rodrigo reprodujo estas narraciones, tomándolas de una fuente arábiga, aunque no sabemos de cuál, y a don Rodrigo siguió la *Estoria d'Espanna*. Y cuando en el siglo XV forjó Pedro del Corral, a modo de libro de caballerías, su *Crónica sarracina*, llamada por Fernán Pérez de Guzmán trufa o mentira paladina, no se olvidó de un episodio tan novelesco y conducente a su propósito; antes le exornó con nuevos detalles, suponiendo que el palacio había sido quemado por fuego del cielo después de la entrada de don Rodrigo. Todavía es más curiosa la relación de Pero Días de Games en su *Victorial*, si bien la da por cuento. Hércules edificó en Toledo una gran casa de dos naves, con puertas de fierro y cerrojos. Cada sucesor añadía uno. Pero don Rodrigo la abrió, y, en vez de los tesoros que esperaba, encontró tres vasijas, con una cabeza de moro, una langosta y una serpiente.[376]

De dónde procedía el nombre de Hércules (¡extraña reminiscencia clásica!) lo ignoro. Según el señor Amador de los Ríos, la cueva de Hércules no era más que la cripta de un templo romano. Cueva ya, y no casa, la llamó Rodrigo Jannes en el poema de Alfonso XI:

En las covas de Escoles abrán

---

374 Feijoo, Cuevas de Salamanca y Toledo, tomo 7 del *Teatro crítico*.
Véase Ajbar Machmua, con las ilustraciones de Lafuente Alcántara, donde hay un extracto de Abdelhakem.
375 Aunque Al Makkari es moderno, le cito aquí porque compiló su historia de autores antiguos. Me valgo de la traducción inglesa de Gayangos.
376 *Le Victorial... traduit de l'espagnol d'après le manuscrit*, por Circourt y Puymaigre. Este pasaje falta en la edición de Llaguno. Véase, además, el precioso libro del señor Milá y Fontanals, De la poesía heroico-popular castellana, cap. 2.

muy grande lid aplazada...

Todas estas historias pasaron después a los romances y son conocidísimas:

 Entrando dentro en la casa
 no fuera otro hallar,
 sino letras que decían:
 «rey has sido por tu mal...», etc.

 ....

 Un cofre de gran riqueza
 hallaron dentro un pilar,
 dentro dél nuevas banderas
 con figuras de espantar, etc.

Mejor contado está en la *Crónica general*: «Cuando el palacio fue abierto, non fallaron en él ninguna cosa, si non una arca, otrosí cerrada, e el rey mandóla abrir, e non fallaron en ella si non un paño pintado, que estavan en él escriptas letras latinas, que dezien así: Cuando aquestas cerraduras serán quebradas e el palacio e el arca serán abiertos, e los que y yacen lo fueren a ver, gente de tal manera como en el paño están pintados entrarán en España... E en a aquel paño estaban pintados homes de caras e de parecer e de manera de vestidos, assi como agora andan los alarbes, e tenian las cabezas cubiertas con tocas, e estaban caballeros en caballos, e los vestidos eran de muchos colores, e tenian en las manos espadas e señas e pendones alzados».

Pero todo esto es nada en comparación de las invenciones de los historiadores toledanos Alcocer, Pisa, el conde de Mora y, sobre todo, del famoso Lozano, que publicó a fines del siglo XVII los reyes nuevos de Toledo, especie de novela histórica o historia novelada con muchos pormenores caballerescos y fantásticos.[377] Allí se lee a propósito de la casa de Hércules: Sentaremos por

---

377 La primera edición es de 1666. Todavía en nuestros tiempos ha sido utilizada esta tradición por egregios poetas, ya en serio, como en la Florinda, del duque de Rivas; ya jocosamente, como en el don Opas, del académico Mora (*Leyendas españolas*, Londres 1839):

 Hay un cierto escritor llamado Moraa,
 ¡qué genio!, ¡qué dicción tan noble y pura!

fijo que Túbal dio principio a la fábrica de la torre, y que Hércules el famoso la reedificó y amplió, sirviéndose de ella como de real palacio y leyendo allí la arte mágica... A una manga de esta «cueva», como tan gran mágico, hizo labrar Hércules un palacio encantado, el cual palacio mandó que se cerrase y que ninguno lo abriese si no quería ver en sus días la España destruida por gente bárbara. Los pormenores de la entrada de don Rodrigo se habían ido enriqueciendo más y más, hasta parar en la pluma del buen Lozano: Llegaron a una cuadra muy hermosa, labrada de primoroso artificio, y en medio della estaba una estatua de bronce, de espantable y formidable estatura, puestos los pies sobre un pilar de hasta tres codos de alto y con una maza de armas que tenía en las manos, estaba hiriendo en la tierra con fieros golpes.

Basta de transcribir absurdos de decadencia, aunque amenicen estas páginas. Si alguna prueba más necesitáramos de que la cueva toledana fue considerada en la Edad media como aula de ciencias ocultas, nos la ofrecería don Juan Manuel en el bellísimo cuento de *don Illán y del deán de Santiago*. Tenía el deán muy gran voluntad de saber el arte de la *nigromancia*, y vínose ende a Toledo para aprender con don Illán. Y don Illán, después que mandó a su criada aderezar las perdices, llamó al deán e entraron amos por una escalera de piedra muy bien labrada y fueron descendiendo por ella muy grand pieza, en guisa que parecían tan bajos que pasaba el rio Tajo sobre ellos. E desque fueron en cabo de la escalera, fallaron una posada muy buena en una cámara mucho apuesta que ahí avía, do estaban los libros y el estudio en que avian de leer.[378]

Del resto del cuento no hay para qué tratar aquí; es el bellísimo apólogo que reprodujo Alarcón en *La prueba de las promesas*. El deán de Santiago, en aquella especie de sueño, pasa a obispo, a cardenal, a papa, y jamás cumple a su maestro don Illán sus repetidas promesas. El sueño vuela cuando don Illán

---

¡Qué hermosas tragaderas! ¡Cuál perora
sobre esta escena! ¡Y cómo la asegura!
Lozano, otro que tal, no la desdora.
Pisa también entiende la diablura;
bueno es Castillo, y Alcocer no es rana.
¡Tu quoque! Tú también, Padre Mariana.

---

a El conde de... autor de una desatinada *Historia de Toledo.*
378 *El conde Lucanor* (Escritores en prosa anteriores al siglo XV, Biblioteca Rivadeneyra).

manda asar las perdices. ¡Moralidad profunda, que pone a la vez de resalto la ingratitud humana y lo deleznable y transitorio de las grandezas de la vida!

El arzobispo Silíceo, deseoso de poner término a las hablillas del vulgo, hizo registrar la cueva, sin que pareciese en ella otra cosa que grandes murciélagos, y tapiarla después.[379] Todavía en el siglo pasado se mostraban en Toledo unas casas arruinadas que decían haber pertenecido a don Enrique de Villena, maestro en ellas de arte mágica; pero ésta debía de ser tradición postiza y moderna del tiempo en que toda magia se atribuyó a don Enrique.

Otro ejemplo de ello tenemos en *La cueva de Salamanca*, cuyas noticias son breves y confusas. Hasta el siglo XVI no tuvo el estudio salmantino la fama y notoriedad suficientes para que la tradición le añadiera cátedras de magia. Burlas y devaneos de estudiantes, gente curiosa y alegre, que convertía en juego las artes mágicas, fueron origen de ese rumor, que muy en serio acogen Martín del Río y Torreblanca. El primero testifica haber visto una cripta profundísima, vestigios del nefando gimnasio donde públicamente (*palam*) se habían enseñado las artes diabólicas. El segundo hasta nos dice la calidad del maestro, que fue un sacristán,[380] pero supone secreta la enseñanza. Era tradición vulgar que el demonio en persona respondía a los que le consultaban en aquel antro.

Un cierto don Juan de Dios, maestro de humanidades en Salamanca, envió al padre Feijoo algunas noticias y fábulas sobre la dicha cueva, tomadas de un antiguo manuscrito.[381] Había en la iglesia de san Ciprián, unida después a la de san Pablo, un subterráneo donde el sacristán enseñaba, por los años de 1322, arte mágica, astrología judiciaria, geomancia, hidromancia, *piromancia*, aeromancia, chiromancia y *necromancia*. Sus discípulos venían de siete en siete y uno de ellos pagaba por todos. Cayó la suerte al marqués de Villena, no tuvo con qué pagar y quedó preso en la cueva, de donde halló manera de escaparse haciendo cierta burla a su maestro. Sus condiscípulos propalaron, unos, que se había hecho invisible; otros, que había engañado al diablo dejándole su sombra. Obsérvese el horrendo anacronismo de poner a don Enrique de Villena en el siglo XIV, muy a los principios.

---

379 Así lo cuenta Lozano.

380 *De magia*, lib. 1, cap. 2, n.º 4. Añade que el sacristán se llamaba Clemente Potosí.

381 No determina fecha ni autor; pero no creo que fuese anterior al siglo XV por los enormes anacronismos que contiene.

Don Adolfo de Castro copia[382] la siguiente noticia de un manuscrito intitulado Cartapacio, primera parte de algunas cosas notables recopiladas por don
Gaspar Garcerán de Pinos y Castro, conde de Guimerán, año 1600: «La opinión
del vulgo acerca de la mágica que se aprendía en las cuevas de Salamanca;
de la suerte que cuentan que entraban siete y estaban siete años y no veían al
maestro, y después que no salían sino seis, y que habían de hurtar la sombra a
aquél y no estar otro tanto tiempo, he oído a personas curiosas y de buen juicio
refutar... que nunca se leyó de tal suerte, sino que decir en cuevas es por ser así
llamadas las bodegas en Castilla, y que, como se prohibiese leer en público esta
facultad, la mala inclinación nuestra y estar los maestros perdidos, que no sabían
cómo vivir, inventó que escogían para perpetuar su mala semilla los mejores
sujetos de sus estudios... y de secreto, de noche en las bodegas les leían, y por
ser a esta hora decían no ver al maestro», etc.

> Allí está Salamanca, do solía
> enseñarse también *nigromancia*,

cantó Ercilla en *La Araucana*. A tres producciones literarias dio asunto la
famosa conseja. *La cueva de Salamanca*, entremés de Miguel de Cervantes,
redúcese a las artimañas de un escolar salamanqueso, quien, ponderando la
ciencia que aprendió en la cueva y fingiendo una evocación de demonios, logra
cenar a todo su placer y sacar de un mal paso a su huéspeda, temerosa de la
venganza del celoso marido.[383]

No más que la analogía del título tiene con este sabroso desenfado *La cueva
de Salamanca*, comedia de don Juan Ruiz de Alarcón, escrita en sus moce-
dades; cuadro vivo y animado de costumbres estudiantescas, lleno de gracia y
movimiento, aunque licencioso y desordenado. Mézclanse allí discusiones teológicas con escenas de un erotismo poco disimulado y entra por mucho la magia
en todo el desarrollo de la acción. El maestro de las artes vedadas es Enrico, un
francés, viejo grave, el cual dice de sí mismo:

---

382 El mismo señor Castro regaló este manuscrito a la Academia española.
383 Son imitaciones de *La cueva de Salamanca*, muy inferiores a ella, *El dragoncillo*, de
Calderón, y *El soldado exorcista*, tan popular en el siglo pasado.

Que en qualquiera región, cualquier estado,
aprender siempre más fue mi cuidado.
Al fin topé en Italia un eminente
en las ciencias varón, Merlín llamado...
Aprendí la sutil quiromancía,
profeta por las líneas de las manos;
la incierta judiciaria astrología,
émula de secretos soberanos,
y con gusto mayor *nigromancia*,
la que en virtud de caracteres vanos
a la naturaleza el poder quita,
y engaña al menos cuando no la imita.
Con ésta los furiosos cuatro vientos
puedo enfrenar, los montes cavernosos
arrancar de sus últimos asientos,
y sosegar los mares procelosos,
poner en guerra y paz los elementos,
formar nubes y rayos espantosos,
profundos valles y encumbrados montes,
esconder y alumbrar los horizontes.
Con ésta sé de todas las criaturas
mudar en otra forma la apariencia...
Con ésta aquí oculté vuestras figuras;
no obró la santidad, obró la ciencia.

Pero no le iba en zaga el marqués de Villena, personaje principalísimo de la
comedia y discípulo también de Merlín. Viene a Salamanca traído por la fama
de la cueva:

La parlera fama allí
ha dicho que hay una cueva
encantada en Salamanca,
que mil prodigios encierra;
que una cabeza de bronce

sobre una cátedra puesta,
la mágica sobrehumana
en humana voz enseña:
que entran algunos a oírla,
pero que, de siete que entran,
los seis vuelven a salir
y el uno dentro se queda...
Supe de la cueva el sitio,
y partíme solo a verla.
La cueva está en esta casa...

Pero don Diego, un su amigo, le responde:

Esta que veis oscura casa, chica,
cueva llamó, porque su luz el cielo
por la puerta no más le comunica,
y porque una pared el mismo suelo
le hace a las espaldas con la cuesta,
que a la iglesia mayor levanta el vuelo.
Y la cabeza de metal que puesta
en la cátedra, da en lenguaje nuestro
a la duda mayor clara respuesta,
es Enrico ....
Y porque excede a la naturaleza
frágil del hombre su saber inmenso,
se dice que es de bronce su cabeza.
De siete que entran, que uno pague el censo,
los pocos que, de muchos estudiantes,
la ciencia alcanzan, declararnos pienso.

La comedia acaba del modo más singular del mundo: con una discusión en forma, entre un fraile predicador y Enrico, sobre el poder y licitud de la magia. Propone Enrico:

Toda ciencia natural
es lícita, y usar della
es permitido: la magia
es natural: luego es buena.
Pruebo la menor. La magia,
conforme a naturaleza
obra: luego es natural.
La mayor así se prueba:
De virtudes e instrumentos
naturales se aprovecha
para sus obras: luego obra
conforme a naturaleza.
Probatur. Obra en virtud
de palabras y de yerbas,
de caracteres, figuras,
números, nombres y piedras.
Todas estas cosas tienen
natural virtud y fuerza, etc.

El dominico contesta, distinguiendo entre magia natural, artificiosa y diabólica.

De aquéstas
es la natural la que obra
con las naturales fuerzas
y virtudes de las plantas,
de animales y de piedras.
La artificiosa consiste
en la industria o ligereza
del ingenio o de las manos,
obrando cosas con ellas
que engañen algún sentido,
y que imposibles parezcan.
Estas dos lícitas son...

Mas con capa de las dos
disimulada y cubierta,
el demonio entre los hombres
introdujo la tercera...
La diabólica se funda
en el pacto y conveniencia
que con el demonio hizo
el primer inventor della.
Es así que las palabras
que el arte mágico enseña,
no obran sin la intención
del que obrar quiere con ellas,
luego si obran no es por sí,
sino por virtud ajena.

Enrico se da por convencido y concluso, y el pesquisidor enviado por el rey a la reforma de la Universidad prohíbe la enseñanza de la magia.

Y con esto se da fin
a la historia verdadera
del principio y fin que tuvo
en Salamanca la cueva,
conforme a las tradiciones
más comunes y más ciertas.

En 1734 imprimió don Francisco Botello de Moraes, autor del *Nuevo Mundo*, del *Alfonso* y otras desdichadas tentativas épicas, un tomito rotulado *Las cuevas de Salamanca*, especie de fantasía satírica en prosa por el estilo de los *Sueños*, de Quevedo. Penetra Botello en *Las cuevas*, donde halla encantados a Amadís de Gaula, Oriana, Celestina, etc., y discurre con ellos acerca de muy variados asuntos morales y literarios. *Las cuevas* son allí el pretexto.[384]

---

384 Además de los autores citados, hablan de *La cueva de Salamanca* Diego Pérez de Mesa, en las notas a las Grandezas de España, de Pedro de Media, y el cardenal Aguirre en sus *Ludi Salmanticenses* (prael. 3).

Forzoso ha sido adelantar algunas especies y alejarnos de la Edad media para completar la historia literaria de esas supuestas aulas mágicas. Ahora conviene añadir que quizá contribuyó a dar a Toledo fama de ciudad de nigromantes el existir allí artificiosas invenciones arábigas, como las dos cisternas o clepsidras que fabricó Azarquiel y destruyó en tiempo de Alfonso VI un judío deseoso de penetrar el mecanismo. ¿Atribuiría el vulgo estos portentos a magia?

Fáltanos saber cómo consideraba el gran legislador castellano las artes vedadas e irrisorias. En la ley 1.ª, tít. 23 de la partida 7.ª, pregunta el rey sabio qué es adevinanza et quantas maneras son della; y responde que adevinanza tanto quiere decir como querer tomar parte de Dios para saber las cosas que son por venir. Como primer género de *adevinanza* cuenta la astrología, y ésta, cediendo a sus aficiones, no la veda por ser una de las siete artes liberales, aunque prohíbe obrar por ella a los que non son ende sabidores.

La segunda manera de adevinanza es de los agoreros, et de los sorteros, et de los fechiceros, que catan en agüero de aves o de estornudos o de palabras a que llaman proverbio, o echan suertes, o catan en agua, o en cristal, o en espejo, o en espada, o en otra cosa luciente, o facen fechizos de metal o de otra cosa cualquier, o adevinan en cabeza de ome muerto, o de bestia o de perro, o en palma de niño o de mujer virgen... Defendernos que ninguno non sea osado de fazer imágines de cera nin de meta nin de otros fechizos malos para namorar los omes con las mujeres nin para partir el amor que algunos oviessen entre sí. E aun defendemos que ninguno non sea osado de dar yerbas nin brebaje a ome o a mujer en razón de enamoramiento.

En la ley 2.ª habla de los verdaderos *goetas*, es decir, de los que hacían sus evocaciones de noche y con aullidos. «De los omes que se trabajan a facer esto viene muy gran daño a la tierra, et señaladamente a los que lo creen et demandan alguna cosa, acaesciéndoles muchas ocasiones, por el espanto que resciben, que algunos de ellos mueren o fincan locos o dementados.»

La ley 3.ª declara «libres de pena (¡contradicción deplorable!) a los que fiziessen encantamiento u otras cosas, con buena entención, assí como para sacar demonios de los cuerpos de los omes, o para desligar a los que fueron marido et mujer que non pudiessen convenir en uno, o para desatar nube que echase granizo o niebla, que non corrompiesse los fructos de la tierra, o para matar langosta o pulgón que daña el pan o las viñas, o por alguna otra cosa provechosa semejante déstas». «Non deben haber pena, dice, antes... gualardón por ello.»

A los demás baratadores, truhanes y maléficos impone castigo de muerte.

Entre las obras científicas que patrocinó el rey sabio, las hay harto impregnadas de astrología judiciaria; por ejemplo, los tres *Lapidarios*, de Rabí-Yehudah-Moset-ha-Qaton (el pequeño) y el de *Mahomad*-Aben-Quinch, trasladados por el clérigo Garci-Pérez, y en algunos pasajes el *Libro de la ochava esfera*, traducido del arábigo por Yehudá-Cohen y Guillem, hijo de Ramón de Aspa; mas sobre todos, el de las tres cruces, donde es imposible negar la tendencia fatalista.[385] El estado de la astronomía entonces y lo mucho que contribuyeron, por otra parte, al adelanto de la ciencia seria disculpan a Alfonso el Sabio y a sus colaboradores de haber cedido al contagio de la judiciaria, comprometiendo en ocasiones el libre albedrío con las fantásticas virtudes que suponían en los astros y en las piedras.

III. Siglo XIV. Tratados supersticiosos de Arnaldo de Vilanova, Raimundo de Tárrega, etc. Impugnaciones del fatalismo. Obras de fray Nicolás Eymerich contra las artes mágicas. Las supersticiones

---

385 Véanse las obras científicas del rey Sabio, publicadas por la Academia de Ciencias Exactas, Físicas y Naturales. Algunos sostienen, quizá con fundamento, que los Lapiarios fueron traducidos por mandato del rey.

En parte alguna de esta Historia he querido mencionar el cuentecillo absurdo con que muchos han motejado de irreligioso a Alfonso el Sabio, atribuyéndole el dicho de que, «si él fuera de Consejo de Dios al tiempo de la creación del mundo, algunas cosas hubieran sido mejor hechas». Ni la Crónica de Alfonso X, ni ningún contemporáneo de este príncipe le atribuye tales palabras. Quien primero se las achacó fue don Pedro IV el Ceremonioso, y luego las repitieron con variantes, añadiendo la anécdota de la tempestad de Segovia, Diego Rodríguez de Almela, Rodrigo Sánchez de Arévalo y fray Alonso de Espina. Cuanto sabemos de Alfonso X, príncipe piadosísimo, pugna con semejante desahogo temerario. (Véase el apéndice que puso el marqués de Mondejar a sus Memorias históricas del rey don Alfonso el Sabio... [Madrid 1777], donde ampliamente le vindica de esa calumnia, páginas 637-658.)

del siglo XIV y el arcipreste de Hita. El rey don Pedro y los astrólogos. Ritos paganos de los funerales

La general decadencia y barbarie retroactiva del siglo XIV, el continuo trato y comercio con judíos y musulmanes, el contagio de las sectas heréticas..., todo contribuyó a oscurecer la noción del libre albedrío y a difundir las artes divinatorias, menos, sin embargo, que en otras naciones. Ni se libraron de la acusación de magia algunos prelados. Ya en el siglo anterior, hacia 1211, el arzobispo de Santiago, don Pedro Muñoz, fue tenido por nigromante y recluso en el eremitorio de san Lorenzo, de orden del papa Honorio III. Desde 1303 a 1306 fue obispo de Tarazona[386] don Miguel de Urrea, con tanta reputación de mágico, que al pie de su retrato se puso esta leyenda: *Artis necromantiae peritissimus, daemonis artes eius etiam arte delusit*, suponiéndosele que había engañado al demonio con su sombra, lo mismo que el marqués de Villena en la tradición de Salamanca.

Sobre las supersticiones de maleficios y ligaduras da mucha luz Arnaldo de Vilanova en sus tratados médicos. Según él, los maleficios se hacen: o de cosas animadas, v. gr., testículos de gallo puestos debajo del lecho nupcial; o de caracteres escritos con sangre de murciélago, o de granos de habas, arrojando dos o tres en el camino o cerca de la ventana, *quod maleficium est pessimum*, o de los pedazos de una nuez o bellota. También hay hechizos metálicos, de hierro o de plomo, y el peor es el que se hace con la aguja que haya servido para coser un sudario.[387]

Los remedios no son menos peregrinos. Con juntar el esposo y la esposa los pedazos de la nuez, quitarle la cáscara y comérsela queda deshecho el maleficio. También aconseja mudarse de casa, regar las paredes con sangre de perro, poner sobre carbones hiel de pescado, llevar consigo un corazón de buitre o amuletos de coral o imanes, comer aves asadas, colgar una campanilla a la puerta de casa, etc.

---

386 Don José Amador de los Ríos le llama erradamente arzobispo de Tarragona (*Revista de España*, n.° 69). Véase *España sagrada*, tomo 49, página 504.

387 «Maleficiorum... quaedam de animatis fiunt, ut testiculi galli suppositi lecto cum sanguine efficiunt ne coeant in lecto iacentes: quaedam de characteribus scriptis cum sanguine vespertilionis: quaedam vero de terrae nascentibus, unde si nux vel glans separetur, quarum medietas ex una parte viae ponetur et alia ex alia parte, ex qua sponsus et sponsa debent venire: sunt alia quae de granis fabarum conficiuntur, quae nec aqua calida mollificantur,

En su *Nova expositio visionum quae fiunt in somniis* muéstrase Arnaldo muy perito en oneirocrítica, tratando de los grados del arte de pronosticar y de las causas de los ensueños, que divide y clasifica según el tiempo y el asunto, ya se refieran a la vida, a la hacienda, a los hermanos, a los padres, a los criados, a las bestias, a guerras y combates, a la muerte, a los viajes, a la entrada en religión, a los honores y dignidades, a los amigos, etc. Admite el influjo planetario en el alma humana con tanta crudeza como los priscilianistas y da reglas para interpretar los sueños, lo cual llama ocupación propia del médico. Ya hemos visto cómo explicaba él los de don Jaime II y Federico de Sicilia. El libro *De physicis ligaturis*, que trata de los encantos, de los conjuros y de los amuletos (*De incantatione, de adiuratione et colli suspensione*), es traducción del árabe Costa-ben-Luca, el cual dice haber aprendido esa ciencia en libros griegos e indios.[388] Tampoco es más que traducción el libro astrológico *De sigillis duodecim signorum*, muy semejante al *De imaginibus*, de Thabit.

Martín del Río y Gabriel Naudé defendieron a Arnaldo de la acusación de magia, pero nadie dejará de tenerle por muy supersticioso si lee sus libros de medicina.

En el mismo siglo florecieron tres espiritistas españoles, de que ya queda hecha mención: Gonzalo de Cuenca, que escribió el *Virginale*, inspirado por el demonio, que se le apareció visiblemente (así lo narra Eymerich); Raimundo de Tárrega, autor de un libro *De invocatione daemonum*, quemado por decreto de Gregorio XI, y el franciscano apóstata Tomás Scoto, que, según dice Álvaro

---

nec igne conquantur: quod maleficium est pessimum, si quatuor illorum vel tres sub lecto vel in via vel supra ostium vel circa ponantur. Sunt etiam alia quae fiunt metallica, quae fiunt ex ferro vel plumbo et ferro: sed quae fiunt ex acu, qua mortui vel mortuae suuntur in sudariis...

»Sed si nux vel glans sit causa illius maleficii, accipiet venenum quilibet vel glandem eam, quae separat, et cum illa parte inmediate pergat vir ex una parte, et ibi ponat; mulier vero ex altera parte ponat alteram partem nucis, deinde sponsus et sponsa accipiant ambas partes nucis: testa vero extracta, et sic tota integretur et firmetur per sex dies, et hoc facto comedant» (*Remedia contra maleficia*).

388 Estos tratados se hallan en todas las ediciones de los escritos médicos de Arnaldo de Vilanova. El Santo oficio mandó quitarlos, con sobra de razón. El *De physicis ligaturis* se dice, malamente, traducido del griego. Empieza: «Quaesivisti, fili charissime, de incantatione, de adiuratione et colli suspensione, siquidem possint prodesse, et si invenerim in libris Graecorum hoc, et qualiter in libris Indorum ista contineantur...».

Pelagio, todas las noches, apagada la luz y empuñando la espada, invocaba con grande estrépito a los demonios y caía en tierra como muerto hasta la madrugada.[389]

Eymerich y Busquets hicieron quemar en Barcelona un grueso libro *De invocatione daemonum*, rotulado *Liber Salomonis*, que contenía en siete partes sacrificios, oraciones, oblaciones y nefandas consultas a los demonios.[390] Quizá no era distinto del de Raimundo de Tárrega.

Otro supersticioso libro catalán de la misma centuria se halla manuscrito en la *Biblioteca Barberina* de Roma. El rótulo es *Llibre de Poridat*. Empieza con los signos de los planetas, trata después de los ángeles que presiden a cada uno, así como de los que hacen saber al hombre todas las cosas, y los distribuye y clasifica por cielos. No olvida la curación de algunas enfermedades por medio de amuletos. Estas primeras hojas, escritas por la mayor parte en papel, preceden al verdadero tratado: «En el nombre de Nuestro Señor, en esta presente obra queremos tratar de las mayores puridades; diremos el modo de tener espíritus y vientos familiares... el arte prodigioso de Hermes».[391] «Redúcese todo a unas tablas de letras y signos cabalísticos, que se dice corresponder a ciertos influjos planetarios y a ciertos ángeles. Escritas o pronunciadas dichas letras en tiempo y sazón oportunos, conforme a las reglas de *Dominus Tebaridus en son llibre*, se pueden traer los espíritus a voluntad del operante. Hay tablas para los días de la semana, para las horas del día, etc. La décima tabla es la que Dios enseñó a Adán en el paraíso, con la cual no puede obrar sino quien tenga soberana puritat de vida, pero éste logrará maravillas, porque esta tabla es sobre todas las tablas en fuerza y en poder y es el secreto de la sabiduría: donde hay 1.360 caracteres, que representan todas las cosas creadas, regenerables y

---

389 «¿Quomodo etiam iste negat daemones esse, cum sua meretrix Gaibina cum aliquibus familiaribus suis testimonium perhibent contra eum, quod qualibet nocte, extincta candela et arrepto gladio, etiam frequenti strepitu daemones invocando et sentiendo, clauso ostio, meretrice expulsa... qui mortuus cadebat et iacebat in terra quousque meretrix, aperto ostio, intrabat et eum de terra levabat, et in lectulo reponebat et se ei miscebat?» (Biblioteca de san Marcos, códice latino III-VI).

390 Véase *Directorium inquisitorum*, página 226 de la edición de Roma.

391 «In nom de nostre senhor, en aquest present tractat volem haber parlament particular de las obras que son de maior puritat, en haber familiarment dels spirits e dels vents», etc. (*Biblioteca Barberina*. códice XLIII-135). El códice es del siglo XIV.

corruptibles en este mundo...» Enséñanse, además, en este libro remedios para muchos dolores y calamidades, recetas para aumentar el dinero, para encontrar el anillo y otras cosas perdidas, para hacer que la lluvia caiga o deje de caer en un sitio dado, filtros amatorios, etc. Esta parte está en latín. Tampoco faltan observaciones sobre la piedra filosofal y modo de obtenerla.[392]

A la par que arreciaba el contagio de la superstición, se levantaban valentísimos impugnadores. En los últimos días del siglo XIII, durante su cautiverio en Granada, había escrito san Pedro Pascual, obispo de Jaén, el *Libro contra las fadas et ventura et oras minguadas et signos et planetas*, enérgica y hasta elocuente defensa de la libertad humana: «Sy assy fuesse como los sabios mintrosos disen, que el ome non avie en sí poderío nin alvedrío de faser bien nin mal, davan a entender los dichos sabios que de todas las criaturas que Dios crió, non avie criatura más menguada como el ome... Et Dios mismo non quiso aver poderío sobre el ome, para le faser por fuerza seer bueno o malo. Pues ¿cuánto menos querrie nin darie poderío a ningún planeta, nin ora, nin signo, nin fada, nin ninguna cosa de las sobredichas, que oviesse poderío nin sennorío sobre el ome?».[393]

De parecida manera condena Ramón Lull, en el *Arbor scientiae*, la vanidad de la astrología judiciaria. Artes, Tauro y Géminis, dice, se burlan de los hombres que dicen que ellos saben todas sus naturalezas... Hereje es aquel que tiene mayor temor de Géminis y de Cáncer que de Dios. Lo cual ilustra con el ejemplo de un astrónomo, el cual dijo en presencia del rey que había de vivir diez años. Y entonces un soldado, con la espada que traía, cortó la cabeza al astrónomo, para que el rey se alegrase, y conociese que aquel astrónomo había mentido y también su ciencia.[394]

También don Juan Manuel, en el *Libro del cavallero et del escudero*, aunque admite el influjo planetario y el de las piedras, llama a las artes ocultas *desservicio de Dios et daño de las almas, et de los cuerpos, et desfacimiento et*

---

392   En la Biblioteca Bodleiana de Oxford existe un *Tratado de geomantia*, por Martín Hispano (clase 16, n.º 6714).

393   Citado por el señor Amador de los Ríos (*Historia crítica de la literatura española*, tomo 4, página 79), según el códice h-III-3 de El Escorial.

394   Me valgo de la traducción de don Alonso de Cepeda. (*Árbol de la ciencia* del iluminado maestro Raimundo Lulio, nuevamente traducido y explicado, Bruselas 1664. Es el apólogo 30 del *Árbol exemplifical.*)

menguamiento del mundo, et daño et estragamiento de las gentes. El lindo cuento de *Los tres burladores y el paño encantado* en *El conde Lucanor,* lo mismo que el de *El rey y el alquimista,* muestran cuán libre se hallaba de vulgares supersticiones el sobrino del rey sabio. En el apólogo de *Lo que contesció al diablo con una mujer pelegrina,* habla de filtros amatorios, y en el *Del ome bueno que fue fecho rico e después pobre con el diablo,* la moralidad es ésta: «E vos, señor, conde Lucanor, si bien queredes facer de vuestra facienda para el cuerpo y para el alma, fiat derechamente en Dios... e non creades nin fiedes en agoreros, nin en otro devaneo, ca cierto sed que el pecado del mundo de más pesar, en que ome mayor tuerto e mayor desconocimiento face a Dios, es catar en agüeros y en estas tales cosas». Mala cosa es fiar en adivinanzas, añade en el *Libro de los estados.*

¡Mucho había adelantado la civilización desde los tiempos en que el Cid se guiaba en sus cristianas empresas por el vuelo de las aves!

En 1335 vedaba un sínodo complutense, so pena de excomunión, el consultar a los agoreros ni ejercer las artes de magos, sortílegos y encantadores.[395] Álvaro Pelagio defendía en el libro 11 *De planctu Ecclesiae*[396] que los maléficos debían ser castigados con el último suplicio. Y en el *De haeresibus*[397] condena a los pseudocristianos que observan los agüeros, estornudos, sueños, meses y días, años y horas, y usan de experimentos, sortilegios y arte nigromántica con diversos nombres. «Llámaseles en algunas provincias miratores, y en España, comendatores.»[398]

El arzobispo don Pedro Gómez de Albornoz, en su *Libro de la justicia de la vida espiritual,* da curiosas noticias de las supersticiones de su diócesis: «Algunas se guardan en Sevilla, anssy como los que echan ascuas en el mortero o los que escantan los ojos con granos de trigo et otras semejantes cosas... o

---

395 «Consilium petere, vel eamdem ignominiosam artem quomodolibet exercere» (Aguirre, tomo 3, página 590).
396 Cap. 72 (edición de Valencia 1560).
397 Fol. 77 V del manuscrito de Venecia.
398 «Sunt alii pseudochristiani... qui observant auguria, stornutta, somnia, menses et dies, annos et horas, et utuntur experimentis et sortilegiis et arte nigromantica... et hi filii diaboli sunt, et sanctae fidei corruptores, et hi diversis nominibus nuncupantur, nam quidam eorum miratores dicuntur, qui artem daemonii verbis pangunt, et comendatores: sic dicuntur Hispaniae.»

274

los que acomiendan las bestias perdidas... con palabras vanas et de escarnio...
Especie de ydolatría es la de algunos que por astrología quieren adevinar de las
cosas futuras, et disen que los planetas et cuerpos celestiales han nescesaria
influencia en los cuerpos inferiores que son en la tierra, e assy juzgan que el que
nasce en una constellación averá bien, et sy en otra, mal... Et éstos pecan gravemente, porque substraen et tiran nuestras obras de magnificencia et e servicio
de Dios...» Cita, para mostrar lo vanísimo de tal creencia, el ejemplo de Jacob y
Esaú, nacidos en la misma constelación, y que tuvieron, no obstante, suertes tan
opuestas. También condena Albornoz los sueños, estornudos, encantamientos,
maleficios e conjuros.[399]

El anónimo compilador del *Espéculo de legos* habla en su capítulo 84 de los
adevinadores que catan las estrellas e guardan los sueños et los agüeros et se
consejan de los emponsoñados, así como de las serpientes... Esta vanidad de
las artes de encantar et de adevinar, se esforzó de la damnación de los malos
ángeles en toda la redondez de la tierra. Et por ende van ayuntados al diablo, ca
do es el maestro y es el discípulo.

Pero el más notable entre los impugnadores de las artes mágicas fue sin disputa fray Nicolás Eymerich, dominico gerundense, de cuyos actos como inquisidor ya tenemos alguna noticia. Inéditas se conservan en la Biblioteca de París
sus obras concernientes a esta materia. El códice 1464 contiene[400] un tratado
Contra daemonum invocatores, donde, después de definir la herejía para averiguar si puede o no contarse en el número de los herejes a los evocadores de
demonios, lo cual resuelve afirmativamente, clasifica las artes vedadas en simple
evocación, *nigromancia*, pacto expreso o tácito, adivinación, ariolos, augures.
Demostrada la ilicitud de todas por el culto de latría que en ellas se tributa al
demonio, reúne los pasajes de la Escritura, testimonios de santos padres, decisiones de concilios, leyes civiles, etc., sobre herejías, para mostrar que todos son
aplicables a las artes demoníacas. Discute el caso en que los nigromantes no
tributen culto de latría, sino de dulía, como hacen los astrólogos judiciarios, los
sortílegos, etc., y decide que aun éstos deben ser tenidos por herejes. Condena

---

399 Biblioteca Nacional, B-b-136. Ya citado por el señor Amador de los Ríos.
400 Página 100. Nicolai Eymerich: *Tractatus Contra daemonum invocatores, et continet
     quinque partes*. Torres Amat (*Memorias de escritores catalanes*, página 69) fija a este
     tratado la fecha de 1371.

como inductivas al fatalismo aquellas artes, como la adivinación, los augurios, etc., en que no parece tributarse culto alguno al enemigo malo, pues siempre es temeridad y superstición querer penetrar con certeza lo por venir. No deja de citar los varios modos de evocación por caracteres, palabras misteriosas, círculos, etc., o por las *Tabulae Salomonis*, libro de conjuros que corría con grande aplauso entre los nigromantes de su tiempo.[401]

En el libro *Contra astrologos imperitos atque contra nigromantes, de occultis perperam iudicantes*, escrito en 1395, defendió gallardamente el libre albedrío,[402] reproduciendo en lo demás las ideas y clasificaciones del tratado anterior.[403]

En medio de tantas y tales refutaciones, el mal no desaparecía, como no desaparecerá mientras no cambie la naturaleza humana, ávida siempre de lo maravilloso.

Reflejábase de cien modos el extravío de las creencias en el misceláneo y satírico poema del Arcipreste de Hita, espejo fidelísimo de la sociedad del siglo XIV, con todos sus vicios y prevaricaciones. Allí la creencia en las *fadas* (del latín *fata*) hasta como expresión proverbial:

> El día que vos nacistes, fadas albas vos fadaron
> ....
> Que las mis fadas negras non se parten de mí.
> ....
> Hado bueno que vos tienen vuestras fadas fadado.

Allí la superstición clásica del estornudo, ni más ni menos que en los idilios de Teócrito:

> A la fe, dis, agora se cumple el estornudo,
> yo ove buen agüero: Dios óvomelo complido.

---

401 Debe de ser el mismo *De evocatione daemonum* que él hizo quemar en Barcelona; también se dividía en siete partes.

402 *Ad Thomam Ulzinae, ordinis Minorum, Regis Aragoniae Confessorem* (códice 3171 del antiguo fondo latino, Biblioteca Nacional de París).

403 Torres Amat (ib.) cita otro tratado, que no sabemos si será distinto de los dos que hemos visto: *De iurisdictione Ecclesiae el inquisitorum in infideles invocantes daemones*.

Allí el mal de ojo y los filtros y encantos amatorios, con canciones, con sortijas, con hierbas; todo lo cual aplica Trotaconventos para seducir a doña Endrina:

> Encantóla... de guisa que la envellenó,
> dióle aquestas cantigas, la cinta le ciñó;
> en dándole la sortija, del ojo le guiñó.
> (Ver. 892.)
> Si la enfechisó, o si le dio atincar,
> si le dio rainela, o si le dio mohalinar,
> si le dio ponzoña, o algund adamar,
> mucho aína la sopo de su sesso sacar.
> (Ver. 915.)

El mismo Arcipreste había compuesto canciones para entendederas y cantaderas moriscas, es decir, de las que curaban con ensalmos, si hemos de atenernos a este verso:

> Ella sanar me puede, et non las cantaderas.

Ni estaba libre Juan Ruiz de aficiones judiciarias; basta leer lo que dice de la constelación et de la planeta en que los omes nascen et del juicio del hora quando sabios naturales dieron en el nascimiento del hilo del rey Alcarás:

> Yo creo los astrólogos verdat naturalmente,
> pero Dios, que crió natura e accidente,
> puédelos demudar, et facer otramente,
> segund la fe cathólica, yo desto so creyente.
> ....
> Non son por todo aquesto los estrelleros mintrosos,
> que juzgan segund natura por sus cuentos fermosos;
> ellos e la ciencia son ciertos et non dubdosos,
> mas no pueden contra Dios ir, nin son poderosos.
> Non sé astrología, nin so ende maestro,

nin sé astrolabio, más que buey de cabestro...

A renglón seguido dice que él nació en signo de servir a dueñas. Todavía hay en este humorístico escritor más datos útiles para nuestro propósito. Él expone la leyenda de Virgilio mago, hoy tan admirablemente ilustrada por Comparetti[404] en uno de los mejores libros de erudición moderna:

> El grand encantador fizole muy mal juego,
> la lumbre de la candela encantó et el fuego...

leyenda de que no recuerdo ningún texto castellano anterior, pero que se halla reproducida en la *Crónica de las fazañas de los filósofos*, en unos versos catalanes de Pau de Bellviure, en el *Cancionero de Baena*, en el de Burlas, en la *Cárcel de amor*, de Diego de san Pedro, y en la *Celestina*, tradición que llegó a nosotros después de correr media Europa. El Arcipreste pudo tomarla del poema de Renart. Sobre el pacto diabólico tiene Juan Ruiz un cuento muy curioso, que también se halla en *El conde Lucanor*, y es, sin duda, de procedencia extranjera: el de *El ladrón que fizo carta al diablo de su ánima*.

Menos prudente que el agudo y maligno trovero se mostró, cuanto a admitir el influjo astrológico, Rabí Don Sem-Tob, judío de Carrión, en sus *Consejos et documentos al rey don Pedro*:

> El hombre más non val,
> nin su persona espera
> más de bien nin de mal,
> que do le pon la esfera.

A este crudo fatalismo se rendía el mismo don Pedro, consultando al astrólogo hebreo Ben-Zarzal, que le aconsejó guardarse de la torre de la Estrella y del Águila de Bretaña,[405] o al moro granadino Benahatim, gran *sabidor*, de quien tenemos en la Crónica de Ayala dos cartas, escrita la una después de

---

404 *Virgilio nel medio evo*, página 112. Entiéndase que recomiendo la erudición, y no los rasgos impíos que más de una vez la oscurecen.

405 Véase el *Sumario de los reyes d'Espanna*, por el despensero de la reina doña Leonor.

la jornada de Nájera y la otra antes de Montiel, llenas entrambas de saludable doctrina y avisos morales, aunque arregladas y compuestas de fijo por el sesudo canciller y cronista de don Enrique.[406] No menos dado a las ciencias ocultas que su sanguinario rival, tenía don Pedro el Ceremonioso de Aragón diversos astrólogos en su corte y jactábase de haber sido adoctrinado en aquella ciencia por Rabí-Menahem.

Aparte de todo esto, seguían observándose en bodas, entierros y otros actos solemnes ritos enteramente paganos y una y otra vez condenados por leyes y concilios. La ley 98, título 4 de la partida 1.ª, poner manteles con comida a los difuntos y habla de las endechadoras. En 1302, Alonso Martínez de Olivera, comendador mayor de León, decía en su testamento: Item mando que lieven mis caballos cobiertos de luto, con los sus escudos colgando de las sillas, pintadas en ellos las mis armas, et liévenlos de mi casa fasta la Iglesia, delante del mío cuerpo, ansí como es costumbre en los enterramientos de los caballeros et de los altos omes.[407] En vano la ley de Partida (tít. 4 ley 100 part. 1.ª) había ordenado a los clérigos que se retirasen de los entierros cuando oyessen que fazian ruido, dando voces por ome o endechando. El concilio Toledano de 1323 hubo de reprobar el execrable abuso, que sabía a gentilidad, de ir vociferando por las calles y plazas y hasta en la misma iglesia.[408]

Tuvo que venir la férrea y bienhechora mano del Santo oficio a destruir en el siglo XVI estos resabios de paganismo, de los cuales, como de cosa ya pasada y extinguida, hace una linda descripción el célebre humanista sevillano Juan

---

406 En la segunda de estas cartas se transcribe una profecía de Merlín, hecho harto significativo, como veremos luego: «En las partidas de occidente, entre los montes e la mar, nascerá una ave negra, comedora e robadora, e tal que todos los panares del mundo querría acoger en sí, et todo el oro del mundo querrá poner en su estómago; e después gormarlo ha, e tornará atrás, e non perescerá luego esta dolencia. E dice más, caérsele han las alas, e secársele han las plumas al Sol, e andará de puerta en puerta, e ninguno la querrá acoger, e encerrarse ha en selva, e morirá y dos veces, una al mundo e otra ante Dios, e desta guisa acabará». (Véase los capítulos 22 del año 18.º y 3 del 20.º de la *Crónica de don Pedro*.) Benahatim aplica la profecía el mismo rey.

407 Citado por Pulgar, *Historia de Palencia*. Tomo del señor Amador de los Ríos estos datos sobre funerales.

408 «Illum, igitur, execrabilem abusum, ut cum aliquis moritur, homines et mulieres ululando per vicos et plateas incedant, voces horribiles in Ecclesia et alibi emittunt, ac quaedam alia indecentia faciant ad gentilium tendentiam... penitus reprobamus.»

de Mal-Lara en su Phisophia vulgar.[409] Llevaban a los caballeros en sus andas descubiertos, vestidos de las armas que tuvieron, puesto el capellar de grana, calzadas las espuelas, sin espada al lado, y delante las banderas que habían ganado... Llevaban una ternera que bramasse, los caballos torcidos los hocicos, y a los galgos y lebreles que había tenido daban de golpes para que aullasen. Tras de ellos iban las endechaderas cantando en una manera de romances lo que avía hecho. *Ut qui conducti in funere plorant*, que decía Horacio. ¡Tanta fuerza tuvo en los pueblos latinos la tradición clásica, que algunos suponen destruida y cortada en los tiempos medios![410] De estos cantos fúnebres solo queda una muestra: los que el pueblo portugués cantaba en la sepultura del condestable Nuño Álvarez Pereira, el héroe de Aljubarrota.

IV. Introducción de lo maravilloso de la literatura caballeresca. La superstición catalana a principios del siglo XV. Las artes mágicas en Castilla: don Enrique de Villena. Tratados de fray Lope Barrientos. Legislación sobre la magia. Herejes de la sierra de Amboto, etc.

A nada conducirla, ni es propio de la índole de esta obra, investigar aquí los orígenes de la literatura andantesca, que solo llega a España de reflejo y a última hora. La caballería histórica nacional, tal como se retrata en las crónicas y en los poemas eminentemente realistas que la celebran, ni rendía culto a la galantería ni se enamoraba de lo maravilloso. Toda su grandeza procede de la vida real. Nada de empresas temerarias ni de ilícitos devaneos. Los adulterios de Tristán e Isolda o de Lanzarote y Ginebra, las proezas de Artús y de la Tabla Redonda, interesaban poco a nuestros castellanos. Tardan aquí en popularizarse lo mismo el ciclo bretón que el carolingio; y si éste arraiga antes y florece más, débese a su carácter relativamente severo, al espíritu religioso que en parte muestra y a las lides contra sarracenos que en él se decantan. Así y todo, el espíritu nacional, ofendido por los cantares francos, creó el personaje de Bernardo del

---

409 Centuria 9, refrán 31.

410 Añade Juan de Mal-Lara que «en derredor de algunas sepulturas antiguas de Salamanca y de otras partes se puede ver esta pompa y las mismas endechaderas, hecho todo de mármol». Y dice el señor Amador de los Ríos que en el sepulcro del obispo don Domingo de Arroyuelo, existente en la capilla del condestable de la catedral de Burgos, se ve una escena de duelo.

Carpio para oponerle a Roldán, y dio a todas sus imitaciones un sabor bastante castizo. En el siglo XII era conocida en Castilla la crónica de Turpín lo mismo que los poemas franceses y el cantor de Almería nombra a Roldán y a Oliveros y los pone en cotejo con Alvar Fáñez.

La parte maravillosa en las narraciones de este ciclo admitidas en España no fue, por cierto, grande. La *Crónica general*, v. gr., trae el cuento de Maynete y Galiana, y en él la superstición de los agüeros tal como la teníamos en Castilla: La infanta lo ovo visto en las estrellas. De parecida manera, en la Gran *Conquista de ultramar*, donde este cuento se repite, leemos que las moras son muy sabidas en maldad, señaladamente aquellas de Toledo, que encadenan a los hombres y hácenles perder el seso y el entender.

En los romances muy posteriormente formados sobre aventuras de este ciclo entra por bien poco lo maravilloso como no sea en el asunto de Reinaldos de Montalbán, que tenía un tío sabedor de *nigromancia*. Ha notado el señor Milá en uno de los romances de Gaiferos este singular rasgo de superstición militar:

> A ningund prestar mis armas,
> no me las hagan cobardes.

La citada *Conquista de ultramar*, verdadero cuerpo de ficciones caballerescas, dedica largo espacio a la historia del *Caballero del cisne*, traducida del francés, como lo restante del libro, donde se hallan transformaciones por medio de collares y otras maravillas nunca oídas en la poesía castellana.

Las guerras civiles del reinado de don Pedro, las hordas francesas que trajo el bastardo de Trastamara, los caballeros ingleses del Príncipe Negro, todo contribuyó en el siglo XIV a propagar el conocimiento de las ficciones del ciclo bretón, que, sin embargo, no asomaban entonces por primera vez. El rey don Dinis de Portugal y el Arcipreste de Hita habían hablado de Tristán e Iseo; Rodrigo Yáñez, en su *Poema* o *Crónica rimada* de Alfonso XI, trae una supuesta profecía de Merlín, etc. Pero en tiempo de don Enrique II, don Juan I y don Enrique III, llegó a su apogeo esta moda forastera. El canciller Pero López de Ayala se lamenta de haber leído libros de devaneos y mentiras probadas, como el Lanzarote, y los poetas del *Cancionero de Baena*, Pero Ferrús sobre todo, no cesan de aludir a los héroes bretones. Con esta literatura vino un mundo de

magos, encantadores, hadas, hechiceras, gigantes, yerbas fadadas, filtros eró-
ticos, héroes invulnerables, espadas que todo lo destruían y nunca eran rotas ni
melladas, etc. Algunas de estas creaciones procedían de la mitología germánica
y escandinava; otras, y no las menos, del mundo clásico: que ciertamente las
transformaciones de Merlín no son muy desemejantes de las de Proteo ni la
historia de Tintadiel e Iguema se aparta mucho de la de Júpiter y Alcmena, y a
nadie se ocultará que las velas negras de la nave de Teseo debieron servir de
modelo para un episodio análogo del *Tristán*. Analogía que todavía es mayor en
algunas novelas que, sin ser del ciclo bretón, tienen con él algunas analogías;
v. gr., el *Partinuplés*, inspirado por la *Psique*, de Apuleyo. Lo maravilloso, que
pudiéramos llamar cristiano en los poemas de la Tabla Redonda, el *Sangreal*,
por ejemplo, estaba tomado de leyendas eclesiásticas y evangelios apócrifos.

Pero viniera de donde viniera, que no es ahora ocasión de apurarlo, es lo
cierto que esa poesía bretona, lo mismo que una parte del ciclo carolingio, no
conocida hasta entonces, hizo sonar por primera vez en Castilla supersticiones
raras y de grande efecto artístico. ¡Lástima que tengamos pocos monumentos
para comprobarlo! De un códice de El Escorial sacó a luz don José Amador de
los Ríos el *Cuento de la reina Sevilla* y el *Fermoso cuento del emperador Don
Ottas*. En el primero se lee esta descripción de un encantamiento: «Entonces
fazia un poco oscuro, et Griomoart se aparejó et comenzó a decir sus conjuraciones y a fazer sus carántulas que sabía muy bien fazer. Entonces se
comenzó a cambiar en colores de muchas guisas, indio et jalde et barnizado,
et los omes buenos que lo cataban se maravillaron ende mucho... Et comenzó
luego a fazer su encantamento et a decir sus conjuraciones, en tal guisa que el
velador adormeció, et Griomoart se fue a la puerta et metió mano a su bolsa,
et tyró un poco de engrudo que avia tan grant fuerza, que tanto que tañió con
él las cerraduras, luego cayeron en tierra. Et desque entró fuése al palacio, et
Sol que puso la mano en la puerta comenzó a decir sus conjuraciones, et el
portal, que era alto et lumbroso, fue luego escuro, et Griomoar... falló diez omes
armados..., et fizo su encantamiento, et adormeciéronse luego..., de guisa que
les tajaría las cabezas et non acordarían». Así va adormeciendo a todos, incluso
a Carlomagno. Luego, y por el mismo encanto, libra de sus cadenas a Barroquer
y roba la espada al emperador.

En el cuento de *Don Ottas*, «Audegons, que era sabidora de las estrellas, echa sus suertes para saber quién sería casado con Florencia». Florencia tenía una piedra de tal virtud, que con ella defendía su castidad. Miles le dice: «Cómo sodes encantadora? Carántulas me avedes fechas. Desfazed aína las carántulas». Alúdese, además, a la superstición de los sueños y a las fadas.

Pero éstos y otros libros que pudieran citarse, como traducidos que son, no importan ni hacen fuerza para el caso. Más elemento indígena hay en el *Amadís* y en el *Tirante*. Del primero citaré los encantamientos de Arcalaús (lib. 1 c.19), que tanto maleficio causó a Amadís cuando éste quiso sacar de prisión a la duena Grindalaya; las maravillas de la ínsula firme (lib. 2), el sobrenatural poder de Urganda la Desconocida, la extraña genealogía del endriago (lib. 3), etc. Mucho se engañaría quien en tales ficciones, del todo eruditas, quisiera reconocer el influjo de las creencias supersticiosas del pueblo castellano. Mucho más español es el *Tirant lo Blanch*, y por eso en él las aventuras son verosímiles, salen menos de la realidad de la vida, sin que apenas haya otra historia mágica que la del dragón de Cos, tradición antigua en las islas y costas del Mediterráneo.

No tengo por indígenas, sino por otro fruto de la importación extranjera, los romances caballerescos sueltos, que tienen variantes o paradigmas en casi todas las literaturas de Europa, a lo menos en las meridionales. En vano Teófilo Braga[411] y otros quieren estudiar en esos cantos la superstición peninsular y sacar consecuencias, por lo menos, aventuradas. Podía nuestro pueblo solazarse con esos cantos sin que el elemento maravilloso que los informa hubiese penetrado mucho en la vida. También hay erudición en la poesía popular, si se me consiente esta expresión paradójica. El canto narrativo tiene alas, vuela de un extremo a otro de Europa y suena bien en todos los oídos. Hubo, sin duda, circunstancias que favorecieron esta transmisión: un fondo común de tradiciones célticas y romanas; pero no es fácil distinguir lo indígena de lo importado.[412] De todas maneras, son escasas, como ya advirtió don Agustín Durán, las composiciones castellanas de esta clase que se adornan con encantamientos.

---

411 *Epopeyas da raça mosárabe* (Porto 1871).
412 Estas observaciones son aplicables lo mismo a los romances castellanos (Véase las colecciones de Durán y la Primavera de Wolf) que a los catalanes recogidos por Milá y Aguiló, o a los portugueses que han coleccionado Almeida Garret y Teófilo Braga.

En otros testimonios más históricos y seguros que la poesía popular hemos de aprender lo que fueron las artes mágicas a fines del siglo XIV y principios del XV. Por lo que a Cataluña respecta, han visto poco ha la luz pública cuatro documentos interesantísimos, descubiertos e ilustrados por el señor Balaguer y Merino, diligente y erudito catalanista.[413] Los cuatro proceden del Archivo de la ciudad de Barcelona.

Afecta el primero la forma rítmica y redúcese a la complanta o lamentación de un astrólogo el año 1400:

> Ara vejats una complanta
> de aquest mon dolorós,
> qui mes (sic) pits que lansa,
> tant es lo segle tenebrós...

Allí se dice que la sciencia de la *sancta astrología no ha mester smena, perque es obra divina, qui es sobre totes les altres sciencies; perque es appellada regina sobre totes les altres sciencies perfetament;* y se reprende a *alguns mals parlers*, que se dicen astrólogos y ponen toda la tierra en error y en mal.

El segundo documento es una predicción para el año de 1428, en que había de acaecer la cruzada del paraíso y la conquista del infierno.

Mucha mayor curiosidad tiene el Inventario de las escrituras y procesos entregados por el maestro Arnáu Dezvall, «olim» lugarteniente del inquisidor, al reverendo maestro Guillén de Torres, nuevamente elegido lugarteniente de la ciudad y obispado de Barcelona el sábado 20 de agosto de 1440 ante Bartolomé Costa, notario real. Habían pertenecido todos esos objetos y papeles a Pedro March, magister domorum, preso por cuestión de hechicería. Penetremos en el laboratorio del nigromante, aunque sin insertar todo el catálogo de sus baratijas, porque sería largo y porque de algunas ni aun se comprende el uso. Tenía, pues:

Cuatro planchas de estaño, y en cada una de ellas, tres rollos o círculos con letras y caracteres.

Dos trozos de cristal: uno esférico, otro plano.

---

413 Véase *Renaixensa*, año VI, n.º 19 y 20.

284

Un cartapacio forrado de pergamino con tres hojas escritas; intitulábase *Llibre de la semblanza de tots los homens.*

Otro librillo en papel, rotulado *Llibre del semiforas, lo cual doná lo Creador a Adam,* con remedios contra las ligaduras.

Otro libro en cuatro pliegos: *Experimentum spiritus Bilech.* (Bilech es el nombre de un demonio.)

La *Clavicula Salomonis,* célebre tratado de evocación de demonios.[414]

Ocho hojas de pergamino que contenían *Consecratio Arymadenari.* (¿Arimanes?)

Canticum novum (catorce hojas en papel).

La *Clau del semiforas* (especie de interpretación del libro de Adán).

Oraciones de los siete planetas.

Libro intitulado *Los perfumes del Sol.*

Otro: *De arte entomptica et ydaica.* (De *entoma,* augurio tomado de la víctima sacrificada por el arúspice, y de *idea,* figura o imagen.)

Dos cuadernos de papel que abrazaban la segunda parte de la *Clavicula Salomonis.*

Otro cuaderno: *En qual manera se preparen esperiments de furts.* (¿Arte de prestidigitación o escamoteo?)

---

414 Sobre este libro y los llamados caracteres de Salomón discurre así el doctísimo obispo de Segorbe, don Juan Bautista Pérez, en su memorable Parecer contra los plomos del Sacro Monte, escrito en 1595: «Los nigrománticos tienen cierto libro de conjuros con caracteres incógnitos, el qual llaman *Clavicula Salomonis,* y está vedado en todos los catálogos de la Inquisición; y los mágicos fingen que le escribió Salomón, fundándose en un lugar de Josefo, el qual dice en el octavo libro de las Antigüedades, en el capítulo 2, que Salomón escribió ciertos exorcismos, y en confirmación de mis sospechas se puede leer Petrus Comestor, que llaman Magister Historiarum, autor antiguo de más de quinientos atrás, sobre el tercero libro de los reys, capítulo 4, donde escribe que se dice que Salomón inventó unos caracteres que, escritos en las piedras preciosas con cierta raíz, servían para echar los demonios; y otro autor que anda con el libro dicho Malleus maleficorum, de Jacobo Spinger (Sprenger?), inquisidor, que allí se llama autor anónimo, *Tractatus exorcismorum,* fol. 269, dice que los nigrománticos usan de un libro que llaman de Salomón, escrito en lengua arábiga, y que le halló Virgilio en una cadena de los montes de Arabia»• (*Viaje literario,* de Villanueva, tomo 3, página 273).

• Añádase esta leyenda a las muchas del encantador Virgilio. Vide Comparetti.

Un cartapacio: *Ad impetrandum quidquid volueris.*

Un tratadito: *Per fer pedres contrafetes de cristall.*

Un trocito de piedra blanca con caracteres y círculos.

Reglas nada menos que per ley venir dones.

Muchos trocitos de papel con preguntas y respuestas, remedios, etc. En uno de ellos se hablaba del ángel Raziel.

Un cuaderno: *De ligaduras y desligaduras.*

Unas hojas de yerba seca metidas en un papel.

Cierto cuaderno de materia *non sancta*, a juzgar por el fin... *De una nit de una dona.*

Un poco de azafrán envuelto en un papel.

Conjuros escritos en pergamino.

Un anillo de latón con una piedra de cristal de color bermejo.

Cuernos de buey.

Pedazos de azufre, cera, *lignum aloes*, etc.[415]

Todos los libros hallados a Pedro de March fueron entregados a las llamas en el patio del palacio arzobispal por orden del inquisidor Guillén de Torres y del vicario Narciso de san Dionisio.

El cuarto y último documento no tiene fecha; es una consulta del oficial eclesiástico, en competencia con el real, sobre dudas en el procedimiento contra un secular y dos clérigos reos de hechicería. El caso es éste: Platon y Davo, deseosos de conocer la voluntad del rey, de quien pretendían un empleo, acudieron a Ticio, que pasaba por adivinador y por tener espíritu familiar, y le pidieron que emplease el arte de las imágenes en provecho de ellos. Y abriendo Platon un libro que había traído, donde estaban escritos muchos caracteres y capítulos «de fumigaciones» y cierta imagen del diablo pintada, con la boca abierta y los brazos extendidos, con caracteres en el pecho y diadema en la cabeza... hizo Davo una imagen de cera del tamaño de un dedo de la mano y le clavó dos agujas, una en la cabeza, otra en el corazón.[416] A los pocos días, el

---

415 Véase completo este curioso inventario, con notas del señor Balaguer y Merino, en su excelente Carta al señor don Matías de Martino, parlantli de la supersticó a Catalunya en lo segle XV (*Renaixensa*, n.º 19 y 20, año VI).

El fulles unas veces parece significar pliegos, y otras hojas, en este documento.

416 «Plato cupiens obtinere officium a Rege, volens sentire sive scire secretum intentionis seu voluntatis Regis...», etc.

oficial real a quien la imagen representaba, y cuyo cargo quería heredar Platon, tornóse loco de resultas del maleficio. Hubo ciertas sospechas, y, registrada la casa de Platon, parecieron libros y cuadernos de artes vedadas, evocación de demonios, etc., y una redoma de cristal, donde se decía que estaba el espíritu. Presos los tres hechiceros, originóse una competencia de jurisdicción entre el inquisidor y el oficial real.

Cita, además, el señor Balaguer y Merino un mandamiento del inquisidor fray Jaume de san Joan, en 24 de julio de 1433, para que se procesara por crimen de brujería a Antonia Pentinada, de Tarragona. En 3 de julio de 1434, el mismo inquisidor dio sentencia absolviendo a Beatriz López, de Barcelona, acusada de tener un espíritu familiar y darle culto de latría. En un inventario de 18 de enero de 1390 y en otro de 20 de marzo de 1437 se citan libros de astrología en romance.[417]

---

417 Después de escrito lo que precede, ha llegado a mis manos el muy erudito libro rotulado Las costumbres catalanas en tiempo de don Juan I, por Sampere y Miquel (Gerona 1878). En él encuentro los siguientes datos nuevos acerca de las supersticiones catalanas:
a) Páginas 160 y siguientes. Juan I teníase por astrólogo y alquimista; pensionó al judío Cresques y buscaba por todas partes libros astrológicos. Mandó labrar a cierto prior unos anillos que le librasen de hechizos, «car nos som certs, que por art de astrologia aytals anells se poden fer» (Archivo de Aragón, reg. 1873, fol. 72).
La reina Violante, en carta a los embajadores catalanes en Aviñón, les dice que el rey había sido hechizado por medio de construcciones y sortilegios de imágenes: «Quam es de esser lo senyor rey maleficiat por construccion e sortilegis de imagens; es ver que un nigromant lo qual tenim pres por aquesta rahó ho ha axi confessat... Entrels altres inculpats del maleficie comés segons se diu en la persona del rey, es segons appar por lo procés que sen fá, en Saragocí de Mallorqués», y un tal Pontons, caballerizo de Na Forciá (la reina viuda de Pedro el Ceremonioso), de quienes se sabía que estaban en Aviñón, por lo cual encarga la reina a los embajadores que procuren con toda diligencia su captura, interesando para ello al papa y al gran maestro de Rodas (reg. 2056, fol. 97 mod.). Don Juan I mandó llamar a toda prisa al médico moro Ibrahim, que vivía en Játiva (reg. 1751, fol. 53), y a una mujer de Oriola: Ques metgessa e guarey algunes malalties fortunals axi com es aquesta que nos havém días ha (reg. 1751, fol. 59). Doña Violante llamó a otra mujer de Monistrol y pidió al baile de Lérida un libro de conjuros escrito por el obispo Cigo, lo qual llibre parla de desfér maleficis (reg. 6056, fol. 97 moderno. Carta fechada en Barcelona el 25 de mayo de 1387). «Lo rey Daragó. Mosén G. Ramón Alemany, secretament vos fént saber que dalguns diez aenza son estast trobats presses a Zaragoza alguns mals hómens segons ques diu viant de fecilleries, divinacions e invocacions de sperits e diversos libres de aquestes arts. Item algunos caxes plenos de libres axi de astrologia com de las dictes arts, e ampolletes e

Por lo que atañe a Castilla, las ciencias ocultas se personificaron en don Enrique de Aragón, comúnmente llamado de Villena, de quien dice Fernán Pérez de Guzmán (Generaciones y semblanzas) que non se deteniendo en las sciencias notables e católicas, dexósse correr a algunas viles e raeces artes de adivinar e interpretar sueños y estornudos y señales, e otras cosas... que ni a Príncipe real, e menos a católico cristiano, convenían... Y porque entre las otras artes y scientias se dio mucho a la astrología, algunos burlando decían que sabía mucho en el cielo e poco en la tierra.

Es cierta y ha sido muy decantada la quema de sus libros, hecha de orden de don Juan II por fray Lope Barrientos, más tarde obispo de Ávila y de Cuenca. Desde luego, no merece fe el testimonio del bachiller Cibdad Real, siendo hoy cosa averiguada que semejante bachiller no existió nunca y que el Centón epistolario fue forjado en el siglo XVII por el conde de la Roca o por algún paniaguado suyo, siguiendo paso a paso el texto de la *Crónica de don Juan II*. Ésta dice que el rey mandó que fray Lope Barrientos viese si había algunos libros de malas artes, y fray Lope los miró e fizo quemar algunos, e los otros quedan en su poder. Exclama Juan de Mena, elogiando a don Enrique, en el *Labyrintho*:

> Aquel claro padre, aquel dulce fuente,
> aquel que en el Cástolo monte resuena,
> es don Enrique, señor de Villena,
> honra de España y del siglo presente.
> ¡Oh ínclito, sabio, auctor muy sciente,
> otra, y aun otra vegada yo lloro,
> porque Castilla perdió tal tesoro,
> no conoscido delante la gente!
> Perdió los tus libros, sin ser conoscidos,
> y como en exequias te fueron ya luego,
> unos metidos al ávido fuego,
> y otros sin orden no bien repartidos.
> Cierto en Athenas los libros fingidos

---

capzetes ab engüents pels motles de fust e de aram de diverses figures... de cera fetes en los dits motles, e entre les altres cosés hi ha l cap d'argent del pits amunt ab corona reyal.

E per tal com en los dies passats nos havém hauda gran dolor de cap de la qual por merce de Deu som guarits... hauda sospita alguns de nostres officials», etc. (de que la enfermedad procediese de malas artes). Encarga que el prior le haga uno o dos anillos y que se castigue a los hechiceros. (En Gerona, 19 de junio de 1380. Reg. 1873, fol. 72).

En otra carta encarga que no se mate a los hechiceros de Zaragoza.

b) Eximenis, en el *Chrestiá o regiment de Princeps*, capítulo *Que han dit alguns dets regnes presents e de lur durada e de novell imperi*, profetizó que antes del año 1400 no quedaría en el mundo más rey que el de Francia. Don Juan I escribe que en adelante se abstenga de tales profecías, a no ser que las deduzca por arte astronómica.

c) Véase fórmulas de conjuro en el tomo 13 de *Documentos del Archivo de la Corona de Aragón*.

En la *Revue des langues romanes* (deuxième série, tome troisième) se han publicado estas otras, sacadas del manual de un notario de Perpiñán en 1397:

«Conjur a falsa "alias" buba negra:
Eu vi i bon mal de Ihu Xi.
A ni lo se dix nostre senyor Deu Ihu Xi.
"Eu te conjur, de part de Deu e de moss sent Feliu
e per les misses que prevere diu,
que axi no metes brancha ne rahil."
Mor te, mal, que Deu t' dix.
Et postea dicatur *Pater Noster*, et Ave Maria,
        et dicantur haec omnia tribus vicibus.
Conjur de lobas:
Nostre Senyor e moss, Sent Pere
se'n anaven per lur camí,
e encontrarem lo lop Lobas.
—"E on vas, lop Lobas?",
le dix nostre Senyor.
—"Van a la cassa d'aytal,
Menjar la carn e beure la sanch d'aytal."
—"No fasses lop Lobas?"
Se dix nostre Senyor;
"Ve-t'-en per les pastures
menjar les erves menudes;
ve-t'-en per les montanyes
menjar les erves salvatges;
ve-t'-en a mige mar,
que axi no puxes res demanar."
Et dicatur vicibus, e el Pare nostre, el Ave Maria, e lo Evangeli de sant Johan.

que de Protágoras se reprobaron,

con ceremonia mayor se quemaron,

cuando al Senado le fueron leídos.

En estas quejas revélase cierta animosidad contra Barrientos, a quien en manera alguna puede tacharse de ignorante, pues si reservó los libros fue para aprovecharlos en sus tratados de artes mágicas, y si quemó alguno, hízolo muy a su pesar y obedeciendo al mandato del rey. Así se infiere de este pasaje de su libro *De las especies de adevinanza*, ya citado por el comendador Griego en las notas a Juan de Mena: (Este es aquel libro de Raziel) «que después de la muerte de don Enrique de Villena, tú, como rey cristianísimo, mandaste a mí tu siervo que lo quemasse a vueltas de otros muchos. Lo cual yo pusse en ejecución en presencia de algunos tus servidores. En lo cual, ansí como en otras cossas muchas, paresció e paresce la gran devoción que su señoria siempre ovo en la religión christiana. E puesto que aquesto fue y es de loar, pero por otro respecto, en alguna manera es bien guardar los dichos libros, tanto que estu-

---

Conjur a tota nafre:

III bos frares se'n anaven per lur camí,

e encontrarem Nostre Senyor Deu Ihu Xi.

—"III bos frares, on anats?"

—"Anam nos en al puig de san Johan,

per cullir erves e flors,

per sanar nafres e dolors."

—"III bos frares" (se dix Nostre Senyor)

Vosaltres vos-en tornarets,

que... v... n. l. ma... non pendrets.

ni carn en dissabte no mejarets,

ni... celat no ho terrets;

e perrets de la lana de la ovella,

e oli de la olivera vera,

e direts en així: Nafra, puxes te cremar, e delir

e infistolar e semar e puyrir,

com fe aquella que l'angel fe

al costat dret de Nostre Senyor Ihu Xi.»

Diga axi: «Aguios, o theos, athanatos, Deus fortis, miserere nobis. Dicatur *Pater Noster* et *Ave Maria*, quod dicatur tribus vicibus».

viessen en guarda e poder de buenas personas fiables, tales que no usassen de ellos, salvo que los guardassen, a fin que algún tiempo podría aprovechar a los sabios leer en los tales libros por defensión de la fe e de la religión christiana e para confusión de los tales idólatras y nigrománticos».

De las obras de don Enrique de Villena que hoy tenemos, solo una pertenece a estas materias: el *Tratado de aojamiento o fascinología*, dirigido en forma de carta a Juan Fernánez de Valera desde la villa de Torralba en 3 de junio de 1411.[418] De pueril y ridículo calificó este tratado el doctor montañés Floranes, y con razón sobrada si es que don Enrique le escribió en serio. Exórnale varia e indigesta erudición, citándose en corto espacio más de treinta autores, de ellos clásicos, de ellos árabes y judíos,[419] algunos bien peregrinos. Admite el de Villena que «hay algunas personas tanto venenosas en su complisión..., que por vista sola emponzoñan el aire e los a quien aquel aire tañe o lo reciben por atracción respirativa... E avemos doméstico exemplo del daño e infeción de las mujeres mestruosas, que, acatando en el espejo, facen en él máculas o señales... La tal venenosidad de complisión, más por vista obra que por otra vía, por la sotileza del espíritu visivo... e tiene distintos grados, según la potencia del catador e la disposición del acatado. E por esto más en los niños pequeños acaesce tal daño, seyendo mirados de dañosa vista por la abertura de sus poros e fervor delicado de su sangre abondosa, dispuesta a recibir la impresión... De esto mueren asaz e otros adolescen... e non les prestan las comunes medicinas... E cuidan muchos que las palabras dañan en esto más que el catar, porque ven que si uno mira a otro que le bien parezca e lo alaba de fermoso e donoso, luego en él paresce daño de ojo, siquier de fascinación... La causa de esto es que aquel que alaba la cosa mirada... parece que la mira más fuerte e firme atentamente que a otra cosa».

Señala luego tres maneras de remedios: unos preservativos, otros para conocer el daño recelado... si es fascinación, otros después del daño. En las tres maneras se puede obrar por superstición, por virtud o por calidad.

---

418 Fue copiado por Floranes de un manuscrito de su librería, y conforme a la copia de Floranes y con sus notas ha sido impreso en la *Revista Contemporánea* de 30 de julio de 1876 (n.º 16).

419 Los nombres de la mayor parte están malditamente transcritos, no sé si por culpa de Floranes o de la *Revista Contemporánea*, que se apropió su trabajo.

Como preservativos supersticiosos se usaban «manguelas de plata pegadas e colgadas de los cabellos con pez e incienso, sartas de conchas, manezuelas en el hombro de la ropa, pedazos de espejo quebrado, agujas despuntadas, colirio de la piedra negra del antimonio, nóminas», etc. «A los moros lavan los rostros con el agua del almanchizén, que es rocío de mayo..., e cuélganles del pesquezo granos de peonía, e pónenles libros pequeños escritos, e dícenles tahalil, e dineros forrados al cuello e contezuelas de colores... A los grandes de edat untábanles los pies e ataban los pulgares con la vuelta que mostró Enok, estando contra Oriente, e saltaban facia arriba tres veces antes que saliesen de sus casas, e pasaban el rallo por el vientre de las bestias de cabalgar antes que andobiesen camino... Esto usaban los alárabes de Persia: traen avellanas llenas de azogue cerradas con cera en el brazo derecho; ponen a sus criaturas espejuelos en los cabellos e pasánles por los ojos, antes que sepan hablar, ojos de gatos monteses e otras muchas maneras tales...» Pero don Enrique declara que aborrece tales supersticiones, como perniciosas y contrarias a la divina ley en que se deleita.

Por virtud natural usan traer coral e fojas de laurel e raíces de mandrágora, e piedra esmeralda, e jacinto, e dientes de pez, e ojo de águila..., buenos olores e suaves, así como almizcle, e acibra, e linaloe o gálvano, e úngula odorífera, e cálamo aromático, e clavos, e cortezas de manzanas e de cidras, e nueces de ciprés. De estas cosas se conforta el espíritu del que lo trae, e facen fuerte su complision por beneficio cordial contra el venenoso aire, depurándolo e rarificándolo con su calentura e fragancia... Para esto aprovechan las buenas aguas, así como muscada, e rosada, e de azúcar, e de romero, e de melones, e de vinagre, e las buenas unturas, como el ungüento del alabastro...
Para investigar e certificarse del fascinado que se presume, usaban lanzar gotas de aceite en el dedo menor de la derecha mano sobre agua queda en vaso puesto en presencia del pasionado y paraban mientes si derramaban o se mudaban de colores... Otros lanzaban en agua una clara de huevo... e levantábanse astiles e figuras en el agua que parescen de personas, e allí decían los entendidos en esto si era fascinado e cómo le vino e de qué personas... Algunas reliquias de esto que han quedado son defendidas como supersticiosas e contrarias al buen vivir... De esto puso el Rabí Aser en la Cábala que dejó en Toledo escrita de su mano... Aun

por virtud de suspensiones e aplicaciones fallaban esto...; como poniendo sobre los pechos la piedra tan dura que se falla en el estómago del oso, face venir los ojos en lágrimas al apasionado.

Cuanto a los medios curativos, «usaban los pasados bostezar en nombre del enfermo muchas veces fasta que le crujían las varillas, e esta hora decían que era ya quitado el daño; otros le pesaban en balanzas con un canto grande e dábanla a beber a gallina que no oviesse puesto, e quando la avia bebido, que era señal de salud, e si non la bebía, de muerte. E algunas de estas cosas han quedado en uso de este tiempo. E tales cosas non las han por bien en la Iglesia católica, e, por ende, usar non se deben por los fieles e creyentes».

Pero a renglón seguido pondera las obras que por virtud de palabras se hacen, en lo cual, dice, alcanzaron grandes secretos los hebraiquistas. Él dice haberlas aprendido de Rabí-Saraya, a quien decían Enferrer; de maestre Azday Crestas y de un italiano llamado Maestre Pedro de Tosiano. «Otros buscaron remedios por las virtudes de las yerbas e de los miembros de los animales e de las Piedras, así como poner fojas de albahaca en las orejas, o traer uñas de asno montés, que dicen onagro, e sortija de uña de asno doméstico, e colmillo de lobo, e piedra de diamante en el dedo, e oler hisopo... Los físicos de ahora saben de esto poco, porque desdeñan la cura de tal enfermedad diciendo que es obra de mujeres e tiénenlo en poco, e por eso no alcanzan las diferencias e secretos».

Por lo que se deja entender, los físicos de su tiempo tenían la cabeza más sana que don Enrique, quien, no satisfecho con haber escrito esta absurda epístola, promete un tratado para explicar «cómo esta fascinación obra en las cosas insensibles, e piedras, e fustes, e vidrios, e vasos que, loándolos de formosos, se quiebran por sí, e árboles secarse, e aguas detenerse, e tales extrañezas».

En verdad que si los libros quemados de don Enrique eran por semejante estilo, no perdió mucho la ciencia con perderlos, aunque como repertorios de supersticiones del tiempo serían curiosos.[420] Y lo es el de la Fascinación no solo

---

420 En sus glosas a la *Eneida* escribe don Enrique:

«E la cabeza y totalidad de las vedadas sciencias es la magia, de la qual salieron quatro principales, que son: mathemática, prestigio, maleficio, ecantación. De mathemáticas salieron nueve, que son: ydromancia, *piromancia*, geomancia, spatulmancia, fulguraria, ciromancia, tremularia, sonorítica y auspicium. De prestigio salieron seys, que son: absconsoria, pulsoria, congregatoria, transformaria, pasionaria, ludybia. De maleficio salieron dies, que son:

por encerrar cuanto puede saberse de la historia del Mal de Ojo, creencia que aún dura en la mayor parte de Europa y con especialidad en Italia, sino porque revela bien a las claras la influencia de moros y judíos en las artes ilícitas de Castilla. Todavía pudiera disculparse a don Enrique de haber consagrado tantas vigilancias a tan ruin asunto, atendiendo a que él considera la fascinación como un fenómeno natural, y, por más que indique los remedios supersticiosos, aconseja que no se usen.[421]

El nombre del marqués de Villena sirvió, después de su muerte, para autorizar muchas ficciones. En la Biblioteca Nacional[422] se conserva una supuesta carta de los veinte sabios cordobeses a don Enrique, obra de algún alquimista proletario, quizá de los que rodeaban al arzobispo Carrillo. Allí se atribuye al de Villena, entre otras maravillas, la de hacerse invisible por medio de la hierba andrómena, embermejecer el Sol con la piedra heliotropia, adivinar lo futuro por medio de la chelonites, atraer la lluvia y el trueno con el vaxillo de arambre, etc. Vino el siglo XVI, y se difundieron la tradición de la redoma, la de la sombra que dejó el marqués al diablo en la cueva de san Cebrián, etc., y en ellas encontró inagotable tema la inventiva de dramaturgos, satíricos y novelistas. Púsole Quevedo, como a personaje popularísimo, en la Visita de los chistes, «hecho tajadas dentro de una redoma para ser inmortal». Hízole Alarcón, con grave detrimento de la cronología y de los datos genealógicos, héroe de su Cueva de

---

mediaria, sopniaria, invocatoria, *nigromancia*, stricatoria, fíbrica, extaria, sortilejo, amatoria, vastatoria. De la encantatione salieron tres, que son: empérica, imprecatoria, ligatoria. De *nigromancia* saliero quatro, que son: atromancia, conomancia, pedoxomancia, arnomancia. *De stricatoria* salieron dos, que son: cursoria y fascinatoria. *De conomancia* salió una, que es lithomancia. Y así son cumplidas las cuarenta artes vedadas» (*Revista Ibérica*, diciembre de 1861).

421 Artes mágicas. Siglo XV. Astrólogo toledano.

«En esa cibdad pocos días ha vimos un hombre pelayre, el cual era sabio en el arte de la Astrología y en el movimiento de las estrellas: mirad agora, ruego vos, quan gran diferencia hay entre el oficio de adobar paños é la sciencia del movimiento de los cielos; pero la fuerza de su constelación lo llevó a aquello, por dó ovo en la cibdad honra e reputación» (Hernando del Pulgar, letra 14, para un su amigo de Toledo, edición de Llaguno, 1775, página 159).

422 Manuscrito L-122, fol. III. He visto un extenso extracto de ella formado por mi amigo don José R. de Luanco, que reúne curiosísimos materiales para la Historia de la química en España.

Salamanca, como Rojas de su entretenida comedia Lo que quería ver el marqués de Villena,[423] y hoy mismo se le ve por esos teatros, con regocijo grande de nuestro pueblo, convertido en protagonista de comedia de magia.

Con más detenimiento que ningún otro español de la Edad media, incluso Eymerich, trató de las artes demoníacas y de sus afines el dominico fray Lope Barrientos, escrutador que había sido de los libros de don Enrique de Villena. No menos que tres tratados dedicó a don Juan II sobre esta materia.[424] Rotúlase el primero *Del casso et fortuna* y es puramente escolástico y discursivo, investigándose en él qué cosa es casso y fortuna, quién es causa della, en qué bienes acaesce la fortuna, quiénes son aquellos que se pueden llamar afortunados, qué menguas o defectos hay en la fortuna; todo ello con excesiva sujeción a la doctrina de Aristóteles y no bastante respeto al libre albedrío. De tres causas procedía, según él, lo fortuito: o del cielo, o del ángel, o de Dios. Al explicar la influencia del cielo resbala un poco en la judiciaria.

Siguió a este libro el *Del dormir, et despertar, et del soñar, et de las adevinanzas, et agüeros, et profecía*, donde averigua y resuelve Barrientos, con arreglo a los *Parva naturalia*, de Aristóteles, qué cosa es dormir, et quáles son sus causas, et qué cosa es despertar; distingue en la interpretación de los sueños, con el recuerdo de los de José y otros casos de la Escritura, lo que puede tenerse por celeste inspiración y lo que es trápala y vanidad oneirocrítica; expone la teoría cristiana del profetismo y condena ásperamente las adivinanzas y agüeros.

Rogóle don Juan II que expusiese más por menor las especies del adevinar y de la arte mágica, para que no le acaesciese lo que a otros príncipes y prelados acaesció: condenar los inocentes y absolver los reos. Obediente el obispo de Cuenca a su mandato, copiló el Tratado de la divinanza, sin duda el más importante de los tres que debemos a su pluma. En seis partes le dividió. Disputa en la primera si hay adevinanza o no, «por cuanto es de saber que entre los filósofos y los teólogos hay gran diversidad sobre esta razón... Los filósofos afirman y creen que la adevinanza y todas las otras artes mágicas o supersticiosas son imposibles... Los teólogos afírmanlo en alguna manera por posible y aun en algunos

---

423 De esta comedia volveré a tratar en otra parte.
424 Véanse en el códice S-10 de la Biblioteca Nacional. En la escurialense hay otro manuscrito (original?), que contiene solo el tratado *De las especies de adivinanza*.

actos por necessario». Por razones naturales probaba en el primer capítulo ser imposible toda especie de arte mágica, ya por contrato tácito, ya con expresa invocación de los espíritus malignos. «Por cuanto si verdad fuesse que los espíritus malignos oyesen y respondiesen y viniesen cuando fuesen llamados, o con ellos se ficiese algún contrato tácito o expreso, seguirse hía que los espíritus malignos oyesen y fablasen y viesen y sintiesen como los hombres y los otros animales. E, por consiguiente, se seguiría que toviesen cuerpos.»

No se le ocurrían a fray Lope Barrientos razones naturales con que contestar a éstas, y en el segundo capítulo acudía a los testimonios y autoridades de la Escritura: «Primeramente se prueba que los espíritus tienen cuerpos, segunt se prueba por el espíritu maligno que aparesció a Eva y le fabló y respondió», etc.

Demostrando así que los espíritus pueden tomar cuerpos, andar y moverse, y que, por tanto, las artes mágicas tienen ser real y no solamente en la fantasía de los que fingen saber las cosas advenideras, preguntaba en la segunda parte dónde ovo nascimiento el arte mágica: «Los doctores de esta sciencia reprobada tienen y creen que esta arte mágica tovo nascimiento y dependencia de un hijo de los de Adam, el cual... la deprendió del ángel que guardaba el Paraíso terrenal... Después que Adam conosció su vejez y la brevedad de su vida, envió uno de sus fijos al Paraíso terrenal para que demandase al ángel alguna cosa del árbol de la vida, para que comiendo de aquello reparase su flaqueza e impotencia. E yendo el fijo al ángel, segund le había mandado Adam, dióle el ángel un ramo del árbol de la vida, el cual ramo plantó Adam, según ellos dicen, y cresció tanto, que después se fizo dél la cruz en que fue crucificado nuestro Salvador. E demás desto dicen los auctores desta sciencia reprobada quel dicho ángel enseñó al hijo de Adam esta arte mágica, por la cual podiesse y supiesse llamar los buenos ángeles para bien facer y a los malos para mal obrar. E de aquesta doctrina afirman que ovo nascimiento aquel libro que se llama Raziel, por cuanto llamaban así al ángel guardador del Paraíso, que esta arte enseñó al dicho fijo de Adam... E después, de allí se multiplicó por el mundo... E puesto que en el dicho libro Raziel se contienen muchas oraciones devotas, pero están mezcladas con otras muchas cosas sacrílegas y reprobadas en la Sacra Escriptura. Este libro es más multiplicado en España que en las otras partes del mundo...».

Barrientos no podía menos de tener por fabulosas estas historias: «Debemos creer que non es posible que ángel bueno enseñase tal arte nin diese tal libro al fijo de Adam: ca non es de creer que ángel bueno enseñase doctrina tan reprobada..., salvo que algunos hombres malévolos invencionaron las tales ficciones para se mostrar divinos y sabidores de las cosas advenideras». Igualmente faltos de fundamento y eficacia declaraba los libros de experimentos, la Clavícula de Salomón y el libro del *Arte notoria*.

En lo restante de la obra, lo más curioso es el catálogo de las artes vedadas y la solución de diez dubdas que sobre ellas pueden proponerse. Trata, pues:

De la adivinación por el juicio de las estrellas. (Astrología judiciaria.)

De las señales o caracteres.

De la adivinación que se face llamando los espíritus malignos.

De los agüeros.

De los días críticos.

Si es lícito, cogiendo las hierbas para algunas enfermedades, decir oraciones o poner escripturas sobre los hombres y animales.

Si es cosa lícita encantar las serpientes u otras animalias, o los niños y enfermos.

De la prueba caldaria o juicio del fierro ardiente y agua firviendo.

Del arte notoria.

De las imágenes astrológicas.

Si es lícito a los clérigos defundar los altares y cubrir las imágenes de luto, o quitar las lámparas y luminarias acostumbradas por causa de dolor.

Duraban, como se ve, en el siglo XV gran parte de las supersticiones condenadas por los concilios toledanos: Non sea osado ningún sacerdote de celebrar missa de defuntos por los vivos que, mal quieren porque mueran en breve, nin fagan cama en medio de la yglesia e oficios de muertos porque los tales mueran ayna.

Pero la noticia más curiosa que del libro de Barrientos se saca es la existencia de conventículos o aquelarres, semejantes a los que veremos en Amboto y en Zugarramurdi: «Hay unas mujeres que se llaman brujas, las cuales creen e dicen que de noche andan con Diana, deesa de los paganos, cabalgando en bestias, y andando y pasando por muchas tierras y logares, y que pueden aprovechar y dañar a las criaturas».

Probado que las artes mágicas son casi siempre frívolas y de ninguna eficacia, si bien alguna vez acaezcan, por permisión divina, las cosas que los magos y hechiceros dicen, termina el obispo de Cuenca su libro manifestando el ardiente deseo que le aquejaba de erradicar estas abusiones del pueblo cristiano:[425] *Non querria en esta vida otra bienaventuranza sinon poderlo facer.*

Pero el mal estaba muy hondo para que con discursos ni refutaciones desapareciese, aun condenado a porfía por teólogos, moralistas y poetas. Siguiendo la tradición didáctica del canciller Ayala, que había escrito en el *Rimado de palacio*, haciendo confesión de sus pecados juveniles:

> Contra esto, Sennor, pequé de cada día,
> creyendo en agüeros, con grant malicia mía,
> en suennos, en estornudos é en otra estrellería,
> ca todo es vanidad, locura e follía,

escribía Fernán Pérez de Guzmán en la Confessión rimada:

> Aquel a Dios ama que en las planetas,
> estrellas nin signos non ha confianza,
> nin teme fortuna, nin de las cometas
> recela que puede venir tribulanza,
> nin pone en las aves su loca esperanza,
> nin da fe a ensuennos, nin cuyda por suertes
> desviar peligros, trabajos e muertes,
> nin que por ventura bien nin mal se alcanza.
> Aquel a Dios ama que del escantar
> non cura de viejas, nin sus necias artes,
> aquel a Dios ama que non dubda en martes
> comenzar caminos nin ropas cortar,
> non cura que sean más uno que tres,
> nin más plazentero nin más triste es,
> por fallar un lobo que un perro encontrar.
> Aquel a Dios ama que de las cartillas

---

425 De los tratados de magia de Barrientos hay noticias y extractos amplios en Gallardo (*Biblioteca de libros raros y curiosos*) y Amador de los Ríos (*Historia de la literatura española*, tomo 6).

que ponen al cuello por las calenturas
non usa, nin cura de las palabrillas
de los monifrates[426] nin de las locuras
de aquel mal christiano que con grandes curas
en el hueso blanco del espalda cata, etc.
Es decir, en el omoplato.

Más adelante completa Fernán Pérez su reseña de las artes mágicas. En vano toma el nombre de Dios

aquel que procura
favor del diablo por invocaciones,
e quien de adevinos toma avisaciones
por saber qué tal sea su ventura.

En sus *Proverbios* rimados pone el origen de las ciencias ocultas en el deseo de conocer lo por venir:

De aquí es la astrología
incierta e variable,
de aquí la abominable
e cruel *nigromancia*,
e puntos e jumencía (geomancia?),
de aquí las invocaciones
de spíritus e phitones,
de aquí falsa profecía
de estornudos e consejas,
de aquí suertes consultorias,
de aquí artes irrisorias
de escantos de falsas viejas,
de aquí frescas e añejas
diversas supersticiones,
de aquí sueños e visiones

---

426 Bonifrates llaman en Portugal a los muñecos. Confieso que no entiendo bien esta alusión.

de lobos so piel de ovejas.[427]

El señor Amador de los Ríos, primero y único que en España ha tratado esta materia, inclinado a ver por doquiera el espíritu de la sociedad en los libros, toma por fuente histórica y documentos de buena ley un episodio del Labyrintho, de Juan de Mena (Orden de Saturno), en que los próceres de Castilla consultan a una hechicera sobre el destino de don Álvaro de Luna, a quien anhelaban derrocar de la privanza:

> Por vanas palabras de hembra mostrada,
> en cercos y suerte de arte vedada.

La consulta es histórica y se hizo en Valladolid al mismo tiempo que los del partido contrario recurrían a un fraile de la Mejorada, cerca de Olmedo, gran maestro en *nigromancia*, y a don Enrique de Villena;[428] pero la descripción está casi traducida ad pedem litterae de Lucano, libro 6 de la *Farsalia*, en el episodio de la maga tésala Erictho, como ya advirtió el Brocense.[429]

Por cierto que la imitación es valiente:

> Y busca la maga ya hasta que halla
> un cuerpo tan malo, que por aventura
> le fuera negado aver sepultura,
> por aver muerto en no justa batalla,
> y cuando de noche la gente más calla,
> pónelo ésta en medio de un cerco,
> y desque allí dentro, conjura al Huerco,

---

427 Me valgo para estas citas de un códice de la biblioteca del duque de Gor en Granada, el cual termina así: «Aquí se acaba el libro versificado que hizo e copiló el noble e virtuoso Caballero Ferrand Pérez de Guzmán, e escrivióló Antón de Ferrera, criado del señor conde de Alva, por mandado del muy magnífico sennor don Frey Ferrando Gómez de Guzmán, comendador mayor de Calatrava. Acavóse de escrevir primero día de marzo, año del señor de mill e quatrocientos e cinquenta e dos años». La copia parece bastante posterior; es, a no dudarlo, del siglo XVI.

428 Así lo refiere el Comendador griego en las notas a Juan de Mena.

429 Tomo 4 de sus *Obras* (edición de Ginebra), página 337.

300

y todas las furias ultrices que halla.
Ya comenzaban la invocación
con triste murmurio su díssono canto,
fingiendo las voces con aquel espanto
que meten las fieras con su triste son,
oras silvando bien como dragón,
o como tigre haciendo stridores,
oras formando ahullidos mayores
que forman los canes que sin dueño son.

....

Los miembros ya tiemblan del cuerpo muy fríos,
medrosos de oyir el canto segundo,
ya forma las voces el pecho iracundo,
temiendo la Maga y sus poderíos,
la qual se le llega con sones impíos,
y hace preguntas por modo callado,
al cuerpo ya vivo después de finado, etc.

Pero repito que en todo esto no hizo el poeta cordobés más que traducir a su paisano, en cuyas obras leía de continuo y cuyo tono enfático y desusado remedaba muy bien.[430]

Venían a dar fuerza a estas condenaciones de las artes mágicas los ordenamientos legales, con más o menos fruto repetidos. En 1387 había condenado don Juan I a los que cataban agüeros, adevinanzas et suertes... e otras muchas maneras de agorerías et sorterías, faciéndose astrólogos, etc., no sin encargar a los prelados y jueces eclesiásticos que procediesen canónicamente contra los clérigos et religiosos, beatos et beatas que hubiesen caído en tales abusiones. En 1410, el infante don Fernando de Antequera y la reina doña Catalina, como tutores y gobernadores en la menor edad de don Juan II, dieron muy celebrada y curiosa pragmática contra los que usan destas maneras de adevinanzas, conviene a saber: de agüeros de aves e de estornudos, e de palabras que llaman *Proverbios*, e de suertes e de hechizos, y catan en agua o en cristal, o en espada

---

430 Recuérdense, además, los conocidos presagios y abusiones del episodio del conde de Niebla.

o en espejo, o en otra cosa luzia, e fazen hechizos de metal e de otra cosa cualquier de adevinanza de cabeza de hombre muerto, o de bestia o de palma de niño o de mujer virgen, o de encantamientos, o de cercos, o desligamientos de casados, o cortan la rosa del monte porque sane la dolencia que llaman «rosa», e otras cosas de éstas semejantes, por haber salud e por haber las cosas temporales que cobdician No menos que con la pena de muerte se conminaba a los malfechores le aquí adelante usaren tales maleficios,[431] con destierro perpetuo a los encubridores y con el tercio de sus haciendas a los jueces morosos. Más adelante tuvo que prohibir don Juan II las cofradías y monipodios, especie de sociedades secretas.

Conocidas las disposiciones legales, no hay para qué seguir amontonando textos de escritores coetáneos, que nada nuevo nos dirían. Baste citar dos o tres de los más señalados. E aun hoy non fallesce quien pare mientes en los sueños e por ellos juzgue lo venidero, dice don Alonso de Cartagena en las glosas a su traducción de los *Cinco libros* de Séneca.

Extensamente, pero solo con nociones eruditas, trata de las artes mágicas et divinaciones el bachiller Alfonso de la Torre en el capítulo 17 de su *Visión delectable*. Allí se apuntan teorías que pudiéramos llamar espiritistas: «Yo te diría cómo hay espíritus allá en el mundo et cómo hay algunos que se deleitan en las pasiones de los hombres..., e yo te diría cómo hay secretos buscados por inquisición de la experiencia fuerte, y decirte hia las opiniones de las gentes en los espíritus del aire y del fuego, y cómo algunos dijeron que eran engendrables et corruptibles et nascian et morían...: mas pusieron el tiempo de su vida ser mui luengo... y que habían gran conocimiento de las cosas natura es por la delgadeza del su espíritu et por la ligereza de su materia, e fízolos venir en aquesta opinión que veían por las experiencias mágicas que una yerba les plazia, y ella encendida, luego venían, y veían que otra les desplazía y les facia grande enojo, y... que la sangre de un animal les alegraba, y otra les entristecía, y aquesto no podía ser según naturaleza si no fueren temporales y toviesen potencias sensitivas. Para esto hobo en el mundo secretos, los cuales no es lícito hablar dellos...

---

431 «Dada en la muy noble cibdad de Córdoba a nueve días de abril, año del nascimiento de Nuestro Señor Jesu Christo de mil e quatrocientos e diez años.» Hállase en el cuerpo de Pragmáticas, mandado formar y autorizado por los reyes católicos en Segovia, año 1503. Es la tercera, fol. II, de la edición de Toledo, 1545, y la reproduce nuestro Floranes (*Documentos inéditos*, tomo 19, página 781).

Y dígote ciertamente que también hay entre las gentes y en el aire otros espíritus engañadores et burladores de los omes; mas cómo son, si son de los buenos o no, ya te dije que no te lo puedo decir». Después habla de los genios y lares de los antiguos, de los vates y sibilas, de la adivinación por sueños, etc. Atribuye a Zoroastro y a Demetrio la invención del arte mágica, cuyas especies (*nigromancia*, philacterias, fitónicos, ariolos, astrología judiciaria, augurios, prestigios, sortilegios, geomancia, epirmancia, hidromancia, ariomancia, etc.) enumera y describe con prolijidad. Otros echaban cera en el agua, e en las imágenes adevinaban, o echaban un huevo en una redoma de agua...; otros ponían de noche ciertas letras con azafrán en una cosa lisa, et miraban el primer viento. El bachiller De la Torre anda muy indulgente con algunas supersticiones, a las que debía ser aficionado. «Aquestas solas artes que usan sangres o sahumerios... son malditas. Mas el ayuntar lo activo al pasivo, y el esculpir de las piedras en tal signo, o el adevinar en las estrellas, lícito es si es a buen fin, e otrosí pronunciar de nombres lícitos que llaman tabla, et constreñir los espíritus con aquella virtud, lícito es mientras el fin sea bueno. Bien puede el astrólogo hacer una imagen en el signo del Escorpión, para que sane los hombres de toda mordedura de serpiente, et lícito sería a un hombre hacer una imagen por quitar los lobos o la langosta de una tierra; y los que dicen que esto no es posible, también confiesan que no saben nada.»

¡Cuánto dista este errado sentir de las nobles palabras con que el Tostado, en su *Confesional*, reprende como idolatría el honrar cielo y estrellas y hasta la mal entendida veneración de algunas imágenes! E de aquí se siguen grandes errores et escándalos, e el pueblo menudo tórnase hereje e idólatra.[432]

Grande debió de ser el contagio de las artes mágicas e irrisorias en el desastroso reinado de Enrique IV. Presentóse la brujería con todos sus caracteres en tierras de Vizcaya, a cuyos habitantes tacha el viajero Rotzmithal de conservar las mismas supersticiones acerca de los enterramientos que condenó el sínodo Iliberitano. En vez de entrar en la iglesia se reunían cerca de los sepulcros, adornándolos con luces y flores.

---

432 «Acabóse la presente obra, llamada Confessional, del Tostado. Fue impresa en Alcalá de Henares por Arnao Guillem de Brocar a XXIX días de deziembre de 1517 años.»

El arcediano don Pedro Fernández de Villegas, en el curiosísimo comento que añadió a su traducción del *Infierno* del Dante,[433] da estas peregrinas noticias sobre el foco de hechicería descubierto en Amboto, imperando ya los reyes católicos: «Y en nuestros tiempos, por nuestros grandes pecados, en España se ha fallado grandísimo daño de infinitos heréticos de linaje de judíos...; y en las montañas y provincias de Vizcaya, de otros que llaman de la sierra de Amboto, que tenían diabólicos errores... En los cuales tratos también se entremeten, y mucho, unas falsas mujeres fechiceras que llamamos brujas y xorguinas (sorquiñas se llaman todavía en Vizcaya), las cuales fazen fechizos y maldades, tienen sus pláticas y tratos con los demonios... En los processos que se ficieron contra aquellos de la tierra de Amboto se dice y confiesa por muchas personas haber visto al diablo y fablándole, veces en figura de cabrón y otras veces en figura de un mulo grande et fermoso..., y dicen éstas que se reconciliaron y confesaron su error, que si algunas veces aparescía el diablo en figura de hombre, siempre traía alguna señal que demostraba su maldad, como un cuerno en la cabeza o en la frente o algunos dientes de fuera que salían fuera de la boca, o cosa semejante».

Fue descubierta esta herejía en el año de 1500, según unos apuntamientos manuscritos de fray Francisco de Vargas que poseía Floranes. Adelante veremos cómo cunde esta lepra social de la brujería en todo el siglo XVI.

Desde luego, y para acrecentarla, había caído sobre Europa en el siglo XV una raza indostánica, reducida en Oriente a la condición de paria y arrojada hacia Occidente por la invasión de las hordas de Timur-beck. Según los países de donde llegaba o se les suponía oriundos, recibieron distintos nombres; aquí, el de gitanos. Esta gente extraña, sin Dios, sin patria, ni hogar, ni tradiciones, mirada siempre con recelo por el pueblo y los legisladores, encontró en lo maravilloso un modo de subsistir enlazado con otras malas artes. No quedó

---

433 Impresa por Fadrique Alemán de Basilea, en Burgos, 321 folios. (Véase Memorias del doctor don Pedro Fernández de Villegas, por Floranes, en los *Documentos inéditos*, página 408.) Los pasajes relativos a brujas hállanse en el canto 9 (fol. 135) y en el 20 (fol. 225).

vinculada en ellos la adivinación, pero aumentaron y reformaron sus prácticas con otras usadas en el Extremo Oriente.[434]

El hecho de los herejes de Amboto, que en manera alguna ha de atribuirse a influencia gitanesca, no aparece aislado. Las *Crónicas de Nuestra Señora de*

---

434 Gitanos.

Journal of the Gypsy Lore Society. Edimburgo, editor Constable, julio de 1888, n.° 1.

The Gypsies of Catalonia (páginas 35-45). Art. de David Mac Ritchie.

Cita las obras de Bataillard *Les Gitanos d'Espagne...* (Lisboa 1884) y *De l'apparition des Bohémiens en Espagne* (París 1844).

11 de julio de 1447, aparecen en Barcelona multitud de egipcios, que desde allí se desparramaron por España. La cita es con referencia a un cronista (Carbonell?), véase doctor de Rochas, *Les Parias de France et d'Espagne* (París 1876), páginas 215-306, el cual añade que los jefes de esta tribu usaban los títulos de duque y conde y practicaban las mismas imposturas que en Francia, de donde probablemente venían.

Edicto castellano de 1499 contra egiptianos y caldereros extrangeros.

Constituciones de Cataluña, 1512. Hablan de los bohemios y otros locos (sots) griegos y egipcios.

¿Acaso algunos de los gitanos que andaban por Cataluña en 1512 procedían de Grecia? G. Borrow (The Zincali: *An account of the Gypsies*; their Manners, Customs, Religion, and Language, 1841, 2.°, 110-111) dice que en 1540 todavía los gitanos de España hablaban, o entendían por lo menos, el griego vulgar, de la Morea y el Archipiélago.

El resto del artículo se refiere especialmente al Rosellón (Cataluña francesa) y amplía poco los datos de Rochas.

Sobre el magnetismo de los gitanos cita una nota curiosa de Walter Scott en «The Lay of the Minstre», n.° 2.°, octubre de 1888.

The Dialect of the Gypsies of Brazil, por el profesor Rudolph Von Sowa. Se refiere a dos libros de Mello Moraes: *Cancionero dos Ciganos, poesia popular dos Ciganos da Cidade Nova* (1855); *Os Ciganos no Brazil, contribuiçao ethnographica* (1866).

Estudio principalmente filológico, que prueba la grandísima semejanza y cortas diferencias entre el dialecto de los judíos del Brasil y el de los de España. N. 5, octubre de 1889.

Se anuncia la obra de Adriano Colocci *Gli Zingari* (Turín, Lescher, 1888), vol 2.°, n.° 3, julio de 1890.

Acompañando al *Sketch Map indicating the geographical distribution of the Gypsies in the Ancient World*, designed in conformity with Kounavine's «Materials» by A. B. Elysseeff, se reproducen algunos signos cabalísticos de los gitanos, que tienen grandísima analogía con los de los *gnósticos*. Bibliografía. Dase noticia de la obra siguiente: *Gypsy Sorcery and Fortune-Telling: illustrated by numerous Incantations, specimens of Medical Magic, Anecdotes and Tales*. By Charles Godfrey Leland, President of the Gypsy Lore Society. Londres: T. Fisher, Univin, 1891.

Aránzazu narran la tradición siguiente: «En tiempos antiguos (?) llegó un sujeto del reino de Francia, de la población de Guiana, a las partes de Cantabria,[435] acreditándose de muy entendido y sabio, siendo a la verdad grandísimo hechicero y brujo, en cuya persona pretendía el demonio ser adorado de las gentes más rústicas y sencillas... Este diabólico hombre se llamaba Hendo, y por este nombre una parte de la raya de Francia entre España se llama Hendaya, y el monte Indomendia tomó también el nombre de Hendo.[436] El tiempo que este hijo de maldición vivió en algunas partes de aquella tierra engañó a muchas personas inocentes y sencillas, enseñándoles brujerías y hechizos, por cuyo medio las obligó a dar reverencia y adoración al demonio... No desamparó del todo Dios a aquellos pueblos y gente engañada, porque entre ellos no faltaron hombres cuerdos y celosos que, reconociendo el daño, procuraron atajarlo, solicitando prender a tan falso predicador y apóstata del Evangelio. No se pudo conseguir el mandamiento de su prisión porque, avisado y prevenido de esta determinación, huyó de aquellos parajes a otros, donde nunca pareció ni se supo más de su persona, dejando tan inficionada la tierra, que, aunque faltó su presencia, no faltaron herejes de su doctrina y secta perniciosísima».[437] [438]

Quién fue Hendo o en qué tiempo hizo su propaganda en el Pirineo vasco, de todo punto lo ignoro. Y sería curioso averiguarlo, porque de él arranca un como renacimiento de la hechicería vascongada, no extinguido ni aun en el siglo XVII por las eficaces pesquisas del Tribunal de Logroño.

En el Ordenamiento de corregidores de 1500 dieron nueva fuerza los reyes católicos a todas las pragmáticas contra hechicerías dictadas por don Juan II y otros monarcas. Doña Isabel tenía sumo aborrecimiento, a tales vanidades

---

435 Debe decir de Vizcaya. El error geográfico de confundir la Cantabria (hoy Montaña de Santander) con las provincias éuskaras es común en los escritores vascongados desde el siglo XVI acá.

436 Esta etimología me parece disparatada. Los vascófilos dirán si me equivoco.

437 Véase *Paraninfo celeste de Nuestra Señora de Aránzazu* (lib. 2) y *Aránzau*, por S. Manteli (Vitoria 1872).

438 *Paraninfo celeste. Historia de la mystica zona*, milagrosa imagen y prodigioso santuario de religiosos observantes de san Francisco, de la provincia de Guipúzcoa, de la región de Cantabria; escríbela el M. R. padre fray Juan de Lurriaga, predicador apostólico. Padre de las provincias de Cantabria y Valencia y comisario general de todas las de Nueva España, de nuestro padre san Francisco. San Sebastián, por Pedro de Huarte, 1690. Madrid, por Juan Infanzón, 1690. ¿Sera la misma edición con diversa portada?

y las juzgaba con libre espíritu. No creía en el poder de las ligaduras mágicas, a pesar del dictamen de fray Diego de Deza y otros teólogos. Tal nos informa el anónimo continuador de la Historia de España del palentino don Rodrigo Sánchez de Arévalo.[439]

Diego Gullén de Ávila, en el *Panegírico de la reina Isabel*, la elogiaba por haber desterrado, a par de otros vicios,

Agüeros, hechizos y su falsa sciencia.

Y, sin embargo, el monumento literario más notable de aquella era, especie de piedra miliaria entre la Edad media y el Renacimiento, al cual pertenece por el exquisito primor de la forma; en una palabra, la *Tragicomedia de Calixto y Melibea*, joya artística de inestimable precio, si bien la desdore lo repugnante de los accidentes; luz y espejo de lengua castellana, cuadro de un realismo vigoroso y crudo, nos da fe y testimonio de que las artes ilícitas seguían en vigor y en auge, aplicadas a tercerías eróticas, siendo profesora y maestra de ellas la

---

439 El pasaje es muy curioso, y conviene transcribirle tal como le publicó Clemencín en los apéndices al *Elogio de la Reina Católica*, página 569 y 570:

«Comitissa de Haro, clarissimi viri Bernardini de Velasco, comitis stabilis ducisque de Frias, qui adhuc non immerito primum inter regni magnates locum habet, exposuit Reginae quod neptis sua, viro nobili tradita, erat daemonum aut arte fallaci impedita, quae vulgo ligata dicitur, maleficio cuiusdam fratris praedicti nobilis. De remedio supplicavit opportuno. Regina nos tunc iussit evocari. Diximus quod forte impedimentum erat quod erant ligati. Illa vero respondit: Minime asserendum aut credendum est inter catholicos. Est enim vulgi errata opinio... Statim arcessiri praecipit Didacum de Deza, in sacra Theologia magistrum... fratremque ordinis praedicatorum... cui iussu regio huiusmodi facti seriem meamque opinionem reservavimus... Tunc vero fidelissima regina ad illud verba sequentia fecit: Oh praesul, mihi asseritur in sacramento matrimonii quod minime credo, cum matrimonium sit quoddam spirituale... et in re tam sacra illusio diaboli aut daemonis operatio nullum potest effectum attingere. Praefatus archiepiscopus hoc pacto respondit: Excellentissima domina, hoc sic se habet. Res ipsa certa est, a sanctis approbata doctoribus, talia videlicet operatione diaboli fieri posse et pluribus contigisse, in cuius auctoritate divum Thomam et alios adduxit Ecclesiae doctores. Christianissima regina, audito responso, ait: Audio, praesul; interrogo tamen, utrum id non credere catholicae fidei repugnet. Ille tunc retulit articulum non esse fidei, sed doctores id tenere et asseverare. Demum catholica regina tunc dixerat: Ecclesiae sanctae assentio. Quod si adversus fidem hoc non est, quamvis doctores ista confirment, certe non credam quod daemon in matrimonii coniunctos potestatem ullam possit exercere, atque illos, ut dicunt, "ligare". Et haec magis sunt hominum discordantium quam potentium daemonum divisiones.»

zurcidora de voluntad y medianera de amorosos tratos, a quien el Arcipreste de Hita llamó Trotaconventos, y a quien, con el nombre imperecedero de Celestina, naturalizó Fernando de Rojas en los reinos del arte y la fantasía popular. La repugnante heroína de nuestra tragicomedia usaba para sus maleficios: «huesos de corazón de ciervo, lengua de víbora, cabezas de codornices, sesos de asno, tela de caballo, mantillo de niño..., soga de ahorcado, flor de yedra, espina de erizo, pie de tejón, granos de helecho, la piedra del nido del águila y otras mil cosas». Venían a ella muchos hombres y mujeres, y a unos demandaba «el pan do mordían, a otros de su ropa, a otros de sus cabellos, a otros pintaba en la palma letras con azafrán, a otros con bermellón; daba unos corazones de cera, llenos de agujas quebradas, e otras cosas en barro y en plomo hechas, muy espantables al ver. Pintaba figuras, decía palabras en tierra... y todo era burla y mentira».

En boca de Celestina pónese un conjuro lleno de reminiscencias clásicas y, por ende, no muy verosímil en una mujerzuela del pueblo, ruda y sin letras, aunque pueda sostenerse que hasta en las últimas clases de la sociedad influía entonces la tradición latina: «Conjúrote, triste Plutón, señor de la profundidad infernal, emperador de la corte dañada, capitán soberbio de los condenados ángeles, señor de los sulfúreos fuegos, que los hervientes etneos montes manan, gobernador y veedor de los tormentos... de las pecadoras ánimas... Yo, Celestina, tu más conocida cliéntula, te conjuro por la virtud y fuerza de estas bermejas letras; por la sangre de aquella nocturna ave con que están escritas; por la gravedad de aquestos nombres y signos que en este papel se contienen; por la áspera ponzoña de las víboras, de que este aceite fue hecho, con el cual uno este hilado, que vengas sin tardanza a obedescer mi voluntad», etc.

Diciendo vade retro a esta terrorífica evocación, suspendo aquí la historia de las artes mágicas en España para continuarla en tiempo oportunos.[440]

---

440 Advertiré, ya que esta nota sola me queda para hacerlo, que además del libro de la Fascinación, de don Enrique de Villena, hay otro, rarísimo y no menos absurdo, que en la portada dice Libro del ojo, y en la primera página, *Tractatus de fascinatione editus a magistro Didaco Alvari Chanca, doctore atque medico Regis reginaeque...* (8.ª, letra gótica, sin año ni lugar de impresión; pero es, indudablemente, del tiempo de los reyes católicos, Signat. a-C. iiii). El único ejemplar que he visto pertenece a la selecta biblioteca de mi amigo el marqués de Pidal. Merece reimprimirse.

El doctor Álvarez Chanca escribió también un libro de alquimia, no menos raro que el del

Epílogo. Apostasías. Judaizantes y mahometizantes

I. Preliminares. II. Proselitismo de los hebreos desde la época visigoda. Judaizantes después del edicto de Sisebuto. Vicisitudes de los judíos en la Península. Conversiones después de las matanzas. Establécese el Santo oficio contra los judaizantes o relapsos. Primeros actos de aquel Tribunal. III. «Mahometizantes». Sublevaciones y guerras de los «muladíes» bajo el califato de Córdoba. Los renegados y la civilización musulmana. Fray Anselmo de Turmeda, Garci-Ferrandes de Gerena y otros apóstatas

I. Preliminares

No sería completo el cuadro que en este libro presentamos de las aberraciones medievales en punto a religión si prescindiéramos de dos elementos poderosísimos de extravío y caída: el judaísmo y el mahometismo. No porque debamos hacer sujeto de este apéndice la historia de judíos y musulmanes, ya que los que nunca fueron bautizados, mal pueden figurar en una *Historia de los heterodoxos*, sino porque herejes son los apóstatas, según el autorizado parecer del Santo oficio, que siempre los nombra así en sus sentencias.[441] Ya sé que esta costumbre española no se ajusta muy bien con el general dictamen de canonistas y teólogos, los cuales hacen clara distinción entre el crimen de herejía y el de apostasía. Pero, a decir verdad, esta distinción es de grados, y si adoptamos el vocablo más general, heterodoxia, para designar toda opinión que se aparta de la fe, nadie llevará a mal que, siquiera a modo de apéndice, tratemos de judaizantes y mahometizantes, mucho más habida consideración al íntimo enlace de algunas apostasías con los sucesos narrados en capítulos anteriores. Empezaremos por la influencia judaica, mucho más antigua en nuestro suelo.

II. Proselitismo de los hebreos desde la época visigoda. Judaizantes después del edicto de Sisebuto. Vicisitudes de los judíos en la Península. Conversiones después de las matanzas.

---

ojo.

441 No hay para qué citar ejemplos: todos los procesos y sentencias de la Inquisición que han llegado a mis manos están contestes en este punto.

Establécese el santo oficio contra los judaizantes o relapsos. Primeros actos de aquel Tribunal

El señor Amador de los Ríos, cuya reciente pérdida lloran los estudios de erudición española, describió con prolijidad y copia de noticias verdaderamente estimables las vicisitudes del pueblo de Israel en nuestro suelo. A su libro y a los de Graetz, Kayserling y Bedarride[442] puede acudir el curioso en demanda de mayores noticias sobre los untos que voy a indicar, pues no gusto de rehacer trabajos lechos —y no mal— antes de ahora.

Sería en vano negar, como hacen los modernos historiadores judíos y los que sin serlo se constituyen en paladines de su causa, ora por encariñamiento con el asunto, ora por mala voluntad a España y a la Iglesia católica, que los hebreos peninsulares mostraron muy temprano anhelos de proselitismo, siendo ésta no de las menores causas para el odio y recelo con que el pueblo cristiano comenzó a mirarlos. Opinión ya mandada retirar es la que supone a los judíos y a otros pueblos semíticos Incomunicables y metidos en sí. ¿No difundieron su religión entre los paganos del imperio? ¿No habla Tácito de *transgressi in morem Iudaeorum*? ¿No afirma Josefo que muchos griegos abrazaban la Ley? Y Juvenal, ¿no nos ha conservado noticia de los romanos, que, desdeñando las creencias patrias, aprendían y observaban lo que en su arcano volumen enseñó Moisés? Las mujeres de Damasco eran casi todas judías en tiempo de Josefo; y en Tesalónica y en Beroe había gran número de prosélitos, según leemos en las *Actas de los Apóstoles.*

Cierto que esta influencia, que entre los gentiles, y por altos juicios de Dios, sirvió para allanar el camino a la Ley Nueva, debía tropezar con insuperables obstáculos enfrente de esta misma ley. ¿Qué especie de prosélitos habían de hacer los judíos entre los discípulos de Aquel que no vino a desatar la ley, sino a cumplirla? La verdad, el camino y la vida estaban en el cristianismo, mientras que, ciegos y desalumbrados los que no conocieron al Mesías, se iban hundiendo más y más en las supersticiones talmúdicas.

---

442 *Historia social, política y religiosa de los judíos de España...* (Madrid 1875) tres tomos en 4.º; Graetz (II.), *Geschichte der Juden* (Leipzig 1856-1868); Kayserling, *Die Juden in Navarra, Den Baskenlandern, u. ouf den Balearen* (Berlín 1861); *Geschichte der Juden in Portugal* (Leipzig 1867); Bedarride, *Les juifs en France, en Italie et en Espagne* (1867). Este último vale muy poco.

No tenía el judaísmo facultades de asimilación y, sin embargo, prevalido de la confusión de los tiempos, del estado de las clases siervas, de la invasión de los bárbaros y de otras mil circunstancias que impedían que la semilla cristiana fructificase, tentó atraer, aunque con poco fruto, creyentes a la sinagoga.

Sin remontarnos a los cánones de Ilíberis, en otro lugar mencionados, donde vemos que los judíos bendecían las mieses, conviene fijar la atención en la época visigoda. El concilio III de Toledo les prohíbe tener mujeres o concubinas cristianas y circuncidar o manchar con el rito judaico a sus siervos, quedando éstos libres, sin rescate alguno, caso que el dueño se hubiera empeñado en hacerles judaizar. Para en adelante prohibía a los hebreos tener esclavos católicos, porque entre ellos se hacía la principal propaganda.

Continuó ésta hasta el tiempo de Sisebuto, quien manda de nuevo manumitir a los esclavos cristianos, con prohibición absoluta de comprarlos en lo sucesivo (leyes 13 y 14, tít. 2, 1.12, del Fuero juzgo); veda el circuncidar a ningún cristiano libre o ingenuo y condena a decapitación al siervo que, habiendo judaizado permaneciese en su pravedad.

Justo era y necesario atajar el fervor propagandista de los hebreos; pero Sisebuto no se paró aquí. Celoso de la fe, aunque con celo duro y poco prudente, promulgó un edicto lamentable, que ponía a los judíos en la alternativa de salir del reino o abjurar su creencia. Aconteció lo que no podía menos: muy pocos se resignaron al destierro, y se hicieron muchas conversiones o, por mejor decir, muchos sacrilegios, seguidos de otros mayores. Cristianos en la apariencia, seguían practicando ocultamente las ceremonias judaicas.

No podía aprobar la conducta atropellada de Sisebuto nuestra Iglesia, y de hecho la reprobó en el IV concilio Toledano (de 633), presidido por san Isidoro, estableciendo que a nadie se hiciera creer por fuerza. Pero ¿qué hacer con los judíos que por fuerza habían recibido el bautismo y que en secreto o en público eran relapsos? ¿Podía la Iglesia autorizar apostasías? Claro que no, y por eso se dictaron cánones contra los judaizantes, quitándoles la educación de sus hijos, la autoridad en todo juicio y los siervos que hubiesen circuncidado. Todo esto es naturalísimo, y me maravilla que haya sido censurado. Ya no se trataba de judíos, sino de malos cristianos, de apóstatas. Porque Sisebuto hubiera obrado mal, no era lícito tolerar un mal mayor.

Chintila prohíbe habitar en sus dominios a todo el que no sea católico. Impónese a los reyes electos el juramento de no dar favor a los judíos. Y Recesvinto promulga durísimas leyes contra los relapsos, mandándolos decapitar, quemar y apedrear (Fuero juzgo, leyes 9.10 y 11, tít. 2 1.12). En el concilio VIII presenta el mismo rey un memorial de los judíos de Toledo, prometiendo ser buenos cristianos y abandonar en todo las ceremonias mosaicas, a pesar de la porfía de nuestra dureza y de la vejez del yerro de nuestros padres, y resistiéndose, solo por razones higiénicas, a comer carne de puerco.

Los judíos, que en tiempo de Sisebuto habían emigrado a la tierra de los francos, volvieron en gran número a la Narbonense cuando la rebelión de Paulo; pero Wamba tornó a desterrarlos. Deseosos de acelerar la difusión del cristianismo y la paz entre ambas razas, los concilios XII y XIII de Toledo conceden inusitados privilegios a los conversos de veras (*plena mentis intentione*), haciéndolos nobles y exentos de la capitación. Pero todo fue en vano: los judaizantes, que eran ricos y numerosos en tiempo y de Egica, conspiraron contra la seguridad del Estado, quizá de acuerdo con los musulmanes de África. El peligro era inminente. Aquel rey y el concilio XVII de Toledo apelaron a un recurso extremo y durísimo, confiscando los bienes de los judíos, declarándolos siervos y quitándoles los hijos para que fuesen educados en el cristianismo.

Esta dureza solo sirvió para exasperarlos, y, aunque Witiza se convirtiera en protector suyo, ellos, lejos de agradecérselo, cobraron fuerzas con su descuido e imprudentes mercedes para traer y facilitar en tiempo de don Rodrigo la conquista musulmana, abriendo a los invasores las puertas de las principales ciudades, que luego quedaban bajo la custodia de los hebreos: así Toledo, Córdoba, Híspalis, Ilíberis.

Con el califato cordobés[443] empieza la edad de oro para los judíos peninsulares. Rabí-Moseh y Rabí-Hanoc trasladan a Córdoba las Academias de Oriente. R. Joseph ben Hasday, médico, familiar y ministro de Abderramán III, tiende la mano protectora sobre su pueblo. Y, a la vez que éste acrece sus riquezas y perfecciona sus industrias brotan filósofos, talmudistas y poetas, predecesores y maestros de los todavía más ilustres Gabiroles, Ben-Ezras, Jehudah-Leví,

---

443 No hablaré aquí de la controversia de Álvaro Cordobés con Bodo Eleázaro. (Véase el, lib. 3 de esta *Historia*).

Abraham-ben-David, Maimónides, etc. Pueblos exclusivamente judíos, como Lucena, llegan a un grado de prosperidad extraordinario.

El fanatismo de los almohades, que no hemos de ser solos los cristianos los fanáticos, pone a los judíos en el dilema de «islamismo o muerte». Hordas de muzmotos, venidos de África, allanan o queman las sinagogas. Entonces los judíos se refugian en Castilla y traen a Toledo las Academias de Sevilla, Córdoba y Lucena, bajo la protección del emperador Alfonso VII. Otros buscan asilo en Cataluña y en el Mediodía de Francia.

De la posterior edad de tolerancia, turbada solo por algún atropello rarísimo, como la matanza que hicieron los de Ultra-puertos en Toledo el año 1212, resistida por los caballeros de la ciudad, que se armaron en defensa de aquella miserable gente, no me toca hablar aquí. Otra pluma la ha historiado, y bien, poniendo en el centro del cuadro la noble figura de Alfonso el Sabio, que reclama y congrega los esfuerzos de cristianos, judíos y mudéjares para sus tareas científicas. Verdad es que ya en tiempo de Alfonso VII había dado ejemplo de ello el inolvidable arzobispo toledano don Raimundo.

Que los judíos no renunciaban, a pesar de la humanidad con que eran tratados, a sus anhelos de proselitismo, nos lo indica don Jaime el Conquistador en los Fueros de Valencia, donde manda que todo cristiano que abrace la ley mosaica sea quemado vivo. El rey conqueridor, deseoso de traer a los judíos a la fe, envía predicadores cristianos a las sinagogas, hace que dominicos y franciscanos se instruyan en el hebreo como en el árabe, y, accediendo a los deseos del converso fray Pablo Christiá, autoriza con su presencia, en 1263 y 1265, las controversias teológicas de Barcelona entre Rabí-Moseh-ben-Najman, Rabí-ben-Astruch de Porta y el referido Pablo, de las cuales se logró bien poco fruto, aunque en la primera quedó Najman muy mal, parado.[444]

A pena de muerte en hoguera y a perdimiento de bienes condena don Alfonso el Sabio, en la partida VII (ley 7, tít. 25), al malandante que se tornase judío, tras de prohibir a los hebreos «yacer con cristianas, ni tener siervos bautizados», so pena de muerte en el primer caso, y de perderlos en el segundo, aunque no intentaran catequizarlos.

---

444 Véase *Acta disputationis R. Moysis Gerundensis cum F. Paulo Christiano Ord. Praedicatorum* (en el tomo 13 del *Viaje literario* de Villanueva, Apéndice LVII) y *Carta Iacobi Regis Arag. super accusationem Bonastruhi de Porta* (Apéndice LVIII).

La voz popular acusaba a los judíos de otros crímenes y profanaciones inauditas. «Oyemos decir, escribe el legislador, que en algunos lugares los judíos ficieron et facen el dia de Viernes sancto remembranza de la pasión de Nuestro Señor Jesu Christo, furtando los niños et poniéndolos en la cruz, e faciendo imágenes de cera, et crucificándolas, quando los niños non pueden aver.» Gonzalo de Berceo, en los Milagros de Nuestra Señora, y el mismo don Alonso, en las Cantigas, habían consignado una tradición toledana muy semejante.

Cámbiase la escena en el siglo XIV. La larga prosperidad de los judíos, debida en parte al ejercicio del comercio y de las artes mecánicas y en parte no menor a la usura y al arrendamiento de las rentas reales, excitaba en los cristianos quejas, murmuraciones y rencores de más o menos noble origen.

Al fervor religioso y al odio de raza, al natural resentimiento de los empobrecidos y esquilmados por malas artes, a la mala voluntad con que el pueblo mira a todo cobrador de tributos y alcabalas, oficio dondequiera aborrecido, se juntaban pesares del bien ajeno y codicias de la peor especie. Con tales elementos y con la ferocidad del siglo XIV, ya antes de ahora notada como un retroceso en la historia de Europa, a nadie asombrarán las matanzas y horrores que ensangrentaron las principales ciudades de la Península, ni los durísimos edictos, que, en vez de calmar las iras populares, fueron como leña echada al fuego. Excepciones hay, sin embargo. Tolerante se mostró con los judíos don Alfonso XI en el Ordenamiento de Alcalá, y más que tolerante, protector decidido e imprudente, don Pedro el Cruel, en quien no era el entusiasmo religioso la cualidad principal. Los judíos eran ricos y convenía a los reyes tenerlos de su parte, sin perjuicio de apremiarlos y despojarlos en casos de apuro.

Las matanzas, a lo menos en grande escala, comenzaron en Aragón y en Navarra. Los pastores del Pirineo, en número de más de 30.000, hicieron una razzia espantosa en el Mediodía de Francia y en las comarcas españolas fronterizas. En vano los excomulgó Clemente, V. Aquellas hordas de bandidos penetraron en Navarra (año 1321), quemando las aljamas de Tudela y Pamplona y pasando a cuchillo a cuantos judíos topaban. Y aunque el infante de Aragón, don Alfonso, exterminó a los pastores, los navarros seguían a poco aquel mal ejemplo, incendiando en 1328 las juderías de Tudela, Viana, Estella, etc., con muerte de 10.000 israelitas. En 1360 corre la sangre de los judíos en Nájera y en Miranda de Ebro, consintiéndolo el bastardo de Trastamara, que hacía armas contra don Pedro.

No mucho después comenzó sus predicaciones en Sevilla el famoso arcediano de Écija, Hernán Martínez, varón de pocas letras y de loable vida (*in litteratura simplex, et laudibilis vitae.*), dice Pablo de santa María, pero hombre animado de un fanatismo sin igual y que no reparaba en los medios, lo cual fue ocasión de innumerables desastres. La aljama de Sevilla se quejó repetidas veces a don Enrique II y a don Juan I de las predicaciones de Hernán Martínez, y obtuvo albalaes favorables. Con todo eso, el arcediano seguía conmoviendo al pueblo para que destruyera las sinagogas, Y en vista de tal contumacia, el arzobispo don Pedro Gómez Barroso le declaró rebelde y sospechoso de herejía, privándole de las licencias de predicar. Pero, vacante a poco aquella metropolitana, el arcediano, ya provisor, ordenó el derribo de las sinagogas de la campiña y de la sierra, que en parte se llevó a cabo, con resistencia de los oficiales del rey.

Vino el año 1391, de triste recordación, y, amotinada la muchedumbre en Sevilla con los sediciosos discursos de Hernán Martínez, asaltó la judería, derribando la mayor parte de las sinagogas, con muerte de 4.000 hebreos. Los demás pidieron a gritos el bautismo. De allí se comunicó el estrago a Córdoba y a toda la Andalucía cristiana, y de Andalucía a Valencia, cuya riquísima aljama fue completamente saqueada. Solo la poderosa y elocuente voz de san Vicente Ferrer contuvo a los matadores, y, asombrados los judíos, se arrojaron a las plantas del dominico, que logró aquel día portentoso número de conversiones.

Poco después era incendiada y puesta a saco la aljama de Toledo. Mas en ninguna parte fue tan horrenda la destrucción como en el Call de Barcelona, donde no quedó piedra sobre piedra ni judío con vida, fuera de los que a última hora pidieron el bautismo. Cobdicia de robar y no devoción, ya lo dice el canciller Ayala, incitaba a los asesinos en aquella orgía de sangre, que se reprodujo en Mallorca, en Lérida, en Aragón y en Castilla la Vieja en proporciones menores por no ser tanto el número de los judíos. Duro es consignarlo, pero preciso. Fuera de las justicias que don Juan, el amador de toda gentileza, hizo en Barcelona, casi todos estos escándalos quedaron impunes.

El número de conversos del judaísmo, entre los terrores del hierro y del fuego, había sido grande. Solo en Valencia pasaron de 7.000. Pero qué especie de conversiones eran éstas, fuera de las que produjo con caridad y mansedumbre fray Vicente Ferrer, escudo y defensa de los infieles hebreos valencianos, fácil es de adivinar, y por optimista que sea mi lector, no habrá dejado de conocerlo. De esos cristianos nuevos, los más judaizaban en secreto; otros eran gente sin Dios ni ley: malos judíos antes y pésimos cristianos después. Los menos en número, aunque entre ellos los más doctos, estudiaron la nueva ley, abrieron sus ojos a la luz y creyeron. Nadie los excedió en celo, a veces intolerante y durísimo, contra sus antiguos correligionarios. Ejemplo señalado es don Pablo de santa María (Selemoh-Ha-Leví), de Burgos, convertido, según es fama, por san Vicente Ferrer.

Gracias a este varón apostólico se iba remediando en mucha parte el daño de la conversión súbita y simulada. Muchos judíos andaluces y castellanos que en los primeros momentos solo por el terror habían entrado en el gremio de la Iglesia, tornáronse en sinceros y fervorosos creyentes a la voz del insigne catequista, suscitado por Dios en aquel tremendo conflicto para detener el brazo de las turbas y atajar el sacrilegio, consecuencia fatal de aquel pecado de sangre.

Con objeto de acelerar la deseada conversión de los hebreos, promovió don Pedro de Luna (Benedicto XIII) el Congreso teológico de Tortosa, donde el converso Jerónimo de Santa Fe (Jehosuah-Ha-Lorquí) sostuvo (enero de 1413), contra catorce rabinos aragoneses, el cumplimiento de las profecías mesiánicas. Todos los doctores hebreos, menos Rabí-Joseph-Albo y Rabí-Ferrer, se dieron por convencidos y abjuraron de su error. Esta ruidosísima conversión fue seguida de otras muchas en toda la corona aragonesa.

Así iba perdiendo el judaísmo sus doctores, quienes con el fervor del neófito y el conocimiento que poseían de la lengua sacra y de las tradiciones de su pueblo, multiplicaban sus profundos y seguros golpes, levantando a altísimo punto la controversia cristiana. Seguían en esto el ejemplo de Per Alfonso, que en el siglo XII escribió sus *Diálogos contra las impías opiniones de los judíos*, y de Rabí-Abner, o Alfonso de Valladolid, que en los principios del XIV dio muestras de su saber escriturario en *El Libro de las batallas de Dios*, en el *Monstrador de justicia* y en el *Libro de las tres gracias.*[445] Jerónimo de Santa Fe,

---

445 Alonso de Burgos.
   Es el célebre converso Rabi Abner, llamado también Alfonso de Valladolid, sin duda por haber residido mucho tiempo en esta segunda ciudad, ejerciendo su oficio de médico. Nació por los años de 1270. Recibió el bautismo en 1295 y murió en 1340.
   Autor de varios libros teológicos en hebreo (Véase Rodríguez de Castellano, y en cas-

después de su triunfo de Tortosa, ponía mano en el *Hebraeomastix*, y don Pablo de Santa María redactaba su *Scrutinium Scripturarum*, digno de veneración y rico hoy mismo en enseñanza: como que era su autor doctísimo hebraísta. Elevado el burguense a la alta dignidad de canciller de Castilla, redactó la severa pragmática de 1412 sobre encerramiento de judíos e moros.

La sociedad española acogía con los brazos abiertos a los neófitos, creyendo siempre en la firmeza de su conversión. Así llegaron a muy altas dignidades de la Iglesia y del Estado, como en Castilla los Santa Marías, en Aragón los Santa Fe, los Santángel, los La Caballería.[446] Ricos e influyentes los conversos, mezclaron su sangre con la de nobilísimas familias de uno y otro reino, fenómeno social de singular trascendencia, que muy luego produce una reacción espantosa, no terminada hasta el siglo XVII.

Nada más repugnante que esta interna lucha de razas, causa principal de decadencia para la Península. La fusión era siempre incompleta. Oponíase a ella la infidelidad de muchos cristianos nuevos, guardadores en secreto de la ley y ceremonias mosaicas, y las sospechas que el pueblo tenía de los restantes. Unas veces para hacerse perdonar su origen y otras por verdadero fervor, más o menos extraviado, solían mostrarse los conversos enemigos implacables de su

---

tellano de *El Monstrador de la justicia* [ms. de la Biblioteca Nacional de París: véase los catálogos de Ochoa y Morel-Fatio], de *El Libro de las batallas de Dios* (ms. que vio en san Benito de Valladolid Ambrosio de Morales), del *Libro de las tres gracias* (ms. de la B. N. de Madrid, Bb-133) y del *Libro declarante* (ms. de la Biblioteca escurialense). Véase Amador de los Ríos, tomo 4 de la *Historia crítica*. Rabí Abner tiene la importancia de ser el más antiguo escritor de su raza que emplease la lengua castellana en libros de controversia. «Los rabinos afirman que después de su conversión escribió Alfonso de Burgos otro libro impío de filosofía, en que sostenía que los astros influyen sobre los hombres, cuyas acciones son fatales, por lo tanto, y que le combatió Moseh Narboní en esta teoría que sustentaba contra Isaac de Pulgar» (Fernández y González, *Instituciones jurídicas del pueblo de Israel* I 200-201).

También A. de los Ríos le califica, no sé con qué fundamento, de librepensador, averroísta y partidario de Maimónides.

446 Véase sobre los conversos aragoneses: *Genealogia valde antiqua et bona neophitorum antiquorum qui conversi fuerunt tempore beati Vincentii Ferrarii Confessoris ordinis Praedicatorum in civitate Caesaraugustae et extra in regno aragonum, extracta per me Anchiam assesorem Sanctae Inquisitionis.* (Más conocido por *Libro Verde de Aragón.*) Biblioteca Colombina. Z-135-56. Tengo un extenso extracto, que me facilitó mi erudito amigo don Adolfo de Castro.

gente y sangre. No muestran caridad grande micer Pedro de La Caballería en el *Zelus Christi* ni fray Alonso de la Espina en el *Fortalitium fidei*. Señaladísimo documento, por otra parte, de apologética, y tesoro de noticias históricas.

Como los neófitos no dejaban por eso de ser ricos ni de mantener sus tratos, mercaderías y arrendamientos, volvióse contra muchos de ellos el odio antiguo de la plebe contra los judíos cobradores y logreros. Fue el primer chispazo de este fuego el alboroto de los toledanos en 1449, dirigidos por Pedro Sarmiento y el bachiller Marcos García Mazarambroz, a quien llamaban el bachiller Marquillos,[447] el primero de los cuales, alzado en alcalde mayor de Toledo, despojaba, por sentencia de 5 de junio, a los conversos de todo cargo público, llamándolos sospechosos en la fe. Y aunque por entonces fue anulada semejante arbitrariedad, la semilla quedó y de ella nacieron en adelante los estatutos de limpieza.

Entre tanto, fray Alonso de Espina se quejaba en el *Fortalitium* de la muchedumbre de judaizantes y apóstatas, proponiendo que se hiciera una inquisición en los reinos de Castilla. A destruir este judaísmo oculto dedicó con incansable tesón su vida. El peligro de la infección judaica era grande y muy real. Confesábalo el mismo fray Alfonso de Oropesa, varón evangélico, defensor de la unidad de los fieles, en su libro *Lumen Dei ad revelationem gentium*,[448] el cual, por encargo del arzobispo Carrillo, hizo pesquisa en Toledo, y halló, conforme narra el padre Sigüenza, «de una y otra parte mucha culpa: los cristianos viejos pecaban de atrevidos, temerarios, facinerosos; los nuevos, de malicia y de inconstancia en la fe».[449]

Siguiéronse los alborotos de Toledo en julio y agosto de 1467; los de Córdoba, en 1473, en que solo salvó a los conversos de su total destrucción el valor y presencia de ánimo de don Alonso de Aguilar; los de Jaén, donde fue asesinado sacrílegamente el condestable Miguel Lucas de Iranzo; los de Segovia, 1474, especie de zalagarda movida por el maestre don Juan Pacheco con otros intentos. La avenencia entre cristianos viejos y nuevos se hacía imposible. Quién matará a quién, era el problema.

---

447 Véase sobre estos hechos la *Instrucción* del relator para el obispo de Cuenca (Biblioteca Colombina). Tengo copia, hecha por mi amigo don Adolfo de Castro.

448 Nunca se ha impreso. Examiné un hermoso códice en la Biblioteca Ambrosiana de Milán.

449 *Historia de la Orden de san Jerónimo*, lib. 3, cap. 18.

Clamaba en Sevilla el dominico fray Alonso de Hojeda contra los apóstatas, que estaban en punto de predicar la ley de Moisés y que no podían encubrir el ser judíos, y contra los conversos más o menos sospechosos, que lo llenaban todo, así la curia eclesiástica como el palacio real. Vino a excitar la indignación de los sevillanos el descubrirse en Jueves santo de 1478 una reunión de seis judaizantes que blasfemaban de la fe católica.[450] Alcanzó fray Alonso de Hojeda que se hiciese inquisición en 1480, impetrada de Sixto IV bula para proceder contra los herejes por vía de fuego.

Los nuevos inquisidores aplicaron el procedimiento que en Aragón se usaba. En 6 de febrero de 1481 fueron entregados a las llamas seis judaizantes en el campo de Tablada. El mismo año se publicó el *Edicto de gracia*, llamando a penitencia y reconciliación a todos los culpados. Más de 20.000 se acogieron al indulto en toda Castilla. ¿Era quimérico o no el temor de las apostasías? Entre ellos abundaban canónigos, frailes, monjes y personajes conspicuos en el Estado.

¿Qué hacer en tal conflicto religioso y con tales enemigos domésticos? El instinto de propia conservación se sobrepuso a todo, y para salvar a cualquier precio la unidad religiosa y social, para disipar aquella dolorosa incertidumbre, en que no podía distinguirse al fiel del infiel ni al traidor del amigo, surgió en todos los espíritus el pensamiento de inquisición. En 11 de febrero de 1482 lograron los reyes católicos bula de Sixto IV para establecer el Consejo de la Suprema, cuya presidencia recayó en fray Tomás de Torquemada, prior de Santa Cruz de Segovia.

El nuevo Tribunal, que difería de las antiguas inquisiciones de Cataluña, Valencia, etc., en tener una organización más robusta y estable y ser del todo independiente de la jurisdicción episcopal, introducíase en Aragón dos años después, tras leve resistencia. Los neófitos de Zaragoza, gente de mala y temerosa conciencia, dieron en la noche del 18 de septiembre de 1485 sacrílega muerte al inquisidor san Pedro Arbués al tiempo que oraba en La Seo.[451] En el proceso resultaron complicados la mayor parte de los cristianos nuevos de

---

450 Ortiz de Zúñiga, *Anales de Sevilla*, año de 1477.
451 Véase en el *Libro Verde de Aragón* los nombres de todos los procesados. No los inserto en un apéndice porque para mi asunto no tienen interés alguno y porque ya lo hizo el señor Amador de los Ríos. Buena parte de estos procesos se hallan en la colección Llorente de la Biblioteca Nacional de París.

Aragón; entre los que fueron descabezados figuran mosén Luis de Santángel y micer Francisco de Santa Fe; entre los reconciliados, el vicecanciller micer Alfonso de La Caballería.

Fray Alonso de Espina, distinto probablemente del autor del *Fortalitium*, fue enviado en 1487 a Barcelona de inquisidor por Torquemada, quien, no sin resistencia de los catalanes, atentos a rechazar toda intrusión de ministros castellanos en su territorio, había sido reconocido como inquisidor general en los reinos de Castilla y Aragón. En el curioso registro que, por encargo del mismo fray Alonso, formó el archivero Pedro Miguel Carbonell, y que hoy suple la falta de los procesos originales,[452] pueden estudiarse los primeros actos de esta inquisición. El viernes 20 de julio de 1487 prestaron juramento de dar ayuda y favor al Santo oficio el infante don Enrique, lugarteniente real; Francisco Malet, regente de la Cancillería; Pedro de Perapertusa, veguer de Barcelona, y Juan Sarriera, baile general del Principado.

Los reconciliados barceloneses eran todos menestrales y mercaderes: pelaires, juboneros, birreteros, barberos, tintoreros, curtidores, drogueros, corredores de oreja. La nobleza de Cataluña no se había mezclado con los neófitos tanto como en Aragón, y apenas hay un nombre conocido entre los que cita Carbonell. El primer auto de fe verificóse el 25 de enero de 1488, siendo agarrotados cuatro judaizantes y quemados en estatua otros doce.[453] Las condenaciones en estatua se multiplicaron asombrosamente; porque la mayor parte de los neófitos catalanes habían huido.

Carbonell transcribe, además de las listas de reconciliados, algunas sentencias. Los crímenes son siempre los mismos: haber observado el sábado y los ayunos y abstenciones judaicas; haber profanado los sacramentos; haber enramado sus casas para la fiesta de los Tabernáculos o de les Cabanyelles, etc. Algunos, y esto es de notar, por falta de instrucción religiosa querían guardar a la vez la ley antigua y la nueva, o hacían de las dos una amalgama extraña,

---

452 *Liber descriptionis reconciliationisque, purgationis et condemnationis haereticorum, alias de gestis haereticorum*. (En los *Opúsculos*, de Carbonell, tomo 27 de los *Documentos del Archivo de Aragón*.) Es de sentir que no le utilizase el señor Amador de los Ríos.

453 El señor Amador de los Ríos, siguiendo al señor Balaguer en la *Historia de Cataluña*, afirma que Juan Trullols y Juan de Santa Fe fueron quemados vivos. No hay tal cosa. Carbonell está expreso: *suffocati fuere*. Los cadáveres fueron quemados: *ea corpora igni et flammis supposuerunt*.

o, siendo cristianos en el fondo, conservaban algunos resabios y supersticiones judaicas, sobre todo las mujeres.

Una de las sentencias más llenas de curiosos pormenores es la del lugarteniente de tesorero real Jaime de Casafranca. Allí se habla de un cierto Sent Jordi, grande enemigo de los cristianos y hombre no sin letras, muy versado en los libros de Maimónides y autor él mismo de un tratado en favor de la ley de Moisés. Otro de los judaizantes de alguna cuenta fue Dalmáu de Tolosa, canónigo y pavorde de Lérida.

La indignación popular contra los judaizantes había llegado a su colmo. «El fuego está encendido (dice el cura de los Palacios); quemará fasta que falle cabo al seco de la leña que será necesario arder fasta que sean desgastados e muertos todos los que judaizaron; que no quede ninguno; e aun sus fijos... si fueren tocados de la misma lepra.»[454] Al proclamar el exterminio con tan durísimas palabras, no era el cronista más que un eco de la opinión universal e incontrastable.

El edicto de expulsión de los judíos públicos (31 de marzo de 1492), fundado, sobre todo, en el daño que resultaba de la comunicación de hebreos y cristianos, vino a resolver en parte aquella tremenda crisis. La Inquisición se encargó de los demás. El edicto, tantas veces y tan contradictoriamente juzgado, pudo ser más o menos político, pero fue necesario para salvar a aquella raza infeliz del continuo y feroz amago de los tumultos populares. Es muy fácil decir, como el señor Amador de los Ríos, que debieron oponerse los reyes católicos a la corriente de intolerancia. Pero ¿quién se opone al sentimiento de todo un pueblo? Excitadas las pasiones hasta el máximo grado, ¿quién hubiera podido impedir que se repitieran las matanzas de 1391? La decisión de los reyes católicos no era buena ni mala; era la única que podía tomarse, el cumplimiento de una ley histórica.

En 5 de diciembre de 1496 seguía don Manuel de Portugal el ejemplo de los reyes de Castilla; pero aquel monarca cometió la inicua violencia, así lo califica Jerónimo Osorio, de hacer bautizar a muchos judíos por fuerza con el fin de que no salieran del reino sus tesoros. «¿Quieres tú hacer a los hombres por fuerza cristianos? (exclama el Tito Livio de Toledo). ¿Pretendes quitalles la libertad que Dios les dio?»

---

454 Cap. 14 (edición de los Bibliófilos de Sevilla).

Todavía más que a los judíos aborrecía el pueblo a los conversos, y éstos se atraían más y más sus iras con crímenes como el asesinato del Niño de la Guardia, que es moda negar, pero que fue judicialmente comprobado y que no carecía de precedentes asimismo históricos.[455] Los conversos Juan Franco, Benito García, Hernando de Rivera, Alonso Franco, etc., furiosos por haber presenciado en Toledo un auto de fe en 21 de mayo de 1499, se apoderaron, en represalias, de aquella inocente criatura llamada en el siglo Juan de Pasamontes y ejecutaron en él horribles tormentos, hasta crucificarle, parodiando en todo la pasión de Cristo.[456] Descubierta semejante atrocidad y preso Benito García, que delató a los restantes, fueron condenados a las llamas los hermanos Francos y sus ayudadores, humanas fieras. La historia del santo Niño, objeto muy luego de veneración religiosa, dio asunto en el siglo XVI a la elegante pluma del padre Yepes y a los cantos latinos de Jerónimo Ramírez, humanista eminente:

> Flagra cano, saevamque necem renovataque Christi
> vulnera, et invisae scelus execrabile gentis
> quae trucis indomitas effundens pectoris iras
> insontem puerum praerupti in vertice montis
> compulit exiguo maiorem corpore molem

---

455 V. gr.: el de santo Dominguito del Val, inmolado en Zaragoza el año 1250 por el judío Alassé Albayluz (*Teatro eclesiástico de Aragón*, tomo 2, página 246.).

456 El proceso original se conserva en el Archivo de Alcalá de Henares. Un traslado catalán de la sentencia puede leerse en el tomo 2 de los *Opúsculos*, de Carbonell. Los pormenores son horribles: «Crucificá un infant chrestiá en la forma e manera quels juheus crucificaren a nostre Senyor Jesu Christ en remembransa e vituperi de su divina majestad e sacratissima passió, stenenli los brassos e camas en dos pals posadas e ligadas en forma de creu, donantli azots, repelons e bufets, scupintlo, obrintli las venas ab ganivets e collili la sanch ab un caldero e ab una scudella e posantli argilagas e herbas spinosas en las solas dels peus e en les spatles, posantli, lo dit Benet García, en lo cap, de las herbas spinosas en manera de garlanda, obrint lo costat del dit infant cruelment ab un ganivet, per baix dels pits traentli lo cor...», etc., etc. (página 73).

Véase, además, Yepes, *Historia del santo niño de la Guardia* (Madrid 1583). *Hieronymi Ramiri: De raptu Innocentis Martyris Guardiensis*, libri VI. Matriti 1592. (Reproducido en los Cl. *Hispanorum Opuscula*, de Cerdá: *Vidas de niños célebres*, por don Adolfo de Castro, Cádiz 1865).

El proceso se instruyó en Ávila (1491) y se cerró en Toledo.

ferre humeris, tensosque cruci praebere lacertos.

La negra superstición de los conversos llegaba hasta hacer hechicerías con la hostia consagrada, según consta en el proceso del Niño de la Guardia, cuyo corazón reservaron para igual objeto.

Las venganzas de los cristianos viejos fueron atroces. En abril de 1506 corría la sangre de los neófitos por las calles de Lisboa; horrenda matanza que duró tres días y dejó muy atrás los furores de 1391.

En tanto, el inquisidor de Córdoba, Diego Rodríguez Lucero, hombre fanático y violento, inspirado por Satanás, como dice el padre Sigüenza, sepultaba en los calabozos, con frívolas ocasiones y pretextos, a lo más florido de aquella ciudad y se empeñaba en procesar como judaizante nada menos que al venerable y apostólico arzobispo de Granada, fray Hernando de Talavera, y a todos sus parientes y familiares.[457] Y es que fray Hernando, sobrino de Alonso de Oropesa y jerónimo como él, era del partido de los claustrales, puesto al e los observantes, de que había sido cabeza fray Alonso de Espina, cuanto al modo de tratar a los neófitos que de buena fe vinieron al catolicismo, y le repugnaba la odiosa antievangélica distinción de cristianos viejos y nuevos.

Tan lejos de los hechos, no es fácil decidir hasta dónde llegaba la culpabilidad de algunos conversos entre los infinitos cuyos procesos y sentencias constan. Pero no es dudoso que recayeron graves sospechas en micer Gonzalo de santa María, asesor del gobernador de Aragón y autor de la *Crónica de don Juan II*, y en el mismo Luis de Santángel, escribano racional de Fernando el Católico, el cual, más adelante, prestó su dinero para el descubrimiento del Nuevo Mundo. Santa María fue penitenciado tres veces por el Santo oficio y al fin murió en las cárceles; su mujer, Violante Belviure, fue castigada con sambenito en 4 de septiembre de 1486. Santángel fue reconciliado el 17 de julio de 1491.

Hasta 1525 los procesos inquisitoriales fueron exclusivamente de judaizantes. En cuanto a números, hay que desconfiar mucho. Las cifras de Llorente, repetidas por el señor Amador de los Ríos, descansan en la palabra de aquel ex secretario del Santo oficio, tan sospechoso e indigno de fe siempre, que no trae documentos en su abono. ¿Quién le ha de creer, cuando rotundamente afirma que desde 1481 a 1498 perecieron en las llamas 10.220 personas?

---

457 Véase la ilustración 18 del *Elogio de Isabel la Católica*, de Clemencín (páginas 481-490).

¿Por qué no puso los comprobantes de ese cálculo? El *Libro Verde de Aragón* solo trae sesenta y nueve quemados con sus nombres. Solo de veinticinco en toda Cataluña habla el Registro de Carbonell.[458] Y si tuviéramos datos igualmente precisos de las demás inquisiciones, mal parada saldría la aritmética de Llorente. En un solo año, el de 1481, pone 2.000 víctimas,[459] sin reparar que Marineo Sículo las refiere a diferentes años. Las mismas expresiones que Llorente usa, poco más o menos, aproximadamente, lo mismo que otros años, demuestran la nulidad de sus cálculos. Por desgracia, harta sangre se derramó, Dios sabe con qué justicia. Las tropelías de Lucero, v. gr., no tienen explicación ni disculpa, y ya en su tiempo fueron castigadas, alcanzando entera rehabilitación muchas familias cordobesas por él vejadas y difamadas.

La manía de limpieza de sangre llegó a un punto risible. Cabildos, concejos, hermandades y gremios, consignaron en sus estatutos la absoluta exclusión de todo individuo de estirpe judaica, por remota que fuese. En este género, nada tan gracioso como el estatuto de los pedreros de Toledo, que eran casi todos mudéjares y andaban escrupulizando en materia de limpieza.

Esta intolerancia brutal, que en el siglo XV tenía alguna disculpa por la abundancia de relapsos, fue en adelante semillero de rencores y venganzas, piedra de escándalo, elemento de discordia. Solo el progreso de los tiempos pudo borrar esas odiosas distinciones en toda la Península. En Mallorca duran todavía.

Antes de abandonar este antipático asunto, que ojalá pudiera borrarse de nuestra historia, conviene dejar sentado:

1.º Que es inútil negar, como lo hacen escritores judíos alemanes, siguiendo a nuestro Isaac Cardoso, que hubiera en los israelitas españoles anhelo de proselitismo. Fuera de que éste es propio de toda creencia, responden de lo contrario todos los documentos legales, desde los cánones de Toledo hasta las leyes de encerramiento de la Edad media y hasta el edicto de expulsión de 1492, donde se alega como principal causa «el daño que a los cristianos se sigue e ha seguido de la participación, conversación e comunicación que han

---

458 Entiéndase hasta 1500, que es adonde llega el cálculo de Llorente.

459 Adviértase, además, que la pena de fuego solía aplicarse a los cadáveres y que el *combustus* no siempre ha de entenderse quemando vivo. Lo general era ahogarlos o sofocarlos, chorda astringente, como vemos en los apuntes de Carbonell.

324

tenido e tienen con los judíos, los quales se precian que procuran siempre, por cuantas vías e maneras pueden, de subvertir de nuestra sancta feé cathólica a los fieles, e los apartan della e tráenlos a su dañada creencia e opinión, instruyéndolos en las creencias e cerimonias de su ley, faciendo ayuntamiento, donde les leen e enseñan lo que han de tener e guardar según su ley, procurando de circuncidar a ellos e a sus fijos, dándoles libros por donde recen sus oraciones..., persuadiéndoles que tengan e guarden quanto pudieren la ley de Moysén, faciéndoles entender que non hay otra ley nin verdad si non aquella..., lo cual todo consta por muchos dichos e confesiones, así de los mismos judíos como de los que fueron engañados por ellos». Todo esto denuncia una propaganda activa, que, según los términos del edicto, había sido mayor en las cibdades, villas y logares del Andalucía.

2.º Que es innegable la influencia judaica, así en la filosofía panteísta del siglo XII, cuyo representante principal entre nosotros es Gundisalvo, como en la difusión de la Cábala, teórica y práctica, ya que también se daba ese nombre a ciertas supersticiones y artes vedadas.

3.º Que conversiones atropelladas e hijas del terror, como las de 1391 o las que mandó hacer don Manuel de Portugal, no podían menos de producir infinitas apostasías y sacrilegios, cuyo fruto se cosechó en tiempo de los reyes católicos.

4.º Que grandísimo número de los judaizantes penados por el Santo oficio eran real y verdaderamente relapsos y enemigos irreconciliables de la religión del Crucificado, mientras que otros, con ser cristianos de veras, conservaban algunos rastros y reliquias de la antigua ley. Los rigores empleados con estos últimos fueron contraproducentes, sirviendo a la larga para perpetuar una como división de castas y alimentar vanidades nobiliarias, con haber en Castilla, Aragón y Portugal muy pocas familias exentas de esta labe, si hemos de atenernos al Tizón, del cardenal Bobadilla.

5.º Que este alejamiento y mala voluntad de los cristianos viejos respecto de los nuevos retardó la unidad religiosa aun después de expulsados los judíos y establecido el Santo oficio.

III. Mahometizantes. Sublevaciones y guerras de los muladíes bajo el califato de Córdoba. Los renegados y la civilización musulmana.

Fray Anselmo de Turmeda, Garci-Ferrandes de Gerena y otros apóstatas

En el libro II de su *Histoire des musulmans d'Espagne* ha expuesto Dozy la historia política de los muladíes o renegados españoles. La historia literaria está por escribir, y solo otro arabista puede hacerla; entonces quedará demostrado que mucha parte de lo que se llama civilización arábiga es cultura española de muzárabes o cristianos fieles y de cristianos apóstatas.[460]

Con el nombre de renegados o tornadizos se designa no solo a los que abjuraron de la fe católica, sino a sus descendientes, lo cual dificulta mucho la averiguación y los excluye *ipso facto* de esta historia mientras no conste que renegaron ellos y no sus padres. Por eso me limitaré a indicaciones generales.

En una sociedad tan perdida como lo era en gran parte la visigoda del siglo VIII, poco firme en las creencias, apegada a los bienes temporales, corroída por el egoísmo, extenuada por ilícitos placeres y con poca unidad y concierto en todo, pues aun duraba la diferencia de razas y el mal de la servidumbre no se había extinguido, debía ser rápida, y lo fue, la conquista; debían ser frecuentes, y no faltaron, en verdad, las apostasías. Los siervos se hacían islamitas para obtener la libertad; los ingenuos y patricios, para conservar íntegra su hacienda y no pagar la capitación.

No todos los muladíes[461] eran impenitentes y pertinaces: a muchos punzaba el buen ejemplo de los muzárabes cordobeses, protesta viva contra la debilidad y prevaricación de sus hermanos. Como la apostasía de éstos era hija casi siempre de motivos temporales; como los musulmanes de raza los miraban con desprecio y los cristianos con indignación, llamándolos *transgressores*; como la ley mahometana les prohibía, so pena de muerte, volver a su antigua creencia, y en la nueva estaban excluidos de los cargos públicos, patrimonio de la privilegiada casta del desierto, trataron de salir de aquella posición odiosa recurriendo, puesto que eran muchos, a la fuerza de las armas. Comenzó entonces una interminable serie de tumultos y rebeliones.

Los renegados del arrabal de Córdoba se levantaron contra Al-Hakem en 805 y 806, siguiendo su ejemplo los toledanos, excitados por los cantos de un poeta de sangre española, Garbîb. Para domeñar a los rebeldes se valió el califa

---

460 Esperamos que el señor Simonet ha de poner en claro este hecho.
461 Viene esta palabra de *mowallad* (adoptados).

de otro renegado de Huesca, Amrúst quien, con infernales astucias, preparó contra los de su raza la terrible matanza conocida con el nombre de día del foso, en que fueron asesinados más de 700 ciudadanos, los más conspicuos e influyentes de Toledo.

Siete años después, en mayo de 814, estalla en Córdoba otro importante motín de renegados, dirigidos por los alfaquíes, que llamaban impío a Al-Hakem. Éste se encierra en su palacio, manda a un esclavo que le unja la cabeza con perfumes, para que los enemigos le distingan entre los muertos, y en una vigorosa salida destroza a los cordobeses, mientras que arden las casas del arrabal. Ni después de esta carnicería e incendio cesaron los furores de Al-Hakem. Trescientas cabezas hizo clavar en postes, a la orilla del río, y expulsó en el término de tres días a los renegados del arrabal; 15.000 de ellos no pararon hasta Egipto, donde hicieron proezas de libro de caballerías que recuerdan las de los catalanes en Grecia; tomaron por fuerza de armas a Alejandría, sosteniéndose allí hasta el año de 826, en que un general del califa Al-Mamún los obligó a capitular, y de allí pasaron a la isla de Creta, que conquistaron de los bizantinos. El renegado Abu-Hafs-Omar, oriundo del campo de Calatrava, fundó allí una dinastía que duró hasta el año de 961: más de siglo y medio. Otros 8.000 españoles se establecieron en Fez, donde dominaban los idrisíes. Todavía en el siglo XIV se les distinguía de árabes y bereberes en rostro y costumbres.

Los toledanos habían vuelto a levantarse; pero Al-Hakem los sometió, quemando todas las casas de la parte alta de la ciudad. El herrero Háchim arrojó de la ciudad en 829 a los soldados de Abderramán II, y con sus hordas de renegados corrió y devastó la tierra, hasta que Mohammed-ben-Wasim los dispersó con muerte del caudillo. Toledo se mantuvo en poder de los muladíes ocho años, hasta 837, en que Walid la tomó por asalto y redujo a servidumbre, reedificando la ciudad de Amrús como perpetua amenaza. En estas luchas se ve a algunos renegados, como Maisara y Ben-Mohâchir,[462] hacer armas contra su gente. En Córdoba aparece la repugnante figura del eunuco Nazar, grande enemigo de su sangre y del nombre cristiano aún más que otros apóstatas. Cuando el mártir Perfecto se encaminaba al suplicio, emplazó a aquel malvado ante el tribunal de Dios en el término de un año, antes que tomase la fiesta del Ramadán. Así

---

462 Sigo las transcripciones de Dozy.

se cumplió,[463] muriendo víctima del mismo veneno que había preparado contra Abderramán.

Otro tipo de la misma especie, y todavía más odioso, fue el cátib o exceptor Gómez, hijo de Antonino, hijo de Julián, cuyo nombre jamás pronuncian Álvaro Cordobés ni san Eulogio, como si temieran manchar con él sus páginas.[464] Hablaba y escribía bien el árabe y tenía mucho influjo en la corte (*gratiâ dissertudinis linguae arabicae quâ nimium praeditus erat*, dice san Eulogio). Él se presentó, en nombre de Abderramán, en el concilio que presidía Recafredo para pedir que se condenara la espontaneidad en el martirio y se pusiera en prisiones a san Eulogio y a los demás que le defendían. El decreto conciliar fue ambiguo, *aliud dicens et aliud sonans*, como inspirado por el miedo. Gómez, que en materia de religión era indiferente, se hizo musulmán, reinando Mohamed, para lograr el empleo de canciller. Asistía con tanta puntualidad al culto, que los alfaquíes le llamaban la paloma de la mezquita.[465] A esta apostasía siguieron otras muchas.

Nueva sublevación de los toledanos, capitaneados por un cierto Síndola (Suintila?), en 853. Los rebeldes se adelantan hasta Andújar y amenazan a Córdoba. Síndola hace alianza con el rey de León, Ordoño I, que manda en su ayuda a Gatón, conde del Bierzo, con numerosas gentes. Mohamed derrota a los toledanos y leoneses, haciendo en ellos horrible matanza. Sin embargo, Toledo seguía independiente, y lo estuvo más de ochenta años, hasta el reinado de Abderramán III.

---

463 «Et priusquam foro plectendus educeretur, tradunt prophetico vegetatum spiritu de quodam eunucho vocabulo Nazar, Claviculario proconsule (qui eo tempore totius reipublicae in Hispaniis administrationem gerebat) dixisse: "Hunc quem hodie super omnes Hiberiae primates fastus principatus extollit et coelo tenus gloriosa potestas in hac parte occidua sublimavit, revoluto venturi anni curriculo, ipsum, quo me prosterni die decreverit, non attinget".» (*Memoriale Sanctorum*, página 456, tomo 2, de los padres Toledanos. *Obras de san Eulogio.*)

464 Dozy nos revela su nombre, tomándolo de Ben-al-Kutiya.

465 «Multi autem sua se sponte a Christo divertentes adhaerebant iniquis, sectamque diaboli summo colebant affectu, sicuti ille spurius et Sanctorum benedictione indignus... Qui saecularis reverentiae pompam rebus praeponens coelestibus, inauditaque libidine pro Deo officium venerans... continuo iidem Sanctae Trinitatis spernens, cedit sectae perversitatis et nequaquam se christianum vult iam ultra videri...» (*Memoriale Sanctorum*, página 490 de las *Obras de san Eulogio*, en los padres Toledanos).

Los montañeses de la serranía de Ronda (Regio montana o simplemente Regio), así renegados como cristianos, levantaron poco después la cabeza, y Omar-ben-Hafsún, el Pelayo de Andalucía, comenzó aquella heroica resistencia, menos afortunada que la de Asturias, pero no menos gloriosa.[466] Desde su nido de Bobastro hizo temblar a Mohamed y Abdallah y puso el califato de Córdoba a dos dedos de su ruina. A pique estuvo de fundar un imperio cristiano en Andalucía y adelantar en cinco siglos la Reconquista. Aunque era de familia muladí, cuando vio consolidado su poder, abrazó el cristianismo con todos sus parientes, y cristianos eran la mayor parte de los héroes que le secundaban, aunque en los primeros momentos no juzgó oportuno enajenarse la voluntad de los renegados, que al fin, como españoles, odiaban de todo corazón a los árabes.

En todas partes se hacían independientes los muladíes. Aragón estaba dominado por la familia visigoda de los Banu-Cassi, de la cual salió el renegado Muza, señor de Tudela, Zaragoza y Huesca, que se apellidaba tercer rey de España; tenía en continuo sobresalto a los príncipes cristianos y al emir cordobés y recibía embajadas de Carlos el Calvo. Fue vencido en el monte Laturce, cerca de Albelda, por Ordoño I.[467] Desde entonces, los Banu-Cassi (uno de ellos Lupo-ben-Muza, que era cónsul en Toledo) hicieron alianza con los reyes de León contra el común enemigo, es decir, contra los árabes. Solo Mohamad-ben-Lupi (hijo de Lope), por enemistad con sus tíos, Ismael y Fortun-ben-Muza,

---

466 Las inauditas hazañas de Omar-ben-Hafsún, tipo del guerrillero español de los tiempos medios, pueden leerse en Dozy, página 175 y siguientes del tomo 2 (Ley de 1861). Es uno de los mejores pedazos de su obra. Pronto aparecerá una admirable *Historia del rey Samuel*, escrita por don Aureliano Fernández-Guerra.

467 «Muza quidam nomine Gothus sed ritu Mahametiano (sic), cum omnis gentis suae multitudine deceptus, quos Chaldaei vocant Benikazzi, contra Cordubensem Regem rebellavit, eique multas civitates, partim gladio, partim fraude invasit: prius quidiem Caesaraugustam, deindic Tutelam et Oscam, postremo vero Toletum, ubi filium suum nomine Lupum posuit praefectum. Postea in Francos et Gallos arma convertit: multos ibi strages et praedas fecit... Unde ob tantae victoriae causam tantum in superbia intumuit, ut se a suis tertium Regem in Hispania appellari praeceperit. Adversus quem Ordonius Rex exercitum movim...», etc. «Lupus vero filius de eodem Muza, qui Toleto Consul praeerat, dum de patre quod superatus fuerat, audivit, Ordonio Regi cum omnibus suis se subiecit, et dum vitam hanc vixit, subditus ei fuit» (*Chronicon Sebastiani*, edición de Flórez, página 25)

329

rompió las paces en tiempo de Alfonso el Magno y se alió con los cordobeses.[468] Lidiaron contra él los demás Banu-Cassi y fueron vencidos, viniendo a poder de Mohamed casi todos los antiguos estados de Muza.

En Mérida había fundado otro reino independiente el renegado Ibn-Meruan, que predicaba una religión mixta de cristianismo y mahometismo. Apoyado por Alfonso III y por los reyezuelos muslimes, de sangre española,[469] derrotó en Caracuel un ejército mandado por Háchim, favorito de Mohamed, y llevó sus devastaciones hacia Sevilla y el condado de Niebla.

Tales circunstancias aprovechó Omar-ben-Hafsún (entre los cristianos Samuel) para sus empresas. No me cumple referirlas, porque Omar no era renegado, aunque así le llamasen. A su sombra se levantaron los españoles de Elvira, ya cristianos, ya renegados, y encerraron a los árabes en la Alhambra; y aunque Sawar y después el célebre poeta Said los resistieron con varia fortuna, la estrella de Omar-ben-Hafsún, nuevo Viriato, no se eclipsaba por desastres parciales.

En cambio, los renegados de Sevilla, que eran muchos y ricos, fueron casi exterminados por los yemeníes.

Aún hubo más soberanías españolas independientes. En la provincia de Ossonoba (los Algarbes), un cierto Yahya, nieto de cristianos, fundó un estado pacífico y hospitalario. En los montes de Priego, Ben-Mastana; en tierras de Jaén, los Banu-Habil; en Murcia y Lorca, Daisam-ben-Ishac, que dominaba casi todo el antiguo reino de Teodomiro; todos eran renegados o muladíes. Los mismos cristianos de Córdoba entraron en relaciones con Ben-Hafsún; y el conde Servando, aquel pariente de Hostegesis y antiguo opresor de los muzárabes, creyó conveniente ponerse al servicio de la causa nacional para hacer olvidar sus crímenes.

El combate de Polei quebrantó mucho las fuerzas de Omar-ben-Hafsún, que, a no ser por aquel descalabro, hubiera entrado en Córdoba, y la división entre los caudillos trajo al fin la ruina de la causa nacional. Abderramán III los fue domeñando o atrayendo. Al hacerse católicos Omar-ben-Hafsún y Ben-

---

468 «Tum Ababdella ipse qui Mohamat iben Lupi, qui semper noster fuerat amicus... ob invidiam de suis tionibus, cui Rex filium suum Ordonium ad creandum dederat, cum Cordubensibus pacem fecit» (*Chronicon Albeldense*, página 67, edición de Flórez).

469 Meruan, en sus algaradas, solo robaba y mataba a árabes y bereberes. Es de notar el sentimiento patriótico que, en medio de todo, animaba a estos renegados.

Mastana, se habían enajenado muchos partidarios. En la serranía de Regio, poblada casi toda de cristianos, la resistencia fue larga, y Ben-Hafsún murió sin ver la derrota ni la sumisión de los suyos. Su hijo Hafs rindió a Abderramán la temida fortaleza de Bobastro. Su hija Argéntea, fervorosa cristiana, padeció el martirio. Otro hijo suyo, Abderramán, más dado a las letras que a las armas, pasó la vida en Córdoba copiando manuscritos.

Toledo, que formaba una especie de república, se rindió por hambre en 930. Todos los reinos de taifas desaparecieron, menos el de los Algarbes, cuyo príncipe, que lo era el renegado Kalaf-ben-Beker, hombre justiciero y pacífico, ofreció pagar un tributo.

Desde este momento ya no se puede hablar de renegados. Estos se pierden en la general población musulmana, y los que volvieron a abrazar la fe, en mal hora dejada por sus padres, se confunden con los muzárabes.

Empresa digna de un historiador serio fuera el mostrar cuánto influye este elemento español en la general cultura musulmana. Él nos diría, por ejemplo, que el célebre ministro de Abderramán V Alí-ben-Hazm, a quien llama Dozy «el mayor sabio de su tiempo, uno de los poetas más graciosos y el escritor más fértil de la España árabe», era nieto de un cristiano, por más que él renegara de su origen y maldijera las creencias de sus mayores. Con fundamento, el mismo Dozy, a quien cito por no ser sospechoso, después de transcribir una lindísima narración de amores escrita por Ibn-Hazm, y que sentaría bien en cualquiera novela íntima y autobiográfica de nuestros días, añade: «No olvidemos que este poeta, el más casto y, hasta cierto punto, el más cristiano entre los poetas musulmanes, no era de sangre árabe. Nieto de un español cristiano, no había perdido el modo de pensar y de sentir propio de su raza. En vano abominaban de su origen estos españoles arabizados; en vano invocaban a Mahoma y no a Cristo; siempre en el fondo de su alma quedaba un no sé qué puro, delicado, espiritual, que no es árabe».[470] Esta vez, por todas, Dozy nos ha hecho justicia.

Diríanos el que de estas cosas escribiera que el famoso historiador Ben-al-Kutiya (hijo de la goda) descendía de la regia sangre de Witiza; que Almotasín, rey de Almería, poeta y gran protector del saber, era de la estirpe española de los Banu-Cassi; que el poeta cristiano Margari y otro llamado Ben-Kuz-mán, muladí, según parece, aclimataron en la corte de Almo-tamid de Sevilla los

---

470 *Histoire des musulmans d'Espagne*, tomo 3, página 350.

géneros semipopulares del *zéjel* y de la *muwasaja*. Nos enseñaría si tiene o no razón Casiri cuando afirma que el célebre astrónomo Alpetruchi o Alvenalpetrardo era un renegado cuyo verdadero nombre fue Petrus, cosa que Munk y otros negaron.[471]

Ahora solo me resta hablar de dos o tres españoles de alguna cuenta, bien pocos por fortuna, que en tiempos posteriores islamizaron. El cautiverio en Granada y Marruecos hacía mártires, pero también algunos apóstatas, gente oscura por lo común. «Tornábanse moros con la muy *grand cueita que avien*» dice Pedro Marín en los *Miráculos de santo Domingo*. Fuera de estos infelices, a quienes procuraba apartar del despeñadero san Pedro Pascual, obispo de Jaén, con la Bibria pequena y la Impunación de la secta de Mahomah, solo recuerdo dos apóstatas de alguna cuenta: fray Anselmo de Turmeda,[472] tipo de fraile aseglarado y aventurero, y el estrafalario trovador Garci Ferrandes de Gerena.

Torres Amat, en el *Diccionario de escritores catalanes*, afirma que fray Anselmo nació en Montblanch o en Lérida. Pero el mismo Turmeda, en el *Libro del asno*, se dice natural de Mallorca. Era fraile franciscano en Montblanch y abandonó su convento, juntamente con fray Juan Marginet, monje de Poblet, y con Na Alienor (doña Leonor), monja de santa Clara. Marginet se convirtió muy pronto y murió en olor de santidad;[473] pero fray Anselmo se fue a Túnez

---

471 Véase *Mélanges de philosophie arabe et juive*, página 518.

472 «Aquel hijo de Adam que está acostado a la sombra de aquel árbol es de nación catalán y natural de la ciudad de Mallorca, y tiene por nombre fray Anselmo de Turmeda, el cual es hombre muy sabio en toda ciencia, y más que nada en astrología, y es oficial de la Aduana de Túnez por el grande y noble Maule Brufret, rey y señor entre los hijos de Adam, y gran escudero de dicho rey.»

473 «Respecto a Marginet se conservaron en el monasterio, según puede verse en la Historia de Finestres, memorias de la veneración con que fue mirado en sus últimos años y de su austera penitencia. Añaden que, habiéndosele presentado inútilmente con varios aspectos el demonio..., tomó finalmente la forma de asno; pero que, conociéndole el penitente, le sujetó con su cordón o cinta y le obligó a acarrear piedra de un torrente seco inmediato para levantar cierto muro exterior que todavía existe; designase, además, un portal bajo, que era el de la estancia donde se arrendaba al supuesto animal. Dicen que se presentó finalmente una legión infernal en figura de comunidad y mandó a Marginet que soltase al asno, y en cuanto lo lograron, se despidieron con grande estrépito y llamaradas. Presentóse luego el espíritu a algunos aldeanos y les habló así: "Diguen a Fra Marginet que no tornará a agafá el Diablo en el bosch de Poblet".» (Milá, *Observaciones sobre la poesía popular*, página 81.)

en 1413 y renegó de la fe, tomando el nombre de Abdalla. Arrepentido más tarde, comenzó a predicar el Evangelio, por lo cual el rey de Túnez lo mandó descabezar en 1419.

Esta es la versión aceptada por todos los escritores catalanes; pero don Adolfo de Castro pone en duda que fray Anselmo llegase a renegar, ya que en libros compuestos durante su residencia en Túnez habla como cristiano. De todas maneras, es raro que un cristiano y fraile pudiera sin apostatar ser oficial de la Aduana de Túnez y gran escudero del rey Maule Brufret, como Turmeda se apellida en el *Libro del asno*. Los indicios del señor Castro no convencen, y es lástima; porque es fray Anselmo personaje bastante conspicuo en la historia de las letras, y bueno fuera quitarle esa mancha.

La más popular y conocida de sus obras es un libro de consejos morales y cristianos no sin alguna punta de sátira, por el cual deletreaban los muchachos en Cataluña hasta hace pocos años. Se le llama vulgarmente *Fransélm* y *Frantélm*, del nombre del autor; pero su verdadero título, en copias antiguas, es *Llibre compost* per Frare Ansélm Turmeda, *de alguns bons amonestaments; la sia qu'ell los haja mal seguits, pero pense n'aver algun mérit per divulgarlos a la gent*, y comienza:

> En nom de Deu Omnipotent
> vull comensar mon parlament,
> qui aprendre voll bon nodriment
> aquest seguescha.

Al fin dice:

> Y no ll'e dictat en latí
> perque lo vell e lo fadrí,
> l'extranger y lo cosí
> Entendre 'el puguen...
> Aso fou fet lo nies d'abril
> temps de primavera gentil,
> norantavuy trescents y mil

llavors corren.[474]

Es anterior, por tanto, a la época de su apostasía real o supuesta. Respira cierta *bonhomie* socarrona, a la vez que ingenua, que no deja de hacer simpático a fray Anselmo. Muchas de sus sentencias se han convertido en proverbios. Hay infinitas ediciones populares de su libro, adicionadas con las coplas del juicio final, la oración de san Miguel, la de san Roque y la de san Sebastián.[475]

En la Biblioteca de El Escorial se conserva un manuscrito de profecías de fray Anselmo: *De les coses que han de esdevenir segons alguns profetes, e dits de alguns estrolechs, tant dels fets de la esglesia e dels regidors de aquella e de lurs terres e provincies.* A estas profecías se refiere, sin duda, Monfar (*Historia de los condes de Urgel*)[476] cuando escribe que «la condesa Margarita, para animar más a su hijo (Jaime el Desdichado), valíase de unos vaticinios y profecías de un fray Anselmo Turmeda, que había pasado a Túnez y renegado de la fe, y de fray Juan de Rocatallada y del abad Joaquín de Merlín y de una Cassandra». Estas profecías ponen a fray Anselmo en el grupo de Arnaldo de Vilanova y de Rupescissa.

El señor don Mariano Aguiló, en su inapreciable *Cansoner de les obretes mes divulgades en nostra lengua materna durant les segles XIV, XV e XVI*, ha impreso con singular elegancia unas *Cobles de la divisió del regne de Mallorques, escrites en pla català per frare Anselm Turmeda. Any mil trecents noranta vuyt*, composición fácil y agradable.

En la Biblioteca de Carpentras hay de fray Anselmo otras coplas sobre la vida de los marineros y un diálogo en prosa que empieza: «¿De qué es fondat lo castell d'amor?...».[477]

---

474 Véase Milá, «Catalannische Dichter» (en el *Jarhbuch für romanische Literatur*, V. 137 y siguientes).

475 Nótese que en algunas de ellas se titula *Llibre compost en Túnez per lo reverend pare fray Anselm Turmeda, en altra manera nomentat Abdala*, lo cual parece confirmar el rumor de su triste abjuración.

476 Nótese que en algunas de ellas se titula *Llibre compost en Túnez per lo reverend pare fray Anselm Turmeda, en altra manera nomenat Abdala*, lo cual parece confirmar el rumor de su triste abjuración.

477 Tomo 2, página 453 (en los *Documentos inéditos* del Archivo de la Corona de Aragó).

Compuso además fray Anselmo una obra alegórico-satírica cuyo original no parece, aunque consta que se imprimió en Barcelona, 1509, con el rótulo de *Disputa del Ase contra frare Enselme Turmeda sobre la natura et nobleza dels animals*. Tan rara como el libro catalán es la traducción castellana, que solo se halla citada en los antiguos índices expurgatorios: Libro llamado del «asno», de fray Anselmo Turmeda. Hay que recurrir, pues, a la traducción francesa, que también anda muy escasa y se encabeza: *La disputation de l'asne contra frère Anselme Turmeda sur la nature et noblesse des animaux*, faite et ordonnée par le dit frère Anselme en la cité de Tunnies, l'an 1417. Traduicte de vulgaire Hespagnol en langue francois. Lyon, par Laurens Buyson, 1548; reimpresa en París, 1554.[478]

La traza del libro es ingeniosa y muy del gusto de la Edad media. El autor se pierde en un bosque, donde halla congregados a los animales y se ve precisado a disputar con un asno que le prueba las excelencias de los animales sobre el hombre. La vis satírica de fray Anselmo se toma en esta discusión muchos ensanches, sobre todo en la censura de los religiosos de su tiempo, sin acordarse que su tejado era de vidrio. Ésta debió de ser la causa de la prohibición del *Libro del asno*, que está escrito con verdadera agudeza.

Imitóle Nicolás Macchiavelli en su poema en tercetos *Dell'asino d'oro*,[479] que muchos, guiados por el sonsonete del título, creen mera paráfrasis de Apuleyo. El capítulo 8, sobre todo, está inspirado en la *Disputa de Turmeda*.[480]

Todas las noticias que tenemos de Garci Ferrandes de Gerena resultan de las rúbricas del *Cancionero de Baena*: «Aquí se comienzan las cantigas e desires que fizo e ordenó en su tiempo Garci Ferrandes, el qual, por sus pecados e grand desaventura, enamoróse de una juglara que avia sido mora, pensando

---

478 Don Adolfo de Castro (tomo 6 de la *Biblioteca de autores españoles* de Rivadeneyra) da amplias noticias y extractos de este libro de fray Anselmo.

479 *Oper inedite in prosa e in verso di Niccolo Machiavelli... ricavate da Codici a penna delle Biblioteche Laurenziana, Magliabechiana*, etc. Parte seconda. Tomo primo. Ámsterdam. 1763 (página 1.ª y siguientes).

480 Miret y Sans (Joaquín), *Notes biogràfiques d'en Pere Salvatge y fray Romeu Sa Bruguera ab mostres de la biblia catalava rimada de la XIII.ª centuria* (Barcelona, Francesch e Altés, 1909), 8.º
     La tomba del escriptor català Fra Anselm Turmeda en la ciutat de Tunic (Barcelona, tipoc, «L'Avenç», 1910) 8.º

que ella tenía mucho tesoro e otrosy porque era mujer vistosa, pedióla por muger al rey e diógela; pero después falló que non tenía nada». Después de este engaño despidióse del mundo e púsosse beato en una ermita cabe Jerena... enfingiendo de muy devoto contra Dios. Allí hizo varias poesías místicas, entre ellas una graciosa canción a la Virgen:

> Virgen; flor d'spina,
> siempre te serví,
> santa cosa e dina,
> ruega a Dios por mí...

Pero (como dice Baena) otra maldad tenía Garci Ferrandes en su corazón, y, poniendo en obra su feo e desventurado pensamiento, tomó su mujer, disiendo que yba en romería a Jerusalén, e metiósse en una nao, e llegado a Málaga quedósse ende con su mujer..., e después se fue a Granada con su mujer e con sus fijos, e se tornó moro, e venced la fe de Jesu Christo e dix mucho mal de ella, e estando en Granada enamorósse de una hermana de su mujer, e siguióla tanto, que la ovo e usó con ella. Y aun le compuso una cantiga, no mala, que anda en el Cancionero. Viejo ya y cargado de hijos volvió a Castilla y a la fe, no sin que los demás trovadores le recibiesen con pesadas burlas. Baena trae un decir de Alfonso Álvarez de Villasandino contra Garci Ferrandes en gallego:
Ya non te podes chamar perdidoso, etc.

Las obras de este pecador se reducen a doce cantigas, unas gallegas y otras castellanas con resabios gallegos. Tienen bastante armonía y halago.[481] Floreció en tiempo de don Juan I.

También fray Alonso de Mella, el dogmatizador de los *fratricelli* de Durango, renegó en morería con muchos de sus secuaces.

De los moriscos hablaré en el volumen que sigue.

---

481 *Cancionero de Baena* (edición de Pidal), páginas 620-662.

Libros a la carta

A la carta es un servicio especializado para
empresas,
librerías,
bibliotecas,
editoriales
y centros de enseñanza;
y permite confeccionar libros que, por su formato y concepción, sirven a los propósitos más específicos de estas instituciones.

Las empresas nos encargan ediciones personalizadas para marketing editorial o para regalos institucionales. Y los interesados solicitan, a título personal, ediciones antiguas, o no disponibles en el mercado; y las acompañan con notas y comentarios críticos.

Las ediciones tienen como apoyo un libro de estilo con todo tipo de referencias sobre los criterios de tratamiento tipográfico aplicados a nuestros libros que puede ser consultado en Linkgua-ediciones.com.

Linkgua edita por encargo diferentes versiones de una misma obra con distintos tratamientos ortotipográficos (actualizaciones de carácter divulgativo de un clásico, o versiones estrictamente fieles a la edición original de referencia).

Este servicio de ediciones a la carta le permitirá, si usted se dedica a la enseñanza, tener una forma de hacer pública su interpretación de un texto y, sobre una versión digitalizada «base», usted podrá introducir interpretaciones del texto fuente. Es un tópico que los profesores denuncien en clase los desmanes de una edición, o vayan comentando errores de interpretación de un texto y esta es una solución útil a esa necesidad del mundo académico.

Asimismo publicamos de manera sistemática, en un mismo catálogo, tesis doctorales y actas de congresos académicos, que son distribuidas a través de nuestra Web.

El servicio de «libros a la carta» funciona de dos formas.

1. Tenemos un fondo de libros digitalizados que usted puede personalizar en tiradas de al menos cinco ejemplares. Estas personalizaciones pueden ser de todo tipo: añadir notas de clase para uso de un grupo de estudiantes, introducir logos corporativos para uso con fines de marketing empresarial, etc. etc.

2. Buscamos libros descatalogados de otras editoriales y los reeditamos en tiradas cortas a petición de un cliente.